400g

TÉCNICAS DE COZINHA

Fundamentos e técnicas de culinária aplicados em mais de 300 receitas

BETTY KÖVESI | CARLOS SIFFERT
CAROLE CREMA | GABRIELA MARTINOLI

400g
TÉCNICAS DE COZINHA

Fundamentos e técnicas de culinária
aplicados em mais de 300 receitas

"COZINHAS DO BRASIL" POR MARA SALLES
"FERMENTAÇÃO" POR MARINA HERNANDEZ
Ilustrações de Dado Motta

DIRETOR-PRESIDENTE:
Jorge Yunes

DIRETORA EDITORIAL:
Soraia Reis

GERENTE EDITORIAL:
Luiza Del Monaco

EDIÇÃO:
Ricardo Lelis

ASSISTÊNCIA EDITORIAL:
Chiara Mikalauskas Provenza e
Júlia Tourinho

REVISÃO:
Jana Braga

COORDENAÇÃO DE ARTE:
Juliana Ida

ASSISTENTE DE ARTE:
Daniel Mascellani

ASSISTÊNCIA DE ARTE:
Isadora Theodoro Rodrigues e
Vitor Castrillo

COLABORAÇÃO:
"Cozinhas do Brasil", por Mara Salles
"Fermentação", por Marina Hernandez

2ª edição - São Paulo

DADOS INTERNACIONAIS DE CATALOGAÇÃO NA
PUBLICAÇÃO (CIP) DE ACORDO COM ISBD

Q2   400g: Técnicas de cozinha / Betty Kövesi ... [et al.] ; ilustrado por
          Dado Motta. - 2. ed. - São Paulo, SP : Companhia Editora Nacional,
2020.

          400 p. : il. ; 21cm x 28cm.

          Inclui índice.
          ISBN: 978-85-04-02138-7

          1. Gastronomia. 2. Culinária. 3. Técnicas de cozinha. I. Kövesi, Betty.
          II. Siffert, Carlos. III. Crema, Carole. IV. Martinoli, Gabriela. V. Título.

2020-488   CDD 641
                                                                 CDU 641

Elaborado por Vagner Rodolfo da Silva - CRB-8/9410

Índice para catálogo sistemático:
   1. Gastronomia 641
   2. Gastronomia 641

NACIONAL

Rua Gomes de Carvalho, 1306, 11º andar – Vila Olímpia
São Paulo – SP – 04547-005 – Brasil – Tel.: (11) 2799-7799
www.editoranacional.com.br – atendimento@grupoibep.com.br

À Wilma Kövesi, musa inspiradora.

CONSIDERAÇÕES
sem valor
sobre uma
valorosa obra

por Hamilton Mellão

AS PRATELEIRAS DE LIVROS GASTRONÔMICOS DAS megalivrarias estão atingindo dimensões tão pantagruélicas que em breve só conseguiremos percorrê-las com o auxílio de patinetes ou velocípedes. São livros pátrios ou importados que tratam de qualquer coisa que possa ser mastigada por nossos caninos e molares, sem contar que outro dia me deparei com um curioso opúsculo francês para desdentados.

Curiosamente, essa Alexandria de mastigares parte do princípio de que você já nasça sabendo como branquear um espinafre, como fazer a *mise en place*, que óleo usar para a fritura ou qual faca usar para desossar aquele lindo pernil de cordeiro que você comprou. Desde priscas eras livros de culinária eram escritos por artesãos para artesãos, isto é, iniciados que já sabiam das usanças técnicas da época e tinham o receituário somente como um códice de consultas, sem precisar de grandes explanações e, assim, também garantir o hermetismo do ofício.

O vulgo não conseguiria fazer o uso correto daquilo que estava lendo e deixaria para nós a onipresente pergunta: "Mas onde está a pegadinha?"

As técnicas e métodos são a fundação, a base estrutural do fazer e pensar gastronômico. E seja ele um cozinheiro profissional ou não, são tão indispensáveis que causa espanto que ainda hoje em dia existam tão poucos livros brasileiros sobre o assunto. Aqueles dos quais dispomos são, na maioria das vezes, escritos por pessoas com formação estritamente acadêmica e que, sobre o interior de um estabelecimento de repasto, unicamente imaginam o que deveria ocorrer lá dentro.

Os quatro autores deste livro são profissionais com os quais tenho a felicidade de repartir o prato da amizade. Aprendi e aprendo muito com eles, inclusive sobre a generosidade que, a meu ver, é indispensável para exercer essa lida. Desconheço pessoas mais abalizadas e detentoras de tão sólidos conhecimentos que se dispusessem a enfrentar essa tarefa opípara, trazendo para nossa realidade – sem adulterar a essência – tantas e tão acuradas informações e conceitos. Sei que este será um livro de referência, sei da sua importância na solidificação da nossa gastronomia e, como um apaixonado pela profissão, sei também que ele não será vilipendiado por quem efetivamente estudá-lo com carinho e dedicação.

SUMÁRIO

Continua...

12. Cozinhas do Brasil

13. Panificação

14. Confeitaria

Continua...

15. Frutas

Continua...

Visite nossa cozinha

A cozinha apresentada à humanidade
como um artifício de sobrevivência
somou-se a influências culturais e religiosas
e veio a se transformar em arte.

A COZINHA que cada um faz!

COZINHA-SE TODOS OS DIAS EM TODOS OS cantos há milhares de anos.

Historiadores apontam o surgimento da cozinha concomitante ao domínio do fogo pelos primatas. Há registros de uma pequena população de macacos que mergulhava batata-doce em água do mar antes de comê-la, técnica de imersão que constitui um antecedente rudimentar da cozinha – não se pode negar!

Generosa com quem a ela se dedica, a boa cozinha não impõe caminhos, mas requer coerência.

Incontáveis são os motivos e as histórias que levam as pessoas a se aproximarem do fogão – pense nos seus! Gosto de pensar que é nesse momento que se instala o "gene" da cozinha.

É um privilégio meu conviver, redigir e transformar em aula as receitas de tantos cozinheiros; todos, sem exceção, apaixonados pelas facas, peneiras, panelas, pilões – uma rica relação entre gente e ingredientes.

Cozinham bem!

Traços clássicos, criativos, regionais, intuitivos, étnicos, contemporâneos e históricos são pistas interessantes para se compreender o trabalho que desenvolvem.

Bonita essa área, que permite o aprendizado não linear e ao mesmo tempo conduz, cada um a seu tempo, na busca de embasamento para sua expressão individual – A TÉCNICA!

Esta, uma ferramenta de peso na evolução de qualquer cozinheiro, amador ou profissional.

E, vamos lá, entenda-se por profissional aquele que faz da profissão o seu sustento.

Acontece que conheço muitos amadores (e aqui podemos pensar em outras áreas) que desempenham seu *hobby* de forma absolutamente profissional, e é por esse ponto de vista que abordaremos o conteúdo que você encontrará adiante.

É um livro para quem está se iniciando na área ou para quem corre paralelo a ela. Escrito por um time de grandes amigos, competentes cozinheiros especializados em ensinar.

Vocês estarão nas boas mãos de Carlos Siffert, Carole Crema e Gabriela Martinoli.

A querida Mara Salles, cozinheira e irrequieta pesquisadora, mostra no capítulo "Cozinhas do Brasil" o respeito aos ingredientes e técnicas de nossa terra.

Só para incentivá-los, há diferenças entre pedra e chaira, fundo e caldo, *paupiettes* e *papillote*, cozinhar e escalfar, *sauteuse* e *sautoir*, cebola *brûlée* e cebola *piquée*, charque e carne-seca... Conceitos, técnicas e receitas colocadas de forma objetiva e instigante, bem filtradas e aplicadas à cozinha de nosso tempo. Formato de livro, mas "jeito" de aula.

A sincronia de todos nós, envolvidos no processo da criação deste livro, nasceu com o envolvimento pessoal de cada um com minha mãe, Wilma Kövesi, e com sua Escola de Cozinha, criada em 1979. "Wilma, sei cozinhar, mas não sei ensinar", era a frase que ela mais ouvia em um de seus atos de pioneirismo, ao convidar chefs e cozinheiros para dar aula. "Não se preocupe, combinamos as receitas, e eu as transformo em aula", dizia ela.

Desafio, responsabilidade e emoção foi abrir caminho para este belo projeto iniciado por minha mãe: ENSINAR!

BETTY KÖVESI

COMO USAR ESTE LIVRO

Neste capítulo há algumas informações que julgamos muito importantes para a total compreensão da teoria e êxito na prática das receitas.

ESTUDANDO

A ideia central deste livro é tentar reproduzir o que acontece em uma sala de aula. Sem dúvida, a teoria é muito importante, mas é na prática que vemos as coisas acontecerem de fato. Por isso, as receitas foram colocadas para ilustrar cada assunto logo após a descrição da técnica ou ingrediente, e não no final do capítulo, a fim de que sejam lidas imediatamente após a abordagem teórica. No início, pode parecer estranho "ler uma receita" e não realizá-la no momento, contudo, isso o ajudará a identificar a técnica que está sendo usada e, com a experiência, o capacitará a vislumbrar o resultado final. Obviamente, executar o prato é ainda mais importante – e acreditamos que seja este o seu objetivo.

A ordem dos capítulos não é aleatória. A ideia é introduzir primeiro os capítulos que descrevem os conceitos básicos, cuja compreensão é necessária para assimilar o que vem a seguir. Isso está em "Cocção" e "Bases de cozinha".

Há também um capítulo chamado "Termos e técnicas de cozinha", que explica os termos técnicos mais importantes, sempre assinalados por asterisco (*) ao longo do livro, além de um "Glossário de técnicas, fazeres e usos da cozinha brasileira", escrito por Mara Salles, complementar ao capítulo "Cozinhas do Brasil".

As técnicas explicadas ao longo do livro e citadas nas receitas estarão sempre indicadas por "ver p. x". Isso possibilita que você execute a receita sem ler todo o capítulo referente à técnica.

COZINHANDO

Aqui vão algumas dicas importantes que devem ser levadas em conta antes de colocar a mão na massa:

Leia a receita do início ao fim. Dessa forma, você poderá saber se possui todos os ingredientes, utensílios e equipamentos necessários e se terá tempo suficiente para executá-la.

Assegure-se de ter à mão todos os ingredientes, de preferência já medidos e cortados, antes de iniciar o preparo. Isso é o que profissionalmente chamamos de *mise en place*, e torna muito mais fácil o trabalho.

Organize-se. Determine o que pode ser feito com antecedência e o que deve ser feito apenas na hora de servir. Verifique quais produções requerem o uso de forno ou fogão. Certifique-se de que haverá espaço para tudo no forno ou nas bocas do fogão, assim como para armazenagem na geladeira. Lembre-se de preaquecer o forno e ferver a água para o banho-maria, por exemplo.

Em suma, planeje! Assim, durante a execução da receita você poderá se concentrar no mais importante: aprender!

SOBRE OS INGREDIENTES

Os ingredientes são dados em peso ou volume, pois é a maneira mais exata de quantificá-los. Quando a quantidade do ingrediente é muito pequena, a medida usada é a colher de chá padrão. Neste capítulo, há uma tabela de conversão das principais medidas, caso não conte com uma balança ou um medidor.

As ervas são usadas sempre frescas, a não ser que a receita peça de outra forma.

Use sempre um óleo de sabor neutro: milho, canola ou girassol.

FORNO E TEMPERATURAS

Em todas as receitas constam a temperatura correta do forno. Segue uma tabela de correspondência dessas temperaturas. Entretanto, o ideal é observar o tempo de cozimento, a temperatura e, quando possível, testar o cozimento interno do alimento.

TEMPERATURA DO FORNO	
80°C a 120°C	Morno (temperatura de estufa)
140°C a 150°C	bem baixo
160°C	baixo
170°C a 190°C	moderado/médio
200°C a 220°C	forte/alto
ACIMA DE 220°C	bem forte/bem alto

Tabela de conversão

PESOS DOS INGREDIENTES MAIS COMUNS

INGREDIENTE	1 COLHER DE CHÁ	1 COLHER DE SOPA	½ XÍCARA	1 XÍCARA
Açúcar	5 g	15 g	105 g	210 g
Água	5 g	15 g	120 g	240 g
Açúcar impalpável	3 g	9 g	72 g	144 g
Bicarbonato de sódio	4 g	12 g	–	–
Cacau/Chocolate em pó	2,5 g	8 g	48 g	96 g
Canela em pó	1,5 g	5 g	–	–
Farinha de trigo	2,5 g	8 g	65 g	130 g
Fermento químico	4 g	12 g	–	–
Amido de milho	2,5 g	8 g	65 g	130 g
Manteiga	5 g	15 g	120 g	240 g
Mel, melado e glucose	7 g	21 g	170 g	340 g
Raspas de cítricos	6 g	18 g	–	–
Sal	3 g	15 g	–	–
Pimenta-do-reino	5 g	15 g	–	–
Óleo/azeite	4 g	12 g	100 g	200 g
Gelatina em pó	3 g	9 g	–	–

OVOS	
1 ovo inteiro	55 a 60 g ou 55 a 60 ml
1 clara	35 a 40 g ou 35 a 40 ml
1 gema	15 a 18 g ou 15 a 20 ml

SE UM DIA VOCÊ PRECISAR...

1 onça	28,35 g
1 libra (*pound*)	454 g
1 *pint*	480 ml
1 *quart*	946 ml
1 *inch*	2,5 cm

FAHRENHEIT EM CELSIUS

Para converter graus Fahrenheit em graus Celsius use a seguinte fórmula:

$$°F - 32 \times 5 \div 9$$

Exemplo:

400°F – 32 = 368
368 x 5 = 1840
1840 ÷ 9 = 204,4°C

MULTIPLICAÇÃO DE RECEITAS

Toda receita tem um rendimento estipulado. Quando for necessário alterar este rendimento é importante analisar antes de sair multiplicando ou dividindo aleatoriamente os ingredientes.

Alguns deles, como sal, pimenta e especiarias não devem ser simplesmente multiplicados. Deve-se testar e acertar as quantidades para a receita na proporção desejada. Óleo, manteiga e azeite também devem ser recalculados, assim como a quantidade de líquido (para sopas e molhos).

Há também receitas que não podem ser feitas em grande quantidade, como ovos mexidos, por exemplo. Massas também devem ser feitas aos poucos. Da mesma forma, produzir uma quantidade muito pequena de um molho é quase impossível, pois, mesmo em fogo baixo, o molho irá ressecar demais.

EQUIPAMENTOS E UTENSÍLIOS INDISPENSÁVEIS

Grande ou pequena, industrial ou doméstica, seja como for a sua cozinha, é importante que ela esteja bem equipada. Além de forno e fogão, existem equipamentos e utensílios que são indispensáveis e outros para fins específicos. Antes de sair comprando tudo o que vê pela frente, pense no que você realmente precisa. Eis aqui uma lista dos itens necessários para começar:

- aros (para montagem)
- assadeiras
- balança
- batedeira
- boleador para frutas e legumes
- carretilha para cortar massas (uma lisa e uma canelada)
- centrífuga para folhas
- chaira
- chapa de ferro lisa ou estriada
- *chinois* (peneira muito fina em formato cônico ideal para coar molhos e fundos)
- cilindro para massas
- colheres de altileno e/ou de bambu
- concha (dois tamanhos, de preferência)
- cortadores (de biscoito e massa)

- descascador de legumes
- escorredor de massa
- escumadeira
- espátulas de metal
- espremedor de batata ou passador de legumes
- faca de chef
- faca pequena para legumes e frutas
- fôrmas e forminhas
- *fouet* ou batedor de arame
- garfo para assados
- jogo de tigelas de inox
- liquidificador
- mandolina (utensílio para laminar)
- medidores (de colher, volume e xícara)
- micro-ondas
- *mixer*
- panelas e frigideiras
- pão-duro de silicone
- pedra para afiação de facas
- peneiras de vários tamanhos (inox e plástico)
- pilão
- pinça para alimentos
- pinça para retirar espinhas de peixe
- pincel
- processador de alimentos
- ralador
- rolo para abrir massa
- saco e bicos de confeitar
- salamandra ou *grill/broiller* do forno
- tábuas de altileno grossas (o ideal é ter uma para cada grupo de alimentos)
- termômetro
- *zester* (para fazer raspa de cítricos)

PANELAS

Graças à diversidade de materiais, formas e tamanhos, torna-se difícil escolher a panela mais adequada. Cada tipo tem suas características e usos mais indicados. As panelas devem ser analisadas segundo:

A espessura

Panelas finas perdem calor com rapidez. Para um cozimento em água, por exemplo, isso não faz muita diferença. No entanto, para chapeado e outros métodos que necessitam de muito calor, as panelas e frigideiras bem espessas são as ideais.

O material

A forma e a velocidade que o calor é distribuído dependem do material que constitui a panela. É importante conservá-las e conhecer sua constituição e certificação, uma vez que o desprendimento de metais pode ocorrer.

As panelas podem ser feitas de:

Alumínio

As panelas de alumínio são as mais baratas, consequentemente, são as mais utilizadas. O alumínio é um ótimo condutor de calor, porém pesquisas apontam para a liberação de metais pesados. Seu uso também não é recomendado para o cozimento de produções ácidas.

Como o alumínio arranha com facilidade, o melhor é usar colher de altileno.

Barro e pedra sabão

Sendo de boa qualidade, mantêm bem o calor. Ideais para o preparo de ensopados e caldos. Alimentos com baixo teor de água ficam ressecados. É importante observar que, antes de usar a panela, é necessário curar a superfície interna com uma fina camada de óleo sobre fogo brando.

Por ser poroso, o barro exige cuidados especiais também na lavagem e secagem.

Cerâmica

Conservam bem o calor, são antiaderentes e fáceis de limpar, além de não liberar metais pesados.

Cobre

É ótimo condutor de calor, mas panelas desse material devem ter a superfície interna revestida de titânio ou inox (é preciso sempre tomar cuidado para não arranhá-lo). O custo é alto, e a manutenção, difícil.

Ferro

Nessas panelas ocorre a liberação do mineral para a comida, portanto, são muito usadas para o preparo de alimentos para pessoas com anemia.

Apesar de não ser bom condutor, quando bem aquecido retém o calor e o transmite lentamente. É perfeito para cozimentos prolongados em fogo baixo.

Deve-se tomar cuidado com o cozimento de alimentos ácidos, pois pode haver uma liberação excessiva de ferro para o alimento. Pessoas de paladar mais sensível sentem diferença no sabor dos alimentos preparados em panela de ferro.

Ferro fundido com revestimento esmaltado

Funciona como a panela de ferro, retendo bem o calor e transmitindo-o lentamente. Por ser revestida, não há liberação de ferro para o alimento.

Inox

Não é tão bom condutor de calor quanto o alumínio. A manutenção das panelas de inox é mais fácil, porém são mais caras que as de alumínio. As de fundo espesso retêm bem o calor.

Titânio

Mantêm bem o calor, também são atóxicas e muito resistentes, porém de custo mais elevado.

Vidro

Material atóxico, indicado para cozimento em meio líquido. Sua superfície aderente inviabiliza a cocção a seco. Fritar um ovo em frigideira de vidro é uma missão impossível.

Revestimento antiaderente

Ideal para a cocção de alimentos que grudam facilmente ou para preparos com pouca ou nenhuma gordura (ovos e peixes, por exemplo). É um revestimento delicado, não indicado para altas temperaturas. Não resiste a arranhões ou esponjas abrasivas – neste caso, descarte-as.

A qualidade varia bastante, e as melhores costumam ter custo alto.

A condução de calor depende da espessura e do material do qual a panela é feita (alumínio ou inox).

O formato e o tamanho

É muito importante escolher a panela com tamanho e formato adequados à técnica e à quantidade de alimento a ser preparada. Por exemplo, uma pequena quantidade de molho aquecida em uma panela de fundo largo ressecará mais rápido do que em uma panela pequena, pois naquela a evaporação será mais rápida. Para preparar mais de dois medalhões de filé, por exemplo, será preciso uma frigideira de fundo bem largo, onde eles possam ficar bem distribuídos; caso contrário, perde-se calor e os medalhões liberam seus sucos.

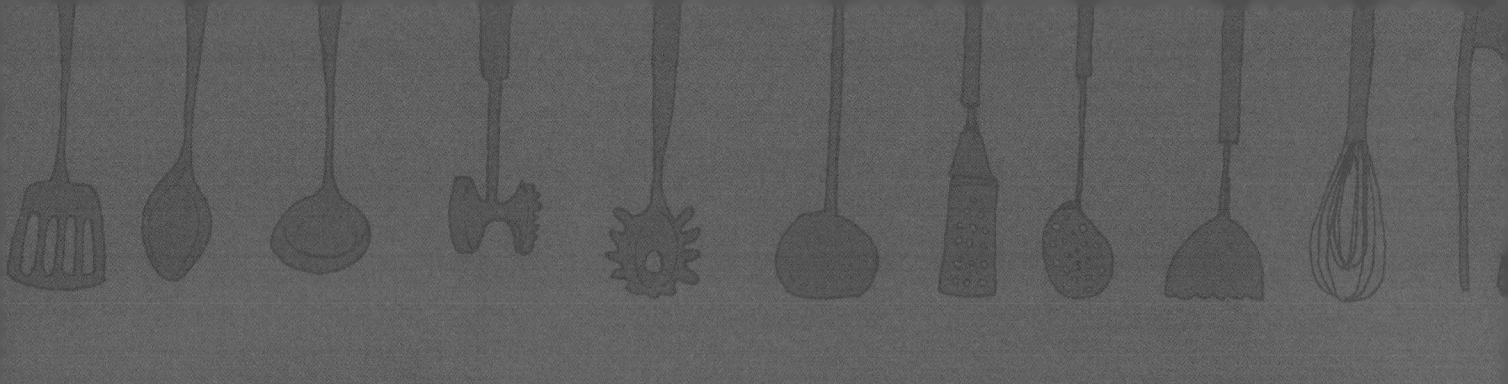

O USO

Caçarola
Redonda, funda e com duas alças na lateral.

Caldeirão
Redondo, com duas alças e laterais bem altas, usado na produção de fundos e para cozinhar massa.

Panelas com cabo
Também conhecidas como panelas para molhos (*saucier*, em francês), têm um cabo longo e borda reta ou levemente inclinada.

Poissonière
Específica para o cozimento de peixes, tem formato ovalado, com alças laterais e um suporte vazado para suspender o pescado.

Sauteuse
Frigideira de bordas ligeiramente inclinadas, ideal para saltear alimentos.

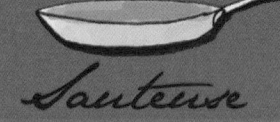

Sautoir
Frigideira de bordas retas, ideal para fritura rasa e para chapear carnes, ave e peixes.

Wok
Frigideira alta, com fundo arredondado e cabo; distribui o calor por igual; usada na culinária oriental.

À la minute

Preparação ou finalização feita no último minuto ou pouco antes de servir.

À la nage

Escalfar um alimento, em geral peixes ou frutos do mar, em um *court-bouillon* e servi-lo nesse líquido, guarnecido de vegetais. Os vegetais devem ser cortados de maneira decorativa.

Alongar

Adicionar mais líquido a um preparo para diluí-lo.

Banho-maria

Método de cocção utilizado para aquecer lenta e uniformemente qualquer preparo líquido ou sólido e evitar seu aquecimento excessivo através do contato direto com o fogo (a temperatura nunca é superior a 100°C). No **banho-maria de fogão**, o recipiente no qual o alimento será preparado (pode ser uma tigela de vidro ou inox, ou uma panela pequena) é colocado sobre uma panela ou frigideira funda com água fervente, em fogo baixo. Para alimentos mais delicados, como chocolate, o ideal é o recipiente com o alimento encaixar perfeitamente na panela com água fervente, pois o vazamento e o contato com o vapor pode prejudicá-lo. Muito utilizado para derreter chocolate e dissolver gelatina. No **banho-maria de forno**, o recipiente (normalmente uma fôrma) é colocado sobre uma assadeira ou refratário com água fervente. Muito utilizado para preparos ricos em ovos, como pudins. Existe também o **banho-maria de gelo**, no qual uma vasilha contendo um preparado quente é disposta sobre outra vasilha contendo água e gelo, para que o cozimento deste preparado se interrompa e, gradualmente, esfrie. Um bom exemplo do seu uso é no creme inglês ou molho de baunilha, que, ao chegar no ponto certo de cozimento (cremoso, em consistência de *nappé*), deve ser resfriado imediatamente, para que não coagule.

Bardear

Enrolar fatias de gordura (por exemplo, toucinho) em peças de carne para que estas não ressequem quando assadas. Esse processo também agrega umidade e sabor aos assados, principalmente quando se trata de cortes magros e de pouco sabor.

Branquear

Cozinhar rapidamente um alimento em água fervente abundante (sem, no entanto, chegar ao cozimento completo) e em seguida resfriá-lo em água gelada para interromper o cozimento com o intuito de finalizá-lo posteriormente ou para manter a cor.

Caramelizar

Dourar açúcar através do seu aquecimento (entre 160°C e 182°C). Esse termo também é utilizado quando doura-se a superfície externa de um ingrediente, caramelizando os açúcares nele contidos.

Concassé

Tomate sem pele e sem sementes cortado em cubos pequenos.

Confit

Técnica de cozinhar a carne em sua própria gordura. A cocção deve ser precedida de cura ou marinada e realizada lentamente para cozinhar a peça sem fritá-la. Depois de pronto, o confit é armazenado na gordura da cocção, que deve ser retirada para serviço.

Cortadores

De diferentes formatos, são usados para cortar massas e biscoitos, em geral de metal e preferencialmente de inox. Também chamados de vazadores.

Decantar

Deixar um líquido em repouso para que as partículas em suspensão se acomodem no fundo do recipiente.

Deglaçar

Adicionar vinho ou outro líquido a um preparo seco para dissolver as raspas grudadas na panela ou frigideira.

Échalote

A chalota (échalote, em francês) é um vegetal da família do alho e da cebola. Seu nome vem de Ascalon, cidade da Palestina onde era cultivada. Seu sabor pode ser definido entre o do alho e o da cebola. Difícil de encontrar no mercado brasileiro, é normalmente substituída por cebola-roxa.

Empanar

Proteger um alimento que será submetido à fritura a fim de preservar a textura e dar cor e crocância ao preparo. Pode ser feito de várias maneiras: com farinha de trigo, fubá, amido de milho, farinha de rosca etc. A forma tradicional é com farinha de trigo, ovo e farinha de rosca. Há também empanamento líquido à base de ovos, farinha e leite, por exemplo.

Emulsão

Combinação mecânica (com uso de fouet* ou liquidificador) de ingredientes que não se misturam naturalmente (água e óleo, por exemplo). Os elementos são quebrados em partículas muito pequenas, que ficam em suspensão dando a impressão de que estão misturados.

Escaldar

Passar ou imergir ingredientes em água fervente.

Escumar

Retirar com uma escumadeira espuma ou impurezas que estejam em suspensão em fundos, sopas e molhos.

Fervura branda ou simmer

Levar o líquido para o cozimento à temperatura de 85°C a 95°C, sem ferver.

Fouet

Também conhecido como batedor de arame, batedor de claras ou chicote. Utensílio culinário usado para bater não só claras, mas também molhos e bolos. É formado por vários arames fortes curvados em forma de gota e presos a um cabo; pode também ser um arame enrolado em uma espiral aberta. Também podem ser de plástico. Substitui a batedeira na maioria dos casos.

Hidratar

Adicionar líquido a um ingrediente seco para reconstituir sua estrutura original.

Infusão

Mergulhar um ingrediente seco aromático (erva, por exemplo) em líquido quente para liberar seu sabor e aroma.

Lardear

Inserir pequenos pedaços de gordura em peças de carne a fim de deixá-las mais saborosas, macias e úmidas. Alimentos lardeados têm também um forte apelo visual quando fatiados.

Liofilização

Processo de desidratação usado para preservar um ingrediente perecível. A liofilização trabalha congelando, em baixíssima temperatura e com equipamento específico, o ingrediente e ao mesmo tempo reduzindo a pressão à sua volta. Este processo permite que a água presente no alimento sublime para o estado gasoso (fenômeno semelhante acontece quando cubos de gelo não utilizados encolhem em geladeira *frost free*). O alimento fica com pouquíssima água, o que inibe a ação dos micro-organismos e das enzimas que normalmente o estragam ou degradam.

Se uma substância desidratada por liofilização for selada para impedir a reabsorção de umidade, poderá ser armazenada em temperatura ambiente (sem refrigeração), ficando, assim, protegida da degradação por muitos anos. A liofilização tende a danificar menos o tecido do alimento que outros métodos de desidratação com temperaturas mais altas. Geralmente, a liofilização não causa o encolhimento ou endurecimento do alimento, e os sabores/cheiros permanecem praticamente inalterados.

Manteiga clarificada

Método através do qual se separa os sólidos de leite, água e gordura existentes na manteiga.

Esse processo é feito com o intuito de se utilizar somente a gordura existente, que terá um ponto de queima (ou ponto de fumaça) maior do que o da manteiga integral.

É utilizado quando se quer obter o sabor da manteiga em processos nos quais se necessita de altas temperaturas (por exemplo, batata *rösti*).

Para preparar, coloque a manteiga sem sal em uma panela de fundo grosso e leve ao fogo baixo. Aqueça, sem deixar ferver, até que a manteiga derreta completamente. Escume a espuma que se formará na superfície. Retire do fogo e, ao esfriar, remova a gordura com o auxílio de uma concha e transfira para outro recipiente. Pode ser empregada na hora ou guardada em geladeira para uso posterior. No fundo da panela ficará uma camada de soro líquido leitoso que deverá ser descartado.

Montar ou Monter au Beurre

Adicionar manteiga gelada a um preparo quente batendo com um *fouet** para emulsionar. Isso vai espessá-lo, dar brilho e textura aveludada. O preparo não pode ferver.

Nappé

Esse termo se refere à consistência de um molho. Quando este recobre as costas de uma colher com uma camada fina e translúcida (molho *velouté*, creme inglês).

Oblique

Corte transversal e largo específico para vegetais de formato cilíndrico.

Oleaginosas

Sementes ricas em gorduras (amêndoa, amendoim, avelã, castanha-de-caju, castanha-do-pará, nozes etc.). Delas se extraem óleos (amêndoas, castanha-do-pará, nozes etc.).

Pinçage

Caramelização de um ingrediente (normalmente o tomate) em gordura. Este processo realça a acidez bem como a doçura do molho final.

Pommade

Ponto em que a manteiga fica em consistência de pomada (quando deixada em temperatura ambiente).

Quenelle

Formato dado a pastas, *mousselines* ou recheios com o uso de duas colheres úmidas. No processo, o recheio é "passado" de uma colher a outra, resultando assim em um formato elíptico. O tamanho final da *quenelle* depende do tamanho da colher utilizada.

Ramequin

Recipiente de porcelana, canelado, usado para suflês.

Redução

Concentração de um líquido através de aquecimento lento e contínuo, visando a eliminar o excesso de água e consequentemente reduzir o volume.

Muito usado para molhos e caldos. O mesmo que apurar.

Resfriar

Submeter um alimento quente a esfriamento rápido em resfriadores industriais ou em banho-maria de gelo.

Salamandra

Equipamento utilizado para dourar a superfície de alimentos sem cozinhar seu interior (gratinar). Consiste em uma espécie de forno aberto com resistências elétricas na parte superior, que aquecem rapidamente.

Sovar

Trabalhar uma massa (geralmente de pão) sobre uma superfície, usando o calcanhar da mão, com o intuito de desenvolver o glúten.

Suar

Submeter um alimento a aquecimento gradual (que pode ser seco ou líquido), possibilitando que seu sucos nutrientes e sabores sejam ressaltados, sem, no entanto, deixá-lo pegar cor.

É fundamental na produção de fundos, caldos e sopas, quando se cozinha os alimentos a partir de água fria e estes, conforme o calor aumenta, liberam suas propriedades, enriquecendo as produções.

Temperagem

Ajuste da temperatura através da adição gradual de um líquido quente a outro frio para evitar um choque térmico (muito usado para misturar gemas ou ovos crus a líquidos quentes).

Para temperagem de chocolate, ver pág. 341.

Trinchar

Cortar aves, cruas ou cozidas, nas juntas.

....

NOTA: termos técnicos de cozinha citados ao longo do livro aparecem com asteriscos (*). A cada vez que eles surgirem, o leitor deve voltar a este capítulo para consulta.

1. Cocção

Antes de começar a cozinhar e conhecer as técnicas é fundamental saber o que é cocção e de que forma este processo modifica os alimentos. O termo cocção será muitíssimo utilizado neste livro, assim como na vida profissional de um cozinheiro.

PRINCÍPIOS DE COCÇÃO

A cocção é o processo pelo qual se aplica calor ao alimento a fim de modificar-lhe a estrutura, alterar ou acentuar seu sabor e torná-lo adequado à digestão. O calor é um tipo de energia que faz as moléculas do alimento vibrarem, expandirem-se e se chocarem umas com as outras, transferindo esse calor entre elas. Quanto mais as moléculas se moverem, mais quente ficará o alimento. Acima de 75°C, o calor elimina bactérias patogênicas.

O calor é o princípio básico utilizado na cocção de alimentos. Pode ser direto ou indireto e gerado a partir de diversas fontes, entre elas gás, eletricidade, ondas eletromagnéticas e radiação solar.

Uma vez entendidos os princípios de cocção e as transformações pelas quais os alimentos passam ao serem submetidos ao calor, é possível escolher a melhor forma de cozinhá-los, de acordo com o resultado desejado.

É importante entender que cozinhar pode ser uma tarefa mais intuitiva ou mais técnica, mas, de forma alguma, se pode ignorar a necessidade de dominar estes conceitos.

TRANSMISSÃO DE CALOR

Todos os métodos de cocção estão condicionados à transmissão de calor, que pode se dar através de **condução**, **convecção** ou **radiação**.

Condução (transmissão direta)

É a propagação do calor, do exterior para o interior, em uma superfície sólida, por meio do contato direto, nesse caso, do alimento com o calor. Esse é o meio mais lento de transmissão de calor.

Existem diversos materiais condutores, alguns melhores do que outros. A água conduz calor melhor do que o ar. Metais como cobre e alumínio são ótimos condutores. Um exemplo prático: o fogo aquece uma chapa e nela se cozinha um bife.

Convecção (transferência de calor através de um fluido líquido ou gasoso)

É um método pelo qual as moléculas de um fluido, líquido ou gasoso, se movem de uma área mais quente para uma mais fria.

A convecção pode ser **natural** ou **artificial**.

Natural: o movimento das moléculas do fluido acaba por movimentar também as moléculas do alimento. As moléculas quentes sobem e as frias descem, provocando uma movimentação contínua e circular, que faz o alimento se aquecer. Um exemplo prático: a água em ebulição no cozimento de uma batata ou o ar quente assando um bolo.

Artificial: uso de recursos artificiais para acelerar a movimentação do meio líquido ou gasoso a fim de promover uma maior agitação das moléculas. Um exemplo prático: fornos com circulação de ar.

Radiação (a energia é transferida por ondas de luz ou calor)

É um processo que dispensa o contato direto do alimento com a fonte de calor, já que a transmissão se dá por meio de ondas. Há basicamente dois tipos de radiação, por **raios infravermelhos** e por **micro-ondas**.

Radiação infravermelha: consiste no aquecimento de materiais com alta retenção de calor a altas temperaturas, fazendo que o calor se solte em ondas e cozinhe os alimentos. Um exemplo prático: um pão na torradeira ou um prato sendo gratinado na salamandra*.

Cocção por micro-ondas: se dá por meio da radiação de ondas geradas pelo forno de micro-ondas, que aquecem as partículas de água presentes no alimento. A velocidade de cocção é muito alta, pois a radiação atinge todo o alimento e aquece de uma vez só todas as partículas de água. Materiais como papel, plástico, cerâmica e porcelana não são afetados pelas micro-ondas, já que não contêm água em sua composição.

EFEITOS DO CALOR

Os alimentos são compostos basicamente de **proteínas**, **carboidratos** (amidos e açúcares), **água**, **gordura** e **minerais**. As mudanças de textura, formato, cor e sabor ocorrem quando o calor é aplicado a cada um desses componentes.

É muito importante conhecer esses processos para que se possa explorar as propriedades e características de cada ingrediente na busca do resultado esperado. Com isso, também se pode entender melhor a cozinha, identificando problemas, erros ou soluções.

Proteína (carne, ovos e laticínios)

O termo próprio para a cocção da proteína é **coagulação**. Ao cozinhar, a proteína perde umidade, encolhe e se torna firme. Carnes brancas, peixes e ovos não devem ser expostos ao calor intenso e/ou prolongado, pois as moléculas de proteína se rompem, deixando o alimento com textura borrachuda.

A coagulação da proteína se dá entre 70°C e 85°C.

Amido

O termo próprio para a cocção do amido é **gelatinização**. Quando o amido está em contato com um líquido e calor, suas moléculas se expandem, cozinhando-o. Se há partículas pequenas de amido em meio líquido, ocorre o que chamamos de espessamento. Nesse caso, o amido contido no líquido o absorve e expande-se, dando a impressão de que o líquido foi engrossado, espessado. Esse processo é chamado de gelatinização. Um exemplo prático é a polenta.

A gelatinização se dá entre 66°C e 100°C.

Quando em contato com o calor seco, o amido perde umidade e doura. É o caso da farinha de mandioca ao ser tostada para uma farofa.

Açúcar

O termo preciso para a cocção do açúcar é caramelização. Quando se dá a caramelização, os alimentos sofrem alteração de sabor, cor (ficam dourados) e aroma. É o processo responsável pela maior parte dos sabores associados à cocção.

A caramelização se dá a partir de 170°C.

O açúcar está presente em quase todos os alimentos na forma de sacarose, glicose, frutose, maltose e lactose.

Todos os açúcares se caramelizam, mas em diferentes temperaturas. Eles são os responsáveis pela alteração de cor dos alimentos cozidos em calor seco (um pão dourado, um bife dourado).

Nenhum alimento cozido em água fica dourado. Isso se deve ao fato de a ebulição da água se dar a 100°C e o processo de caramelização a 170°C.

Água

A água evapora quando submetida ao calor. Todos os alimentos contêm água em maior ou menor proporção.

Quando a temperatura interna dos alimentos aumenta, as moléculas de água se evaporam, causando a desidratação e a perda de peso durante a cocção.

Gordura

Sua principal característica é a capacidade de reter calor, o que possibilita o cozimento de alimentos em altas temperaturas e favorece a caramelização.

A gordura presente na composição dos alimentos, como uma posta de salmão, por exemplo, derrete, amaciando o alimento e dando-lhe sabor e umidade.

MÉTODOS DE COCÇÃO

Uma vez conhecidas as maneiras de transmissão de calor e as características dos principais grupos de alimentos, passa-se aos métodos de cocção. Esses métodos devem ser vistos como fórmulas que, aplicadas a diferentes ingredientes, produzem resultados também diversos.

Os métodos apresentados a seguir são aplicáveis a quase todos os alimentos, devendo-se considerar suas características e o resultado final desejado. Essa é apenas uma apresentação, adiante esse método será aplicado a cada tipo de ingrediente.

COZIMENTO EM LÍQUIDO

É o processo pelo qual se cozinha um alimento em líquido abundante (água, fundo ou outro líquido aromatizado). Pode-se cozinhar um alimento em líquido em diferentes temperaturas, obtendo assim resultados diversos.

A 100°C acontece a fervura propriamente dita, na qual se pode cozinhar vegetais, massas, raízes e algumas carnes. Essa temperatura não é ideal para alimentos mais sensíveis, como peixes, frutos do mar, frutas e ovos. Nesse caso, o melhor é usar a fervura branda, pois a rápida movimentação da água pode quebrá-los.

A fervura branda, conhecida em inglês como *simmer*, acontece quando o líquido atinge uma temperatura entre 85°C e 95°C (nesse ponto é possível ver apenas pequenas bolhas na superfície do líquido).

Passo a passo

- aqueça o líquido escolhido para a cocção;
- adicione sal;
- quando o líquido atingir a temperatura correta (entre 85°C e 95°C, ou 100°C), junte o alimento a ser cozido;
- deixe ferver pelo tempo necessário;
- escorra, use ou guarde para uso posterior sob refrigeração.

COZIMENTO NO VAPOR

É o processo de cocção no qual se cozinha os alimentos pelo contato apenas com o vapor criado através do aquecimento de algum líquido sem que o alimento entre em contato com ele, também chamado cocção indireta. O alimento deve ser disposto em uma cesta especial ou superfície vazada e pode ser coberto para acelerar o cozimento. Esse método visa à preservação dos nutrientes, da textura e do sabor dos alimentos, e é o que mais preserva os componentes nutricionais.

Passo a passo

- aqueça o líquido escolhido para a cocção;
- posicione a cesta, peneira ou tela para cozimento no vapor acima do líquido em ebulição;
- disponha os alimentos lado a lado (sem sobrepor um ao outro) e cozinhe pelo tempo necessário.

CHAPEAR

É cozinhar alimentos, com ou sem adição de gordura, sobre uma superfície aquecida a gás ou eletricidade. Existem chapas lisas e estriadas, que imprimem as marcas da grelha no alimento.

Pode-se também chapear alimentos em uma panela ou frigideira de metal com alta retenção de calor (as de ferro, por exemplo).

Passo a passo

- aqueça muito bem a chapa;
- corte o alimento que será chapeado;
- tempere ou marine de acordo com a receita;
- retire o alimento do tempero e coloque na chapa aquecida;
- se desejar, acrescente gordura à chapa ou frigideira;
- cozinhe até que esteja no ponto de cozimento desejado;
- vire apenas uma vez e finalize o cozimento.

> Tampar a panela faz acelerar a cocção do alimento, mas não é apropriado para vegetais clorofilados (verdes), pois esses oxidam mais e perdem mais a cor que os demais alimentos cozidos no vapor.

GRELHAR

É o processo de cozinhar alimentos em grades metálicas paralelas e vazadas sobre uma fonte de calor forte (gás, eletricidade ou brasa). O calor radiante da grelha forma uma camada caramelizada e dá um sabor levemente defumado ao alimento, característico desse tipo de cocção. É indicado para alimentos naturalmente macios, ricos em gordura ou que tenham passado por cozimento prévio.

Passo a passo

- aqueça muito bem a grelha;
- corte o alimento que será grelhado;
- marine ou tempere de acordo com a receita (evitando marinadas com pedaços ou ervas para que estes não queimem ao serem grelhados);
- retire o alimento do tempero e coloque na grelha aquecida;
- cozinhe até que esteja bem marcado e dourado pela grelha;
- vire apenas uma vez e cozinhe até o ponto desejado.

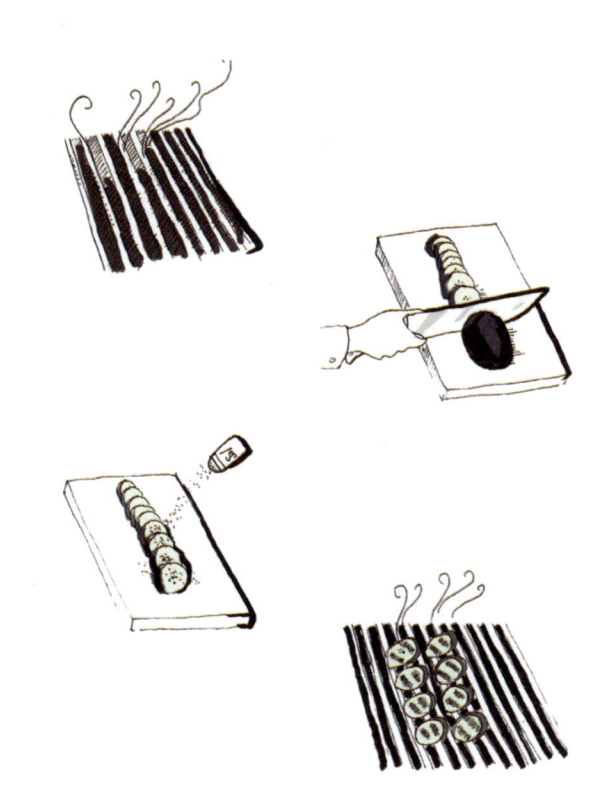

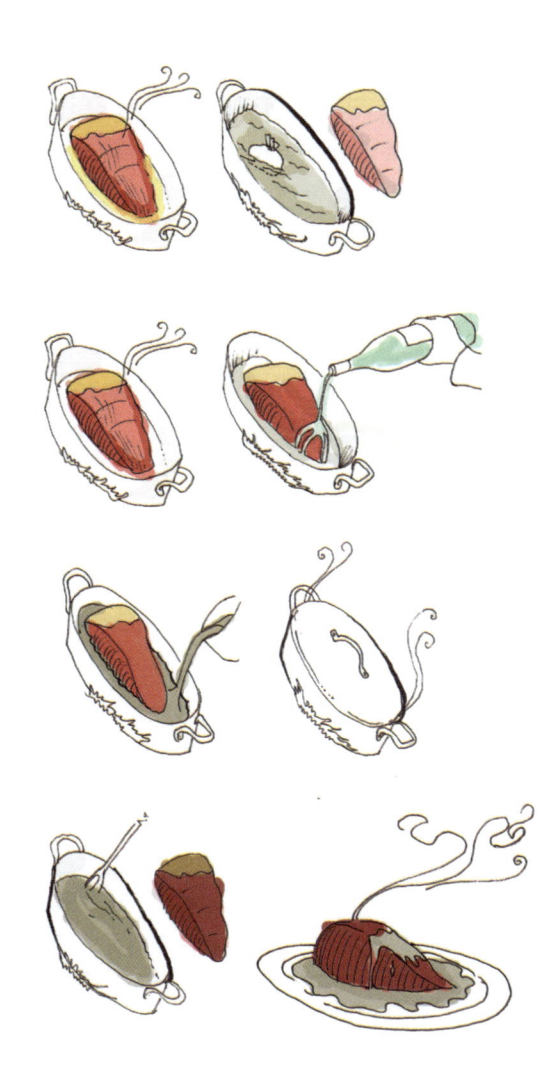

BRASEAR

É dourar previamente o alimento em gordura quente e em seguida cozinhá-lo com pouco líquido em panela tampada. A quantidade de líquido do braseado deve ser suficiente para apenas cobrir de ⅓ à metade da peça a ser cozida. O cozimento se dá pela fervura do líquido associada ao vapor criado por ele. O braseado é utilizado para porções grandes ou peças inteiras de alimento, e o sabor final proveniente desse método é muito rico. É servido com o molho formado durante a cocção. Este molho pode ser coado, batido e/ou espessado.

Passo a passo

- aqueça um pouco de gordura e doure o ingrediente principal;
- retire o ingrediente principal da panela e ali sue* o ingrediente aromático;
- leve o ingrediente principal de volta à panela;
- deglaceie* com o vinho e reduza*;
- adicione o líquido escolhido e leve à fervura;
- tampe e cozinhe em fogo baixo até a cocção total do ingrediente principal, ou leve a panela ao forno para finalizar a cocção;
- retire o ingrediente e finalize o molho, ajustando o sal e a pimenta;
- sirva o ingrediente principal com molho.

GUISAR

É semelhante a brasear, diferindo apenas no tamanho do ingrediente a ser preparado, que deve estar em pedaços pequenos. O guisado possibilita a cocção de mais de um ingrediente. A quantidade de líquido é maior, e o alimento cozido é servido com o próprio molho, sem coar.

Passo a passo

- aqueça a gordura e doure o ingrediente principal;
- adicione o ingrediente aromático e sue*;
- deglaceie* com o vinho e reduza*;
- adicione o líquido e leve à fervura;
- tampe e cozinhe em fogo baixo até a cocção total do ingrediente principal, ou leve a panela ao forno para finalizar a cocção;
- ajuste o tempero e sirva.

ASSAR

É o processo de expor o alimento ao ar aquecido em um forno com temperatura controlada pelo tempo necessário para atingir o ponto de cocção desejado. Pode ser coberto, o que confere ao alimento mais umidade e menos cor, ou descoberto, para obter um resultado dourado porém menos úmido.

Passo a passo

- preaqueça o forno;
- disponha o alimento em fôrma ou outro recipiente adequado para resistir a altas temperaturas;
- coloque o alimento no forno e cozinhe até atingir o ponto de cocção desejado.

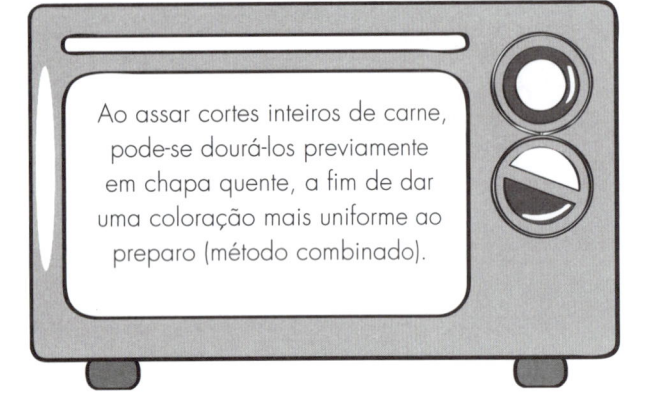

> Se desejar um resultado dourado, asse o alimento primeiro descoberto, e caso atinja a cor desejada antes do ponto de cozimento, cubra-o com papel-alumínio para evitar que a superfície queime.

> Ao assar cortes inteiros de carne, pode-se dourá-los previamente em chapa quente, a fim de dar uma coloração mais uniforme ao preparo (método combinado).

FRITAR (POR IMERSÃO)

É cozinhar um alimento em gordura quente própria para resistir a altas temperaturas. A fritura por imersão exige que o alimento esteja submerso em gordura, em geral com uso de fritadeira. Produtos fritos por imersão podem ser cobertos por algum tipo de empanamento*, que agrega cor e crocância ao preparo final, além de proteger o alimento.

Os pedaços devem ser pequenos e uniformes para que cozinhem rápida e completamente e fiquem todos prontos ao mesmo tempo. A temperatura ideal para esse procedimento é cerca de 180°C. O uso de fritadeira permite um controle de temperatura mais preciso.

Passo a passo

- prepare o alimento (corte e, se necessário, empane);
- em uma panela grande, aqueça bastante gordura para que o alimento fique submerso e possa ser movimentado na gordura;
- adicione o alimento a ser frito;
- frite até obter um dourado uniforme;
- retire o alimento e deixe descansar em papel-toalha para eliminar o excesso de gordura;
- sirva imediatamente.

FRITAR (EM FRIGIDEIRA)

Método similar à fritura por imersão, diferindo apenas na quantidade de gordura e no tipo de panela utilizados. Na fritura rasa, usa-se pouca gordura e esta deve cobrir apenas metade do alimento, que será frito em dois tempos, sendo virado no meio do processo.

Para fritar, escolha a gordura/óleo de acordo com seu sabor/aroma e temperatura necessária.

Por exemplo, para chapear carnes ou fazer frituras por imersão, onde a temperatura deve ser mais alta, escolha um óleo/gordura de ponto de fumaça mais alto.

Se o uso for para um salteado rápido de legumes ou outros preparos em que o alimento soltará líquido, um óleo/gordura de ponto de fumaça mais baixo pode ser adequado.

PONTO DE QUEIMA APROXIMADO DE ÓLEOS	
ÓLEO DE ABACATE	271°C
AZEITE EXTRAVIRGEM	160°C
AZEITE VIRGEM	216°C
BANHA	182°C
ÓLEO DE CANOLA	204°C
ÓLEO DE DENDÊ	232°C
ÓLEO DE GIRASSOL	227°C
MANTEIGA	150°C
MANTEIGA CLARIFICADA	190° a 250°C (depende do grau de pureza)
ÓLEO DE MILHO	232°C
ÓLEO DE COCO	177°C
ÓLEO DE SOJA	232°C

constantemente (ou seja, é preciso fazê-los "saltar" na panela).

Depois que um alimento é salteado, os sucos liberados durante a cocção, secos e grudados no fundo da panela, podem ser a base para o molho que acompanha o item salteado (carnes, em especial). Para isso, basta deglaçar*.

Passo a passo

- prepare o alimento (corte ou branqueie);
- em panela adequada (frigideira, *sauteuse* ou *sautoir*), aqueça pouca gordura;
- junte o alimento e cozinhe em fogo alto, mexendo constantemente;
- retire da panela e sirva;
- se quiser, prepare um molho a partir dos resíduos grudados ao fundo da panela e sirva junto.

Passo a passo

- prepare o alimento (corte e, se necessário, empane*);
- aqueça pouca gordura em panela pequena (frigideira ou *sautoir*);
- adicione o alimento a ser frito;
- frite de um lado até dourar;
- vire o alimento para que doure do outro lado;
- retire o alimento da gordura e deixe repousar em papel-toalha para eliminar o excesso de gordura;
- sirva imediatamente.

SALTEAR

Método rápido, realizado em alta temperatura e com pouca gordura.

Os alimentos devem ser naturalmente macios ou terem sido branqueados* previamente. Devem ser salteados aos poucos, para que a cocção se dê em alta temperatura, e mexidos

ESCALFAR

É cozinhar alimentos lentamente em líquido com a adição de ácido em baixas temperaturas. O ácido (normalmente vinagre) acelera a cocção da proteína, além de intensificar o sabor. Adequado para a cocção de proteínas mais sensíveis, como a dos pescados, ovos (um exemplo é o ovo *poché*), frutas e vegetais. Existem duas maneiras de aplicar esse método de cocção:

Em muito líquido

O alimento deve estar totalmente imerso em líquido (aromatizado de acordo com o resultado pretendido), que não pode estar em fervura plena, e deve ter espaço para ser movimentado. A temperatura adequada é entre 70°C e 82°C.

Passo a passo

- prepare o alimento;
- aqueça líquido (que deve conter ácido) suficiente para imergir o alimento a uma temperatura de 70°C a 82°C;
- adicione o alimento e cozinhe até o ponto adequado;
- retire do líquido e sirva com o molho escolhido.

Em pouco líquido

Considerado um método de cocção *à la minute**, é adequado para pequenas porções de alimentos macios. Consiste em cozinhar o alimento usando-se uma combinação de vapor e imersão em líquido combinado a ingredientes aromáticos e, impreterivelmente, um ácido.

O vapor é gerado a partir da evaporação do líquido de cocção capturado por uma tampa ou folha de papel-manteiga que cobre o alimento durante o cozimento. O líquido produzido na cocção é muito saboroso e comumente utilizado na produção do molho. A adição do ácido, nesse caso, além de produzir um molho de sabor mais intenso que, quando acrescido da manteiga, auxilia na emulsificação*.

A temperatura de cocção não deve ultrapassar os 75°C, portanto, em alguns casos pode ser conveniente terminar a cocção no forno, onde é mais fácil controlar a temperatura.

Passo a passo

- prepare o alimento;
- unte uma *sauteuse* com manteiga e adicione cebola ou outro ingrediente aromático;
- junte o vinho e o líquido e aqueça;
- acrescente o alimento já temperado;

- no fogão (até 75°C) ou no forno (preaquecido a 160°C), estabeleça uma fervura branda*, cubra com papel-manteiga e cozinhe até que o ingrediente principal esteja macio;
- retire o alimento e finalize o prato.

REFOGAR

Método que consiste em saltear um alimento em pouca gordura e finalizar sua cocção através da adição de pouco líquido, tampando então a panela e formando um ambiente de vapor que finalizará a cocção.

Passo a passo

- prepare o alimento;
- em uma panela, aqueça a gordura e salteie o alimento;
- quando o alimento estiver levemente dourado, adicione líquido;
- ao abrir fervura, tampe e cozinhe em fogo baixo até atingir o ponto desejado.

2. Bases de cozinha

Toda pessoa que cozinha (ou que quer começar a cozinhar) deve saber o que é *mise en place*. Esse é o primeiro passo para se obter êxito quando se vai cozinhar ou preparar um alimento – seja para cozinhar um ovo, seja para preparar um banquete para mil pessoas.

Mise en place é um termo francês que, ao pé da letra, significa "colocar no lugar", o material e os ingredientes, deixando tudo à mão para facilitar o desempenho. Se uma receita for usada para consulta, ela também deve estar à mão. Uma maneira rápida e eficiente de agilizar o trabalho é fazer uma lista dos itens do *mise en place* diariamente.

Na maioria dos restaurantes e cozinhas comerciais se usa o termo em francês, mas também se diz, em português, pré-preparo.

FACAS

Sabendo o que é *mise en place*, é preciso mencionar o principal utensílio de uma cozinha: **a faca**. Elemento essencial, em muitas situações uma boa faca pode até substituir outros utensílios, como um ralador, descascador ou processador. Todo cozinheiro deve ter suas próprias facas, saber manuseá-las e conhecer o melhor uso para cada uma delas. Cada faca tem seu tamanho e uso próprios. As principais são as descritas a seguir.

FACA DE CHEF

Lâmina de 20 cm a 35 cm de comprimento, para uso geral.

FACA DE DESOSSAR

Lâmina de 15 cm de comprimento, usada para separar a carne do osso.

FACA DE FILETAR

Para filetar peixe, com lâmina flexível e mais fina, em diversos tamanhos.

FACA DE LEGUMES

Lâmina de 5 cm a 10 cm de comprimento, usada para pequenos cortes e para frutas e vegetais.

FACA SERRILHADA

É ótima para o corte de certos alimentos. Exemplo: pão, tomate, bolo.

Além disso, para tirar todo o proveito dessas facas, é preciso ter também:

PEDRA

Para afiar a faca.

CHAIRA (FUSIL)

Para dar acabamento à afiação da faca.

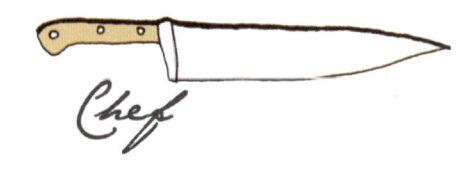

Chaira

Chef

Desossar

Legumes

Serrilhada

Filetar

Existem milhares de modelos de facas, marcas e forjas diferentes. Prefira a que melhor se adaptar à sua mão, mais leve ou mais pesada.

Faca é um objeto de uso pessoal, não se empresta! O cuidado com as próprias facas é fundamental. Por exemplo, deve-se secar a faca logo após o seu uso, preservando-se assim a lâmina.

A melhor faca é a faca bem afiada!

CORTES

Para interpretar e executar corretamente uma receita é preciso conhecer os tipos de corte clássicos. Ao criar uma receita, o mais importante é ter em mente o porquê de usar esse ou aquele corte. Deve-se considerar não apenas a perfeição das medidas, mas também a uniformidade dos cortes, o melhor aproveitamento do alimento e qual será sua aplicação (tempo de cozimento, o tamanho dos outros ingredientes, a textura, a intensidade de sabor e o resultado desejado).

Por tudo isso, habilidade nos cortes é indispensável a um profissional e é algo que se adquire com tempo e treino.

Os **cortes clássicos** são:

JULIENNE

Corta-se o legume em fatias longitudinais, e depois em bastões com 3 mm x 3 mm x 2,5 cm (*julienne* comum) ou 3 mm x 3 mm x 5 cm (*julienne* longa).

BRUNOISE

Cubos com 3 mm de lado. Esse corte, em geral, tem como primeira parte o corte *julienne*.

CUBOS PEQUENOS

6 mm de lado.

CUBOS MÉDIOS

9 mm de lado.

CUBOS GRANDES

1,5 cm de lado.

BASTONETES (*BÂTONNETS*)

Corte longitudinal com 6 mm x 6 mm x 5 cm ou 6 mm x 6 mm x 6 cm. Corte perfeito para batata frita.

CHIFFONADE

Corte de qualquer espessura usado para fatiar folhas.

TOURNÉ

Corte em formato de barril com sete lados iguais e bases horizontais. É um corte decorativo, usado para legumes e raízes razoavelmente firmes, como batata, cenoura, abobrinha.

Esses são os **cortes** que consideramos **básicos**. Há muitos outros tipos, que, na verdade, são variações dos descritos acima.

ACOMPANHAMENTOS AROMÁTICOS

São misturas de ingredientes (em geral legumes, ervas e especiarias) utilizadas para dar sabor às receitas. É importante observar a proporção de cada ingrediente na combinação, já que o objetivo é realçar o sabor da preparação, e não sobrepujá-lo. Nesse ponto, entra o toque pessoal de cada cozinheiro. Com a prática, os fundos e outras preparações de base passam a ter o estilo do profissional, que por sua vez é determinado pela escolha desses acompanhamentos aromáticos e pela proporção dos ingredientes na composição deles. Esses complementos podem ser colocados no início da cocção e retirados quando já tiverem liberado o sabor desejado à produção, ou acrescidos no final do processo, para emprestar ao prato a justa intensidade esperada.

SAL

Potencializador de sabor. É fundamental em qualquer receita, pois realça o sabor dos ingredientes. É usado também em pratos doces, porém em menor quantidade.

Sal grosso

É sal marinho em cristais maiores que o sal utilizado normalmente nas cozinhas. É o mais comum e mais barato dos sais não refinados.

Sal iodado

É o sal refinado (sal de mesa), que passa por processos de refinamento (branqueamento e moagem). É o escolhido para uso diário pela praticidade (é mais solto e se dissolve rapidamente) e disponibilidade. A adição de iodo foi convencionada para evitar o bócio.

Flor de sal

Delicada camada de cristais de sal que se forma à superfície da água do mar, onde aflora naturalmente, daí seu nome – o sal se encontra como "flor" flutuando na água. Dispensa a extração na salina e posterior refinamento. É muito valorizada, rara e mais cara. Usada para finalização, um toque de flor de sal acrescenta textura e sabor especial a um prato simples, seja uma batata assada, um patê ou até uma sobremesa, como o caramelo com flor de sal. De acordo com a região onde é extraída, a flor de sal pode ter diferentes nomes e características.

Os mais conhecidos são sal de Guérande, da costa da Bretanha; sal de Maldon, da costa do Reino Unido, muito puro, em flocos piramidais; sal da costa do Algarve; sal da costa oeste da Sicília. No Brasil, a produção encontra-se no Rio Grande do Norte.

PIMENTA-DO-REINO

Uma das especiarias mais presentes na culinária, é um fruto usado em geral depois de seco. Nativa da Índia, é hoje cultivada também em outras regiões tropicais do planeta.

Conhecida desde a Antiguidade, é talvez a especiaria mais comum e mais utilizada na cozinha ocidental (clássica europeia). Seu sabor picante se deve a um composto químico chamado piperina. Em quase todas as mesas e cozinhas, ao lado do saleiro, encontra-se o pimenteiro. A pimenta-do-reino preta é o grão de pimenta seco, com casca. A branca, é a pimenta preta descascada e seca. A verde é o grão fresco em conserva.

A pimenta rosa, diferente do que se pensa, não é uma pimenta, mas sim o fruto de uma árvore tropical, a aroeira.

SAL E PIMENTA-DO-REINO

Sem dúvida, são os aromatizantes mais usados. A proporção mais comum é de 4 partes de sal para 1 de pimenta, mas pode ser usada em maior ou menor quantidade, de acordo com o resultado desejado.

Com a descoberta do Novo Mundo e, consequentemente, das pimentas ditas "ardidas", ou simplesmente "vermelhas", o nome pimenta passou a designar os dois tipos. Mas os princípios de ardor são diferentes: as pimentas vermelhas, do gênero *Capsicum*, ao qual pertence também o pimentão, possuem uma substância chamada capsaicina, que promove a sensação de ardor ou queimação nas papilas.

MIREPOIX

Mistura de vegetais usada para dar sabor a fundos, molhos e outras preparações culinárias.

Uma vez o fundo pronto, o líquido resultante é coado e os sólidos são desprezados.

O tamanho dos vegetais deve ser proporcional ao tempo de cocção e ao tipo de produto final.

Proporção básica

50% DE CEBOLA (OU 25% DE CEBOLA E 25% DE ALHO-PORÓ) + 25% DE SALSÃO + 25% DE CENOURA

No *mirepoix* branco, a cenoura é substituída pelo alho-poró para garantir que a preparação final mantenha a coloração clara.

Proporção básica do mirepoix branco

25% DE CEBOLA + 25% DE ALHO-PORÓ + 25% DE SALSÃO + 25% DE NABO OU DE APARA DE COGUMELO-DE-PARIS.

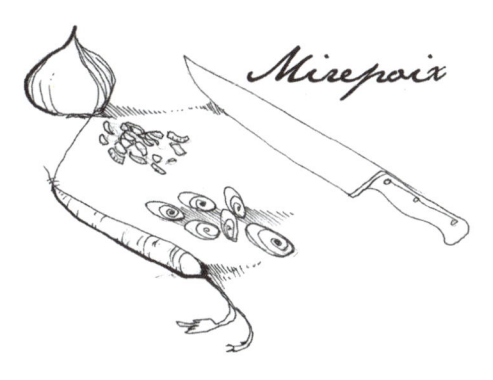

Mirepoix

BOUQUET GARNI

Um amarrado de vegetais e ervas: talos de salsão cortados em bastonetes, talos de salsa, tomilho e louro, envoltos em uma folha de alho-poró e atados por um barbante. Um ou mais ingredientes de um *bouquet garni* clássico podem ser mudados, conforme o gosto ou necessidade do preparo.

CEBOLA *BRÛLÉE*

Cebola cortada ao meio e queimada em chapa ou frigideira até ficar bem escura. Curiosamente, o gosto de "queimado" não é perceptível, e o sabor levemente amargo, resultante da caramelização da cebola, é bem vindo e confere complexidade ao preparo.

Usada para dar sabor e, principalmente, cor a preparações como *consommés* e fundos.

CEBOLA *PIQUÉE*

Cebola espetada com 1 folha de louro e 1 a 3 cravos-da-índia, dependendo da intensidade de sabor desejada. Usada na produção de molho *béchamel* e algumas sopas.

SACHET D'ÉPICES

Saquinho de gaze com ervas e especiarias: louro, pimenta-do-reino em grão, talos de salsa e tomilho.

Opcionalmente, pode-se acrescentar ainda cravo-da-índia e alho. É usado como se fosse um saquinho de chá.

O seu conteúdo pode ser alterado, já que a combinação de aromas é infinita.

MARINADA

Utilizada para dar sabor a carnes, peixes e vegetais. É composta de óleos, ácidos (vinho, sucos cítricos, vinagre) e aromatizantes (ervas, especiarias e vegetais).

Normalmente não leva sal, para não desidratar a peça a ser temperada – o sal é adicionado apenas perto da hora do preparo.

FUNDOS

Líquidos saborosos produzidos pelo cozimento lento de *mirepoix*, ingredientes aromáticos, ossos e/ ou carcaças em água, usados como base para sopas, molhos e outros pratos – com exceção do fundo de vegetais, que, naturalmente, não leva ossos.

Os fundos podem ser classificados em duas principais categorias: fundos escuros e fundos claros.

Os fundos escuros são feitos a partir de ossos assados, *mirepoix* caramelizado*, e muitas vezes levam purê de tomate, a *pinçage*.*

Nos fundos claros, os ingredientes não passam por caramelização.

Fundo de vegetais

Rendimento: 4 LITROS

Ingredientes

60 ml de óleo
115 g de cebola picada
115 g de alho-poró picado
55 g de salsão picado
55 g de cenoura picada
55 g de nabo picado
55 g de tomate picado
3 dentes de alho
1 *sachet d'épices* (use a receita base da p. 43 + 1 cravo--da-índia)
água fria suficiente para encher a panela

Preparo

Em uma panela, aqueça o óleo e sue* os vegetais. Cubra com a água e cozinhe em fogo baixo em fervura branda*, sem deixar entrar em ebulição total. Junte o *sachet d'épices* e cozinhe por mais 30 a 40 minutos. Coe, resfrie* e guarde sob refrigeração para uso posterior.

Antes de usar, retire a gordura da superfície com uma escumadeira.

Fundo claro de ave

Rendimento: 4 LITROS, USANDO UM CALDEIRÃO DE 10 LITROS

Ingredientes

4 kg de carcaça de frango
ossos de boi ou de vitela sem gordura
500 g de *mirepoix* (ver p. 43)
1 *sachet d'épices* (ver p. 43)
água fria suficiente para encher a panela

Preparo

Lave as carcaças e os ossos, coloque-os em um caldeirão, encha-o com a água fria e cozinhe em fogo baixo por 3 horas em fervura branda*, sem deixar entrar em ebulição total.

Escume* todas as impurezas que surgirem na superfície.

Ao completar 3 horas de cozimento, adicione o *mirepoix* e o *sachet d'épices* e cozinhe por mais 1 hora. Coe, resfrie* e guarde sob refrigeração para uso posterior.

Antes de usar, retire a gordura da superfície com uma escumadeira.

Para fazer um fundo claro bovino, faça como na receita de fundo claro de ave, substituindo as carcaças de frango por 3,5 kg de ossos bovinos limpos e cozinhando em fervura branda* por 5 horas.

Cuidados ao preparar um fundo

- Não tampe a panela.
- Comece com líquido frio (a ação gradual do calor faz com que o alimento comece a soltar seu líquido para a água e, consequentemente, seu aroma e sabor).
- Cozinhe desde o começo em fogo baixo, em fervura branda*, para não turvar o líquido e não reduzi-lo antes de todos os sabores terem sido extraídos;
- Mesmo usando, durante o preparo, um fogo bem brando, o líquido do fundo, caldo ou *fumet* vai evaporar; se ele estiver chegando à metade do volume original de água indicado na receita, é necessário acrescentar mais água – o nível ideal é o de ¾ da panela;
- Cozinhe durante o tempo adequado (ver tabela abaixo) para que o sabor e os nutrientes sejam liberados.
- Escume* as impurezas sempre que necessário.
- Não adicione sal, pois se trata de uma base (o sal é acrescentado no preparo final de uma receita em que esse fundo é também um dos ingredientes).
- Coe, resfrie*, etiquete e armazene adequadamente (refrigerado ou congelado).

Características de um bom fundo

- Equilíbrio obtido por meio do uso balanceado de condimentos para gerar aroma e sabor agradáveis e para que nenhum deles sobressaia ao outro – o cravo-da-índia e o salsão são exemplos clássicos desse desequilíbrio quando usados em demasia –, a não ser que esse seja o objetivo.
- Cor apropriada (conforme a intenção original: claro, escuro etc).

Tempo de cocção

- Ossos bovinos: 6 a 8 horas.
- Ossos de vitelo: 6 horas.
- Carcaça de frango: 5 horas.
- Ossos suínos: 5 horas.
- Carcaças de peixe ou crustáceo: 30 a 45 minutos.

O *fumet* e o *court bouillon* não são classificados como fundos, no entanto, são utilizados de maneira similar.

Fundo claro de vitela

Rendimento: 4 LITROS, USANDO UM CALDEIRÃO DE 10 LITROS

Ingredientes

4 kg de ossos de vitela sem gordura
500 g de *mirepoix* (ver p. 43)
1 *sachet d'épices* (ver p. 43)
água fria, em quantidade suficiente para encher a panela

Preparo

Lave bem os ossos e coloque-os em uma panela com água fria. Cozinhe em fogo baixo por 5 horas, em fervura branda*, sem deixar entrar em ebulição total.

Escure* todas as impurezas que surgirem na superfície. Ao completar 4 horas de cozimento, adicione o *mirepoix* e o *sachet d'épices* e cozinhe por mais 1 hora.

Coe, resfrie* e refrigere para uso posterior. Antes de usar, retire a gordura da superfície e coe com uma escumadeira.

Fundo de peixe ou crustáceo

Rendimento: 4 LITROS, USANDO UM CALDEIRÃO DE 10 LITROS

Ingredientes

5 kg de carcaças de peixe ou crustáceo
500 g de *mirepoix* branco (ver p. 43)
280 g de apara de cogumelo-de-paris
água suficiente para encher a panela

Preparo

Lave as carcaças. Coloque-as em uma panela e junte o *mirepoix*, a apara de cogumelo-de-paris e a água fria e cozinhe em fogo baixo por 30 a 40 minutos em fervura branda*, sem deixar entrarem em ebulição total. Escume* todas as impurezas que se formarem na superfície.

Coe, resfrie* e guarde sob refrigeração para uso posterior.

Antes de usar, retire a gordura da superfície com uma escumadeira.

Fundo escuro bovino

Rendimento: 4 LITROS, USANDO UM CALDEIRÃO DE 10 LITROS

Ingredientes

4 kg de ossos bovinos limpos
120 ml de óleo
500 g de *mirepoix* (ver p. 43)
180 g de extrato de tomate
1 *sachet d'épices* (ver p. 43)
óleo para untar
água suficiente para encher a panela

Preparo

Lave bem os ossos. Coloque-os em uma assadeira untada com óleo e asse a 220°C por 45 minutos a 1 hora, até que estejam bem dourados.

Transfira os ossos para uma panela grande e reserve a assadeira. Acrescente a água fria aos ossos e cozinhe em fogo baixo pelo menos por 6 horas em fervura branda*, sem deixar entrar em ebulição total. Escume* todas as impurezas que se formarem na superfície.

Ao completar 5 horas de cozimento, usando a assadeira em que os ossos foram assados, caramelize* o *mirepoix* e faça o *pinçage* * com o extrato de tomate.

*Deglaceie** a assadeira com um pouco do líquido do cozimento dos ossos e junte tudo, mais o *sachet d'épices*, à panela. Cozinhe por mais 1 hora. Coe, resfrie* e guarde sob refrigeração para uso posterior. Antes de usar, retire a gordura da superfície com uma escumadeira.

Fundo escuro de ave

Rendimento: 4 LITROS, USANDO UM CALDEIRÃO DE 10 LITROS

Ingredientes

4 kg de ossos de frango limpos

120 ml de óleo

500 g de *mirepoix* (ver p. 43)

180 g de extrato de tomate

1 *sachet d'épices* (ver p. 43)

óleo para untar

água suficiente para encher a panela

Preparo

Lave bem os ossos. Coloque-os em uma assadeira untada com óleo e asse a 220°C por 45 minutos a 1 hora, até que estejam bem dourados.

Transfira os ossos para uma panela grande e reserve a assadeira.

Acrescente a água fria aos ossos e cozinhe em fogo baixo por 5 horas em fervura branda* sem deixar entrar em ebulição total.

Escume* todas as impurezas que se formarem na superfície.

Ao completar 4 horas de cozimento, usando a assadeira em que os ossos foram assados, caramelize* o *mirepoix* e faça o *pinçage* * com o extrato de tomate.

Deglaceie* a assadeira com um pouco do líquido do cozimento dos ossos e junte tudo, mais o *sachet d'épices*, à panela.

Cozinhe por mais 1 hora. Coe, resfrie* e guarde sob refrigeração para uso posterior.

Antes de usar, retire a gordura da superfície com uma escumadeira.

FUMET

Trata-se de uma preparação em que a carcaça do peixe (bem lavada e sem vestígios de vísceras ou sangue) e o *mirepoix* branco são suados* em gordura (óleo, manteiga, azeite) antes da adição de um ácido (vinho branco) e de água fria. A partir daí, o preparo é semelhante ao de qualquer outro fundo.

O *fumet* é bem mais saboroso que um fundo de peixe comum; o produto final, no entanto, não é tão claro. Devido à fragilidade, as carcaças de peixe e crustáceo requerem um tempo de cozimento curto, de 20 a 30 minutos, o suficiente para extrair-se todo o seu sabor.

Para a preparação, o *mirepoix* deve ser cortado em pedaços pequenos, a fim de transferir suas propriedades para o fundo em um curto período de cozimento.

Fumet

Rendimento: 4 LITROS, USANDO UM CALDEIRÃO DE 10 LITROS

Ingredientes

100 ml de óleo

500 g de *mirepoix* branco (ver p. 43)

5 kg de carcaças de peixe branco ou crustáceo (bem lavadas, limpas e sem vestígios de sangue)

300 g de apara de cogumelo-de-paris

500 ml de vinho branco seco ou suco de limão

1 *bouquet garni* (ver p. 43)

água suficiente para encher a panela

Preparo

Em uma panela, aqueça o óleo e sue* o *mirepoix* e a carcaça.

Junte o cogumelo-de-paris e sue*. Adicione a água fria, o vinho e o *bouquet garni* e cozinhe em fogo baixo por no máximo 40 minutos, escumando* as impurezas da superfície.

Coe, resfrie* e refrigere para uso posterior. Antes de usar, retire a gordura da superfície com uma escumadeira.

COURT BOUILLON

Líquido de sabor intenso, feito de vegetais e ervas aromáticas, especiarias, um ácido (vinho, suco de frutas cítricas, vinagre etc.) e água. Feito em tempo curto (de 30 a 40 minutos), serve para cozinhar alimentos como peixes, crustáceos, carnes brancas e vegetais, que absorvem o sabor dos ingredientes aromáticos do líquido. Algumas vezes, esse líquido é usado na própria finalização do prato – é o caso de peixes e crustáceos *à la nage**. Neste caso, deve-se diminuir a quantidade de vinagre da receita pela metade.

Caldo de carne

Rendimento: 4 LITROS, USANDO UM CALDEIRÃO DE 10 LITROS

Ingredientes

70 ml de óleo

3 kg de músculo com osso em pedaços de 3 cm

500 g de *mirepoix* (ver p. 43)

6 dentes de alho

1 *bouquet garni* (ver p. 43)

fundo de carne suficiente para encher a panela (na falta, usar água)

Preparo

Em uma panela grande, aqueça metade do óleo. Doure lentamente a carne. Se não couber toda a carne na panela, faça em duas etapas. Retire os pedaços de carne.

Caramelize* o *mirepoix* e o alho na mesma panela. Retorne os pedaços de carne e cubra com fundo ou água. Cozinhe em fogo baixo em fervura branda*, sem deixar entrar em ebulição total.

Cozinhe por 4 horas e junte o *bouquet garni*. Cozinhe por mais 1 hora, e escume* as impurezas que forem se formando na superfície.

Coe, resfrie* e guarde sob refrigeração para uso posterior. Antes de usar, retire a gordura da superfície com uma escumadeira.

Court Bouillon

Rendimento: 2 LITROS

Ingredientes

2,5 litros de água fria

150 ml de vinagre de vinho branco

2 colheres (chá) de sal

150 g de cenoura em rodelas

250 g de cebola em rodelas

2 folhas de louro

½ colher (chá) de tomilho seco

3 pimentas-do-reino preta em grão

10 talos de salsa

Preparo

Em uma panela, junte todos os ingredientes, exceto a pimenta em grão, e cozinhe em fogo baixo por 50 minutos.

Escume* todas as impurezas que se formarem na superfície.

Acrescente a pimenta em grão e cozinhe por mais 10 minutos.

Coe, resfrie* e refrigere para uso posterior.

CALDO

O caldo é um fundo fortificado que leva, além dos ingredientes básicos, aparas de carne, resultando em um sabor mais intenso. É também conhecido como *bouillon* (em francês), *brodo* (em italiano) e *broth* (em inglês). Esses termos são usados mesmo fora dos países de origem.

AGENTES ESPESSANTES

São ingredientes ou combinações de ingredientes usados para dar corpo e/ou liga a preparações líquidas, agregando-lhes também sabor e textura. Muito comuns na cozinha clássica até os anos 1970, hoje são usados com parcimônia, embora continuem sendo imprescindíveis em algumas preparações.

No entanto, buscando a valorização do ingrediente principal, usa-se a técnica de redução* ou simplesmente não se usa espessante, deixando o molho com sua textura natural.

Exemplo: *Jus de cuisson* (molho obtido com a deglaçagem* das raspas da panela ou assadeira onde foi preparado o alimento).

Entre os agentes espessantes, temos:

ROUX

50% GORDURA + 50% AMIDO (EM PESO) + COCÇÃO

Para fazer o *roux*, aquece-se a manteiga e acrescenta-se a farinha de trigo de uma vez só, mexendo até formar uma pasta.

Geralmente se utiliza manteiga sem sal (crua ou clarificada*) e farinha de trigo.

Deve sempre entrar nas produções da seguinte maneira: *roux* frio em líquido quente ou *roux* quente em líquido frio.

Após a adição do *roux* a um líquido, deve-se cozinhar essa preparação pelo menos por 3 minutos, mexendo sempre a fim de que todo o sabor da farinha de trigo crua desapareça.

Podemos preparar 4 tipos de *roux*, que terão sabor e poder espessante diferentes.

A coloração dependerá do tempo de cozimento da mistura de gordura e amido.

O **roux branco** é deixado no fogo apenas até que a mistura esteja bem quente, sem dourar. Os demais são deixados por mais tempo, até atingirem a coloração desejada.

Quanto mais claro for o *roux*, mais suave será seu sabor e mais forte seu poder espessante. Se estabelecermos que *roux* branco tem poder espessante de 100%, então teremos a seguinte escala:

roux branco: 100%
roux amarelo: 80%
roux escuro: 50%
roux negro: 20% a 30%

• ***roux* branco:** cozinhe por cerca de 3 minutos (a partir da adição da farinha) em fogo baixo e sem parar de mexer, ou até que adquira uma coloração marfim.

• ***roux* amarelo:** siga as instruções acima, cozinhando por mais 2 a 3 minutos, até que o *roux* fique dourado claro.

• ***roux* marrom ou escuro:** continue o cozimento até que o *roux* adquira um tom dourado-escuro e um aroma próximo ao de oleaginosas* (avelã/ amêndoa/ nozes) tostadas.

• ***roux* negro:** Aqui, o óleo é usado no lugar da manteiga. Deve ficar com cor marrom bem escura, quase negra.

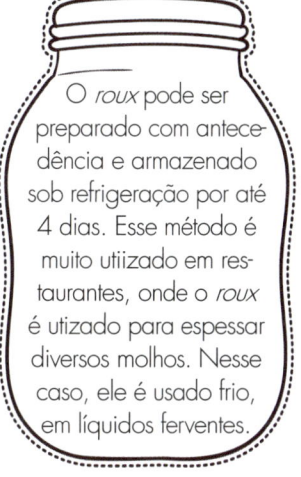

O *roux* pode ser preparado com antecedência e armazenado sob refrigeração por até 4 dias. Esse método é muito utiizado em restaurantes, onde o *roux* é utizado para espessar diversos molhos. Nesse caso, ele é usado frio, em líquidos ferventes.

SLURRY

1 PARTE DE AMIDO + 2 PARTES DE LÍQUIDO FRIO (EM PESO)

Pode-se utilizar diferentes tipo de amido, como amido de milho, farinha de trigo, araruta e féculas. O líquido pode ser água, leite ou parte do líquido da receita que se quer espessar. Nesse caso, separa-se uma parte do líquido para nele dissolver o amido.

A mistura é feita juntando-se aos poucos o líquido ao amido e mexendo bem, até que a mistura fique homogênea. Depois se acrescenta essa mistura à preparação que se quer espessar.

É importante lembrar que a preparação deve estar fervente e que se deve mexer constantemente com um *fouet**, para que não se formem grumos.

Deve-se cozinhar o *slurry* na preparação apenas até que se atinja a consistência desejada.

É um espessante pouco usado, que funciona melhor para um ajuste final de textura, caso esta não tenha ficado como planejado.

BEURRE MANIÉ
50% MANTEIGA + 50% FARINHA DE TRIGO (EM PESO)

Assim como o *slurry*, é mais utilizado para finalização ou ajuste *à la minute**. Mistura-se a manteiga sem sal *en pommade** com a farinha de trigo, formando uma pasta. É utilizado frio e sempre adicionado aos poucos a uma preparação fervente, batendo-se constantemente com um *fouet** até que atinja a consistência desejada. Tem alto poder espessante, porém sabor residual intenso se usado em grande quantidade.

LIAISON
25% GEMA + 75% CREME DE LEITE FRESCO (EM PESO)

É utilizado na finalização de preparações.

Se comparado ao *roux* e ao *beurre manié*, tem baixo poder espessante, sendo por isso mais usado para um ajuste de textura. Altera a cor e o sabor da preparação, portanto, funciona melhor para receitas cremosas, como a *blanquette* de vitela. O creme de leite suaviza o sabor e confere uma textura aveludada, enquanto a gema deixa as preparações mais espessas e mais ricas.

A gema e o creme são misturados frios e devem ser adicionados à preparação que se quer espessar por meio de temperagem*.

Depois de acrescentado, o líquido espessado não pode ferver!

GELATINA

É utilizada para dar corpo a líquidos ou preparações servidas frias. Quanto maior a quantidade de açúcar ou de ingredientes ácidos, maior a quantidade de gelatina necessária. A gelatina, seja em pó, seja em folha, deve ser sempre previamente hidratada* e dissolvida.

Para hidratar* a versão em pó usamos pouca água, pois todo o líquido usado será empregado na receita. Já para a versão em folha pode-se usar bastante água, pois após a hidratação, retira-se as folhas da água para então empregá-las.

Há três maneiras de dissolver a gelatina: em banho-maria*, em micro-ondas (na potência máxima) ou em líquido quente.

Existe um tipo de gelatina vegetal (extraída de algas marinhas), o ágar-ágar, que pode ser utilizado em preparações quentes. É ideal para uso em pratos vegetarianos.

MANTEIGA

É usada fria em líquidos quentes para encorpá-los ligeiramente no momento final do preparo (*monter au beurre**). Isso se deve à emulsificação* da manteiga no líquido (molho), que não pode ser levado à fervura, já que a emulsão se desfaz e o molho se separa.

CREME DE LEITE

Atua como espessante quando colocado para reduzir-se* juntamente com o líquido que se deseja espessar. Altera significativamente o sabor, a cor e a textura da preparação.

SANGUE

Atua como espessante ao coagular-se junto com um líquido quente. Também não deve ser fervido. O prato mais conhecido em que se utiliza esse recurso é a galinha ao molho pardo.

> Todas as medidas devem ser calculadas em peso, não em volume. Embora semelhantes, esses agentes levam a diferentes resultados, portanto, é preciso experimentar antes para que se possa sempre fazer a melhor escolha.

3. Ervas e especiarias

As **ervas** e **especiarias** são fundamentais na cozinha. Elas tanto temperam e aromatizam as bases – quando formam um fundo de aroma especial, mas indistinguível – quanto podem ser o toque final de um prato. Por terem propriedades muito peculiares devem ser usadas com muita atenção.

Quando falamos de **ervas e especiarias**, não há regras.

O importante é ter bom senso e provar cada uma delas, observar suas características e criar suas próprias combinações.

ERVAS

Podemos encontrar **ervas secas** e **frescas**, **puras** ou **combinadas**, como é o caso das **ervas de Provence**.

Quando **frescas**, em geral são sensíveis e delicadas, portanto, devem ser empregadas apenas na finalização de pratos. Seus óleos essenciais são delicados e perdem o aroma rapidamente se forem aquecidos por tempo prolongado.

Algumas, porém, são mais resistentes, como o tomilho, o louro e o alecrim, e podem ser usadas em assados, por exemplo. As **secas** devem ser empregadas no início da cocção para possibilitar sua hidratação e liberação de aroma.

Cerefólio

Azedinha

Dill

Hortelã

Outro fator importante é a **oxidação**, que ocorre a algumas ervas frescas, como o manjericão e a hortelã, por exemplo. A oxidação se dá pelo contato da erva já picada com o ar, ocasionando o escurecimento desta. Procure sempre picá-las o mais próximo possível do momento de usar ou, antes de cortar, despeje um pouco de óleo ou azeite sobre as ervas e então pique. Dessa forma, quando a faca cortar a erva, o óleo cobrirá a superfície cortada, evitando, assim, a oxidação.

Para aromatizar os fundos, são utilizadas ervas delicadas (salsa) e mais resistentes (tomilho, louro).

Use sempre fresca: salsa, cebolinha, coentro, hortelã, manjericão, sálvia, cerefólio, menta, *dill*, azedinha, nirá e manjerona.

Use fresca ou seca: segurelha, tomilho, louro, alecrim e orégano.

ARMAZENAMENTO

• As ervas frescas, depois de lavadas e bem escorridas, se conservam bem por até uma semana acondicionadas em sacos plásticos sob refrigeração.

• Coentro, salsa, cebolinha e manjericão também podem ser armazenados em recipiente com água sob refrigeração (como se fosse um vaso).

• Para armazená-las por mais tempo, algumas ervas como salsa, manjericão e coentro podem ser batidas no liquidificador com um pouco de óleo ou azeite (formando um purê denso) e guardadas em recipientes de vidro ou plástico sob refrigeração. Dessa forma, elas podem durar até 1 semana.

• As ervas desidratadas duram mais e devem ser armazenadas em embalagens bem fechadas e protegidas da luz. Verifique a data de validade para determinar sua duração.

ALECRIM
(Rosmarinus officinalis)

Erva de sabor pronunciado. Como suas folhas são um pouco duras, é melhor retirá-las do preparo antes de servir. Funciona muito bem com carnes e frango assados (*roast beef*, cordeiro) e em marinadas para carne de caça. Pode também ser tostada junto com frutas secas (amêndoa, nozes, castanha etc.).

AZEDINHA
(Rumex acetosella)

Tem folhas suculentas de quase 10 centímetros que mais parecem folhas de salada. Como o nome diz, tem sabor azedo, que adiciona uma "graça" especial a peixes. É a base da *soupe à l'oseille* e, quando adicionada picada às marinadas, funciona como amaciante de carnes. Pode ser usada como invólucro para charutinhos de arroz, como substituta para folhas de uva e repolho.

CEBOLINHA VERDE E *CIBOULETTE*
(Allium fistulosum)

Pertence à família do alho, da cebola e do alho-poró. Muitíssimo usada, acompanha a salsa em muitos pratos – o famoso cheiro-verde. A *ciboulette* é muito usada em sopas cremosas, omeletes e peixes. Não suporta altas temperaturas (pois perde sabor), portanto, o melhor é usá-la ao final da preparação – acrescentada alguns segundos antes de servir ou como decoração. A parte branca (da base) é mais resistente e aparece como base aromática em alguns pratos, no início da cocção.

CEREFÓLIO
(Anthriscus cerefolium)

Um dos componentes das *fines herbes*, é usado para dar sabor no final do cozimento de sopas e saladas ou como decoração pelo seu aspecto delicado. Seu sabor lembra o anis.

Manjerona

Nirá

Coentro

Sálvia

COENTRO
(*Coriandrum sativum*)

Usado em folhas ou grãos, é amado por uns e odiado por outros. É extensamente usado na culinária brasileira do Norte e Nordeste, principalmente da Bahia (moquecas, bobó e peixes em geral), durante o cozimento ou salpicado por cima antes de servir. No Brasil, é uma herança cultural dos africanos, mas pode ser encontrado em outras culinárias, como a mexicana, a árabe, a indiana, a tailandesa e a chinesa. No Oriente Médio e na Índia, as sementes são usadas inteiras em conserva ou em pó. É um dos componentes do *curry*.

DILL (ENDRO)
(*Anethum graveolens*)

Erva cultivada originariamente na Rússia e no Mediterrâneo. Combina bem com salmão (defumado, marinado, *gravlax* e *poché*), cremes, omeletes e preparados com iogurte. As sementes são usadas para o preparo de sopas e picles. As folhas devem ser frescas e empregadas na última hora (a não ser em preparados frios).

ESTRAGÃO
(*Artemisia dracunculus*)

É uma das ervas mais sofisticadas da culinária. Tem sabor único e valoriza outros sabores em um mesmo prato. Pode ser usado em saladas, aves, peixes e carnes; é muito apreciado em omeletes (a erva já o transforma em um prato especial). Colocado em vinagre branco, produz um aroma característico, que dá gosto à *sauce béarnaise*, usada no *steak* de mesmo nome.

HORTELÃ
(*Mentha spp.*)

É sempre melhor fresca, empregada em saladas (tabule, pepino com iogurte), carnes (cordeiro), para acompanhar legumes cozidos (abobrinhas com hortelã) ou em balas e gomas de mascar. É usada seca em alguns pratos da culinária do Oriente Médio, como o quibe cozido na coalhada, e também como essência de alguns licores e guarnição para drinques. Em sobremesas, pode ser usada em salada de frutas e combinada com chocolate. É utilizada ainda na decoração de sobremesas.

LOURO
(*Laurus nobilis*)

Em folha, é muito usado na culinária francesa, mediterrânea e brasileira. Tem folhas duras e sabor pronunciado. Deve sempre ser retirado do preparo antes de servir. É empregado em ensopados, carnes assadas, feijão, sopas e para aromatizar caldos. Quando moído, diferentemente da folha, o louro permanece no preparo, devendo ser usado com parcimônia para não dominar o sabor do prato.

MANJERICÃO
(*Ocimum basilicum*)

Erva muito conhecida por seu uso na cozinha italiana (pesto genovês, massas secas, sopas, salada caprese, pizza margherita e massas com molho de tomate fresco). Deve ser sempre usado fresco – quando seco, perde muito da "agressividade" tão peculiar – e adicionado na última hora, logo antes de servir. É uma das ervas da Provence, assim como o alecrim e o tomilho.

MANJERONA
(*Origanum majorana*)

Erva com sabor semelhante ao do orégano. Pode ser usada em peixes (tem sabor mais suave), em pizzas, no pesto – como o de manjericão – ou com tomate.

NIRÁ
(*Allium sativum*)

É a parte verde do alho. Pode ser aplicado como a cebolinha ou usado como acompanhamento de prato, salteado rapidamente em azeite.

ORÉGANO
(*Origanum vulgare*)

É mais comum encontrar orégano seco que fresco, o que não significa que aquele seja pior; é apenas mais forte que o fresco. É usado em pizzas, molhos de tomate e ensopados. Excelente também com frango grelhado, limão e azeite.

SALSA
(*Petroselinum sativum*)

É a erva universal, de gosto levemente picante, com toques de anis. Existe a variedade crespa, mais difícil de encontrar, que é muito usada em ramos para decoração.

SÁLVIA
(*Salvia officinalis*)

Tradicional em pratos como massas recheadas com vitela ou abóbora e na *saltimboca alla romana*. De origem mediterrânea, aparece em pratos como sopa de tomate ou ensopados de coelho, pato e porco. No caso de aves assadas, como frango e peru, é empregada no recheio. Não combina muito com outras ervas, mas é boa parceira do alho.

SEGURELHA
(*Satureja hortensis*)

Usada como o tomilho, é uma erva que se presta bem a secar, concentrando o sabor. Muito própria para ensopados como os de feijão-branco (*cassoulet* e *pasta e fagioli*). Bom ingrediente de marinadas para frango e peixe grelhados. Vinagres de cidra ou de vinho podem ser aromatizados com ela.

TOMILHO
(*Thymus vulgaris*)

Tem como um dos componentes o óleo timol, que age como conservante (marinadas de carne). Por ter aroma e sabor pronunciados, resiste bem à secagem e ao congelamento.

Assim como a salsa e o louro, é um dos ingredientes do *bouquet garni* básico. Deve ser usado com cuidado, pois seu sabor pode "mandar" no prato ou sobrepujar o das outras ervas. Resiste ao cozimento por muito tempo, sem alteração de sabor. É usado em *terrines*, pratos de carne e ave ensopados ou grelhados. Há também a variação tomilho-limão, que tem aroma pronunciado semelhante ao do cítrico.

Sopa de pepino, iogurte e camarões com azeite de dill (endro)

Rendimento: 6 PORÇÕES (COMO ENTRADA)

Ingredientes

2 pepinos, sem casca e sem semente, picados grosseiramente

1 xícara de iogurte

2 colheres (sopa) de folhas de *dill* picadas

½ dente de alho amassado

90 ml de creme azedo (ver p. 231)

12 camarões médios limpos

¼ de xícara de azeite de *dill*

pimenta vermelha em flocos (opcional)

sal e pimenta-do-reino moída na hora

Preparo

Bata no liquidificador o pepino, o iogurte, 1 colher de sopa de *dill*, o alho, sal e pimenta-do-reino.

Transfira para uma vasilha de inox e, então, junte o creme azedo.

Leve à geladeira.

Cozinhe o camarão no vapor por 10 minutos e tempere com sal e pimenta vermelha.

Sirva a sopa em pratos fundos gelados, distribuindo 2 camarões em cada prato.

Decore com o *dill* restante e seu azeite.

Salsa verde

Rendimento: 250 ML

Ingredientes

1 filé de anchova

2 colheres (sopa) de folhas de salsa picadas

½ colher (chá) de estragão seco

1 colher (chá) de folhas de orégano picadas

1 colher (chá) de folhas de tomilho picadas

1 dente de alho amassado

½ *échalote** ou cebola-roxa picada

1 colher (sopa) de alcaparra picada

80 ml de azeite de oliva extravirgem

1 colher (sopa) de vinagre de vinho branco

sal e pimenta-do-reino moída na hora

Preparo

Deixe o filé de anchova de molho no leite por 2 horas.

Descarte o leite.

Misture todos os ingredientes picados e acerte o sal e a pimenta. Você também pode bater tudo no processador.

Sirva esse molho com cozido ou língua.

Salada de verdes variados com ervas

Rendimento: 4 PORÇÕES

Ingredientes

3 xícaras de folhas variadas (*radicchio, alface-frisée* endívia, *mâche*, rúcula, alface e agrião)

8 ramos de *dill* (sem os talos grossos)

6 ramos de cerefólio (sem os talos grossos)

15 folhas de sálvia

15 folhas de estragão

15 folhas de manjericão grande

15 folhas de manjerona

¼ de xícara de folhas de salsa

15 folhas de hortelã

1 colher (chá) de azeite trufado

1 colher (chá) de vinagre de xerez

1 colher (chá) de vinagre de vinho tinto

45 ml de azeite de oliva extravirgem

sal e pimenta-do-reino moída na hora

Preparo

Em uma saladeira misture as folhas rasgadas em pedaços não muito grandes e as ervas. À parte, misture os vinagres com sal e pimenta até dissolver e junte o azeite de oliva e o trufado, batendo sempre com um *fouet**.

Tempere a salada e sirva imediatamente.

Spaghetti com ervas aos punhados

Rendimento: 4 PORÇÕES (COMO ENTRADA)

Ingredientes

folhas de 6 ramos de manjerona bem picadas

folhas de 12 galhinhos de tomilho-limão ou comum bem picadas

2 colheres (sopa) de folhas de salsa picadas

8 folhas de azedinha em tirinhas

folhas de 4 talos de segurelha picadas

1 talo de cebolinha picado

2 colheres (sopa) de manteiga sem sal

3 colheres (sopa) de azeite de oliva extravirgem

300 g de *spaghetti* ou *linguine*

65 g de farinha de rosca fresca

sal e pimenta-do-reino moída na hora

Preparo

Em uma vasilha, coloque todas as ervas, a manteiga e 2 colheres de sopa de azeite. Reserve.

Em uma panela grande, cozinhe a massa em bastante água com sal.

Aqueça o azeite restante em uma frigideira e doure a farinha de rosca. Reserve.

Escorra a massa quando estiver *al dente* e transfira imediatamente para a vasilha das ervas.

Misture muito bem. Tempere generosamente com pimenta-do-reino moída na hora.

Sirva com a farinha de rosca espalhada por cima.

Canela

Cardamomo

Baunilha

ESPECIARIAS

Sempre encontradas secas, têm uso ilimitado na cozinha. As sementes podem ser usadas moídas – nesse caso, prefira moer na hora de empregar – ou inteiras em infusão*. Possuem óleos essenciais, liberados quando as sementes são aquecidas, por isso em muitas receitas elas são previamente tostadas (em frigideira).

ARMAZENAMENTO

• Em geral, as especiarias devem ser conservadas inteiras, em frascos fechados e protegidos da luz. Verifique a data de validade para determinar sua duração.

• Por serem secas, devem ser armazenadas a seco pois a umidade pode fazer com que mofem.

AÇAFRÃO
(*Crocus sativus*)

O autêntico custa caro. É preciso colher cem mil flores para conseguir 5 kg de estigmas (pistilo), que, quando secos, são empacotados inteiros ou em pó. É a alma da *bouillabaisse*, da *paella* e do *risotto alla milanese*.

ANIS
(*Pimpinella anisum*)

Semente usada principalmente em confeitaria (balas, doces e bolos). Também aromatiza o *pastis* (francês), o *ouzo* (grego) e o *arak* (árabe) – aperitivos que são degustados com água e gelo.

Há também outra qualidade, o anis estrelado (ou estrela), que não é da mesma família mas tem aroma e sabor semelhantes.

BAUNILHA
(*Vanilla planifolia*)

Parte da orquídea centro-americana que é colhida verde e curada em ambiente especial, ficando com uma cor marrom-escura. A maneira de usar é deitando a fava sobre uma superfície plana e dividindo-a ao meio, no sentido do comprimento, com uma faca bem afiada; de dentro dela saem minúsculos grãos que podem ser ingeridos e dão o sabor perfumado, doce e delicado da baunilha verdadeira. As essências sintéticas tentam reproduzir o aroma da baunilha, porém o resultado é bem diferente da baunilha *in natura*. Principalmente usada em sorvetes e doces à base de leite e creme, mas também com chocolate e frutas de sabor suave (não muito azedas). Na culinária moderna, também é usada em alguns pratos salgados, resultando em combinações inusitadas.

CANELA
(*Cinnamomum verum*)

Em casca ou em pó, no Brasil, é usada principalmente em doces. Na culinária europeia e do Oriente Médio também se usa como tempero para carnes e aves. A canela dá um sabor amadeirado e delicado aos pratos. Quando usada em conjunto com a pimenta-da-jamaica e a pimenta-do-reino, resulta na pimenta síria. As cascas são utilizadas em infusões e depois retiradas, e a canela em pó é polvilhada diretamente sobre a receita.

CARDAMOMO NEGRO
(*Amomum subulatum*)

Tem três vezes o tamanho do verde e suas sementes são bem pretas. Os grãos negros e brilhantes dão notas de couro e menta ao *curry* com ele preparado.

Anis-Estrela

Feno-Grego

Curry

CARDAMOMO VERDE
(*Elletaria cardamomum*)

Junto com a pimenta-do-reino é considerado o rei das especiarias. Tem perfume penetrante, que mistura limão, pimenta e uma nota de cânfora. É usado na cozinha do Oriente Médio e da Índia para dar gosto em marinadas e pratos com arroz; já na Europa, é especiaria de pães, bolos e doces.

COENTRO EM GRÃO

Nascido no Oriente Médio, suas folhas e grãos conquistaram toda a Ásia. No *curry*, o coentro acrescenta perfume entre o limão e a sálvia.

COMINHO
(*Cuminum cyminum*)

Em semente ou em pó, é muito utilizado no preparo de carnes, em geral associado à pimenta-do-reino. É encontrado na culinária árabe, marroquina, indiana e mexicana. Atenção: ele queima muito rápido quando tostado em frigideira.

CRAVO-DA-ÍNDIA
(*Syzygium aromaticum*)

Originário das ilhas Molucas, o cravo dá um sabor floral aos pratos. Inteiro, é usado no preparo de doces em calda ou em caldos de carne e ensopados; em pó, é usado em bolos de especiarias. Tem propriedades antissépticas.

CÚRCUMA
(*Curcuma longa*)

Obtida a partir da raiz de uma planta de origem asiática, é uma especiaria de cor amarela-alaranjada, prima do gengibre. Destila um leve sabor picante e almiscarado. Também conhecida como açafrão-da-terra, embora não tenha nada a ver com o açafrão verdadeiro. Usada principalmente em *curry* de peixe e picles e, na cozinha mineira, no frango ensopado. Tem propriedades antissépticas.

CURRY

Mistura de especiarias feita na Índia, mas principalmente para o consumo externo. Dentro do país, usa-se uma mistura específica (masala) para cada prato, que varia segundo a região do país e até a família. O *curry* é uma mistura de coentro, cominho, feno-grego, alho, gengibre, canela, cravo, cúrcuma, cardamomo, pimenta-do-reino e pimenta vermelha. Na Índia, a palavra *curry* serve para denominar pratos como *curry* de peixe ou de cordeiro. E em cada um desses pratos usa-se uma mistura diferente de especiarias.

ERVA-DOCE (FUNCHO)
(*Foeniculum vulgare*)

As sementes são usadas para preparar pratos com carne de porco (linguiças, embutidos), aves e cordeiro. Em um registro de paladar diferente, é delicioso no preparo de peixes gordurosos (arenque) ou para aromatizar pães e bolos. Seu chá tem efeito digestivo. No Brasil, é comumente confundida com a "outra" erva-doce, semente menor e mais escura que na verdade é um tipo de anis. É a especiaria usada em chás e no bolo de fubá.

FENO-GREGO
(*Trigonella foenum-graecum*)

Pertencente à família do trevo, seus grãos liberam amargor e adstringência, além de fragrâncias que evocam a salsa com notas de caramelo.

GENGIBRE
(*Zingiber officinale*)

Fresca, essa raiz de origem asiática é usada em pratos orientais, desde a Índia até o Japão, passando pela Tailândia e a Indonésia. Ameniza o sabor do alho quando usado em conjunto com este. É vendido em conserva, doce ou azeda, ou fresco. É responsável pelo sabor picante sutil de alguns pratos, aos quais acrescenta também um sabor cítrico. Em pó, o gengibre pode servir para aromatizar carnes ensopadas, mas é empregado principalmente em bolos e pães doces (bolos de frutas secas e biscoitos de Natal), em especial na Inglaterra e em países do norte da Europa.

KÜMMEL (ALCARÁVIA)
(*Carum carvi*)

Semente usada principalmente no norte da Europa para aromatizar queijos e vários preparados salgados, como *pretzel*, por exemplo. Também é o sabor dominante da *aquavit*, aguardente escandinava.

MACIS

A membrana laranja-avermelhada que cobre a casca da noz-moscada. Seu sabor lembra uma mistura de pimenta-do-reino com canela, porém mais sutil. Entra na composição de várias misturas de temperos (*has el hanout* marroquino, por exemplo), e é muito utilizada nas culinárias desde o Oriente Médio até a Índia, e também em pratos da cozinha norte-africana.

MOSTARDA
(Família das *Brassicaceae*)

Pode-se usar em forma de sementes ou preparado em pó ou pasta. As sementes são mais usadas na cozinha indiana, e os preparados são de uso mais comum em todas as cozinhas, em molhos para carnes e saladas ou para acompanhar frios e embutidos. Há duas variedades: a clara (amarela) e a escura (marrom, negra).

NOZ-MOSCADA
(*Myristica fragrans*)

Ideal para acompanhar pratos com queijo (tortas ou quiches), espinafre (suflê) e batata (ao forno, gratinada com queijo e creme de leite). Para se obter um sabor mais forte, deve ser ralada na hora de usar; moída com antecedência, tende a perder o sabor e o aroma rapidamente.

PÁPRICA DOCE E PICANTE
(*Capsicum annuum*)

Condimento em pó feito a partir de pimentas vermelhas de tamanho médio.

A versão doce é feita com pimentas doces (não picantes e não açucaradas), e a picante com uma variedade mais picante. É usada na culinária húngara em ensopados (*goulash*), mas também é bastante versátil para ser usada em outros pratos. Na versão picante, pode substituir pimenta vermelha moída.

PIMENTA CALABRESA

Conhecida na Itália como *peperoncino*, tem múltiplos usos – basta gostar de pimenta (*spaghetti* com alho, óleo e *peperoncino*). Pode ser vendida seca inteira ou em flocos.

PIMENTA SÍRIA

É uma mistura de pimenta-da-jamaica, canela e pimenta-do-reino. Usada na culinária árabe em quibes, esfihas e muitos outros pratos.

Pimentas

Urucum

Zimbro

PIMENTA-DO-REINO
(*Piper nigrum*)

São grãos verdes que secados ao sol ficam pretos. Além do sabor picante, ela traz notas amadeiradas e perfumes que lembram o incenso. Usada no dia a dia da cozinha, a versão em pó permite uma infinidade de usos. É uma opção mais leve às pimentas vermelhas, porém, é mais nociva à saúde. A pimenta-do-reino é mais aromática, mas perde o aroma e o sabor rapidamente, em especial se deixada destampada (uma boa dica é conservar em geladeira). A melhor opção é comprá-la em grãos e manter em um pimenteiro, para ser moída na hora de usar. Também pode ser usada em grãos inteiros em caldos e ensopados, e moída grosseiramente para o *steak au poivre*.

A pimenta-do-reino branca é uma versão da mesma espécie, porém colhida em um estágio diferente. Não tem uso obrigatório, é mais uma questão de gosto – diferente do gosto da pimenta-do-reino preta. Recomenda-se o uso em peixes mais para evitar os pontinhos pretos típicos da pimenta-do-reino preta.

A pimenta-do-reino verde é produto de outro estágio de maturação dessa pimenta. Essa versão é vendida em conserva e também seca. Usada inteira, é macia o suficiente para ser ingerida em pratos como *steak* de filé-mignon com *poivre vert*.

URUCUM
(*Bixa orellana*)

Depois de moídas, as sementes são usadas para dar um tom alaranjado aos mais variados pratos da culinária brasileira, em quase todo o país. Acrescenta pouco sabor. As sementes se chamam *anatto* (*achiote*, na América Latina; e urucum, no Brasil). Tem sabor suave, mais interessante quando amassado e macerado em óleo. A versão em pó (colorífico) encontrada no comércio é mais barata, mas contém farinha e outros ingredientes que empobrecem o sabor e só servem mesmo para dar cor.

ZIMBRO
(*Juniperus comunis*)

Fruta vendida seca e empregada na aromatização do gim, em preparados com carne de porco e caça, no *brasato al Barolo* e no *Sauerkraut* (chucrute).

Ras el hanout

Rendimento: 2 COLHERES DE SOPA (APROXIMADAMENTE)

Ingredientes

½ noz-moscada ralada na hora
2 colheres (sopa) de pétalas de rosa comestível secas
4 canelas em pau
4 lâminas de *macis*
¼ de colher (chá) de anis
½ colher (chá) de cúrcuma
2 pimentas vermelhas pequenas secas
¼ de colher (chá) de flores de lavanda secas
2 cravos-da-índia
6 pimentas-da-jamaica
sementes de 5 cardamomos verdes
sementes de 1 cardamomo negro

Preparo

Moa tudo no moedor de café (ou bata no liquidificador) e peneire.

Guarde em vasilha tampada.

Esta mistura de especiarias marroquina pode ser usada em ensopados de cordeiro ou frango ou em receitas de cuscuz marroquino.

Garam masala

Rendimento: 1 COLHER DE SOPA (APROXIMADAMENTE)

Ingredientes

1 colher (chá) de semente de cardamomo
1 colher (chá) de cravo-da-índia
1 colher (chá) de pimenta-do-reino preta
1 colher (chá) de cominho em grãos
1 canela em pau
¼ de noz-moscada ralada na hora
1 pedaço de *macis*
2 colheres (chá) de coentro em grãos

Preparo

Aqueça uma frigideira pequena em fogo baixo e nela toste, rapidamente (cerca de 1 minuto), as especiarias, com exceção da noz-moscada — isso ajuda a liberação dos aromas na hora de moer. Moa tudo em um moedor de café ou bata no liquidificador. Esta mistura de especiarias indiana deve ser adicionada ao final do cozimento de pratos como *dahl* de lentilha ou de grão-de-bico ou com frango em geral.

Não é um substituto do *curry*.

Filé-mignon de porco em crosta de especiarias

Rendimento: 4 PORÇÕES

Ingredientes

2 folhas de louro
3 colheres (sopa) de folhas de tomilho
1 ½ colher (sopa) pimenta-da-jamaica em pó
1 ½ colher (chá) de páprica doce
1 colher (chá) de sal
1 pimenta-dedo-de-moça, sem semente, picada bem fino
1 dente de alho picado
2 peças de filé-mignon suíno (aproximadamente 1 kg total)
cravo-da-índia em pó
noz-moscada ralada na hora

Preparo

Passe em um moedor de especiarias, ou pilão, as folhas de louro, o tomilho, a pimenta-da-jamaica, uma pitada de cravo, a páprica, uma pitada de noz-moscada, o sal, a pimenta dedo-de-moça e o alho.

Moa ou amasse até formar uma pasta homogênea. Tempere a carne com essa mistura e deixe repousar alguns minutos.

Enquanto isso, aqueça uma grelha (ou uma frigideira pesada com um fio de óleo) e coloque os filés inteiros, virando de vez em quando para não queimar (cerca de 15 minutos).

Transfira para um prato e cubra com papel-alumínio por 10 minutos para descansar.

Fatie e sirva em seguida, acompanhado de um *chutney* de sua preferência.

4. Molhos e sopas

Os **molhos** são frequentemente considerados uma das melhores provas de talento de um profissional. Molhos não são uma solução de última hora e desempenham uma função especial na composição de um prato. A percepção de nuances nas combinações de um molho com determinado tipo de alimento é algo que um profissional desenvolve no decorrer da carreira.

Como estamos vendo desde o começo do livro, o estudo dos clássicos e dos preceitos básicos não é em vão: ao longo dos anos, outros cozinheiros pensaram, descobriram, testaram e estabeleceram combinações que se tornaram clássicas – coelho e mostarda, pato e laranja, carne vermelha e vinho tinto...

O aprendizado dos princípios que norteiam essas combinações é a base para o desenvolvimento de uma sensibilidade culinária.

A concepção e uso dos molhos é um bom (ou mau) exemplo da "expertise" de um chef *saucier* (na brigada, o responsável pelos molhos) e de todos os cozinheiros.

Os **molhos** da cozinha clássica francesa são classificados em:

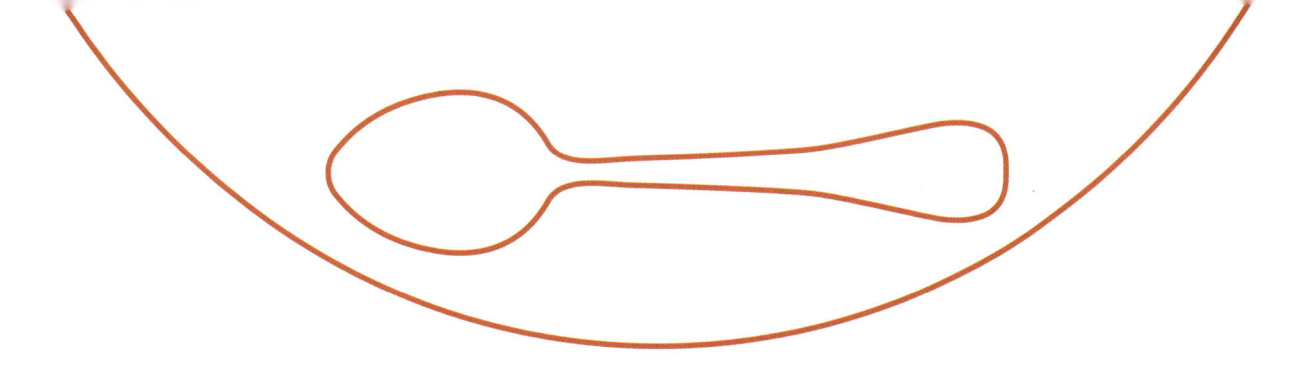

MOLHOS-MÃE

Béchamel
Molho velouté
Molho espanhol
Molho de tomate
Hollandaise

Um molho é considerado **molho-mãe** quando apresenta as seguintes características:

• pode ser preparado em grandes quantidades e depois aromatizado, finalizado e guarnecido de inúmeras maneiras, produzindo os molhos compostos;
• tem sabor "básico", possibilitando adição de outros ingredientes;
• tem durabilidade.

MOLHO *BÉCHAMEL*

Roux branco + leite + cebola *piquée*

Com textura cremosa e sabor suave, é base para diversas preparações na cozinha, como suflês, recheios e molhos. Se bem preparado, o *béchamel* fica com um sabor suave e uma coloração clara, que reflete seu ingrediente principal, o leite.

Sua cocção deve ser de no mínimo 15 minutos, para que a farinha cozinhe, e o sabor de cru desapareça.

Para que seja utilizado como base, o molho *béchamel* deve ser preparado com uma quantidade grande de *roux*, podendo depois ser alongado* de acordo com o uso.

As proporções para se produzir 1 litro de *béchamel* em diferentes consistências são:

• leve: 50 g de *roux*;
• médio: 80 g de *roux*;
• encorpado: 100 g de *roux*.

Béchamel

Rendimento: 1 LITRO

Ingredientes

100 g de *roux* branco (ver p. 49)
1 litro de leite
cebola *piquée* feita com ½ cebola,
   2 cravos-da-índia e 1 folha de louro (ver p. 43)
noz-moscada ralada na hora
sal e pimenta-do-reino moída na hora

Preparo

Aqueça uma panela e faça um *roux* branco.

Junte ao poucos o leite, mexendo constantemente com um batedor de arame para evitar a formação de grumos.

Deixe abrir fervura e adicione a cebola *piquée*. Cozinhe pelo menos por 30 a 40 minutos, escumando* a superfície durante todo o preparo e mexendo ocasionalmente.

Coe, tempere com noz-moscada, sal e pimenta e guarde sob refrigeração para uso posterior.

Noz-Moscada

cebola piquée

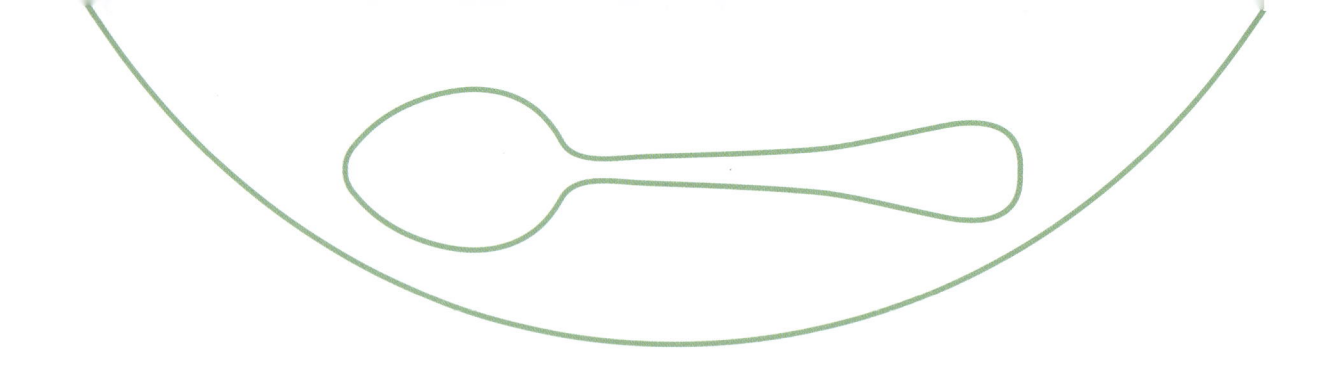

MOLHO *VELOUTÉ*
Roux amarelo + fundo claro

Este molho é feito à base de fundo claro e *roux* amarelo.

Tem textura e aspecto aveludado (daí, seu nome) e deve seguir alguns padrões de qualidade.

Um bom *velouté* deve refletir o sabor do fundo utilizado, ter cor marfim, ser brilhante e encorpado e ter consistência de *nappé** leve.

O molho *velouté* possibilita inúmeras derivações e é também muito utilizado como base para sopas.

Velouté de ave

Rendimento: 1 LITRO

Ingredientes
80 g de *roux* amarelo (ver p. 49)
1 litro de fundo claro de ave frio (ver p. 44)
cebola *piquée* feita com ½ cebola, 1 cravo-da-índia e
  1 folha de louro (ver p. 43)
sal e pimenta-do-reino moída na hora

Preparo
Aqueça uma panela e faça um *roux* amarelo. Junte aos poucos o fundo, mexendo para evitar a formação de grumos. Quando ferver, acrescente a cebola *piquée*. Cozinhe pelo menos por 30 a 40 minutos, escumando* a superfície e mexendo ocasionalmente.

Coe, tempere com sal e pimenta e guarde sob refrigeração para uso posterior.

MOLHO ESPANHOL
Roux escuro + fundo escuro + *mirepoix* + purê de tomate

É o molho-base para o preparo de todos os molhos escuros clássicos.

Não é servido em sua forma original, e sim como base para molhos derivados.

É usado para preparar *demi-glace* e tem um sabor encorpado e intenso devido à caramelização* do *mirepoix* e da *pinçage** com o purê de tomate.

Molho espanhol

Rendimento: 2 LITROS

Ingredientes
120 g de *roux* escuro (ver p. 49)
40 ml de óleo
250 g de *mirepoix* (ver p. 43)
50 g de extrato de tomate
3 litros de fundo escuro bovino (ver p. 46)
1 *sachet d'épices* (ver p. 43)
sal e pimenta-do-reino moída na hora

Preparo
Faça um *roux* escuro e reserve. Em uma panela, aqueça o óleo e caramelize* o *mirepoix*, cortado em cubos médios. Adicione o extrato de tomate e faça o *pinçage**.

Junte o fundo escuro e ferva. Acrescente o *roux* frio, misturando bem para evitar a formação de grumos. Junte o *sachet d'épices* e cozinhe em fogo muito baixo (quase sem borbulhar) por pelo menos 40 minutos, escumando* a superfície durante todo o preparo.

Coe, tempere com moderação com sal e pimenta e guarde sob refrigeração para uso posterior.

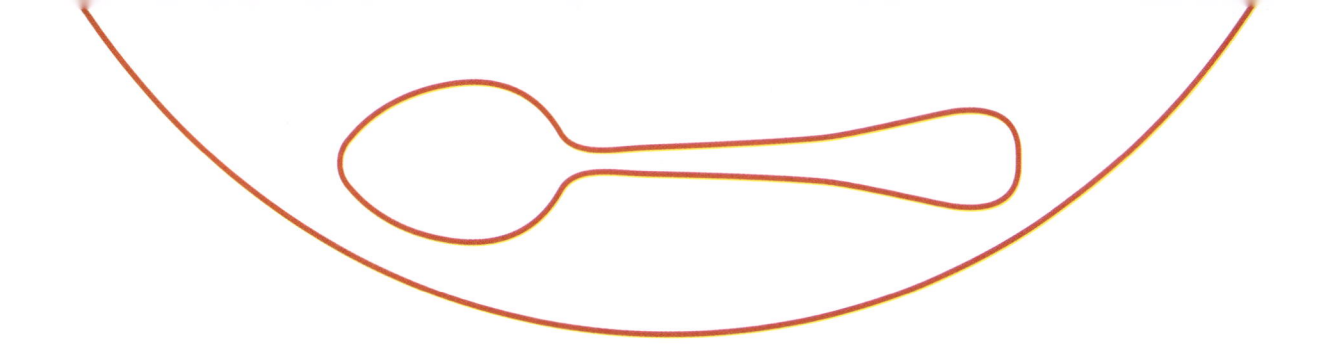

MOLHO DE TOMATE

De todos os molhos-mãe, é o único que não obedece a "fórmulas" e quantidades pré-estabelecidas, existindo, assim, várias formas de produzi-lo. Em algumas versões, utiliza-se o azeite de oliva como gordura (cozinha italiana do Sul), em outras, banha de porco (cozinha clássica francesa). Sua textura é menos aveludada e mais rústica do que os outros molhos-mãe, e quando cozido apropriadamente apresenta coloração vermelha intensa. Apresenta sabor forte de tomate, sem acidez excessiva e pode ser acrescido de outros ingredientes para que haja uma complementação de sabor, dando sempre ênfase ao tomate.

Para se produzir um bom molho de tomate, deve-se:

- partir de tomates maduros (de preferência do tipo Débora ou italiano);
- utilizar panelas não reagentes (para que o molho não oxide). As indicadas são as de inox e ferro esmaltado;
- cozinhar em fogo lento, pois os açúcares contidos no tomate podem queimar e deixar traços de amargor no molho;
- cozinhar durante o tempo suficiente para extrair o sabor do tomate e eliminar o excesso de líquido.

CUIDADO: a cocção excessiva concentra o sabor do tomate, o que deixa seu molho com gosto de extrato.

Molho de tomate

Rendimento: 1 LITRO

Ingredientes

100 g de cebola em *brunoise* (ver p. 41)
50 ml de azeite de oliva extravirgem
2 dentes de alho picados
1,5 kg de tomate maduro *concassé*
1 *bouquet garni (*ver p. 43)
1 colher (sopa) de açúcar
sal e pimenta-do-reino moída na hora

Preparo

Doure a cebola no azeite. Acrescente o alho e doure mais um pouco. Acrescente os tomates, o *bouquet garni*, sal, pimenta e o açúcar. Cozinhe em fogo baixo por cerca de 1 hora, ou até obter a consistência desejada – a maior parte da água deve ter evaporado e o molho deve estar espesso, aromático e com um leve brilho.

SAUCE HOLLANDAISE
Vinagre + gemas + manteiga

Molho clássico da cozinha francesa elaborado com manteiga, gemas e vinagre.

Dos molhos-mãe, a *sauce hollandaise* é a que possui menos derivações. Seu sabor é marcante, e ela tem alto teor de gordura.

É uma emulsão*, portanto um molho bastante frágil que pode separar-se facilmente, o que torna seu uso complicado em grandes cozinhas comerciais.

Uma boa *hollandaise* deve ter textura aveludada e levemente aerada, coloração amarela-pálida e sabor marcante de manteiga, pouco ácido. É ideal para acompanhar alimentos pouco gordurosos, que passaram por métodos de cocção também com pouca gordura (como aspargos cozidos ou peixes no vapor). Um de seus derivados mais conhecidos é a *béarnaise*, aromatizada com estragão.

Para preparar a *sauce béarnaise*, proceda como na receita da *sauce hollandaise*, apenas troque o vinagre de vinho branco pelo de estragão, junte ½ colher de sopa de estragão seco e os grãos de pimenta e reduza*. No final, quando o molho ficar com a consistência de maionese, acrescente ½ colher de sopa de estragão seco e 1 colher de sopa de salsa picada.

Sauce hollandaise

Rendimento: 700 ML

Ingredientes
5 pimentas-do-reino pretas em grão
60 ml de vinagre de vinho branco
6 gemas
350 g de manteiga derretida em temperatura ambiente
suco de limão
sal e pimenta-de-caiena

Preparo
Quebre os grãos de pimenta-do-reino, coloque-os em uma *sauteuse* (ver p. 26) com o vinagre e reduza* até quase secar. Coe o líquido para uma tigela de inox.

Acrescente as gemas e bata com um *fouet*, em banho-maria*, até triplicar de volume.

Adicione aos poucos a manteiga, batendo sem parar, até que o molho fique cremoso, claro e aerado. Tempere com gotas de limão, sal e pimenta-de-caiena.

Ajuste a consistência com um pouco de água do banho-maria, se necessário.

Sirva de imediato ou conserve em temperatura ambiente por 2 horas, mexendo de vez em quando.

CUIDADO: para que a mistura de gemas e manteiga não talhe, a água do banho-maria não deve ferver violentamente; deixe o fogo bem baixo e mantenha fervura branda (com pequenas bolhas que subam à superfície); o fundo da tigela também não deve tocar na água do banho-maria.

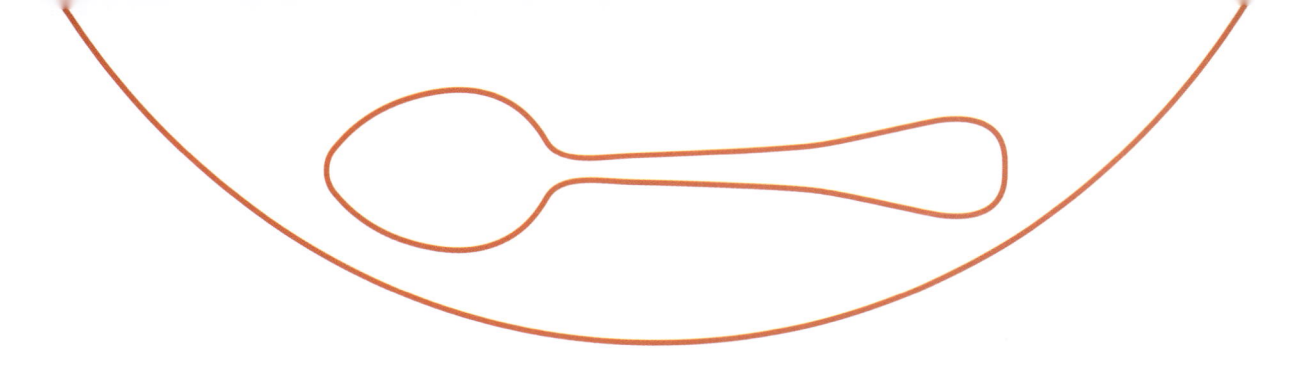

MOLHOS DERIVADOS/ COMPOSTOS

São aqueles que derivam dos molhos-mãe, por exemplo, o *demi-glace*, produzido a partir do molho espanhol, e do qual se faz:

> Molho Madeira =
> demi-glace + vinho Madeira
>
> Molho Robert =
> demi-glace + vinho branco + cebola + mostarda + manteiga

GLACE
Redução* do fundo escuro

O fundo é reduzido por muito tempo até chegar à consistência gelatinosa e de xarope, com sabor concentrado e rico.

Utilizado como base para molhos encorpados e de sabor intenso. Observe que, diferentemente do *demi-glace*, esse é um derivado direto do fundo escuro.

DEMI-GLACE

Molho feito com partes iguais de molho espanhol e fundo escuro, reduzido à metade. É o mais utilizado dos derivados do espanhol e tem como características aroma "assado/defumado", cor marrom-escura intensa e textura encorpada.

Pode-se dizer que é o molho *roti*, conhecido no meio profissional brasileiro, embora este varie bastante de restaurante para restaurante.

Demi-glace

Rendimento: 1 LITRO

Ingredientes
2 litros de molho espanhol (ver p. 64)
2 litros de fundo escuro bovino (ver p. 46)

Preparo
Junte os ingredientes e reduza-os* a 1 litro, em fogo muito baixo (quase sem borbulhar).

Molho "Au Poivre"

Rendimento: 4 PORÇÕES (PARA 4 BIFES DE FILÉ--MIGNON DE 150 G CADA)

Ingredientes
2 colheres (sopa) de grãos de pimenta negra amassados (mas não em pó fino)
1 colher (sopa) de manteiga sem sal
1 colher (chá) de azeite extravirgem
¼ xícara de conhaque
½ xícara de fundo escuro bovino (pg. 46)
1 xícara de creme de leite fresco

Preparo
Aqueça manteiga clarificada em uma frigideira pesada, de fundo grosso. Doure os bifes de filé, cozinhando até obter o ponto rosado (ou "ao ponto para mal passado") e reserve, envoltos em papel-alumínio.

Aqueça o azeite e a manteiga na mesma frigideira onde foram preparados os bifes. Junte à frigideira (sem lavar) a pimenta e aqueça um pouco. Junte o conhaque e flambe com cuidado.

Junte o fundo escuro, mexa bem e deixe ferver por alguns minutos até reduzir um

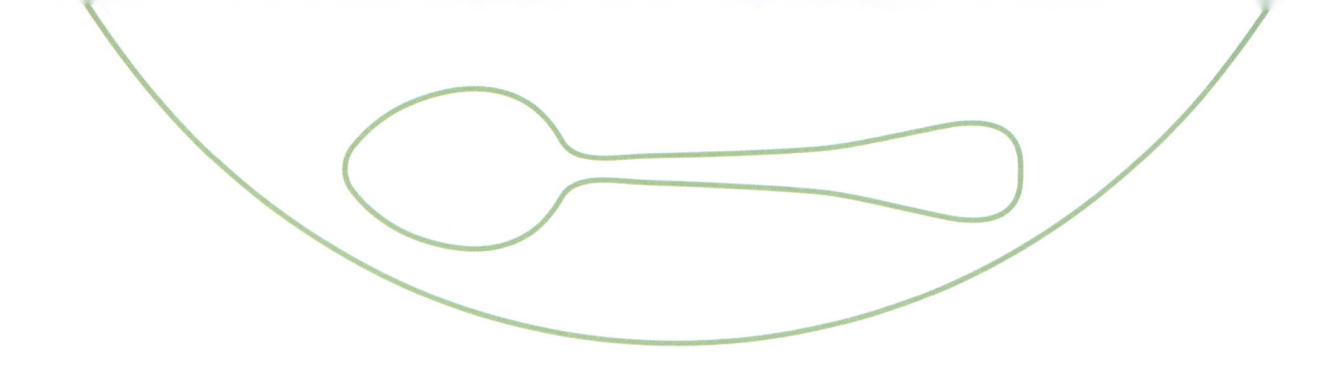

pouco (evaporar). Por último, junte o creme de leite fresco. Deixe ferver para obter uma consistência espessa (teste com uma colher, o molho deve cobrir as costas da mesma) – isso pode levar de 5 a 10 minutos, dependendo da potência do fogo. Tempere com sal e volte os bifes à frigideira para aquecer. Sirva em seguida.

MOLHOS CONTEMPORÂNEOS

É um termo elástico, pois esses molhos não pertencem a nenhuma categoria específica (não são nem molhos-mãe nem derivados destes).

Entretanto, a função dos molhos contemporâneos é a mesma: agregar mais sabor, dar textura diferente, além de mais umidade e cor às preparações.

Distinguem-se dos molhos-mãe nos seguintes aspectos:

- são específicos para algumas preparações e requerem técnicas únicas;
- nem sempre permitem derivações;
- existe grande variedade de técnicas e ingredientes para produzi-los.

Veja alguns exemplos:

VINAGRETE

Emulsão temporária de ácido e óleo, originariamente preparada com vinagre, azeite, sal e pimenta. Podem-se produzir inúmeras variedades de vinagrete, dependendo do tipo de ingrediente adicionado à composição inicial (ervas, limão, vinagres aromatizados).

Vinagrete

Rendimento: 135 ML

Ingredientes
30 ml de vinagre de vinho (branco ou tinto)
90 ml de azeite extravirgem
sal e pimenta-do-reino moída na hora

Preparo
Em uma tigela pequena, junte sal e pimenta.

Adicione o vinagre e a água e misture bem para dissolver o sal (o sal não dissolve no azeite).

Junte o azeite em fio, batendo sempre com um *fouet** até que o molho esteja cremoso e emulsionado*. Sirva com saladas de folhas, temperadas com o molho, momentos antes de servir.

Algumas variações:

VINAGRETE DE MOSTARDA E MEL
Acrescente à receita-base 1 colher de chá de mel e 1 colher de sopa de mostarda de Dijon.

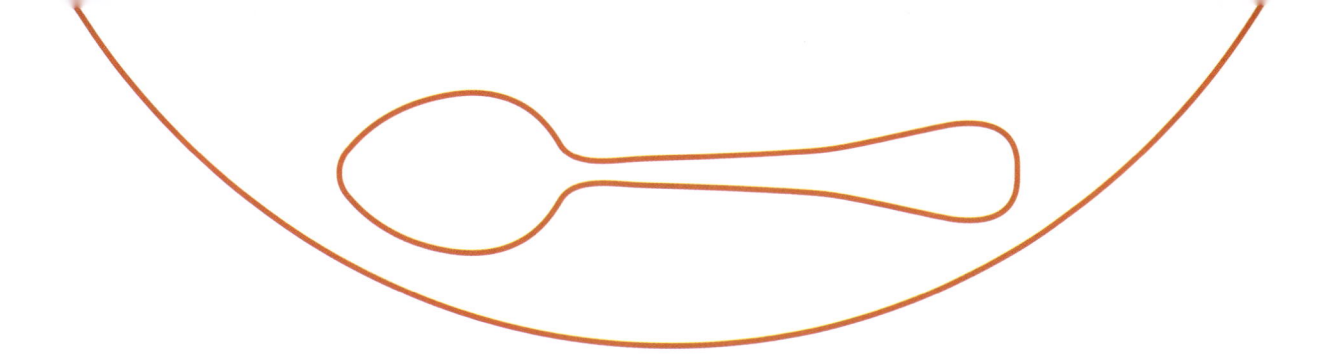

VINAGRETE DE ERVAS E ALHO

Acrescente à receita-base ½ dente de alho picado fino e 1 colher de chá de ervas picadas (*ciboulette,* tomilho e manjericão).

VINAGRETE DE LIMÃO OU *CITRONETTE*

Na receita-base, substitua o vinagre por suco de limão recém-espremido e, se desejar, raspas de limão.

COULIS

Molho produzido a partir do purê de legumes ou de frutas, cozidos ou crus.

Coulis de pimentão vermelho

Rendimento: 1 LITRO

Ingredientes

30 ml de azeite extravirgem
30 g de cebola
700 g de pimentão vermelho, sem semente, picado
120 ml de vinho branco seco
250 ml de fundo claro de ave (ver p. 44)
sal e pimenta-do-reino moída na hora

Preparo

Em uma panela, aqueça o azeite e sue* a cebola e o pimentão.

Deglaceie* com o vinho branco e reduza. Adicione o fundo e cozinhe em fogo baixo até que o pimentão esteja macio. Tempere com sal e pimenta, processe e coe o molho.

Ajuste os temperos e a consistência e sirva quente ou em temperatura ambiente.

Frio, fica ótimo com filé de peixe ou frango grelhado.

SALSA

Molho de origem mexicana, é produzido a partir de legumes, ervas e até frutas cruas e picadas ou em purê, apenas temperadas, mantendo assim as características de sabor e textura dos ingredientes utilizados.

Salsa mexicana

Rendimento: 6 PORÇÕES

Ingredientes

6 tomates maduros e firmes, em cubos pequenos
1 dente de alho picado muito fino
1 pimentão vermelho, sem pele e sem semente, em cubos pequenos
½ pimenta-dedo-de-moça, sem semente, picada muito fino
½ cebola-roxa em *brunoise* (ver p. 41)
1 abacate ou 2 avocados maduros, em cubos pequenos
suco de 2 limões
4 colheres (sopa) de folhas de coentro em *chiffonade* (ver p. 41)
sal e pimenta-do-reino moída na hora

Preparo

Misture todos os ingredientes e deixe repousar de 1 a 2 horas sob refrigeração antes de servir.

Sirva como aperitivo sobre *chips* de milho ou com comida mexicana em geral (tacos); com grelhados, guarnição de sanduíches (hambúrgueres) ou como salada.

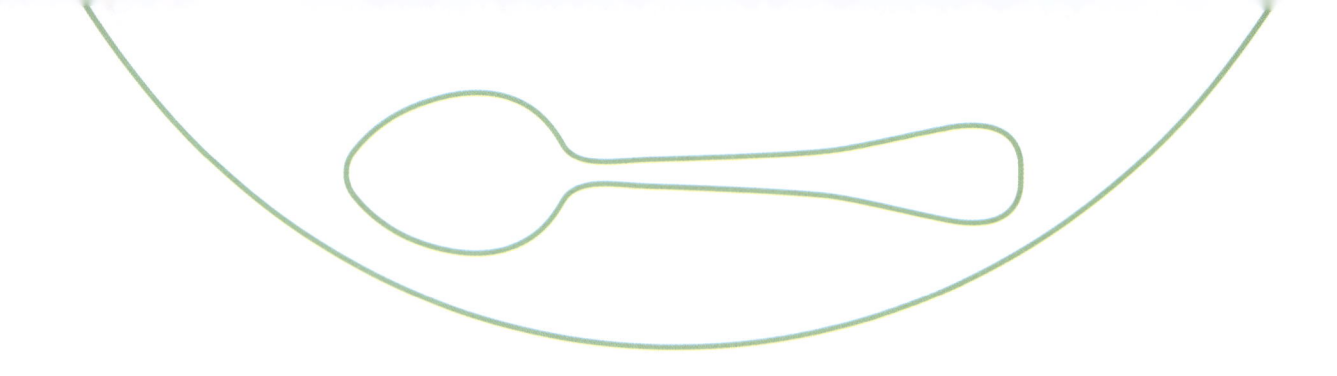

CHUTNEY

Molho de origem indiana em forma de geleia agridoce e picante, feito a partir de frutas ou vegetais cozidos em vinagre, açúcar e especiarias.

Chutney de ameixa fresca

Rendimento: 12 PORÇÕES

Ingredientes

1 kg de ameixa fresca sem caroço
250 g de maçã em fatias
125 g de uva-passa branca
250 g de cebola em fatias
100 g de cenoura em *julienne* (ver p. 41)
250 g de açúcar mascavo ou demerara
2 colheres (chá) de sal
1 colher (chá) de cravo-da-índia em pó
1 colher (chá) de gengibre em pó
1 colher (chá) de pimenta-da-jamaica em pó
1 pimenta vermelha, sem semente, picada
600 ml de vinagre de vinho branco

Preparo

Em uma tigela, misture as frutas, a cebola, a cenoura e o açúcar. Em uma panela grande, coloque o sal, as especiarias e o vinagre e leve ao fogo baixo até levantar fervura. Nesse ponto, junte a mistura de frutas e legumes. Quando voltar a ferver, reduza a chama e cozinhe em fogo baixo por cerca de 1 hora e 30 minutos, mexendo ocasionalmente, até ficar bem apurado e consistente.

Retire do fogo, resfrie e guarde sob refrigeração. O sabor fica mais acentuado após alguns dias. Sirva frio com pratos indianos, acompanhamento para assados (*roast-beef*, pernil de cordeiro) e sanduíches.

RELISH

Molho agridoce, cru ou cozido, geralmente preparado a partir de legumes, sempre mantendo como característica principal o "acento" ácido.

Relish de pepino

Rendimento: 8 PORÇÕES

Ingredientes

450 g de pepino japonês, fatiado fino
90 g de cebola em *brunoise* (ver p. 41)
30 g de sal
150 ml de vinagre de vinho branco
110 g de açúcar
¾ de colher (sopa) de mostarda em grão

Preparo

Em uma tigela, misture o pepino com o sal e cubra com água fria.

Deixe descansar por cerca de 3 horas.

Escorra e enxágue bem, com muita água (pelo menos 3 vezes).

Em uma panela, misture o vinagre, o açúcar e a mostarda. Ferva por 5 minutos.

Acrescente o pepino e a cebola e ferva novamente.

Retire do fogo e sirva frio.

BEURRE BLANC

Molho à base de **échalote***, **vinho branco** e **manteiga**, o *beurre blanc* nasceu para contemplar um excelente vinho da região de Nantes, na França, onde ainda pode ser chamado de **beurre nantais**. Feito a partir de redução* de vinho e *échalote,* é montado* com manteiga gelada. Tem textura suave e aveludada, com

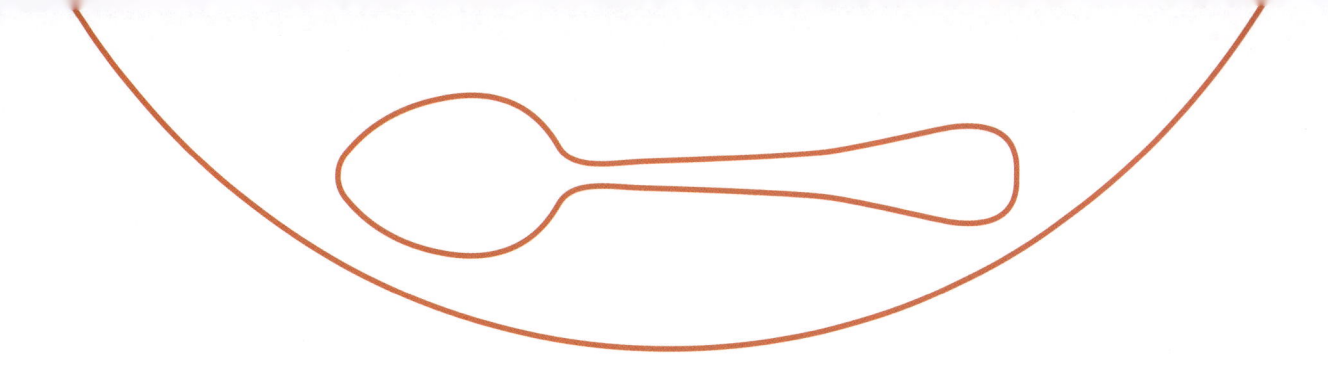

sabor de manteiga fresca. Ideal para acompanhar pratos e produções pouco gordurosas, como peixes brancos escalfados*.

Beurre blanc

Rendimento: 6 PORÇÕES

Ingredientes

35 g de *échalote** ou cebola-roxa em *brunoise* (ver p. 41)
35 ml de vinagre de vinho branco de boa qualidade
35 ml de vinho branco seco
1 colher (sopa) de creme de leite fresco
200 g de manteiga sem sal gelada, em cubos
sal e pimenta-de-caiena

Preparo

Coloque a *échalote*, o vinagre e o vinho em uma *sauteuse* (ver p. 26) e reduza* até obter o equivalente a 2 colheres de sopa de líquido concentrado. Acrescente o creme de leite fresco.

Abaixe o fogo e acrescente a manteiga aos poucos, mexendo sempre com um *fouet**, para montar*. Tempere com sal e pimenta, coe, se desejar, e sirva imediatamente.

....

OBS: A redução* deve ser respeitada, não é fácil levantar um molho com manteiga a partir de muito líquido.

BEURRE ROUGE

É um molho preparado da mesma forma, mas com vinho tinto em vez de vinho branco.

MANTEIGA COMPOSTA

Ideal para grelhados e finalização de pratos, a manteiga composta pode ser aromatizada com uma série de ingredientes, como ervas, raspas das cascas de frutas cítricas, alho, *échalote**, gengibre e vegetais. Pode ser preparada com muita antecedência e armazenada sob refrigeração ou congelada por até 3 meses.

Manteiga composta de mostarda e salsa

Rendimento: 120 G

Ingredientes

100 g de manteiga sem sal *en pommade**
1 colher (chá) de raspas de limão
3 colheres (sopa) de folhas de salsa picadas
3 colheres (sopa) de mostarda de Dijon
1 colher (sopa) de cebolinha ou *ciboulette* picada
1 colher (chá) de suco de limão
sal e pimenta-do-reino moída na hora

Preparo

Misture bem todos os ingredientes, se possível no processador, até formar uma pasta homogênea. Enrole em plástico filme, formando um tubo, e leve para gelar.

Sirva sobre grelhados ainda quentes para que derreta, ou como molho para macarrão ou na finalização de risotos.

Alguns pontos a serem considerados na escolha do molho adequado:

• O ***molho*** deve ser compatível com a ***forma de serviço***. Em qualquer situação em que muitos pratos devem ser servidos com rapidez e sem perda de sabor, é preferível confiar em molhos que não tenham finalização de último minuto e pouca durabilidade, como emulsões* *(beurre blanc, hollandaise)*, por exemplo. Nesse caso, escolha molhos derivados, como o Madeira ou Robert, e contemporâneos, como *chutney* e *relish*.

Uma cozinha de pequeno porte e com serviço à *la carte*, mais exclusivo, é onde esses molhos mais delicados têm lugar.

• O ***molho*** deve ser adequado ***à técnica de cozimento do ingrediente principal***. Técnicas de cozimento como assar e saltear, que produzem "raspas" (caramelização* que se forma quando do preparo de uma peça de carne ou frango, por exemplo) podem ser combinadas com um molho que as aproveite. Alimentos escalfados* em pouco líquido pedem molhos ricos em manteiga. O líquido de cozimento – curto e de sabor concentrado – pode se tornar parte integrante do molho, em vez de ser descartado.

• O ***sabor do molho*** deve combinar com ***o sabor do alimento*** ao qual servirá de acompanhamento. É importante ter certeza de que o sabor do molho não irá se sobrepor ao dos ingredientes principais e vice-versa. Embora um molho cremoso e delicado seja um complemento perfeito para um filé de linguado, ele se perderia totalmente se acompanhasse uma posta de atum grelhada.

Da mesma forma, um molho aromatizado com alecrim anularia o sabor delicado de um peixe, mas é ideal para a carne de cordeiro.

• O molho certo no prato certo: para isso o cozinheiro tem de entender o ***"conceito" do prato***, julgar e avaliar os sabores, texturas e cores dos ingredientes usados. Enfim, a harmonia e os contrastes têm de ser bem pensados, provados e aprovados.

Sopas

As **sopas** são líquidos aromatizados servidos como entrada, como prato principal ou mesmo como parte de um serviço de coquetel, servidos em pequenas xícaras e cumbucas ou tigelas – um uso mais descontraído e moderno. As sopas dividem-se em duas principais categorias: claras e espessas.

SOPAS CLARAS

Não contêm espessantes e são feitas a partir de fundo ou caldo.

A esses líquidos são adicionados ingredientes – legumes em pedaços uniformes, folhas, carnes, embutidos, macarrão, grãos – que definirão o sabor da sopa.

CONSOMMÉ

É um fundo clarificado fortificado. A clarificação ocorre por meio da adição de claras de ovo e cozimento lento e longo, o que captura as partículas em suspensão do fundo, responsáveis por deixá-lo turvo.

A fortificação é feita com o acréscimo de *mirepoix*, cebola *brûlée* e carne crua moída (de acordo com o fundo utilizado), o que intensifica o sabor e a cor.

Desta forma, obtemos uma sopa transparente, dourada e de sabor que perdura na boca. Ao preparar o *consommé*, tenha certeza de que os ingredientes da clarificação estejam bem gelados, para que a temperatura se eleve lentamente, dando tempo da clara capturar as partículas em suspensão. Normalmente é servido como entrada (frio ou quente). Legumes, massas, ervas e grãos são muitas vezes adicionados em pequena quantidade com o intuito de agregar sabor e textura e de mostrar a transparência do *consommé*. Pode também ser usado como base para outras preparações como, por exemplo, em gelatinas salgadas.

Consommé

Rendimento: 6 PORÇÕES

Ingredientes

2 claras ligeiramente batidas e geladas
250 g de *mirepoix* (ver p. 43), picado bem
　　pequeno e gelado
50 g de carne moída magra
1 litro de fundo claro bovino ou outro de
　　sua preferência (ver p. 46)
cebola *brûlée* feita com ½ cebola espetada
　　com 1 cravo-da-índia (ver p. 43)
sal

Preparo

Em uma vasilha, misture as claras, o *mirepoix* e a carne e reserve. Em uma panela, coloque o fundo, a cebola *brûlée* e o sal. Quando começar a ferver, junte a mistura de claras ao fundo e mexa.

Abaixe o fogo e aguarde até que a crosta se forme. Com uma colher, faça um pequeno buraco em um dos cantos da crosta (como uma espécie de chaminé) para que o vapor saia. Cozinhe em fogo baixo por cerca de 45 minutos e, então, retire a panela do fogo.

Com uma concha, retire o caldo delicadamente pela "chaminé" (se necessário, aumente o buraco com cuidado) e passe-o por peneira fina, coberta com um pano limpo.

O resultado deve ser um caldo dourado, absolutamente límpido.

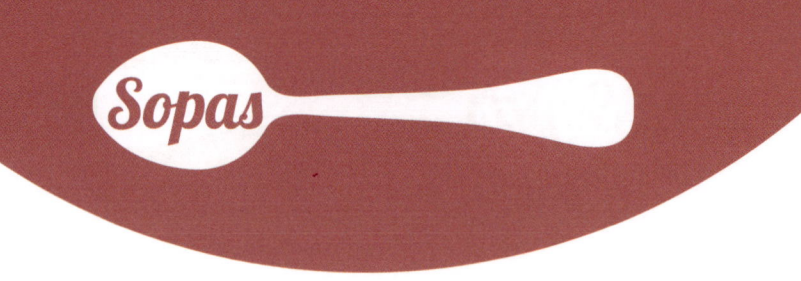

Sopas

VEGETAIS

Sopa cuja base é um caldo. Os ingredientes adicionais são cozidos total ou parcialmente no líquido escolhido. Para um resultado mais substancioso, além de vegetais, pedaços de carne, grãos e massas são complementos ideais. É importante considerar o tempo de cozimento de cada ingrediente para adicioná-lo no momento certo, pois assim ele não passará do ponto.

Soupe au pistou

Rendimento: 8 PORÇÕES

Ingredientes

Sopa

250 g de feijão-branco posto
  de molho na véspera

3 litros de fundo de vegetais (ver p. 44)

2 batatas em cubos

2 talos de salsão picados

2 alhos-porós (parte branca) em cubos de 1 cm

2 nabos redondos pequenos em cubos

3 cenouras em cubos

2 dentes de alho picados

30 ml de azeite de oliva extravirgem

3 abobrinhas italianas em cubos

2 tomates bem maduros *concassés**

350 g de vagem fina fresca ou congelada em cubos

sal e pimenta-do-reino moída na hora

Pistou

3 dentes de alho

folhas de 1 maço de manjericão

50 g de queijo parmesão ralado

60 ml de azeite de oliva extravirgem

sal e pimenta-do-reino moída na hora

Preparo

Sopa

Em uma panela, cozinhe o feijão em água até ficar macio. Em outra panela, ferva o fundo. Junte a batata, o salsão, o alho-poró, o nabo, a cenoura, o alho e o azeite. Quando estiverem quase macios, junte o feijão, a abobrinha, o tomate e, por último, a vagem. Cozinhe por apenas mais um ou dois minutos, para que a vagem ainda continue bem crocante.

Tempere com sal e pimenta.

Pistou

No pilão ou no processador, amasse o alho, junte o manjericão e processe até obter uma pasta. Transfira para uma tigela e, com um garfo, incorpore o queijo.

Junte o azeite, acerte o tempero com sal e pimenta e sirva o *pistou* misturado à sopa ou em molheira à parte.

SOPAS ESPESSAS

Têm como base o **béchamel**, o **velouté** ou um **fundo**, mas sempre apresentam textura mais espessa, cremosa e "ligada". Muitas vezes, o próprio ingrediente principal age como espessante, caso contrário, é fundamental fazer o uso de um.

CREME

É uma sopa de consistência cremosa e aveludada, feita à base de molho *béchamel* e um ingrediente principal, finalizada com creme de leite ou *liaison*. A sopa cremosa de brócolis é um bom exemplo.

Sopas

Sopa cremosa de brócolis

Rendimento: 6 PORÇÕES

Ingredientes
1 litro de leite
100 g de *roux* branco (ver p. 49)
500 g de brócolis limpo e branqueado*
1 *bouquet garni* (ver p. 43)
100 ml de creme de leite fresco
sal e pimenta-do-reino moída na hora

Preparo
Ferva o leite e acrescente o *roux* aos poucos, até que engrosse. Adicione o brócolis e o *bouquet garni*, reduza o fogo e cozinhe lentamente até que o brócolis esteja macio.

Tempere com sal e pimenta. Transfira todos os ingredientes (menos o *bouquet garni*) para o liquidificador e bata até ficar homogêneo.

Aqueça o creme de leite e adicione no final.

Acerte o tempero e sirva.

VELOUTÉ
Velouté: sopa com base em fundo claro, espessada com *roux* e finalizada com *liaison* ou creme de leite. *Velouté de volaille* é uma delas.

Velouté de agrião e camarão

Rendimento: 6 PORÇÕES

Ingredientes
folhas de 1 maço de agrião
400 g de cebola em fatias
30 g de manteiga sem sal
½ kg de batata em pedaços
30 g de farinha de trigo
3 litros de fundo de ave ou peixe (ver p. 44 e 46)
400 g camarão médio limpo
200 ml de creme de leite fresco
sal e pimenta-do-reino moída na hora

Preparo
Limpe o agrião e reserve algumas folhas pequenas para a decoração.

Em uma panela, sue* a cebola na manteiga. Junte a batata, a farinha e o fundo, mexendo sempre. Cozinhe em fogo baixo até que a batata esteja macia, 45 minutos em média. Enquanto isso, cozinhe o camarão em água fervente com sal por alguns segundos ou até mudar de cor.

Escorra e deixe esfriar. Corte em dois, no sentido do comprimento, e novamente em dois.

Quando a sopa estiver cozida, acrescente o agrião e retire do fogo. Deixe amornar e bata muito bem no liquidificador.

Despeje novamente na panela, passando por uma peneira.

Adicione o creme de leite, acerte o tempero e aqueça até quase ferver.

Sirva em pratos de sopa e decore com o camarão e as folhas de agrião. Ou misture os camarões e as folhas de agrião reservadas à sopa e sirva em uma sopeira.

Sopas

PURÊ

Sopa feita a partir do ingrediente principal cozido em fundo e posteriormente processado, de maneira que o líquido é espessado pelo próprio vegetal (rico em amido) ou grão seco. O líquido-base pode ser também um caldo. Tem uma textura mais rústica e menos aveludada que a sopa-creme e o *velouté*.

Sopa-purê de abóbora com creme azedo

Rendimento: 6 PORÇÕES

Ingredientes

50 g de manteiga sem sal

1 cebola pequena em cubos

1 kg de abóbora japonesa em cubos

½ litro de fundo claro de ave (ver p. 44)

1 *sachet d'épices* (ver p. 43)

creme azedo (ver p. 231)

sal e pimenta-do-reino moída na hora

Preparo

Em uma panela grande, aqueça a manteiga e sue* a cebola. Adicione a abóbora, salteie (ver p. 37) um pouco, cubra com o fundo de ave e ferva. Adicione o *sachet d'épices*, reduza o fogo e cozinhe em fogo baixo até que a abóbora esteja macia. Tempere com sal e pimenta, coe os sólidos e reserve o líquido do cozimento.

Bata os sólidos no liquidificador, juntando o líquido aos poucos, até obter a consistência de *nappé* leve.

Ajuste o tempero e mantenha a sopa aquecida.

Transfira a sopa para o prato e finalize com uma porção de creme azedo.

DEMAIS SOPAS

Há uma enorme variedade de sopas com características próprias, geralmente estabelecidas por regionalismos ou hábitos alimentares, que não se encaixam em nenhuma das classificações resumidas aqui. Veja os exemplos a seguir:

BISQUE

O ingrediente principal é um crustáceo (camarão, lagosta, siri).

Tem como base um fundo de crustáceos, além de vegetais aromáticos, flambados com conhaque, dando sabor e aroma característicos. O agente espessante é o arroz, creme de arroz ou *roux*.

Bisque de lagosta, bisque de lagostim, bisque de camarões, todas essas entram na categoria.

Bisque

Rendimento: 6 PORÇÕES

Ingredientes

400 g de casca de camarão, lagosta e lagostim

100 g de manteiga clarificada*

400 g de *mirepoix* (ver p. 43)

4 dentes de alho picados

60 g de extrato de tomate

½ colher (chá) de páprica doce

200 ml de conhaque

1,4 de litro de *velouté* de peixe (ver receita de *velouté* de ave na p. 64, substituindo o fundo de ave pelo de peixe, da p. 46)

400 ml de creme de leite fresco

sal e pimenta-do-reino moída na hora

Sopas

Preparo

Em uma panela, salteie (ver p. 37) as cascas dos crustáceos na manteiga clarificada.

Adicione o *mirepoix* e o alho e salteie.

Faça um *pinçage** com o extrato de tomate e a páprica.

Junte o conhaque e flambe. Acrescente o *velouté* e cozinhe por 45 minutos, em fogo baixo.

Adicione o creme de leite e reduza* até obter a consistência de sopa cremosa.

Coe e ajuste o tempero.

SOPAS FRIAS

São aquelas que podem ser cozidas ou cruas, mas que sempre são servidas frias ou geladas.

A *vichyssoise*, a sopa de melão *cantaloupe*, o *bortsch* (de origem polonesa, também servido quente) e tantas outras.

VICHYSSOISE

Servida fria, foi criada nos Estados Unidos por um chef francês de *Vichy*, daí o nome. É feita à base de alho-poró e batata (que serve de espessante) e finalizada com creme de leite.

Vichyssoise

Rendimento: 6 PORÇÕES

Ingredientes

40 g de manteiga sem sal

250 g de alho-poró (parte branca) picado

250 g de batata em cubos

1,5 litro de fundo claro de ave (ver p. 44)

1 *sachet d'épices* (ver p. 43)

cebolinha picada

sal e pimenta-do-reino moída na hora

180 ml de creme de leite fresco

Preparo

Em uma panela grande, aqueça a manteiga e sue* o alho-poró até murchar. Junte a batata e o fundo e ferva. Adicione o *sachet d'épices* e cozinhe em fogo baixo, até todos os vegetais estarem bem macios.

Coe os sólidos e reserve o líquido do cozimento. Bata os sólidos no liquidificador juntando o líquido aos poucos até obter a consistência de *nappé** leve.

Aqueça o creme de leite e adicione no final.

Acerte o tempero, salpique com a cebolinha e sirva.

GAZPACHO

Receita originária da Andaluzia, na Espanha, é uma sopa de ingredientes crus (tomate, pepino, pimentão, alho etc.) batidos no liquidificador.

Sopas

Gazpacho

Rendimento: 6 PORÇÕES

Ingredientes

300 g de pepino sem casca e sem semente

50 g de pimentão verde sem pele e sem semente

50 g de pimentão vermelho sem pele e sem semente

100 g de cebola

80 g de pão de fôrma branco sem casca

60 ml de vinagre de vinho tinto

800 g de tomate *concassé**

90 ml de azeite de oliva extravirgem

200 ml de água gelada (aproximadamente)

açúcar

sal e pimenta-do-reino moída na hora

Preparo

Corte o pepino, os pimentões, a cebola e o pão em pedaços grandes, misture com o vinagre, o tomate e o azeite e leve à geladeira por no mínimo 6 horas e no máximo 24.

Tempere com sal e pimenta. Bata tudo no liquidificador, acrescentando aos poucos a água gelada, até adquirir a consistência desejada.

Acerte o tempero e, se necessário, corrija a acidez com uma pitada de açúcar.

BASLER MEHLSUPPE

Sopa de farinha típica da cidade da Basileia, no norte da Suíça, servida no inverno, na época do Carnaval, depois da noite de folia, para restaurar as forças dos foliões.

Basler mehlsuppe

Rendimento: 10 PORÇÕES

Ingredientes

100 g de manteiga

200 g de farinha de trigo

40 g de cebola fatiada em meia-lua

240 ml de vinho tinto

2,7 litros de caldo de carne (ver p. 48)

sal e pimenta-do-reino moída na hora

100 g de queijo *Sbrinz* ou parmesão ralado para acompanhar

Preparo

Faça um *roux* negro (ver p. 49) com 80 g de manteiga e 200 g de farinha. Deixe esfriar.

Em uma frigideira, derreta a manteiga restante e salteie (ver p. 37) a cebola até que fique dourada. Acrescente o vinho tinto e reduza* à metade. Acrescente o caldo de carne, sal e pimenta e ferva. Acrescente o *roux* esfarelado, batendo constantemente com um *fouet**, até encorpar.

Abaixe o fogo e cozinhe por 1 hora, mexendo de vez em quando para que não grude no fundo da panela. Retire do fogo, deixe amornar um pouco e bata aos poucos no liquidificador até que fique bem homogêneo.

Volte à panela, aqueça e corrija o tempero.

Sirva com o queijo.

5. Acompanhamentos

Geralmente, os pratos são compostos por dois elementos: a proteína e o acompanhamento (em geral, um carboidrato e um vegetal). A definição de acompanhamento é difícil, pois engloba diversos tipos de produção, como massas, grãos (leguminosas e cereais), hortaliças, raízes e até mesmo algumas frutas. Essas produções podem ser tanto meros coadjuvantes como a parte essencial de um prato, mas nunca devem ser colocadas de lado.
Foi-se o tempo em que "carne com batatas" era o carro-chefe dos restaurantes.

MODO DE FAZER

O conceito importante deste capítulo é **"ponto de cocção"**. Para encontrar o ponto de cocção ideal para cada ingrediente é preciso aprender a identificar a melhor maneira de usá-lo, assim como os cortes, os métodos de cocção e a finalização que cada tipo de acompanhamento ou produto possibilita. O cozimento de um ingrediente deve ser apropriado, de forma a preservar suas características.

O termo *al dente*, tão comumente utilizado, significa **"sentir no dente"**, ou seja, cada alimento possui uma textura e esta deve ser preservada (e até mesmo ressaltada).

Seguem alguns pontos a serem lembrados sempre que formos preparar acompanhamentos:

- O uso apropriado dos cortes está diretamente ligado ao ponto de cocção, pois se houver padronização de corte, haverá também uniformidade de cozimento.
- A escolha do método de cocção mais adequado contribui para o sucesso do preparo, pois, ao escolher o método, leva-se em consideração as características daquele produto, visando ao melhor resultado possível.

COCÇÃO

Três fatores são extremamente importantes quando pensamos em cozinhar vegetais:

- O que acontece durante o processo de cocção?
- Que mudanças sofrem os vegetais quando são cozidos?
- Como controlar essas mudanças?

A cocção altera a textura, o sabor, a cor e o aspecto nutricional dos alimentos.

Compreendendo o funcionamento dos processos de cocção, você pode controlar essas mudanças e transformar os alimentos de forma favorável, alcançando, assim, o objetivo pretendido. A alteração da textura é o principal motivo pelo qual cozinhamos os vegetais.

A cocção transforma fibras e amidos, componentes determinantes da textura, amaciando-os e tornando-os mais digeríveis.

A quantidade de fibras varia de um vegetal para outro, ou de acordo com sua fase de maturação (cenouras velhas são mais fibrosas que cenouras novas), ou ainda segundo as várias partes do vegetal (a ponta do aspargo contém menos fibra que seu caule, é mais macia e cozinha mais rapidamente).

As fibras se tornam mais firmes (duras) na presença de ácidos, fazendo aumentar o tempo de cocção, e de açúcares, que fortalecem a celulose, deixando-a mais firme. As fibras se tornam mais tenras (moles) na presença de calor e de produtos alcalinos (bicarbonato de sódio). No entanto, o contato com produtos alcalinos faz com que os vegetais percam valor nutritivo.

Atingindo o ponto de cocção ideal

Durante o processo de preparo dos vegetais, alguns cuidados devem ser tomados para que o ponto adequado de cocção seja atingido. Cozinhe sempre os vegetais separadamente (cada um tem seu próprio tempo de cocção), o mais próximo possível do momento do serviço. Caso sejam para uso posterior, branqueie* para evitar que o calor residual continue cozinhando-os.

VEGETAIS

Grande parte dos acompanhamentos tem como ingrediente principal os vegetais, então, vale conhecer os mais comuns, seus usos e cortes e a melhor maneira de prepará-los.

Abóbora

Rica em amido e açúcar, tem sabor acentuado e pode ser usada no preparo de doces e salgados.

No Brasil, há diversas variedades de abóbora, as mais comuns são a japonesa (cabochã), a moranga, a de pescoço e a caipira.

As sementes devem ser retiradas, mas podem ser utilizadas (secas e torradas sem casca) separadamente. O broto, conhecido no Brasil como cambuquira, também pode ser consumido como um tipo de verdura, em geral frito ou refogado.

Usos

Cozida em água ou no vapor (inclusive para uso em purê), assada, refogada, salteada ou guisada (famoso quibebe). Também pode ser usada em preparações mais complexas (como sopas e recheios para massas).

Compra

Escolha as mais pesadas, sem machucados ou partes murchas.

Preparo

Corte ao meio e retire as sementes e filamentos fibrosos de seu interior. Cozinhe em água ou no vapor, ou asse com ou sem casca. Se for retirar a casca da abóbora crua, corte-a em pedaços e então retire a casca, pois é bem dura e difícil de remover.

Purê de abóbora

Rendimento: 8 PORÇÕES

Ingredientes

500 g de abóbora japonesa, com casca e sem semente, em pedaços pequenos
250 g de abóbora de pescoço, com casca e sem semente, em pedaços grandes
1 folha de louro
80 g de manteiga sem sal
salsa picada (opcional)
sal e pimenta-do-reino preta moída na hora
manteiga sem sal para untar

Preparo

Coloque as abóboras em uma assadeira untada com manteiga, polvilhe com sal e as folhas de louro rasgadas em pedaços grandes.

Leve ao forno preaquecido a 220ºC coberta com papel-alumínio e asse por aproximadamente 1 hora ou até que estejam bem macias (use um garfo para testar o ponto de cozimento).

Deixe esfriar um pouco e, ainda quente, separe a polpa da casca.

Se desejar um purê mais fino, passe por uma peneira ou um passa-verdura, ou leve diretamente à panela, se quiser um purê mais rústico.

Leve ao fogo, acrescente a pimenta e a manteiga, corrija o sal e, se desejar, finalize com a salsa.

Sirva ainda quente.

Abobrinha

Carnuda, crocante por fora e macia e cheia de semente por dentro (miolo). Pode ser consumida inteira ou em partes, dependendo do resultado desejado. Atualmente, encontramos no mercado a brasileira e a italiana. Sua flor é também comestível e deliciosa.

Usos

Por ter sabor suave e textura delicada, aceita quase todos os tipos de cocção, podendo ser salteada, assada, frita, cozida em água ou no vapor ou grelhada. É um dos vegetais mais versáteis, e está presente em muitas preparações clássicas como a *ratatouille*. Sua flor pode ser frita em massa mole – uma das apresentações mais comuns –, mas também aparece em risotos, ou recheada.

Compra

Procure as firmes, de casca brilhante e íntegra, de cor verde nem muito claro (passada) nem muito escuro (não madura).

Preparo

Lave bem e corte de acordo com a receita, com ou sem semente e casca. Por ser muito perecível, deve ser armazenada em saco plástico na parte menos fria da geladeira.

Abobrinha grelhada

Rendimento: 8 PORÇÕES

Ingredientes

6 abobrinhas italianas em rodelas longitudinais
azeite de oliva extravirgem
sal e pimenta-do-reino moída na hora

Preparo

Aqueça muito bem uma grelha e disponha a abobrinha. Grelhe até que esteja bem cozida dos dois lados, retire da grelha e tempere com sal, pimenta e azeite.

Alcachofra

Embora seja considerada um legume, é na verdade uma inflorescência, o broto comestível de uma flor imatura composta de uma base e folhas carnudas. Muito delicada e de sabor suave. Há dois tipos, a comum (grande) e a mini.

Usos

Deve ser necessariamente cozida, em água ou vapor, e pode receber diferentes finalizações.

Pode-se retirar o fundo dela ainda crua e então submetê-la a diferentes tipos de preparo, como risotos, flans, suflês e sopas.

A minialcachofra pode ser cozida inteira e fica ótima em conserva ácida.

Compra

Por se tratar de um broto, escolha as de folhas fechadas (agrupadas), de cor verde intenso, levemente aveludadas e firmes. Mantenha refrigerada.

Preparo

Lave e apare a ponta das folhas. Retire o talo e as folhas próximas à base (amargas e fibrosas demais) e cozinhe. Para retirar o fundo dela ainda crua, apare as folhas, descasque-a retirando toda a extremidade verde-escura e, com uma colher, retire o centro (ou barba).

> Passe limão nas mãos, nas facas e na própria alcachofra antes de cortá-la, pois ela oxida com facilidade.

Alcachofra braseada

Rendimento: 6 PORÇÕES

Ingredientes

450 g de fundo de alcachofra cru (aproximadamente 8 unidades)

30 g de manteiga sem sal

½ cebola em fatias finas

50 ml de vinho branco seco

300 ml de fundo claro de ave (ver p. 44)

folhas de 1 ramo de tomilho

sal e pimenta-do-reino moída na hora

Preparo

Corte os fundos de alcachofra em fatias de aproximadamente 0,5 cm e reserve.

Em uma *sauteuse* (ver p. 26) grande, aqueça a manteiga e sue* a cebola. Junte o fundo de alcachofra e cozinhe com a cebola por alguns minutos.

Deglaceie* com o vinho branco e deixe secar completamente.

Junte o fundo claro, tomilho, sal e pimenta, tampe e cozinhe até que a alcachofra esteja macia.

  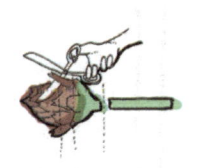

Alho-poró

O alho-poró é um bulbo da família da cebola e do alho. Mais suave que os "primos", pode ser usado como ingrediente, aromatizante ou complemento de sabor na composição de pratos.

Usos

Como base aromática, cozido em vapor, assado gratinado, grelhado, salteado e cru em saladas. O alho-poró é componente do *mirepoix* branco.

Compra

Folhas verde-escuras com uma fina película brilhante recobrindo a parte branca revelam um alho-poró bem fresco. Evite os de folhas manchadas ou verde-claras, moles e com muitos machucados.

Preparo

Corte-o ao meio e lave muito bem, separando as folhas, removendo assim a sujeira depositada. Apare as pontas das folhas verdes e corte conforme desejado.

Alho-poró no vapor ao vinagrete

Rendimento: 6 PORÇÕES

Ingredientes

30 ml de vinagre de vinho branco
90 ml de azeite de oliva extravirgem
3 alhos-porós (parte branca) limpos
sal e pimenta-do-reino preta moída na hora

Preparo

Faça o vinagrete dissolvendo o sal e a pimenta-do-reino no vinagre e acrescentando o azeite em fio, batendo com um *fouet** para emulsionar*.

Corte o alho-poró ao meio, no sentido do comprimento. Cozinhe no vapor até que fique tenro, coloque ainda quente no vinagrete e deixe esfriar. Sirva em temperatura ambiente, como aperitivo ou entrada. Pode ser armazenado por até 5 dias na geladeira, mas não sirva gelado.

Todo o alho-poró é comestível, mas a parte branca é a mais apreciada por ser menos fibrosa e ter sabor mais suave. Reserve, então, a parte verde-escura para usar no preparo de fundos, caldos e sopas.

Aspargo

É um broto comestível muito delicado. Pode ser verde, branco ou roxo.

Usos

Quando fresco, deve ser branqueado* e consumido dessa forma, grelhado ou salteado.

Aspargos frescos ficam excelentes apenas com limão ou manteiga, e a preparação clássica é servi-lo com *sauce hollandaise*. Aspargos em conserva já estão prontos para uso.

Compra

Escolha o de talo bem firme e ponta bem fechada. Evite aquele que tiver a base murcha. Deve ser armazenado sob refrigeração.

Preparo

Corte e descarte a parte esbranquiçada e fibrosa da base (aproximadamente 3 cm). Com um descascador de legumes, retire a casca de pelo menos ⅓ do caule restante. Esta casca também é extremamente fibrosa.

Como a base é mais dura e fibrosa que as pontas, cozinhe-os em pé, amarrados em feixes.

Aspargo grelhado com manteiga e limão

Rendimento: 6 PORÇÕES

Ingredientes

140 g de manteiga sem sal *en pommade**

raspas e suco de 1 limão Taiti

raspas de 1 limão-siciliano

15 a 18 aspargos crus

sal e pimenta-do-reino branca moída na hora

Preparo

Prepare uma manteiga composta (ver p. 71) misturando a manteiga ao suco e às raspas de limão, sal e pimenta-do-reino e leve à geladeira.

Limpe os aspargos retirando a base fibrosa e descascando o caule.

Corte-os ao meio, no sentido do comprimento, e disponha-os em chapa estriada preaquecida até que estejam com marcas bem acentuadas e já ligeiramente macios.

Sirva bem quente com fatias de manteiga composta, para que ela derreta ao calor do aspargo.

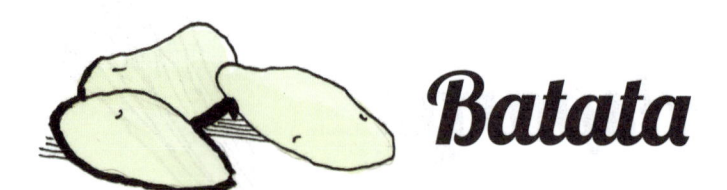   

Batata

Originário das Américas, este tubérculo é um dos ingredientes mais usados como acompanhamento e merece ser tratado aqui de maneira especial.

Usos

A batata pode ser preparada utilizando-se quase todos os métodos de cocção, assumindo também papel de espessante, base para receitas mais elaboradas ou como acompanhamento.

Para utilizá-la de maneira eficaz, é preciso conhecer suas características. Em geral, tem casca marrom ou ligeiramente amarelada. O tamanho varia de 3 a 15 cm de diâmetro. As características mais significativas estão em sua casca e polpa. As de polpa branca, chamadas de farinhosas, contém menos umidade, são ricas em amido e adquirem cor dourada ao serem fritas. As de polpa amarelada contém mais umidade e respondem muito bem ao serem cozidas ou assadas.

No caso da batata-doce:

As de casca e polpa branca são mais indicadas para purês. As de casca rosada e polpa creme ou as de casca e polpa roxas, para assar e serem servidas cozidas. Estas últimas também são muito usadas para fazer doces.

Compra

Independentemente do tipo de batata escolhido para o preparo, prefira a de casca lisa e brilhante, rija, sem machucados ou manchas escuras e esverdeadas (que, em grande quantidade, são tóxicas).

A batata deve ser armazenada em temperatura ambiente, ao abrigo de luz, umidade e calor excessivo, para que não brote.

1 kg de batata rende aproximadamente:

2 kg de purê

1,1 kg de batata cozida

750 g de batata assada

400 g de batata frita cortada em palito

As receitas clássicas de batata para acompanhamento são:

Batata ao murro

Rendimento: 6 PORÇÕES

Ingredientes

6 batatas cerosas médias, com casca, bem lavadas
30 ml de azeite de oliva extravirgem
1 dente de alho
sal grosso

Preparo

Fure a casca das batatas com um garfo e embrulhe-as em papel-alumínio com um pouco de sal grosso.

Asse em forno preaquecido a 180°C até ficarem macias.

Ao desembrulhá-la, se necessário leve ao forno por mais alguns minutos para que a casca seque.

Com um pano enrolado na mão, esmurre ligeiramente as batatas.

Em uma panela, aqueça o azeite com o dente de alho e frite as batatas até dourarem.

Batata bolinha sautée

Rendimento: 6 PORÇÕES

Ingredientes

1 kg de batata bolinha com casca cozida

30 ml de óleo

30 g de manteiga sem sal

1 colher (sopa) de folhas de salsa crespa picadas

sal e pimenta-do-reino moída na hora

Preparo

Corte a batata cozida ao meio, no sentido do comprimento.

Em uma frigideira, aqueça partes iguais de óleo e manteiga, coloque a batata com a parte sem casca virada para baixo. Tempere com sal e pimenta e vire quando estiver dourada.

Deixe dourar um pouco mais, retire do fogo e salpique a salsa.

Batata frita (em dois tempos)

Rendimento: 6 PORÇÕES

Ingredientes

1kg de batata farinhosa em bastonetes (ver p. 41)

sal

óleo para fritar

Preparo

Lave e seque bem a batata. Em uma panela, aqueça o óleo a 165°C e frite as batatas por 2 minutos. Escorra bem e coloque em assadeiras forradas com papel-toalha. Leve as batatas à geladeira por aproximadamente 2 horas. Aqueça o óleo a 190°C e frite até que fiquem bem douradas. Escorra bem e tempere com sal.

Batata Duchesse

Rendimento: 6 PORÇÕES

Ingredientes

500 g de batata em pedaços
2 gemas
50 g de manteiga sem sal
noz-moscada ralada na hora
1 gema e 1 colher (sopa) de leite para pincelar
sal e pimenta-do-reino moída na hora

Preparo

Cozinhe a batata em água salgada até estar macia. Escorra e esprema ainda quente, misture as gemas, a manteiga, uma pitada de noz-moscada e ajuste o sal.

Transfira essa massa para um saco de confeitar com um bico tipo pitanga e modele conforme o desenho (abaixo), com aproximadamente 3 cm ou 4 cm de altura e 2 cm de diâmetro, em uma assadeira.

Pincele levemente com a gema misturada ao leite e leve ao forno preaquecido a 180°C, até que estejam com a superfície dourada e firme.

Batata Duchesse

Purê de batata (tradicional)

Rendimento: 6 PORÇÕES

Ingredientes

½ kg de batata farinhosa em pedaços grandes e regulares
180 ml de leite
100 g de manteiga sem sal gelada
sal
pimenta-do-reino moída na hora (opcional)

Preparo

Cozinhe a batata descascada e cortada em água com sal até que fique bem tenra.

Escorra imediatamente depois de cozida e passe pelo espremedor ainda quente, direto em uma panela grande.

Leve ao fogo baixo para que seque bem, deixando evaporar algum eventual excesso de água que a batata tenha absorvido durante o cozimento. Aqueça o leite e adicione-o aos poucos, batendo vigorosamente.

Acrescente a manteiga aos poucos e bata muito bem até que cada porção de manteiga seja incorporada. Tempere com pimenta-do-reino (opcional). O purê deve ficar leve e cremoso. O ideal é prepará-lo o mais próximo possível do momento de servir.

- Para um purê delicado e liso, esprema as batatas ainda quentes.
- Adicione o sal no início do cozimento para evitar a formação de grânulos no purê. Use 1 colher de sopa de sal para 1 litro de água. Caso seja necessário adicionar mais sal, dissolva-o no leite antes de empregar.
- Cuidado com o ponto da batata. Ela deve estar bem macia, porém sem se desfazer na água.
- Para um purê mais cremoso, pode-se usar creme de leite fresco em vez de leite e aumentar a quantidade de manteiga.

Batata gratinada (dauphinoise)

Rendimento: 8 PORÇÕES

Ingredientes
1,25 kg de batata farinhosa em rodelas finas
1 dente de alho ligeiramente esmagado
300 ml de creme de leite fresco
300 ml de leite
1 colher (chá) de sal
50 g de queijo Gruyère
noz-moscada ralada na hora
manteiga sem sal para untar
pimenta-do-reino branca moída na hora

Preparo
Em uma panela grande, junte a batata, o alho, 250 ml de creme de leite, o leite, o sal, uma pitada de noz-moscada e a pimenta. Deixe descansar por 1 hora.

Leve esta panela ao fogo e cozinhe até levantar fervura. Diminua o fogo, mexendo de vez em quando, até que as batatas estejam *al dente*.

Preaqueça o forno a 200°C. Em uma tigela, misture o creme de leite restante e o queijo Gruyère e reserve.

Descarte o alho, transfira a batata e o líquido restante para uma travessa untada com manteiga, cubra com a mistura de queijo e creme de leite e leve ao forno até que a superfície esteja dourada.

Batata Rösti

Rendimento: 6 PORÇÕES

Ingredientes
6 batatas farinhosas médias com casca
60 ml de manteiga clarificada*
sal e pimenta-do-reino moída na hora

Preparo
Em uma panela, coloque a batata, água fria e sal e cozinhe até que esteja macia por fora, mas ainda firme por dentro quando espetada com um garfo.

Escorra e deixe esfriar um pouco. Descasque a batata, rale no ralo grosso e tempere com sal e pimenta-do-reino. Em uma frigideira antiaderente, aqueça parte da manteiga e coloque metade da batata, dando a forma de uma panqueca grossa.

Doure bem antes de virar, juntando mais um pouco de manteiga, se necessário. Repita esse processo com o restante da batata.

Sirva imediatamente.

Galette de batata

Rendimento: 6 PORÇÕES

Ingredientes
50 g de manteiga clarificada*
½ kg de batata
sal e pimenta-do-reino moída na hora
manteiga sem sal para untar

Preparo
Logo antes do preparo, descasque e lamine as batatas usando uma mandolina. Devem ficar bem finas. Unte generosamente uma frigideira antiaderente com manteiga clarificada. Com a ajuda de um aro, forme círculos de rodelas de batatas em camadas, sobrepondo-as ligeiramente, e salpique cada camada com sal e pimenta. Aperte com uma escumadeira e doure em fogo baixo (cerca de 15 minutos). Com uma espátula, retire as *galettes* e transfira para uma assadeira ligeiramente untada, deixando o lado dourado para cima. Termine o cozimento no forno a 220°C.

Berinjela

Fruto carnudo e levemente picante. Existem algumas variedades, que se diferenciam pelas cores. A mais comum é a roxa, mas há também a branca, bem mais rara. Encontra-se ainda os tipos longo (japonesa), mini e lilás.

Usos

Com ou sem casca, a berinjela pode ser grelhada, salteada, assada ou frita. Nunca é comida crua. Também entra na produção de pastas (como *babaganush*) e recheios.

Compra

Escolha a de casca bem brilhante, sem machucados ou furos, bem firme e lustrosa.

Preparo

Caso deseje remover o excesso de amargor, deve-se cortar a berinjela, colocar em uma peneira e polvilhar com sal. Deixe-a ali descansando por 30 minutos e depois enxágue e seque bem. Do nosso ponto de vista, isso não é necessário, pois o amargor é uma característica positiva e marcante da berinjela.

Ratatouille

Rendimento: 8 PORÇÕES

Ingredientes

60 ml de azeite de oliva extravirgem
150 g de cebola
1 dente de alho picado
90 g de pimentão vermelho, sem semente
90 g de pimentão verde, sem semente
180 g de berinjela
100 g de tomate *concassé**
1 colher (sopa) de folhas de manjericão
1 colher (chá) de folhas de tomilho
sal e pimenta-do-reino moída na hora

Preparo

Corte a cebola, os pimentões e a berinjela em cubos médios e uniformes. Aqueça o azeite e salteie (ver p. 37) a cebola e o alho.

Adicione os pimentões e a berinjela e salteie até que estejam macios, por aproximadamente 10 minutos.

Junte o tomate e aqueça levemente, para manter o frescor. Acrescente o manjericão e o tomilho e tempere com sal e pimenta.

Beterraba

Raiz comestível encontrada no Brasil apenas na variedade vermelha. Na Europa, a do tipo branca é usada para a produção de açúcar.

Usos

Crua, cozida em água ou no vapor, ou assada. Por sua cor muito intensa, deve ser utilizada com cuidado, pois acaba tingindo as preparações. As folhas mais tenras podem ser usadas em saladas ou refogadas como couve.

Compra

Procure as firmes e sem manchas. As menores são mais saborosas.

Preparo

Lave bem com o auxílio de uma escova. Caso a receita peça a beterraba já cozida, cozinhe-a ou asse-a com casca.

Salada de beterraba assada, pera, minirrúcula e amêndoa

Rendimento: 6 PORÇÕES

Ingredientes

Salada

3 beterrabas (aproximadamente 500 g)

100 ml de azeite de oliva extravirgem

80 g de amêndoa sem pele em lâminas

1 pera chinesa grande em *julienne* (ver p. 41)

1 maço de minirrúcula

sal

Molho

20 g de *échalote** ou cebola-roxa em *brunoise* (ver p. 41)

20 ml de suco de limão

40 ml de vinagre de vinho tinto

1 colher (chá) de açúcar

sal

Preparo

Salada

Preaqueça o forno a 250°C.

Embrulhe as beterrabas em papel-alumínio e asse até ficarem tenras, por aproximadamente 1 hora e 30 minutos.

Retire o papel-alumínio e deixe esfriar.

Enquanto isso, aqueça o azeite, junte a amêndoa e toste em fogo baixo até ficar ligeiramente dourada.

Retire do fogo e deixe esfriar no próprio azeite.

Com uma escumadeira, transfira a amêndoa para uma tigela pequena e salpique com sal. Reserve a amêndoa e o azeite.

Molho

Misture a *échalote*, o suco de limão, o vinagre, o açúcar, o azeite da amêndoa e sal e reserve.

Retire a casca das beterrabas com os dedos e corte em *julienne*. Junte ao molho e misture com delicadeza. Disponha a beterraba no prato de serviço e regue com o molho que eventualmente tenha sobrado.

Cubra com a minirrúcula, depois com a pera e, em seguida, espalhe a amêndoa.

Brócolis

É um tipo de flor de caule fibroso e pontas (floretes) macias e delicadas. No Brasil há dois tipos: o comum e o japonês (ninja).

Usos

Depois de branqueado* ou cozido no vapor, pode ser salteado, assado, grelhado.

Suas folhas podem ser aproveitadas em sopas, recheios e ensopados.

Compra

Procure os bem verdes, evite talos moles, folhas caídas e machucadas, assim como os floretes amarelados, que indicam que o brócolis está passado. Dura pouco, mas o branqueamento* aumenta sua durabilidade.

Preparo

Separe os floretes do caule, descarte as folhas ou utilize-as para uma sopa. No caso do ninja, faça pequenos cortes na base dos floretes para um cozimento mais homogêneo.

Brócolis ao alho e azeite

Rendimento: 8 PORÇÕES

Ingredientes

6 colheres (sopa) de azeite de oliva extravirgem

4 dentes de alho picados ou amassados

1 maço de brócolis comum previamente branqueado*

sal e pimenta-do-reino moída na hora

Preparo

Pouco antes de servir, aqueça o azeite e doure o alho em uma panela grande.

Adicione o brócolis e refogue, mexendo bem por cerca de 5 minutos.

Tempere com sal e pimenta e sirva.

Cará

Como a mandioca e o inhame, o cará é um tubérculo de sabor suave e textura macia.

Usos
Cozido em água ou no vapor (inclusive para uso em purê).

Compra
Escolha os de tamanho médio, com a casca íntegra.

Preparo
Para eliminar a substância viscosa (baba), descasque sob água corrente. Guarde em recipiente com água fria para não escurecer.

Chips de cará

Rendimento: 6 PORÇÕES

Ingredientes
½ kg de cará em fatias muito finas
sal e pimenta-do-reino moída na hora
óleo para fritar

Preparo
Aqueça o óleo a 165°C, frite o cará até que fique tenro e escorra bem. Aqueça o óleo a 190°C e frite novamente as fatias de cará até que fiquem bem douradas e crocantes. Escorra bem e tempere com sal e pimenta-do-reino.

Cebola

Um dos elementos mais usados na cozinha, é considerado mais que um ingrediente, é um complemento aromático. Tem casca fina e interior suculento, fibroso e firme. No Brasil, encontram-se as variedades pérola, pera (comum), roxa e branca.

Usos

Como base aromática, grelhada, frita, braseada, assada, crua ou curada. Também é componente do *mirepoix*.

Compra

Escolha as firmes de casca brilhante, sem manchas e íntegras. Não compre as que apresentarem brotos verdes. Conserva-se por muito tempo se armazenada em local seco e ventilado.

Preparo

Retire a casca fina, corte ao meio e pique a cebola de acordo com o uso.

Onion rings

Rendimento: 6 PORÇÕES

Ingredientes

3 cebolas grandes em fatias
400 ml de leite
500 g de farinha de trigo
sal e pimenta-do-reino moída na hora
óleo para fritar

Preparo

Deixe as fatias de cebola imersas no leite por pelo menos 30 minutos.

Escorra, tempere com sal e pimenta e passe pela farinha de trigo, retirando o excesso com uma peneira.

Em uma frigideira, aqueça o óleo e frite os anéis.

Cenoura

Raiz comestível, muito utilizada e versátil. Pode ser consumida crua ou cozida, e seu sabor adocicado é interessante em diversos preparos.

Usos
Crua ou cozida, no preparo de saladas e sopas. Pode ser grelhada, salteada, assada ou compor o *mirepoix*.

Compra
Procure as raízes firmes, de cor laranja bem vivo. As menores são mais tenras e saborosas. Guarde sob refrigeração.

Preparo
Lave bem e descasque as cenouras. Corte conforme o uso.

Cenoura glaceada

Rendimento: 6 PORÇÕES

Ingredientes
100 g de manteiga sem sal
800 g de cenoura em *oblique**
2 colheres (sopa) de mel
1 colher (sopa) de açúcar
170 ml de água
sal e pimenta-do-reino moída na hora

Preparo
Em uma frigideira, aqueça 40 g de manteiga e salteie (ver p. 37) a cenoura. Tempere com sal e pimenta. Reduza o fogo ao mínimo, adicione o mel e o açúcar e cubra tudo com água.

Junte a manteiga restante distribuída em pequenos pedaços e coloque a tampa, deixando uma fresta.

Cozinhe em fogo baixo até a cenoura ficar macia e brilhante.

Chuchu

Tem sabor delicado e é muito rico em água. No Brasil, encontram-se o chuchu-branco (pequeno, sem espinhos), o verde (médio e espinhoso) e, atualmente, em alguns supermercados, o minichuchu.

Usos
Cozido em água ou no vapor, frito, guisado, gratinado, assado ou refogado.

Compra
Escolha os sem machucados e com a ponta estreita firme e bem fechada, que não estejam brotando.

Preparo
Para eliminar o visgo (baba), descasque sob água corrente. Corte e cozinhe de acordo com o uso.

Chuchu refogado

Rendimento: 6 PORÇÕES

Ingredientes
50 ml de óleo
1 dente de alho pequeno picado
50 g de cebola em *brunoise* (ver p. 41)
4 chuchus em cubos
1 colher (sopa) de folhas de salsa picadas
sal e pimenta-do-reino moída na hora

Preparo
Em uma panela, aqueça o óleo e sue* o alho e a cebola.

Junte o chuchu, salteie (ver p. 37) por alguns minutos.

Adicione água quente, tempere com sal e pimenta e cozinhe tampado por alguns minutos, ou até que esteja *al dente*.

Salpique salsa picada antes de servir.

Couve

Introduzida no Brasil pelos portugueses, a couve tem folhas grandes, lisas e de cor verde e brilhante. É ingrediente clássico da cozinha mineira.

Usos

Crua em saladas, salteada com alho e azeite ou no preparo de sopas (caldo verde), cozidos e ensopados. A preparação básica é refogada com alho e azeite, cortada em *chiffonade* (ver p. 41) fina. A couve rende pouco.

Compra

As folhas devem estar firmes, bem verdes e sem marcas de insetos. Evite as amareladas e murchas, que estão velhas e impróprias para consumo.

Preparo

Retire o talo central mais grosso e corte conforme o uso.

Salada caipira de couve

Rendimento: 6 PORÇÕES

Ingredientes

2 maços de couve em *chiffonade* fina (ver p. 41)
½ cebola em fatias finas
20 ml de vinagre de vinho branco
50 ml de azeite de oliva extravirgem
sal e pimenta-do-reino moída na hora

Preparo

Coloque em uma tigela de inox a couve com a cebola e tempere com o vinagre, sal e pimenta.

Em uma panela pequena, aqueça o azeite, sem deixar queimar, e de imediato regue a couve temperada.

Misture muito bem e sirva morno. A couve vai murchar levemente, mas manterá a crocância.

Couve-flor

Da família das couves, a couve-flor tem talo firme e crocante e flores delicadas.

Usos
Deve sempre ser cozida em água ou no vapor, após o cozimento pode ser frita por imersão, salteada ou assada (com molho, crosta etc.).

Compra
As folhas devem ser brilhantes e bem fechadas. A flor deve ser clara (branca ou creme), bem arredondada.

Preparo
Retire as folhas e solte os floretes. Para conseguir um cozimento uniforme, deve-se fazer um corte em cruz na base do talo, para que este cozinhe em tempo similar ao dos floretes.

Couve-flor à la polonaise

Rendimento: 6 PORÇÕES

Ingredientes
1 couve-flor grande
100 g de manteiga sem sal
250 g de farinha de rosca
sal e pimenta-do-reino moída na hora

Preparo
Em uma panela, cozinhe a couve-flor em água com sal até que esteja *al dente*.

Em uma frigideira grande, aqueça a manteiga, doure a farinha de rosca com um pouco de sal e reserve. Na hora de servir, reaqueça a farinha, junte a couve-flor e salteie (ver p. *37*) para que fique com aparência de empanado.

Tempere com pimenta.

Erva-doce (funcho)

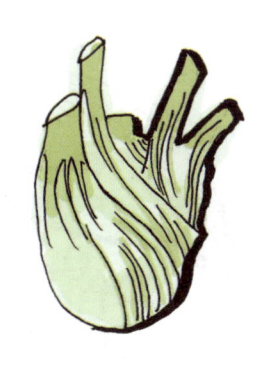

Bulbo carnudo, sabor refrescante e adocicado, muito rico em fibras. Suas folhas delicadas são utilizadas como erva, no preparo de peixes e cremes.

Usos
Pode ser consumida crua ou cozida. Se cozida, fica mais suave. Pode também ser grelhada, assada, salteada, braseada ou simplesmente cozida no vapor.

Compra
Escolha as bem brancas e de bulbos bem arredondados.

Preparo
Lave bem, solte as camadas e corte de acordo com o uso.

Erva-doce braseada

Rendimento: 6 PORÇÕES

Ingredientes
30 g de manteiga sem sal
½ cebola em *brunoise* (ver p. 41)
2 bulbos de erva-doce
50 ml de vinho branco seco
1 litro de fundo claro de ave (ver p. 44)
1 *sachet d'épices* (ver p. 43)
sal e pimenta-do-reino moída na hora

Preparo
Em um *sautoir* (ver p. 26) grande, derreta a manteiga e sue* a cebola. Acrescente a erva-doce cortada ao meio na horizontal e salteie. Adicione o vinho branco, reduza* e junte o fundo de ave.

Quando estiver fervendo, adicione o *sachet d'épices*, sal e pimenta e cozinhe em fogo baixo, tampado, até que a erva-doce esteja cozida mas ainda firme.

Retire a erva-doce, reduza o líquido do cozimento, produzindo um molho, acerte o tempero e coe para servir sobre a erva-doce.

Ervilha

Leguminosa que pode ser consumida fresca ou seca. É muito sensível e perde as características rapidamente. Por esse motivo é comumente encontrada congelada ou enlatada. É rica em amido.

Usos

Cozida no vapor (inclusive para uso em purê), refogada ou apenas branqueada*.

Compra

Os grãos devem estar bem verdes, com uma película transparente e brilhante. Certifique-se de que não estejam secas ou maduras demais (começando a ficar murchas e com a pele muito dura).

Preparo

Lave e use conforme a receita.

Fritada de ervilha e vagem verdes

Rendimento: 6 PORÇÕES

Ingredientes

80 g de vagem fina branqueada*
80 g de ervilha-torta branqueada
50 ml de azeite de oliva extravirgem
3 dentes de alho
100 g de ervilha fresca branqueada
4 ovos batidos
1 colher (chá) de folhas de tomilho
50 g de queijo parmesão ralado
sal e pimenta-do-reino moída na hora

Preparo

Corte a vagem e a ervilha-torta na diagonal em pedaços com cerca de 1 cm.

Em uma *sauteuse* (ver p. 26) grande, aqueça o azeite e sue* o alho.

Adicione a vagem, a ervilha-torta e a ervilha fresca e salteie (ver p. 37).

Tempere com sal e pimenta, jogue os ovos por cima, misture bem e cozinhe um pouco.

Polvilhe o tomilho e o parmesão e leve a fritada ao forno a 180ºC ou à salamandra* para cozinhar a superfície. Retire do forno, sem deixar dourar demais para que não resseque, e sirva.

Ervilha-torta

Leguminosa da qual se consome a fava (vagem) com os grãos.

Usos

Cozida no vapor, branqueada*, salteada ou refogada.

Compra

Escolha as ervilhas-tortas mais firmes, verde-claras e sem manchas e pedaços quebradiços.

Preparo

Lave bem e retire as fibras longas das laterais, puxando com firmeza de uma ponta para a outra.

Ervilha-torta salteada com bacon e cebola-roxa

Rendimento: 6 PORÇÕES

Ingredientes

50 g de bacon em *brunoise* (ver p. 41)

¼ de cebola-roxa em *brunoise*

300 g de ervilha-torta

sal e pimenta-do-reino moída na hora

Preparo

Em uma *sauteuse* (ver p. 26) grande, coloque o bacon e cozinhe em fogo baixo para soltar toda a gordura.

Quando estiver cozido (não frito demais), adicione a cebola e deixe dourar bem.

Junte a ervilha-torta, salteie (ver p. 37) rapidamente e tempere com sal e pimenta.

Espinafre

Muito versátil, o espinafre aparece em diversas preparações. Suas folhas são aveludadas e carnudas.

Usos

Cru, branqueado*, salteado, cozido no vapor ou batido para uso como corante em massas, pães etc.

Compra

As folhas devem estar íntegras, verde-escuras, brilhantes e carnudas e os talos firmes.

Preparo

Separe as folhas, lave-as bem e empregue-as. Como é muito rico em água, a melhor maneira de cozinhá-lo é colocá-lo em uma panela seca e fria e levar ao fogo para que cozinhe, soltando e evaporando sua água.

Suflê de espinafre

Rendimento: 4 PORÇÕES

Ingredientes

folhas de 2 maços de espinafre cozidas e muito bem espremidas

2 colheres (sopa) de manteiga sem sal

1 cebola pequena bem picada

¼ de xícara de farinha de trigo

1 xícara de leite

2 gemas

3 colheres (sopa) de creme de leite fresco

3 claras

queijo parmesão ralado (opcional)

noz-moscada ralada na hora

sal e pimenta-do-reino moída na hora

manteiga sem sal para untar

farinha de trigo para polvilhar

Preparo

Bata o espinafre no processador até obter um purê ou pique bem fino.

Unte um *ramequin** de 16 cm de diâmetro e leve à geladeira durante alguns minutos.

Unte novamente e polvilhe com farinha de trigo.

Mantenha na geladeira até o momento de usar.

Em uma panela, derreta a manteiga, sue* a cebola até quase dourar, acrescente a farinha e mexa bem em fogo baixo durante 5 minutos.

Acrescente aos poucos o leite, mexendo sempre, e cozinhe por mais 5 minutos.

Tempere com noz-moscada, sal e pimenta-do-reino.

Retire do fogo e junte as gemas uma a uma, misturando muito bem.

Adicione o purê de espinafre e o creme de leite e reserve.

Bata as claras em ponto de neve macia e incorpore um pouco à mistura da panela, para deixá-la mais leve.

Acrescente aos poucos e delicadamente o restante das claras e, se desejar, salpique queijo parmesão ralado por cima.

Coloque a mistura de espinafre no *ramequin*.

Asse em banho-maria em forno preaquecido a 180°C por 15 minutos ou até crescer e a superfície começar a dourar. Então, diminua a temperatura para 160°C, e deixe terminar de assar por aproximadamente mais 15 minutos ou até que esteja bem alto, dourado e firme Sirva imediatamente.

Inhame

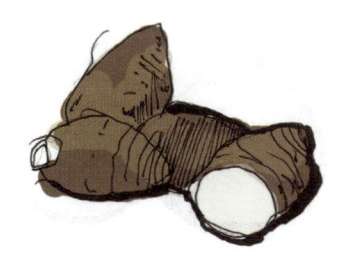

Raiz comestível pequena, de casca escura e cheia de filamentos. Rico em amido, é um excelente substituto da batata.

Usos

Cozido em água ou no vapor, assado ou frito, ou para uso em purês.

Compra

Deve ser firme, com raízes pequenas e ralas em sua superfície, sem manchas.

Preparo

Depois de bem lavado pode ser cozido, com ou sem casca, e utilizado em preparos.

Purê de inhame com cebolinha

Rendimento: 6 PORÇÕES

Ingredientes

500 g de inhame
½ maço de cebolinha (partes branca e verde separadas) bem picada
100 g de manteiga sem sal
100 ml de creme de leite fresco
sal e pimenta-do-reino moída na hora

Preparo

Cozinhe o inhame em água salgada até que esteja macio. Enquanto isso, em uma panela, salteie (ver p. 37) a parte branca da cebolinha em 30 g da manteiga e reserve. Passe o inhame pelo espremedor de batata e transfira para uma panela. Leve ao fogo, mexendo constantemente para secar o purê.

Aqueça o creme de leite e junte ao inhame aos poucos, mexendo sempre. Acrescente a manteiga restante fria, batendo com uma colher de pau. Acerte o tempero, decore com a parte verde da cebolinha e sirva.

Jiló

Pequeno, de cor verde-amarelada, o jiló é parente da berinjela e possui algumas características bem similares. Sua polpa é macia, esponjosa e cheia de sementes brancas, e seu sabor levemente amargo e picante. Esse vegetal carrega o estigma de ser amargo demais, mas quando bem preparado tem sabor e textura interessantes.

Usos

Frito em imersão ou em frigideira, refogado, grelhado ou cozido.

Compra

Deve estar liso, brilhante, firme e sem machucados. Os mais verdes costumam estar menos amargos.

Preparo

Lave bem, retire o cabo e corte conforme o uso. Assim como com a berinjela, algumas pessoas costumam deixar o jiló temperado com sal por 30 minutos para suavizar o amargor.

Salada de jiló

Rendimento: 6 PORÇÕES

Ingredientes

10 a 12 jilós cortados ao meio
60 ml de vinagre de vinho branco
100 ml de azeite de oliva extravirgem
30 g de azeitona preta em *brunoise* (ver p. 41)
30 g de azeitona verde em *brunoise*
½ cebola-roxa em *brunoise*
1 colher (sopa) de folhas de salsa picadas
1 colher (sopa) de cebolinha picada
sal e pimenta-do-reino moída na hora

Preparo

Cozinhe os jilós em água com sal e 30 ml de vinagre por alguns minutos, escorra e deixe esfriar.

Em uma tigela, faça um vinagrete com o vinagre restante, o azeite, sal e pimenta. Junte as azeitonas, a cebola, a salsa e a cebolinha. Acrescente o jiló já frio e misture tudo. Mantenha na geladeira por pelo menos 2 dias antes de servir.

Mandioca
(aipim, macaxeira)

Um dos principais alimentos da América do Sul, a mandioca é chamada de *yuca* fora do Brasil – mesmo antes da colonização. É muito consumida *in natura* ou na forma de um de seus inúmeros subprodutos: farinha d'água, tapioca, tucupi, polvilho doce e azedo, puba, carimã etc.

Usos
A mandioca *in natura* pode ser cozida em água ou no vapor (inclusive para uso em purês), ou frita.

Compra
Sua casca escura e cheia de pequenas raízes deve estar intacta, sem manchas e soltando-se com facilidade. Sua polpa deve ter cor uniforme (branca ou amarelada, de acordo com a variedade), ainda um pouco úmida.

Preparo
Descasque e empregue da maneira desejada.

Mandioca frita

Rendimento: 6 PORÇÕES

Ingredientes
1 kg de mandioca em bastonetes (ver p. 41)
sal
óleo para fritar

Preparo
Cozinhe a mandioca em água até que esteja macia, mas sem desmanchar.

Escorra bem. Aqueça o óleo a 190°C e frite a mandioca até ficar bem dourada.

Seque em papel-toalha e tempere com sal.

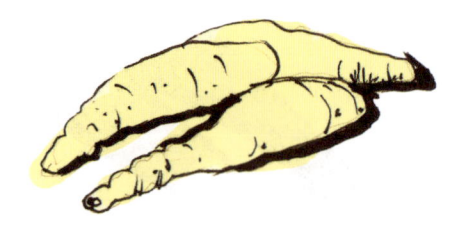

Mandioquinha

Raiz comestível também conhecida por batata-baroa. Tem sabor adocicado.

Usos
Cozida em água ou no vapor (inclusive para uso em purês), assada ou frita em chips.

Compra
Escolha as bem firmes, de cor amarelo brilhante, sem manchas ou amassados. É muito comum encontrar mandioquinhas com pedaços esbranquiçados (semelhante a mofo), viscosas e com cheiro azedo. Evite-as.

Preparo
Lave bem, raspe ou descasque e cozinhe. A mandioquinha cozinha muito rápido, preste atenção!

Mandioquinha ao vapor com ervas frescas

Rendimento: 4 PORÇÕES

Ingredientes
½ kg de mandioquinha em pedaços regulares
1 colher (chá) de folhas de manjericão grosseiramente picadas
1 colher (chá) de folhas de salsa grosseiramente picadas
1 colher (chá) de cebolinha grosseiramente picada
azeite de oliva extravirgem
sal e pimenta-do-reino moída na hora

Preparo
Cozinhe a mandioquinha no vapor até que esteja *al dente*. No momento de servir, tempere com sal e pimenta, acrescente as ervas e regue com um fio de azeite.

Maxixe

De formato ovalado, com casca espinhosa ou lisa, é originário da África e bastante comum na culinária brasileira. Possui casca fina e delicada.

Usos

É consumido tradicionalmente refogado e cozido. Se fizer ensopado, acrescente os maxixes no final, para evitar cozimento excessivo.

Compra

Evite os murchos e amarelados, que por serem mais velhos tornam-se fibrosos, com sabor ruim e sementes duras.

Preparo

O maxixe cru pode ainda ser usado na forma de salada, em substituição ao pepino; nesse caso, escolha os mais verdes, que ainda não formaram sementes.

Maxixe refogado

Rendimento: 8 PORÇÕES

Ingredientes

1 dente de alho picado

1 cebola média em *brunoise* (ver p. 41)

½ pimenta-dedo-de-moça, sem semente, picada

500 g de maxixe limpo (raspe com uma faca os espinhos) em rodelas finas

12 folhas de manjericão em *chiffonade* (ver p. 41)

sal e pimenta-do-reino moída na hora

azeite de oliva extravirgem

Preparo

Em uma frigideira, aqueça o azeite e doure o alho. Junte a cebola e sue* por alguns minutos.

Acrescente a pimenta-dedo-de-moça e tempere com sal e pimenta.

Junte o maxixe e refogue bem. Por último, adicione o manjericão e sirva com arroz branco e feijão.

Palmito

Parte comestível de uma palmeira, o palmito é o miolo de seu tronco. As espécies mais conhecidas no Brasil são: açaí, juçara e pupunha.

O cultivo da variedade pupunha é o que mais tem se desenvolvido pela sua sustentabilidade e o crescimento rápido. Assim como o palmito juçara (de extração proibida, por enquanto), ele é saboroso e se presta ao consumo *in natura*, pois não oxida facilmente e tem textura macia.

As demais espécies são encontradas já em conserva, pois oxidam facilmente após o corte.

No centro-oeste cultiva-se uma variedade de palmito que tem um sabor marcante e amargo denominado guariroba*, muito presente nas receitas típicas como o empadão goiano.

Usos

In natura, cozido em água ou no vapor, salteado em fios – como *spaghetti*, assado ou grelhado.

Compra

Comumente comercializado em conserva, desfiado, em pedaços, a variedade pupunha pode ser encontrada *in natura*, nos cortes para carpaccio, fios, lâminas e tolete.

Preparo

Ao utilizar o palmito em conserva em preparos, cozinhe-o em água por 10 minutos para retirar o excesso da conserva e evitar risco de contaminação por botulismo.

Ao utilizar o palmito *in natura* inteiro, com a casca, embrulhe-o em papel-alumínio e asse em forno médio por 1 hora. Depois, corte-o ao meio e tempere com sal e um fio de azeite ou manteiga derretida.

Pupunha assado com azeite, tomilho e limão-cravo

Rendimento: 6 PORÇÕES

Ingredientes

1 palmito pupunha (aproximadamente 40 cm) cortado ao meio
100 ml de azeite de oliva extravirgem
raspas e suco de 1 limão-cravo
1 colher (sopa) de folhas de tomilho picadas
sal e pimenta-do-reino moída na hora

Preparo

Preaqueça o forno a 180°C. Tempere o palmito com sal e um fio de azeite, envolva-o em papel-alumínio e leve ao forno em uma assadeira. Asse até que, espetando com um garfo, esteja macio.

Enquanto isso, prepare um molho misturando o suco e as raspas de limão, tomilho, sal e pimenta e misture bem.

Adicione o azeite em fio, emulsionando*. Retire o palmito do forno, transfira para uma travessa e sirva com o molho separado. A parte tenra do palmito deve ser retirada se servida quente ou em temperatura ambiente.

O molho não pode ser aquecido.

Frutos de pupunha, juçara e açaí

O fruto de pupunha tem a casca avermelhada, amarela ou laranja (quando maduro). É consumido depois de cozido em água e sal ou na forma de farinha ou óleo comestível, e também é matéria-prima para a fabricação de compotas e geleias.
O fruto do açaí sempre foi muito consumido na região norte, depois ganhou o resto do Brasil e o mundo com seus frutos de cor roxa quase negra, que produzem um suco espesso muito nutritivo e saboroso. O fruto do juçara é semelhante ao do açaí, mas produz menos polpa.

Pepino

Da mesma família da abóbora e da abobrinha, tem a parte externa firme e crocante e o miolo macio, aguado, refrescante e cheio de sementes. No Brasil, encontramos o japonês (mais fino e escuro), o caipira (mais claro, aguado e grosso) e o comum (de casca verde-escura e mais grosso que o japonês).

Usos

Basicamente cru, em saladas e preparações frias.

Compra

O pepino deve estar firme, sem as pontas murchas, com a casca lustrosa e pesado – o que indica que está suculento.

Compra

Lave bem, retire a casca, se desejar, e corte de acordo com o uso.

Salada de pepino marinado

Rendimento: 6 PORÇÕES

Ingredientes

3 pepinos japoneses em rodelas finas
1 colher (sopa) de sal
1 colher (sopa) de açúcar
15 ml de vinagre de vinho branco
50 ml de azeite de oliva extravirgem
1 colher (sopa) de folhas de *dill* picadas
pimenta-do-reino moída na hora

Preparo

Polvilhe o pepino com sal e deixe descansar em uma peneira para que desidrate.

Quando estiver levemente desidratado, enxágue e esprema bem.

Prepare um vinagrete com o restante dos ingredientes e junte o pepino.

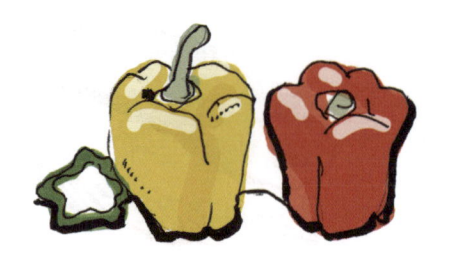

Pimentão

Da família das pimentas, o pimentão tem muitas variedades e cores. No Brasil, os mais comuns são o verde, o vermelho e o amarelo. Por ter sabor marcante, o pimentão pode ser considerado um complemento aromático, uma vez que em poucas preparações aparece como ingrediente principal.

Usos
Cru, assado, grelhado ou frito.

Compra
Escolha os firmes, sem pedaços murchos e com o cabo bem verde.

Preparo
Lave e corte o pimentão de acordo com o uso. Retire as sementes e a membrana branca de seu interior.

Para retirar a pele de muitos pimentões, unte-os com óleo e coloque no forno em temperatura máxima por alguns minutos, ou até ficarem com a casca queimada. Retire do forno e abafe-os, ainda quentes, em saco plástico. Espere amornar e sob água corrente retire a pele, com as costas de uma faca. Se for tirar a pele de apenas 1 ou 2 pimentões, faça o procedimento na boca do fogão.
Espete o pimentão em um garfo e queime bem a pele. Abafe em saco plástico e retire a pele como descrito acima.

Caponata

Rendimento: 8 PORÇÕES

Ingredientes
½ xícara de azeite de oliva extravirgem
1 pimentão vermelho, sem semente, em cubos
1 pimentão verde, sem semente, em cubos
1 pimentão amarelo, sem semente, em cubos
2 cebolas grandes em cubos
2 berinjelas em cubos
100 g de uva-passa branca
½ xícara de vinagre de vinho branco
1 colher (chá) de sal
100 g de castanha-de-caju
pimenta-do-reino moída na hora

Preparo
Em uma panela grande, aqueça o azeite e frite os legumes por ordem de firmeza. Comece adicionando os pimentões, depois a cebola e, por último, a berinjela.

Quando os primeiros ingredientes estiverem *al dente*, junte a uva-passa, o vinagre, o sal e a pimenta, tampe e cozinhe em fogo baixo por 15 minutos.

Deixe esfriar e, na hora de servir, junte a castanha.

Quiabo

Fruto de origem africana, acredita-se ter chegado ao Brasil com os escravos.

É alongado e tem textura aveludada.

Usos

Frito, cozido ou grelhado, é ingrediente principal do caruru e muito utilizado na culinária baiana.

Para evitar que o visgo (baba) se solte, prefira métodos de cocção secos ou utilize elementos ácidos durante a cocção (limão, vinagre ou mesmo tomate).

Compra

Escolha os menores (mais novos) e firmes. Se fresco, a ponta deve quebrar com facilidade.

Conserva-se bem em geladeira se não for lavado previamente.

Preparo

Lave e corte o cabo e a ponta.

Beignet de quiabo

Rendimento: 6 PORÇÕES

Ingredientes

2 ovos
160 ml de leite
15 ml de azeite de oliva extravirgem
150 g de farinha de trigo
½ colher (chá) de sal
400 g de quiabo lavado e cortado ao meio
óleo para fritar

Preparo

Bata os ovos até ficarem bem espumosos, adicione o leite e o azeite e misture bem.

Peneire a farinha de trigo com o sal e acrescente à mistura, mexendo apenas até estar bem misturado. Mergulhe cada quiabo na massa e coloque-o diretamente em óleo quente abundante para fritar. Escorra em papel-toalha.

Repolho

Redondo e compacto, o repolho tem folhas carnudas. Os tipos mais comuns são o branco e o roxo.

Usos

Cru ou cozido em água ou no vapor, salteado e recheado. Suas folhas são comumente usadas como invólucro para charutinhos, peixes etc.

Compra

Ao escolher, prefira os bem fechados, pesados e sem manchas ou machucados. O talo deve ser claro e firme.

Preparo

Caso vá utilizar as folhas inteiras, solte-as e lave-as. Descarte o miolo (talo), que é fibroso. Se for usar o repolho em tiras, corte ao meio, pique e lave.

Coleslaw

Rendimento: 6 PORÇÕES

Ingredientes

suco de 1 limão
50 g de maionese (ver p. 230)
50 g de creme de leite fresco
10 g de mostarda
1 colher (sopa) de folhas de salsa picadas
½ repolho-branco em *julienne* (ver p. 41)
1 repolho roxo pequeno em *julienne*
3 cenouras em *julienne*
2 maçãs vermelhas em *julienne*
sal e pimenta-do-reino moída na hora

Preparo

Em uma tigela, misture o suco de limão, a maionese, o creme de leite, a mostarda, a salsa, sal e pimenta e reserve.

Junte o repolho, a cenoura e a maçã ao molho e deixe marinar pelo menos por 6 horas antes de servir.

Salsão

Também conhecido como aipo, o salsão é ingrediente fundamental na cozinha e também um dos componentes do *mirepoix*.

Usos
Cru, cozido no vapor ou braseado. É uma importante base aromática.

Compra
Deve ser pesado, de cor verde-clara, sem manchas e machucados; os talos devem estar firmes e as folhas sem sinais de ressecamento.

Preparo
Separe os talos fazendo um corte na base para soltá-los e lave bem. Caso se pretenda utilizá-lo em pedaços grandes, convém retirar o excesso de fibras puxando-as com uma faca, no sentido do comprimento.

Celeri remoulade
(salada de salsão)

Rendimento: 6 PORÇÕES

Ingredientes
30 g de mostarda
30 g de maionese (ver p. 230)
30 g de creme de leite fresco
30 ml de azeite de oliva extravirgem
20 ml de água
suco de ½ limão
12 talos de salsão tenros em *julienne*, com as folhas em *chiffonade* (ver p. 41)
sal e pimenta-do-reino moída na hora

Preparo
Coloque a mostarda, a maionese, o creme de leite, o azeite, a água, o suco de limão, sal e pimenta no liquidificador e bata até ficar homogêneo.

Se o molho ficar muito espesso, ajuste a consistência com um pouco mais de água.

Misture o molho ao salsão e sirva gelado.

Tomate

Fruto carnudo e muitíssimo usado, o tomate pode ser consumido verde ou maduro.

Os tipos mais comuns são o Carmem, o caqui, o pera (ou italiano), o Débora (tomate comum) e o cereja.

Usos

Cru, assado ou grelhado é muito usado em molhos, saladas e outras preparações, e para conferir acidez a alguns pratos (*pinçage**).

Compra

Escolha os brilhantes e firmes, sem manchas amarelas, machucados e pedacinhos embolorados.

Preparo

Lave e corte de acordo com o uso. Para retirar a pele, corte a base dos tomates em cruz e coloque-os um a um em água fervente por 15 segundos.

Retire e transfira imediatamente para um recipiente com água gelada para interromper o cozimento. A pele sairá facilmente.

Tomate confit

Rendimento: 6 PORÇÕES

Ingredientes

150 g de sal
150 g de açúcar
10 tomates bem maduros, sem pele, cortados em 4 pedaços
1 colher (chá) de folhas de tomilho
azeite de oliva extravirgem
pimenta-do-reino moída na hora

Preparo

Misture o sal e o açúcar.

Disponha o tomate em uma grelha ou outra superfície vazada e polvilhe a mistura de sal e açúcar sobre ele, formando uma densa camada. Cubra, deixe descansar na geladeira pelo menos por 24 horas para que desidrate. Depois, lave-o muito bem, escorra e seque. Coloque os tomates em uma assadeira, regue com o azeite, junte o tomilho e leve ao forno preaquecido a 130°C por 5 a 6 horas ou até que esteja seco e bem assado.

Use em saladas, na finalização de risotos e massas ou como aperitivo.

Vagem

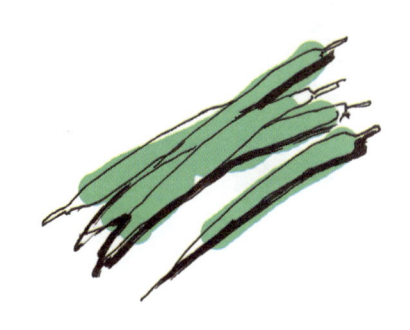

É o invólucro de sementes leguminosas que, em alguns casos, são comestíveis.

As mais comuns são a vagem macarrão (ou comum), a vagem manteiga, a vagem de metro e a holandesa. As vagens mais tenras são as colhidas precocemente.

Usos

No vapor, branqueada* ou refogada.

Compra

Devem estar firmes, de um verde uniforme e intenso.

Preparo

Lave e retire a fibra longa que há na lateral, puxando com firmeza de uma ponta para a outra. Corte conforme o uso.

Vagem ao vapor com manteiga e amêndoa

Rendimento: 6 PORÇÕES

Ingredientes

50 g de manteiga sem sal
120 g de amêndoa sem pele em lâminas
400 g de vagem (do tipo de sua preferência), cortada ao meio e cozida no vapor
sal e pimenta-do-reino moída na hora

Preparo

Em uma *sauteuse* (ver p. 26) pequena, derreta a manteiga e deixe no fogo até que tome uma coloração levemente acastanhada.

Adicione a amêndoa e toste ligeiramente.
Retire do fogo e despeje sobre as vagens.
Tempere com sal e pimenta.

Cogumelos

Pertencem a uma categoria especial. Não são vegetais, são fungos e se reproduzem por meio de esporos. Entretanto, na cozinha são preparados e servidos como vegetais.

Existem muitos tipos de cogumelos cultivados. Os mais comuns são o cogumelo-de-paris, o shitake, o shimeji, o portobello e o pleurotus. Podem ser desidratados e, assim, ganhar maior durabilidade e intensidade de sabor. Os mais encontrados são: *funghi porcini* e shitake seco.

Usos

Cru, em saladas; salteado, refogado, assado ou grelhado. Os secos, que devem ser reidratados, podem ser utilizados em diversas preparações.

Compra

Os cogumelos cultivados são comprovadamente comestíveis. Na natureza, existem milhares deles, mas apenas alguns tipos são utilizados para o consumo.

É necessário consultar um especialista, pois alguns são venenosos e até letais.

Escolha os de cúpula bem fechada e íntegra, polpudos e sem manchas ou viscosidade.

Preparo

Limpe os cogumelos com uma escova macia ou pincel duro para tirar o excesso de terra (método ideal). Também podem ser lavados, mas, como absorvem muita água, podem encharcar. Se lavá-los, faça rapidamente e seque-os muito bem.

Corte e empregue conforme indicado. Dependendo da variedade, o cabo pode ser muito fibroso. Nesse caso, descarte-os ou guarde para usar em caldos, molhos ou sopas. Para preservar a cor clara dos cogumelos, borrife suco de limão ou vinho branco, ou branqueie-os*. Os secos devem ficar imersos em água de 30 minutos a 4 horas antes de serem utilizados.

Ragu de cogumelos

Rendimento: 6 PORÇÕES

Ingredientes

150 g de cogumelo-de-paris

100 g de shitake

100 g de shimeji

50 g de *pleurotus*

100 g de manteiga sem sal

½ cebola-roxa em *brunoise* (ver p. 41)

suco de ½ limão

100 ml de vinho branco seco

200 ml de creme de leite fresco

1 colher (sopa) de folhas de salsa picadas

sal e pimenta-do-reino moída na hora

Preparo

Limpe bem e corte os cogumelos em pedaços uniformes. Em uma *sauteuse* (ver p. 26) grande, aqueça a manteiga e sue* a cebola. Adicione os cogumelos e salteie (ver p. 37). Cozinhe em fogo alto até que toda a água dos cogumelos se solte e eles sequem (sempre liberam muita água durante o cozimento).

Adicione o suco de limão e o vinho branco e reduza* até quase secar. Junte o creme de leite e sal e reduza novamente até obter uma consistência cremosa. Polvilhe com a salsa.

Use como molho para grelhados ou massas, ou como aperitivo, com torradas.

Feijão

Grãos e cereais

Por sua característica neutra e por seus subprodutos, os grãos são muito importantes quando falamos de acompanhamentos. Vejamos cada tipo de grão, seus subprodutos e usos mais importantes.

Aveia

Arroz

Grão-de-Bico

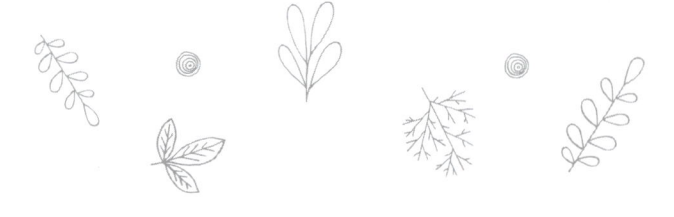

Arroz

Assim como a batata, o arroz é bastante versátil. Seu sabor suave possibilita a criação de uma variedade de pratos, podendo ser ingrediente principal, acompanhamento ou até componente de outras preparações.

De maneira geral, pode-se classificar o arroz em duas variedades: grão longo e grão curto. Dessa maneira, conhecendo a reação desses grãos à cocção, podemos sempre avaliar a maneira mais adequada de preparar o arroz, visando ao resultado desejado. O arroz de grão longo, quando cozido, fica leve, macio e solto, e o de grão curto fica úmido e ligado. Os grãos também se diferenciam segundo o tipo de processamento recebido. Assim, tem-se:

ARROZ *BASMATI*

Grão longo e perfumado (cresce nos arrozais aos pés do Himalaia), fica bem solto depois de cozido. É muito usado na culinária indiana.

ARROZ BRANCO (ARROZ POLIDO)

Passa por um processo que remove a casca, o germe e, consequentemente, muitos de seus nutrientes. O polimento muda a aparência, suaviza o sabor e amacia os grãos. Esse arroz também recebe a adição de ferro e vitaminas durante o processo de polimento.

ARROZ INTEGRAL

É o grão descascado não polido, que preserva os nutrientes. Tem sabor amendoado, textura fibrosa e requer uma cocção mais longa.

ARROZ ITALIANO

Grãos curtos, ricos em amido e muito utilizados em risotos. Entre eles estão as variedades *arborio*, *carnaroli* e *vialone nano*.

ARROZ JAPONÊS

De grão curto, é usado para sushis e pratos orientais que requeiram arroz de consistência ligada e pegajosa.

ARROZ JASMINE

Grão longo, cristalino e muito aromático, cultivado nos planaltos da Tailândia, é muito utilizado na culinária do Sudeste Asiático.

ARROZ PARBOILIZADO
(*PARBOILED* – COZIMENTO PARCIAL)

Grãos uniformes que, ainda com casca, são submetidos a um processo de pré-cozimento em água e posterior pressão de vapor a altas temperaturas para que as vitaminas e sais minerais contidos em sua casca e germe penetrem e se fixem em seu interior. O grão é então descascado. Esse processo altera a estrutura do amido contido no grão, conferindo uma textura mais compacta, o que dá a esse arroz mais resistência durante a cocção e faz com que ele não passe do ponto.

ARROZ SELVAGEM

Não é uma variedade de arroz, mas sim uma gramínea cujo formato e modo de cocção são semelhantes aos do arroz. Tem cor marrom-escura, sabor forte e acastanhado e requer um tempo de cocção prolongado.

Preparo

Existem diferentes técnicas de preparo do arroz, mas ele pode ser simplesmente cozido como o macarrão (arroz lavado). O importante é cozinhá-lo apenas até que seu grão esteja tenro, mas ainda resistente à mordida (*al dente*); do contrário, o resultado será uma textura de papa, nada agradável.

Arroz Integral

Rendimento: 6 PORÇÕES

Ingredientes

50 ml de óleo
1 cebola em *brunoise* (ver p. 41)
300 g de arroz cateto integral lavado e escorrido
700 ml de água
sal

Preparo

Em uma panela, aqueça o óleo e sue* a cebola com o sal. Adicione o arroz e a água e cozinhe por cerca de 20 minutos ou até o arroz estar cozido. Abra a panela, verifique o cozimento e sirva.

Caso seja necessário, finalize o cozimento com a panela destampada e um pouco mais de água fervente.

O arroz integral pode ser cozido em panela convencional; nesse caso, cozinhe por mais tempo e aumente a quantidade de água.

Arroz Jasmine

Rendimento: 6 PORÇÕES

Ingredientes

300 g de arroz *jasmine* muito bem lavado (até a água sair transparente) e escorrido
2 litros de água
sal

Preparo

Em uma panela grande, coloque o arroz, a água e sal. Leve ao fogo e deixe levantar fervura. Cozinhe sem tampa, em fogo baixo, por 15 minutos.

Escorra rapidamente e coloque o arroz de novo na panela, ainda com um pouco de sua água. Cozinhe em fogo muito baixo até que os grãos fiquem secos e macios (aproximadamente 15 minutos).

Arroz selvagem com castanha-do-pará e cebolinha

Rendimento: 6 PORÇÕES

Ingredientes

300 g de arroz selvagem
900 ml de fundo claro de ave (ver p. 44)
60 g de manteiga sem sal
¼ maço de cebolinha (parte branca) picada
80 g de castanha-do-pará picada
¼ maço de cebolinha (parte verde) picada
sal e pimenta-do-reino moída na hora

Preparo

Em uma panela, coloque o arroz selvagem e o fundo, sem sal. Cozinhe em fogo baixo até que esteja cozido, mas ainda firme.

Escorra o líquido que sobrar. Em uma frigideira, aqueça a manteiga e doure a parte branca da cebolinha e a castanha-do-pará. Acrescente o arroz, corrija o sal e tempere com pimenta.

Retire do fogo e acrescente a parte verde da cebolinha.

PILAF

Técnica originária da Pérsia e da Turquia, consiste na cocção dos grãos a fim de deixá-los tenros, soltos e leves. Por tratar-se de uma técnica (e não de uma receita), pode ser aplicada a outros tipos de grãos, como lentilha e milho, bastando apenas atentar para a quantidade de líquido a ser utilizada para cada grão.

Pode ser condimentado com ervas e especiarias.

Arroz Pilaf

Rendimento: 6 PORÇÕES

Ingredientes

50 g de manteiga sem sal
1 cebola em *brunoise* (ver p. 41)
300 g de arroz *basmati* (ou branco de grão longo) muito bem lavado
600 ml de fundo claro de ave (ver p. 44)
1 folha de louro
sal e pimenta-do-reino preta moída na hora

Preparo

Em uma caçarola média e com tampa, que possa ir ao forno, aqueça a manteiga e sue* a cebola.

Adicione o arroz e frite um pouco. Junte o fundo e o louro.

Quando começar a ferver, tampe, leve ao forno preaquecido a 180°C e cozinhe por

15 a 20 minutos, ou até que o líquido tenha sido absorvido.

Retire do forno e deixe repousar um pouco.

Destampe e solte o arroz cuidadosamente com uma espátula ou garfo para liberar o vapor. Tempere com sal e pimenta.

Para fazer o arroz brasileiro, veja receita na p. 269.

RISOTO

Prato que explora as propriedades do arroz italiano, cujos grãos são envoltos por um amido macio, conhecido como amilopectina. Durante a cocção, o amido se dissolve, dando ao prato a característica cremosa peculiar dessa preparação. Como complemento aromático, o risoto leva sempre cebola e manteiga, mas qualquer ingrediente poderá ser agregado a ele, complementando assim o seu aroma. Para se produzir um bom risoto, é necessário:

- começar com um pouco de gordura;
- tostar adequadamente os grãos;
- mexer constantemente para que o amido se solte;
- usar panela de fundo espesso para que haja calor retido suficiente para cozinhar o arroz em chama alta sem grudar no fundo;
- adicionar o líquido aos poucos, evitando assim o excesso de líquido no final do preparo;
- finalizar o risoto montando-o* com manteiga e queijo, se indicado, depois da chama apagada;
- servir o risoto imediatamente após o preparo.

Cada região (e até mesmo família) da Itália prepara o risoto de maneira diferente. Existem basicamente dois estilos, que diferem quanto à consistência. Um deles é o estilo mais seco (usado no Piemonte, Lombardia e na Emilia Romana), e o outro, com abundância de líquido ou *all'onda*, muito comum na região do Vêneto.

Risoto
(receita básica)

Rendimento: 6 PORÇÕES

Ingredientes

120 g de manteiga sem sal gelada

15 g de cebola em *brunoise* (ver p. 41)

350 g de arroz *arborio*

100 ml de vinho branco seco

1,25 litro de fundo claro de ave
   (ou mais, se necessário) (ver p. 44)

50 g de queijo parmesão ralado na hora

Preparo

Em uma panela de fundo largo, derreta 20 g de manteiga e sue* ligeiramente a cebola.

Acrescente o arroz e toste até que os grãos fiquem bem envoltos na manteiga e bem quentes.

Acrescente o vinho branco e deixe secar completamente.

Acrescente uma concha de fundo, mexendo sempre. Quando secar, acrescente mais uma concha e assim sucessivamente, sem parar de mexer, até que o arroz esteja *al dente*.

Retire a panela do fogo e acrescente a manteiga restante e o parmesão, mexendo até incorporar. Sirva imediatamente.

O risoto deve ser servido imediatamente após o preparo, e as sobras podem ser utilizadas para fazer *riso al salto* e os *arancini*.

VARIAÇÕES

Risoto de queijo brie com presunto cru

Rendimento: 6 PORÇÕES

Ingredientes

1 receita básica de risoto (ver ao lado)

100 g de presunto cru em tirinhas

300 g de queijo brie picado

30 g de queijo parmesão

Preparo

Incorpore ao risoto pronto o queijo brie e apenas 30 g de parmesão.

Sirva com o presunto cru.

Risoto de tomate, manjericão, pinoli e muçarela

Rendimento: 6 PORÇÕES

Ingredientes

1 receita básica de risoto (ver ao lado)

6 tomates *concassés**

200 g de muçarela de búfala picada

50 g de *pinoli* tostados

folhas de manjericão

Preparo

No meio do cozimento da receita básica, acrescente 2 tomates *concassés* e, no final, os ingredientes restantes.

Risoto de cogumelos

Rendimento: 6 PORÇÕES

Ingredientes

50 g de shimeji

50 g de shitake

50 g de cogumelo-de-paris

5 g de funghi secchi, bem lavado, de molho em água morna por 1 hora

20 g de manteiga sem sal

1 dente de alho picado bem fino

1 colher (sopa) de folhas de salsa picadas

1 receita básica de risoto (ver p. 121)

sal e pimenta-do-reino moída na hora

Preparo

Salteie* (ver p. 37) os cogumelos na manteiga com o alho.

Tempere com sal e pimenta.

Acrescente a salsa e reserve. Faça o risoto conforme a receita básica (p. 121) e acrescente o salteado nos últimos 5 minutos. Finalize normalmente, com a manteiga e o parmesão.

Riso al Salto

Rendimento: 6 PORÇÕES

Ingredientes

600 g de sobras de risoto

100 g de manteiga sem sal

Preparo

Divida o risoto em quarto porções, faça bolinhas e achate-as como panquecas.

Coloque, uma a uma, em uma frigideira pequena e antiaderente com 25 g de manteiga.

Achate sem apertar muito, deixe dourar bem de um lado, depois vire para dourar do outro.

Frite as outras bolinhas na manteiga restante.

Bolinho de arroz arborio
(arancini)

Rendimento: 6 PORÇÕES

Ingredientes

3 ovos

300 g de receita básica de risoto fria ou sobras (ver p. 121)

cubos de queijo de sua preferência ou
    ragù alla bolognese (ver p. 132)

farinha de rosca para empanar

óleo ou gordura vegetal para fritar

Preparo

Misture 1 ovo ao risoto frio. Pegue 1 colher de sopa cheia do risoto pronto, coloque na mão, faça uma cavidade e coloque o recheio escolhido. Bata os dois ovos restantes, banhe os bolinhos. Passe em seguida pela farinha de rosca e leve à geladeira por 1 hora.

Frite por imersão (ver p. 36). Em tamanho maior, pode ser servido com salada de folhas verdes variadas, ou, em tamanho menor, como aperitivo.

Aveia

Pertence à família do trigo e é muito rica em nutrientes. A aveia é encontrada inteira, em flocos, moída fina ou grossa. É usada no preparo de mingaus, granolas, sopas, bolos e biscoitos, ou como espessante.

Granola salgada

Rendimento: 8 PORÇÕES

Ingredientes

100 g de flocos de milho industrializados (sem açúcar)

30 g de semente de linhaça

50 g de semente de gergelim branco torrado

20 g de semente de gergelim preto

60 g de semente de girassol

50 g de aveia em flocos

10 g de sal grosso

50 ml de azeite de oliva extravirgem

Preparo

Misture todos os ingredientes. Coloque em uma assadeira a asse em forno preaquecido a 180°C por 45 minutos ou até tostar ligeiramente.

Deixe esfriar e guarde em potes hermeticamente fechados. Sirva com salada verde.

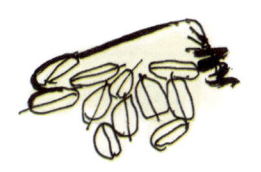

Feijão

Muito rico em proteína, é o ingrediente principal de um dos pratos mais consumidos em nosso país. O feijão cozido pode entrar na preparação de saladas, acompanhamentos, purês ou como ingrediente em sopas e cozidos.

Algumas variedades são mais facilmente encontradas no Brasil: o carioca, o preto, o roxinho, o fradinho, o feijão-de-corda, o mulatinho, o branco, o jalo, o rosinha, o rajado, o *azuki*, o manteiguinha de Santarém, entre outros.

Feijões picantes com coentro e manga

Rendimento: 6 PORÇÕES

Ingredientes

100 g de feijão-branco cozido

100 g de feijão-rajado cozido

100 g de feijão-preto cozido

100 g de feijão-carioca cozido

1 pimenta-dedo-de-moça, sem semente, bem picada

1 cebola-roxa em *brunoise* (ver p. 41)

40 ml de suco de limão

100 ml de azeite de oliva extravirgem

300 g de manga em cubos

2 colheres (sopa) de folhas de coentro picadas

sal

Preparo

Misture os feijões com a pimenta e a cebola-roxa e tempere com sal, suco de limão e azeite.

Deixe descansar pelo menos por 3 horas antes de servir. Na hora de servir, acrescente a manga e o coentro picado. Ideal para acompanhar peixes grelhados ou empanados.

Cassoulet

Rendimento: 6 PORÇÕES

Ingredientes

400 g de feijão-branco deixado de molho na véspera

50 ml de azeite de oliva extravirgem

3 dentes de alho picados

200 g de cebola picada

3 folhas de louro

1 colher (chá) de semente de erva-doce

400 g de lombo de porco

500 g de costela de porco defumada

2 coxas com sobrecoxa de frango, sem pele e com osso, ou *confit* de pato sem gordura (ver p. 198)

300 g de linguiça tipo calabresa em rodelas de 3 cm

500 g de tomate *concassé**

200 ml de vinho branco seco

18 xícaras de água quente (aproximadamente)

folhas de ⅓ de maço de salsa picadas

5 g de bacon bem picado

1 dente de alho amassado

150 g de farinha de rosca

sal

Preparo

Escorra o feijão da água em que esteve de molho e reserve em uma tigela.

Em uma panela grande, sue* no azeite o alho, a cebola, o louro e a erva-doce em fogo alto, até a cebola murchar.

Acrescente as carnes e a linguiça e refogue, mexendo de vez em quando, por 15 minutos. Junte o tomate, o vinho e 6 xícaras de água, tampe e cozinhe em fogo baixo até as carnes ficarem macias, cerca de 1 hora, adicionando mais água sempre que secar.

Em uma tigela, misture a salsa, o bacon, o alho e a farinha de rosca e reserve.

Com uma escumadeira, retire as carnes e a linguiça e reserve em uma tigela.

Misture o feijão ao caldo que ficou na panela, adicione metade da água restante, tampe e cozinhe em fogo médio, mexendo de vez em quando, por cerca de 1 hora e 15 minutos, ou até o feijão ficar macio.

Se necessário, acrescente mais água à medida que for secando. Acrescente as carnes e a linguiça reservadas à panela. Verifique o tempero. O feijão deve ficar com uma quantidade de caldo razoável. Transfira tudo para uma travessa de barro e polvilhe com uma camada fina da mistura de salsa. Leve ao forno preaquecido a 180°C, quando começar a gratinar, revolva a mistura de salsa para dentro do feijão (isso ajuda a espessar o caldo do feijão) e polvilhe com mais um pouco. Repita a operação mais 2 vezes, na última vez deixe gratinar bem. Sirva bem quente.

Grão-de-bico

Leguminosa de grãos redondos, é rica em amido e proteínas. Encontrada seca, deve ser colocada de molho por algumas horas e cozida por tempo suficiente para que fique macia. É um ingrediente importante na cozinha árabe.

Hummus

Rendimento: 12 PORÇÕES

Ingredientes

500 g de grão-de-bico
3 litros de água
70 ml de suco de limão
5 dentes de alho inteiros, com casca
150 g de *tahine* (pasta de gergelim)
100 ml de azeite de oliva extravirgem
sal

Preparo

Deixe o grão-de-bico de molho pelo menos por 12 horas. Escorra e remova a pele (veja box abaixo). Coloque em uma panela com água fria, leve ao fogo para ferver. Retire a espuma que for se formando na superfície.

Reduza o fogo, tampe a panela e cozinhe por cerca de 2 horas, ou até que os grãos estejam bem macios. Escorra e reserve o líquido.

Bata os dentes de alho (com a casca) e o suco de limão no processador e deixe repousar por 10 minutos. Coe. Coloque o grão-de-bico, o suco de limão, com alho e o *tahine* no processador. Bata até ficar bem liso, adicionando o azeite e parte do líquido do cozimento. Acerte o sal se necessário.

> Para facilitar a retirada da pele do grão-de-bico, depois de demolhado, espalhe-o sobre a metade de um pano de prato seco e dobre a outra metade por cima. Passe um rolo de macarrão sobre eles, fazendo pressão, e bata de leve algumas vezes. Isso vai ajudar a soltar a pele e facilitar sua remoção.

Lentilha

Leguminosa de sabor marcante, rica em amido, a lentilha pode ser consumida em sopas, cozidos, saladas ou caldos, como acompanhamento e no preparo de purês.

Lentilha guisada

Rendimento: 6 PORÇÕES

Ingredientes

150 g de lentilha deixada de molho por 1 hora
1 cebola pequena picada
2 colheres (sopa) de azeite de oliva extravirgem
1 dente de alho amassado
1 talo de salsão em *brunoise* (ver p. 41)
4 cebolinhas (partes verde e branca separadas) picadas
1 colher (chá) de folhas de tomilho picadas
10 pontas de aspargo branqueadas*
10 tomates-cereja cortados ao meio
suco de ½ limão-siciliano
1 colher (sopa) de xarope de romã
½ colher (chá) de cominho em pó
1 colher (chá) de coentro em pó
sal e pimenta-do-reino moída na hora

Preparo

Escorra a lentilha e cozinhe com 3 xícaras de água por 10 minutos. Escorra novamente e acrescente água até quase cobrir as lentilhas. Cozinhe até que estejam macias, mas sem se desfazer.

Milho

Enquanto isso, sue* a cebola em metade do azeite até dourar. Junte o alho e 1 minuto depois o salsão e a parte branca da cebolinha e refogue rapidamente. Tempere com sal e pimenta, junte os ingredientes refogados e deixe descansar com o fogo desligado por 15 minutos com a panela tampada para que os sabores se misturem.

Acrescente o aspargo, o tomate-cereja, a parte verde da cebolinha e o azeite restante.

Sirva quente como acompanhamento. Para servir como salada, misture o suco de limão-siciliano, o xarope de romã, o cominho e o coentro quando a lentilha estiver quase fria.

Grão que pode ser consumido fresco, seco ou na forma de seus muitos derivados: farinha de milho, fubá, farinha flocada, quirera, canjiquinha etc.

Quirera ou canjiquinha

Rendimento: 6 PORÇÕES

Ingredientes

150 g de quirera (milho partido)
50 ml de azeite de oliva extravirgem
2 dentes de alho amassados
1 cebola média em *brunoise* (ver p 41)
2 tomates grandes maduros *concassé*, sem semente, picados
250 ml de água (aproximadamente)
folhas de salsa e cebolinha picadas
sal e pimenta-do-reino moída na hora

Preparo

Lave a quirera, coloque em uma tigela, cubra com água fria e deixe de molho até o dia seguinte.

Em uma panela, aqueça o azeite em fogo alto. Junte o alho e salteie (ver p. 37), mexendo sempre, até dourar ligeiramente. Acrescente a cebola e sue* mais um pouco, mexendo até ficar macia.

Escorra bem a quirera, coloque na panela e refogue, mexendo sempre, por cerca de 3 minutos. Acrescente o tomate e a água, tempere com sal e pimenta e ferva.

Reduza o fogo e cozinhe até que a quirera esteja bem macia e quase sem caldo. Se necessário, acrescente mais água.

Tire do fogo, coloque em uma travessa, salpique salsa e cebolinha e leve à mesa.

Quinoa

Polenta

Rendimento: 6 PORÇÕES

Ingredientes
1,8 litro de água
1 colher (sopa) de sal
2 ½ colheres (sopa) de manteiga sem sal
400 g de fubá mimoso
queijo parmesão ralado para polvilhar

Preparo
Em uma panela grande, ferva a água, o sal e a manteiga. Assim que a água começar a ferver, abaixe o fogo e junte o fubá aos poucos, mexendo sem parar até o final do cozimento para que não empelote.

Para um perfeito cozimento, é importante que a polenta cozinhe por 30 minutos em fogo baixo.

Despeje em um refratário e salpique com parmesão. O fubá pode ser substituído por farinha de trigo, trigo-sarraceno, farinha de castanha, farinha de milho branco ou farinha de milho amarelo.

Considerada um pseudocereal, possui valor proteico comparável ao da caseína do leite e não contém glúten. Pode ser encontrada em grãos, flocos e farinhas.

Salada de quinoa

Rendimento: 6 PORÇÕES

Ingredientes
250 g de quinoa
150 g de aspargo verde branqueado*
150 g de couve-flor branqueada
3 talos de salsão branqueados
40 ml de suco de limão
120 ml de azeite de oliva extravirgem
1 pimenta-dedo-de-moça, sem semente, picada
sal

Preparo
Coloque a quinoa de molho em água fria por 1 hora. Enquanto isso, corte o aspargo, a couve-flor e o salsão em cubos uniformes.

Em uma panela, cozinhe a quinoa no dobro do volume de água até ela crescer e ficar macia. Deixe esfriar.

Prepare um vinagrete com o limão, o azeite, a pimenta e o sal.

Quatro horas antes de servir, misture as hortaliças com a quinoa e o vinagrete.

Soja

Assim como o trigo, a soja produz muitos derivados, cujo consumo é mais disseminado que o do grão inteiro. Muito presente na cozinha vegetariana, os principais subprodutos da soja são o leite, o óleo, a proteína texturizada (ou carne de soja), a farinha, o queijo (tofu) e o molho de soja.

Salada de grãos e legumes

Rendimento: 6 PORÇÕES

Ingredientes
50 g de lentilha cozida
60 g de soja em grão cozida
60 g de grão-de-bico cozido
50 g de milho cozido
2 cenouras grandes cortadas em cubos
190 g de salsão fatiado
90 g de cebola picada
1 pepino descascado e cortado em cubos
2 tomates sem sementes picados
90 ml de azeite extravirgem
30 ml de suco de limão
sal e pimenta-do-reino
2 colheres (chá) de mostarda
salsa e cebolinha verde picadas

Preparo
Em água fervente, cozinhe a cenoura até que fique macia, porém ainda bem crocante. Escorra e passe por água fria.

Aqueça 1 colher (sopa) de azeite e doure ligeiramente a cebola-roxa. Retire do fogo, acrescente mostarda, suco de limão, sal, pimenta e azeite, mexendo bem até emulsionar.

Misture todos os ingredientes da salada e regue com o molho. Salpique com a salsinha e a cebolinha e misture bem.

Trigo

O trigo é muito utilizado na cozinha na forma de farinha, no preparo de pães e massas.

Tabule

Rendimento: 6 PORÇÕES

Ingredientes
200 g de trigo para quibe
folhas de 2 maços de salsa picadas
folhas de 1 maço de hortelã picadas
½ maço de cebolinha picada
1 cebola em *brunoise* (ver p. 41)
4 tomates maduros *concassés**
120 ml de suco de limão
azeite de oliva extravirgem
sal
folhas de alface ou de parreira para acompanhar

Preparo
Lave o trigo, deixe de molho em água fria por 15 minutos e escorra.

Esprema bem com as mãos para retirar toda a água.

Misture o trigo aos demais ingredientes secos.

Tempere com o limão, azeite e sal e sirva acompanhado de folhas de alface ou de folhas tenras de parreira.

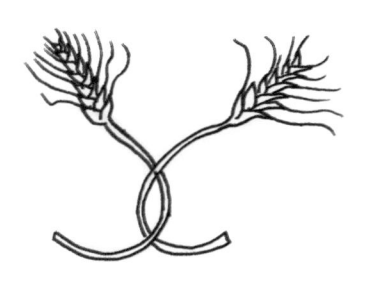

O trigo integral aparece cozido em saladas, granolas e mingaus. Seus principais subprodutos são:

PRODUTO	DESCRIÇÃO	PRINCIPAIS USOS
GRÃO INTEGRAL	Inteiro, com casca, quase sem refinamento	Cozido, em saladas; como acompanhamento para carnes
GRÃO QUEBRADO	Grão integral quebrado em pedaços grandes; encontra-se nas versões mais grosso ou fino	Quibe, salada ou *pilaf*
SEMOLINA	Grão de trigo polido e peneirado, sem o germe e casca; é encontrado em diferentes granulações	Massas, cuscuz marroquino e nhoque
GERME	Farelo do germe, em flocos	Pães, cereais matinais, sopas e como suplemento de fibras
FARINHA INTEGRAL	Grão inteiro transformado em farinha por moagem	Pães e massas
FARINHA BRANCA	Grãos polidos, moídos finamente	Pães e massas

CUSCUZ MARROQUINO

Presente em grande parte da região mediterrânea e feito a partir da semolina, pode ser produzido por processo artesanal ou industrial. No artesanal, a semolina é umedecida com água e sal ao mesmo tempo em que é trabalhada com as mãos, em movimentos circulares, formando pequenos grânulos que são depois secos e peneirados. Esse é o cuscuz cru, que ainda deverá ser cozido no vapor. No processo industrial, o cuscuz marroquino encontrado no comércio é vendido geralmente em caixinhas, as pequenas bolinhas de massa são produzidas através de prensagem, depois pré-cozidas e secas. Basta reidratar e utilizar.

Cuscuz marroquino com damasco e passas

Rendimento: 6 PORÇÕES

Ingredientes

100 g de manteiga sem sal

70 g de cebola ralada

70 g de damasco azedo em tiras

40 g de uva-passa branca

40 g de uva-passa preta

100 ml de vinho branco seco

300 g de cuscuz marroquino

300 ml de água

sal e pimenta-do-reino moída na hora

Preparo

Aqueça a manteiga e salteie* (ver p. 37) a cebola. Junte as frutas secas e salteie até ficarem macias. Adicione o vinho, deixe reduzir* quase até secar e reserve.

Coloque o cuscuz temperado com sal em uma tigela.

Em uma panela, ferva a água e despeje sobre o cuscuz. Tampe, deixe descansar por 5 minutos e depois afofe com um garfo.

Adicione as frutas secas salteadas, misture bem e ajuste o tempero.

MASSAS

A massa de macarrão é feita de farinha de trigo misturada a algum elemento líquido, que pode ser água ou ovos. A massa de melhor qualidade é aquela feita a partir da farinha do trigo de grão duro.

Há duas categorias de massas: as industrializadas e as feitas à mão.

A massa industrializada é feita com a farinha de trigo duro ou semolina e água, ou trigo comum e ovos. Também podem ser coloridas com purê de vegetais (espinafre, tomate etc.). Ambas são comercializadas secas, em diferentes formatos.

A massa feita à mão (conhecida como fresca) é sempre feita com farinha e ovos e pode também ser colorida ou conter um pouco de óleo ou azeite.

Em geral, usa-se 100 g de farinha para cada ovo inteiro. É possível também substituir o ovo inteiro por 50 ml de água ou 2 gemas, diminuindo progressivamente até chegar a 1 kg de farinha para 7 ovos.

Prato muito comum em diversos países, a massa é bastante consumida e apreciada. Em países como a Itália, onde o consumo ocorre em larga escala, muitas variações foram criadas através do incremento de outros ingredientes, tais como a farinha de semolina, o trigo de grano duro, o trigo-sarraceno.

Hoje em dia encontra-se massas feitas com farinhas consideradas "alternativas", para quem tem uma alimentação sem glúten. As mais comuns são de arroz, milho e quinoa.

As massas italianas podem ser divididas em quatro grupos:

- Longas (tiras): *fettuccine, spaghetti, capellini,* lasanha, *tagliatelle* etc.
- Curtas (tubos): *rigatoni, manicotti, ziti, penne, spira* etc.
- Formas: *conchiglie, farfalle, fusilli, rotelle, orzo* etc.
- Recheadas: *ravioli, cappelletti, cannelloni* etc.

Tubos

Formas

Recheados

Tiras

A escolha do tipo de molho é fundamental para o sucesso da massa. Prefira sempre um molho que complemente o sabor da massa escolhida, evitando grandes contrastes ou molhos que roubem o seu sabor.

Massas longas pedem molhos de textura leve, pois estes aderem melhor à massa. Massas e tubos curtos pedem molhos mais ricos e "pedaçudos", que entram nas cavidades e podem ser espetados com o garfo.

Para cozinhar a massa deve-se:

- usar 1 litro de água para cada 100 g de massa a ser cozida;
- salgar a água (1 colher de chá de sal por litro de água);
- não acrescentar óleo à agua de cozimento, pois ele se espalha sobre a superfície da massa, impedindo que o molho seja absorvido por ela, fator importante na finalização do prato;
- mergulhar a massa na água apenas quando esta estiver em ebulição;
- cozinhar durante o tempo necessário, deixando a massa cozida mas ainda resistente à mordida (*al dente*);
- após cozida, escorrer imediatamente a massa.

Caso se pretenda servir a massa imediatamente, deve-se agregar o molho logo após tê-la escorrido, salteando bem para que a massa absorva um pouco do molho. Em caso de pré-preparo, a massa deve ser cozida até pouco antes do ponto desejado, resfriada* e envolta em pequena quantidade de óleo ou azeite para que não grude.

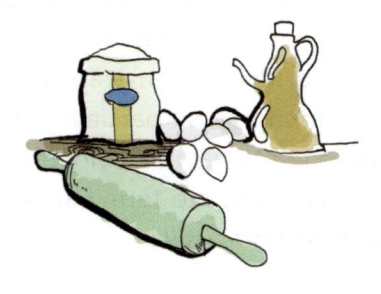

Massa fresca com ovos (receita básica)

Rendimento: 8 PORÇÕES

Ingredientes

1 kg de farinha de trigo
7 a 9 ovos
10 ml de azeite de oliva extravirgem
5 g de sal
farinha de trigo para polvilhar

Preparo

Coloque a farinha em uma tigela ou em uma superfície própria para esse fim.

Faça um buraco no centro (formando um vulcão) e coloque os ovos, o azeite e o sal. Sove* a massa até ela ficar homogênea, lisa e elástica.

Deixe a massa descansar envolta em plástico filme pelo menos por 30 minutos na geladeira antes de abrir.

Sobre uma superfície polvilhada, abra a massa com farinha com um rolo de macarrão ou com a ajuda de uma máquina, corte conforme desejado e recheie, se quiser.

Massa verde

1 receita de massa básica + 100 g de folhas de espinafre cozidas e batidas no liquidificador

Massa vermelha

1 receita de massa básica + 100 g de extrato de tomate

Massa de açafrão

1 receita de massa básica + 8 pacotinhos de açafrão

Ravioli di magro
(com espinafre e ricota)

Rendimento: 6 PORÇÕES

Ingredientes

1 receita básica (ver p. 131)

700 g de folhas de espinafre

350 ml de água

400 g de ricota fresca

100 g de creme de leite fresco

240 g de queijo parmesão ralado

2 ovos

noz-moscada ralada na hora

sal e pimenta-do-reino moída na hora

Preparo

Faça a receita básica e reserve.

Branqueie* o espinafre, esprema para retirar o excesso de água e bata no liquidificador.

Passe a ricota pela peneira e misture-a com o creme de leite, o parmesão, o espinafre, noz--moscada, sal e pimenta.

Junte os ovos e misture bem.

Abra a massa e recheie.

Feche bem com a ajuda de um garfo.

Leve à geladeira e cozinhe no mesmo dia.

Sirva passado na manteiga derretida ou com o molho de sua preferência.

Ragù alla bolognese

Rendimento: 6 PORÇÕES

Ingredientes

45 ml de azeite de oliva extravirgem

30 g de *pancetta* ou toicinho defumado

1 cenoura grande bem picada

2 talos de salsão bem picados

½ cebola média bem picada

20 g de cebolinha (parte branca) bem picada

2 dentes de alho amassados

600 g de carne magra moída apenas 1 vez

120 ml de vinho branco seco

65 g de extrato de tomate

1 lata de tomate pelado, sem semente, picado

200 ml de fundo claro bovino ou de ave (ver p. 44)

350 ml de leite

sal e pimenta-do-reino moída na hora

Preparo

Em panela de fundo largo, leve o azeite e a *pancetta* ao fogo alto até que esta tenha soltado bastante gordura, ainda sem ter dourado.

Reduza o fogo para moderado e junte a cenoura, o salsão, a cebola, a cebolinha e o alho e cozinhe até a cebola ficar transparente. Junte a carne e cozinhe, mexendo constantemente, até que ela perca a coloração vermelha e fique quase dourada.

Adicione o vinho. Dilua o extrato de tomate no fundo e junte ao molho, acrescentando também o tomate pelado. Misture bem e abaixe o fogo.

Cozinhe com a panela parcialmente coberta, juntando em intervalos 2 colheres de sopa de leite de cada vez, até terminar o leite e o cozimento. Sirva com *fusilli*.

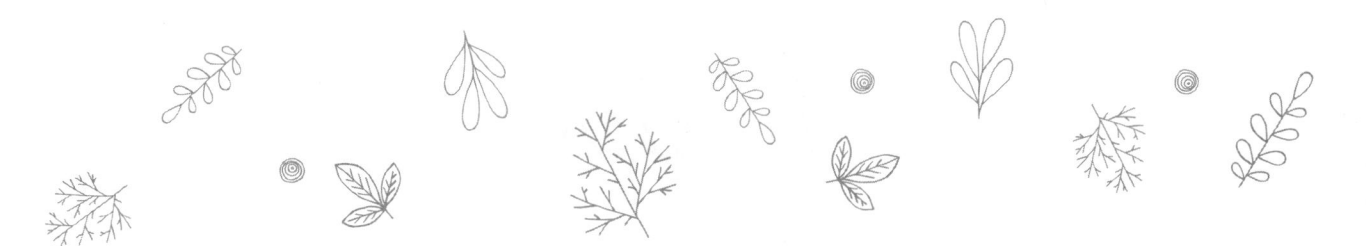

MOLHO PESTO

Rendimento: 200 ML

Ingredientes
100 g de folhas de manjericão picadas
1 dente de alho
30 g de queijo parmesão ralado
15 g de *pinoli* tostados
5 g de sal
100 ml de azeite de oliva extravirgem

Preparo
Bata todos os ingredientes no liquidificador ou, se preferir, use o método tradicional: amasse em um pilão o manjericão, o alho, o parmesão, os *pinoli* e o sal.

Adicione o azeite aos poucos e misture.

Sirva com *penne* ou *spaghetti*.

MOLHO ALFREDO

Rendimento: 6 PORÇÕES

Ingredientes
100 g de manteiga sem sal
500 ml de creme de leite fresco
200 g de queijo parmesão ralado
sal e pimenta-do-reino moída na hora

Preparo
Em uma panela, derreta a manteiga e acrescente o creme de leite. Deixe reduzir* até engrossar ligeiramente.

Retire do fogo, acrescente o queijo parmesão, sal e pimenta. Sirva com *fettuccine*.

MOLHO CREMOSO DE LIMÃO

w***Rendimento:*** 500 ML

Ingredientes
50 g de manteiga sem sal
2 cebolas fatiadas
raspas de 1 limão-siciliano
raspas de 1 limão Taiti
suco de ½ limão Taiti
50 ml de vinho branco seco
500 ml de creme de leite fresco
sal e pimenta-do-reino moída na hora

Preparo
Em uma panela, aqueça a manteiga e sue* a cebola, adicionando sal para que perca a umidade, até quase dourar.

Retire a cebola e reserve.

Na mesma panela, coloque as raspas e o suco de limão e cozinhe por mais 1 minuto.

Adicione o vinho branco e reduza*.

Junte o creme de leite e cozinhe até a consistência de *nappé* leve.

Ajuste o tempero e sirva com a massa, com a cebola por cima.

Sirva com *spaghetti*.

6. Ovos

Injustiçados pela célebre frase: "Não sei nem fritar um ovo!", os ovos necessitam de técnica e cuidado ao serem preparados. Cozidos, fritos, escalfados, moles, mexidos, estrelados; em omeletes, fritadas, suflês; agentes estruturais na confeitaria, espessantes de molhos e cremes, liga de massas de tortas e biscoitos. E a lista continua, provando que estamos diante de um dos ingredientes mais versáteis da cozinha.

Neste capítulo falaremos das técnicas de preparo dos ovos em si e também de produções que o levam em grande quantidade.

O ovo é um dos ingredientes indispensáveis na cozinha. Sem ele, muitas receitas seriam inviáveis, pois sua capacidade de engrossar, aerar e emulsificar é fundamental.

A casca, composta de carbonato de cálcio, previne a entrada de micro-organismos e o escape da umidade, além de proteger o ovo durante o manuseio e o transporte.

A cor pode variar de branca a marrom. Isso, no entanto, não influi na qualidade, no sabor ou no valor nutricional do ovo, apenas indica a raça da galinha.

A gema, porção amarela do ovo, constitui apenas um terço deste, mas contém três quartos de suas calorias, a maior parte dos minerais e vitaminas, além de toda a gordura. Também contém lecitina, complexo responsável pela emulsificação* em produções como a *sauce hollandaise* e a maionese. A gema se solidifica em temperaturas entre 75°C e 80°C, e sua cor pode variar de acordo com a alimentação da galinha (que às vezes contém corante).

A presença de uma pequena mancha vermelha na gema não significa que o ovo esteja impróprio para o consumo, mas sim de que este foi fecundado (é também chamado ovo galado).

A clara constitui dois terços do ovo e contém água e albumina. Esta é a proteína responsável pela retenção de ar em cápsulas quando as claras são batidas. A albumina se coagula, tornando-se firme e opaca em temperaturas entre 65°C e 70°C.

O cordão do ovo, composto de fibras de albumina, mantém a gema presa à clara e é tão comestível quanto a clara e a gema. Quanto mais saliente for o cordão, mais fresco será o ovo.

COMPRA

TESTE DA FLUTUAÇÃO

O ovo fresco está preenchido por clara, gema e uma pequena camada de ar. Com o passar do tempo, ocorre a evaporação de parte do líquido do ovo, formando assim uma bolsa de ar. Quanto maior o tempo, maior a evaporação e maior a bolsa de ar, portanto, maior a flutuação. Por isso, se o ovo estiver estragado ele boia.

TESTE DA DISPERSÃO

Leva em conta a mudança na consistência do ovo. Com o passar do tempo, o conteúdo do ovo vai se tornando menos viscoso.

O mais importante ao verificar o frescor de um ovo é certificar-se de que ele está adequado ao consumo. Contudo, quando se tem ovos mais velhos e mais novos disponíveis, pode-se escolher aquele que mais se adapta ao que se pretende fazer.

Para fazermos ovos cozidos é melhor não usar ovos extremamente frescos, pois seu conteúdo está tão aderido à membrana que será difícil descascá-los.

Um ovo com cerca de uma semana é ideal para esse preparo. Já para fazermos um ovo escalfado, a consistência espessa de um ovo recém-posto é perfeita. Ovos mais velhos (com duas a três semanas), são menos viscosos e ficam perfeitos em massas, bolos e suflês.

Dependendo do uso que daremos ao ovo, convém comprar ovos pasteurizados.

Pasteurização é o processo térmico usado para eliminar as bactérias patológicas dos alimentos por meio do rápido aquecimento e resfriamento. Comercialmente, é bastante interessante, não só pela segurança do alimento, mas também porque se pode escolher entre comprar ovos inteiros, apenas claras ou apenas gemas. Para a doçaria portuguesa, por exemplo, que utiliza muitas gemas, é mais conveniente comprá-las em separado. No mercado brasileiro encontramos basicamente estes tamanhos de ovo:

TAMANHO	PESO
JUMBO	acima de 65 g
EXTRA	de 60 g a 65 g
GRANDE	de 55 g a 59 g
MÉDIO	de 50 g a 54 g
PEQUENO	de 45 g a 49 g

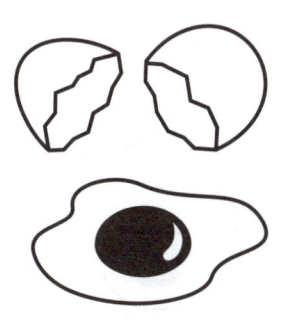

Ovos abaixo de 45 g são destinados à indústria. Apesar dessa classificação, existe grande variação no peso dos ovos encontrados no mercado. Por isso, quando houver necessidade de precisão (como em receitas de confeitaria, por exemplo), pese os ovos sem a casca.

Caso seja preciso adequar o peso do ovo à receita, lembre-se sempre de bater os ovos ligeiramente primeiro (para misturar a clara com a gema) e então dividi-lo.

ARMAZENAGEM

Os ovos podem ficar na geladeira por até 15 dias desde que guardados com a ponta para baixo (para que a gema fique centralizada) e longe dos alimentos de cheiro forte.

Ovos inteiros abertos duram 2 dias em geladeira, assim como as gemas. Já as claras podem ser guardadas por até uma semana. Ovos cozidos com casca duram 4 dias em geladeira; sem casca, 2 dias. Claras e gemas podem ser congeladas separadamente. Ovos cozidos não podem ser congelados.

MODO DE FAZER

Formados por duas partes bem diferentes – clara e gema –, os ovos precisam de muita atenção durante o preparo, pois cada uma dessas partes tem um ponto de solidificação diferente. Essa diferença, se bem usada, permite que se faça, por exemplo, um ovo estrelado com a gema mole. Mas, se não for tomado o devido cuidado, o resultado pode ser um ovo com a gema firme e a clara borrachuda.

A seguir, veremos os vários preparos com ovos e suas particularidades.

OVO ESTRELADO

É a técnica de cozinhar o ovo em calor seco com uma quantidade pequena de gordura. Obtém-se diferentes resultados conforme o tempo de cocção. Usando fogo baixo e tampando a frigideira, consegue-se uma clara macia e ligeiramente dourada e a gema permanece ligeiramente mole. Embora também seja chamado de ovo frito, na realidade, este é um preparo diferente. A quantidade de gordura usada para o frito é bem maior, e o cozimento é, portanto, mais rápido.

Ovo estrelado

Rendimento: 1 PORÇÃO

Ingredientes
5 g de manteiga clarificada*
1 ovo
sal

Preparo
Aqueça levemente uma frigideira antiaderente, adicione a manteiga e tempere com sal (o sal não deve ser colocado diretamente sobre a gema, pois isso a deixará manchada). Quebre o ovo cuidadosamente na frigideira.

Tampe e cozinhe em fogo baixo até que a clara esteja cozida, mas ainda macia, e a gema ainda crua. Tome cuidado para não deixar partes da clara crua.

OVO FRITO

Os ovos feitos dessa maneira ficam com a clara bem crocante e a gema macia. Porém, como a temperatura é muito alta, as claras devem envolver a gema para criar uma proteção que não a deixe ficar ressecada. O tempo de cozimento é muito curto (aproximadamente 1 minuto).

Ovo frito

Rendimento: 1 PORÇÃO

Ingredientes
50 ml de óleo
1 ovo
sal

Preparo
Em uma frigideira, aqueça o óleo em fogo alto.
Abaixe o fogo e quebre o ovo cuidadosamente.
Com uma colher, coloque parte da clara sobre a gema, para protegê-la.
Frite por aproximadamente 1 minuto ou até que a clara esteja dourada.
Escorra sobre papel-toalha, polvilhe com sal e sirva.

Para modelar o ovo frito, basta quebrá-lo dentro de um cortador* redondo.

OVO MEXIDO

Técnica de preparo em que os ovos são batidos, temperados e depois salteados, sendo constantemente mexidos durante o processo de cozimento. Ao contrário do que vemos muitas vezes, ovos mexidos devem ser cremosos e leves, e não duros e secos. Há dois fatores importantes para conseguirmos um bom resultado: a temperatura e a adição de creme de leite ou manteiga. A temperatura deve ser baixa para que o cozimento seja extremamente lento. Podemos também fazer ovos mexidos em banho-maria. O creme de leite ou a manteiga darão aos ovos sabor e cremosidade. A proporção é de 15 ml de creme de leite fresco ou 10 g de manteiga por ovo.

Ovo mexido

Rendimento: 1 PORÇÃO

Ingredientes
2 ovos
30 ml de creme de leite fresco
10 g de manteiga sem sal
sal e pimenta-do-reino moída na hora

Preparo
Em banho-maria

Leve uma panela com água ao fogo para ferver. Em uma tigela, quebre os ovos, tempere com sal e pimenta e adicione o creme de leite. Em outra tigela, de tamanho adequado para colocar sobre o banho-maria*, leve a manteiga para aquecer. Adicione os ovos batidos e cozinhe, raspando o fundo da tigela com uma espátula, retirando os grumos cozidos do ovo, sem quebrá-los demais. Retire do fogo quando ainda estiverem úmidos e macios.

Sobre fogo direto

Em uma frigideira antiaderente, aqueça a manteiga. Em uma tigela, quebre os ovos, tempere com sal e pimenta e adicione o creme de leite. Despeje a mistura na frigideira com a manteiga aquecida e cozinhe, raspando o fundo da frigideira com uma espátula, retirando os grumos cozidos do ovo, sem quebrá-los demais. Retire do fogo quando ainda estiverem úmidos e macios.

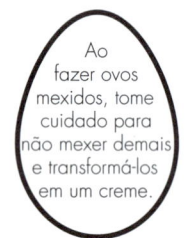

Ao fazer ovos mexidos, tome cuidado para não mexer demais e transformá-los em um creme.

OVO COZIDO

Pode-se cozinhar um ovo por muito ou pouco tempo, mas procure sempre iniciar o processo com o ovo em temperatura ambiente ou em água fria (caso o ovo esteja gelado). Coloque o ovo em uma panela com água fervente levemente salgada, e comece a contar o tempo quando a água ferver. Escorra e mergulhe os ovos em água fria para interromper a cocção e para que a casca se solte com mais facilidade ao descascá-lo. Para ovos moles, cozinhe de 3 a 4 minutos a partir da fervura; e para ovos duros, cozinhe de 7 a 10 minutos a partir da fervura, dependendo de como quer a gema — mais cremosa ou mais firme. O ideal é utilizá-los em seguida, mas se não for possível, mantenha-os mergulhados em água fria até o momento do uso.

OVOS MOLES
3 a 4 min. a partir da fervura

OVOS DUROS
7 a 10 min. a partir da fervura

OVO ESCALFADO (*POCHÉ*)

Técnica de preparar ovos inteiros sem casca por imersão em água. Por terem textura muito delicada, os ovos quando escalfados ficam com um sabor muito suave já que o cozimento é feito em água ou fundo, sem adição de gordura. Muitas vezes os ovos são escalfados para uso como ingrediente em uma receita (como, por exemplo, nos ovos Benedict). O ideal é usar os ovos mais frescos possível, pois assim eles manterão a forma facilmente ao serem colocados na panela. Também podemos usar ovos gelados, pois as claras ficam mais consistentes. Vinagre ou suco de limão aceleram a temperatura de cocção do ovo, fazendo-o solidificar-se mais rápido, sem se espalhar demais pelo líquido.

Ovo escalfado

Rendimento: 1 PORÇÃO

Ingredientes
500 ml de água ou fundo de sua preferência
15 ml de vinagre
1 ovo

Preparo
Leve uma panela com a água para aquecer, adicione o vinagre e mantenha a temperatura em 85°C (fervura branda*). Abaixe bem o fogo.

Quebre o ovo em uma xícara.

Se um pedaço de casca cair no ovo, tire-a.

Se a gema quebrar, use o ovo para outra finalidade.

Com cuidado, coloque o ovo na água fervendo e cozinhe por 3 a 5 minutos.

Retire o ovo da panela com uma escumadeira e coloque-o em uma tigela com água fria para interromper o cozimento. Apare as bordas com uma faca e sirva ou use na receita desejada.

Ovos Benedict

Rendimento: 1 PORÇÃO

Ingredientes
sauce hollandaise (ver p. 66)
1 fatia de pão de fôrma
1 fatia de lombo canadense
1 ovo escalfado (ver p. 138)

Preparo
Prepare a *sauce hollandaise* e mantenha-a aquecida. Corte o pão em uma rodela do formato do ovo e toste. Disponha sobre o pão a fatia de lombo canadense e o ovo escalfado (*poché*) e cubra com o molho.

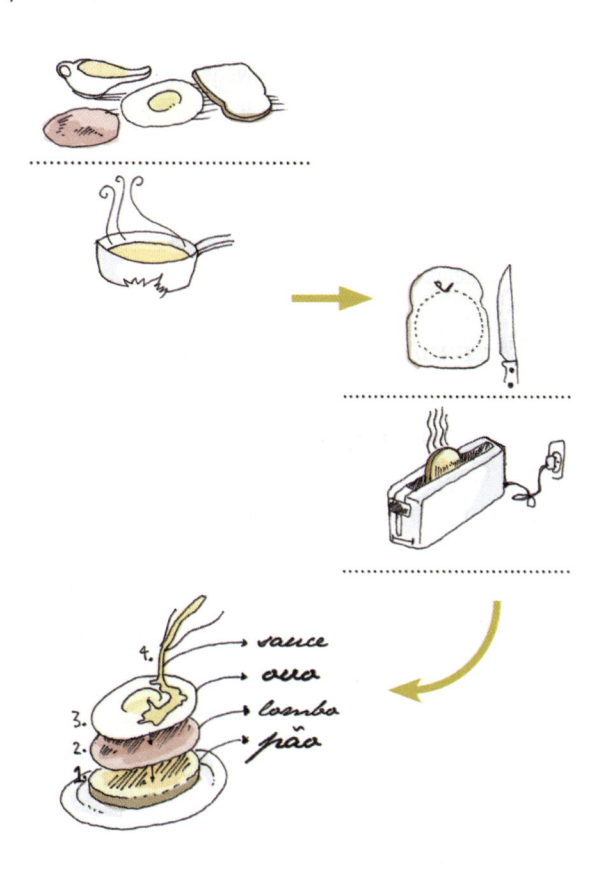

OVO ASSADO

O grande cuidado ao assar ovos é com a temperatura, pois no forno eles receberão calor forte e seco por todos os lados. Por isso, o ideal é protegê-los com ingredientes como creme de leite ou vegetais, por exemplo, e cozinhá-los em banho-maria* de forno. Também podemos fazer uma base de purê de vegetais e creme de leite e então assar os ovos nessa proteção.

Ovos cocotte com tomate e ervas

Rendimento: 1 PORÇÃO

Ingredientes

1 tomate *concassé**
15 ml de azeite de oliva extravirgem
½ colher (chá) de folhas de manjericão e
    tomilho picadas
2 ovos
sal e pimenta-do-reino moída na hora
manteiga sem sal para untar

Preparo

Tempere o tomate com sal e pimenta, o azeite e as ervas. Unte um *ramequin** e disponha no fundo o tomate temperado. Quebre os ovos por cima e cubra com papel-alumínio.

Leve ao forno preaquecido a 180°C, em banho-maria*, e cozinhe de 15 a 20 minutos até que estejam com as claras cozidas e as gemas ainda ligeiramente cruas.

OMELETE

É versátil. Pode ser servida apenas com sal e pimenta-do-reino ou recheada com inúmeros complementos. Pode também guarnecer pratos, como, por exemplo, um *consommé* ou o arroz frito chinês. Dependendo do recheio e do formato (fritada, por exemplo), pode ser uma refeição completa ou uma excelente sobremesa (no caso de uma omelete-suflê aromatizada com manteiga doce de limão).

Omelete dobrada

Rendimento: 1 PORÇÃO

Ingredientes

15 ml de manteiga clarificada*
3 ovos
sal e pimenta-do-reino moída na hora

Preparo

Aqueça uma *sauteuse* (ver p. 26) e coloque a manteiga clarificada.

Bata os ovos em uma tigela pequena, tempere com sal e pimenta.

Despeje os ovos na *sauteuse* e cozinhe por cerca de 10 segundos ou até eles começarem a solidificar.

Com uma colher, coloque o recheio escolhido sobre a parte central dos ovos e cozinhe por mais 20 a 30 segundos.

Quando estiver cozida, leve os lados da omelete em direção ao centro, como se fosse dobrar ao meio.

Sirva imediatamente.

Omelete estilo francês

Rendimento: 1 PORÇÃO

Ingredientes

15 ml de manteiga clarificada*
3 ovos
sal e pimenta-do-reino moída na hora

Preparo

Aqueça uma *sauteuse* (ver p. 26) e coloque a manteiga clarificada.

Bata os ovos em uma tigela pequena, tempere com sal e pimenta.

Despeje os ovos na *sauteuse* e cozinhe por cerca de 10 segundos.

Vá soltando e empurrando as bordas já cozidas para o centro, cozinhe por mais 20 a 30 segundos.

Quando estiver cozida, dobre a omelete em três e transfira cuidadosamente para o prato de serviço.

Caso deseje rechear a omelete, faça um corte longitudinal central e introduza o recheio.

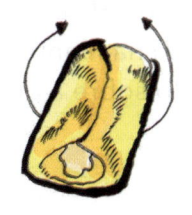

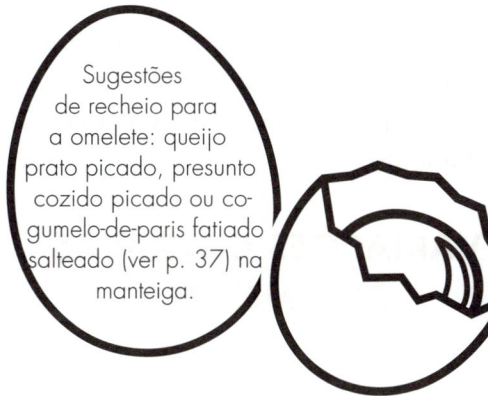

Sugestões de recheio para a omelete: queijo prato picado, presunto cozido picado ou cogumelo-de-paris fatiado salteado (ver p. 37) na manteiga.

Fritada de abobrinha com Gruyère

Rendimento: 2 PORÇÕES

Ingredientes

200 g de abobrinha em rodelas
15 ml de azeite de oliva extravirgem
100 g de cebola em rodelas
3 ovos
50 g de queijo *Gruyère* ralado
15 ml de manteiga clarificada*
sal e pimenta-do-reino moída na hora

Preparo

Em uma chapa, doure as rodelas de abobrinha até que fiquem macias. Em uma *sauteuse* (ver p. 26), aqueça azeite e salteie (ver p. 37) a cebola. Em uma tigela, junte os ovos, a abobrinha, o *Gruyère* e a cebola, tempere com sal e pimenta e misture bem.

Em uma *sauteuse*, aqueça a manteiga clarificada e despeje a mistura de ovos. Cozinhe lentamente até os ovos ficarem sólidos e, com cuidado, desgrude os ovos da borda da *sauteuse*, continuando a cozinhar até que estejam mais sólidos ou quase prontos. Coloque a *sauteuse* no forno quente, em uma salamandra*

ou grelha para terminar a cocção, até que a superfície esteja dourada.

Deslize a fritada pronta para um prato e sirva imediatamente.

VARIAÇÕES CLÁSSICAS DE OMELETES

Omelete Agnès Sorel

Recheie a omelete (ver p. 140) com 30 g de cogumelo em fatias salteado (ver p. 37) na manteiga e com 1 colher de sopa de frango cozido e desfiado. Coloque 8 rodelinhas de língua de boi vermelha sobre a omelete.

Omelete Archiduc

Recheie a omelete (ver p. 140) com 2 fígados de frango fatiados e salteados (ver p. 37) na manteiga com um pouco de *demi-glace* (ver p. 67). Coloque 8 fatias de trufa sobre a omelete e um fio de *demi-glace* em volta.

Omelete à la bouchère

Recheie a omelete (ver p. 140) com 30 g de tutano em cubos, escalfados em muito líquido (ver p. 37) e com um pouco de *glace* (ver p. 67). Coloque 4 fatias de tutano escalfadas cobertas com *glace* de carne sobre a omelete.

Omelete à la boulonnaise

Recheie a omelete (ver p. 140) com ovas de cavala salteadas (ver p. 37) em manteiga e um pedacinho de manteiga composta de mostarda e salsa (ver p. 71) em volta.

Omelete bretonne

Bata os ovos e junte ½ colher de chá de cebola em tirinhas e ½ colher de chá de alho-poró refogados na manteiga, e mais ½ colher de chá de cogumelo fatiado também passado na manteiga. Prepare a omelete como de costume.

Omelete à la bruxelóise

Recheie a omelete (ver p. 140) com 50 g de endívia em *chiffonade* (ver p. 41) braseada (ver p. 35) e creme de leite fresco. Coloque um fio desse molho ao redor.

Omelete à l'estragon

Prepare a omelete como de costume, junte 1 colher de chá de estragão picado aos ovos e decore o centro com folhas de estragão.

Omelete châtelaine

Recheie a omelete (ver p. 140) com 40 g de castanha cozida em um pouco de fundo de vegetais (ver p. 44) cortada em pedaços grandes e um pouco de *glace* (ver p. 67). Coloque um fio de *velouté* de ave (ver p. 64) e purê de cebola cozida em volta.

Omelete aux champignons

Junte aos ovos 40 g de cogumelo em fatias salteado (ver p. 37) na manteiga e coloque 6 fatias de cogumelo sobre a omelete pronta.

SUFLÊ

É uma massa salgada ou doce, ligada e muito espessa, à qual se incorporam claras de ovo batidas em neve. Uma vez enformados e colocados no forno, os suflês se transformam, crescem e inflam.

O desafio culinário é obter essa mousse quente, estável e leve sem que seja preciso adicionar fermento. E a "cereja no topo do bolo", ou a glória, é quando o suflê em questão não murcha ao sair do forno!

O segredo está na firmeza da massa de base e na quantidade de claras batidas. O calor e o vapor produzem dilatação. A finalidade é oferecer uma entrada ou uma sobremesa aerada, aromática e, sobretudo, bonita na forma. Uma mousse que se transforma a olhos vistos como por mágica e que não espera para ser degustada!

Para fazer suflês com êxito, pense em envolver a fôrma com uma tira de papel-manteiga untado, dessa maneira a massa cresce no caminho certo, sem transbordar ou tombar, como a torre de Pisa. Unte generosamente o interior dos recipientes e polvilhe com farinha (para os salgados) e açúcar cristal (para os doces). Elimine o excedente, espalhe pequenas porções de manteiga em temperatura ambiente na borda das fôrmas e leve para gelar até o momento de enchê-las. Atenção: o forno deve ser preaquecido. Se optar por um só suflê grande, aconselhamos levar a fôrma ao forno em banho-maria*. Para evitar que o suflê fique dourado rápido demais (antes de estar cozido), coloque uma folha de papel-alumínio untada com manteiga sobre o suflê e reduza ligeiramente a temperatura do forno.

Em todo o caso, o preparo de base deve ser sólido. Considere a quantidade de massa em função do volume útil (por exemplo, 2 colheres de sopa por *ramequin**).

SUFLÊS DE BASE SALGADA

Para compreender a técnica do suflê: sob efeito do calor, o ar acumulado nas claras se dilata e faz o volume da preparação expandir-se. Apesar de aparentemente leve, o suflê é muito nutritivo. Servido com uma salada verde, torna-se o prato principal.

SUFLÊS DE BASE DOCE

Unte os *ramequins* e polvilhe-os com uma fina camada de açúcar cristal. Encha até a borda com a massa. Com uma espátula, nivele e alise a superfície dos suflês.

Em seguida, passe o dedo em toda a borda de cada uma das fôrmas, a fim de facilitar a subida do suflê durante a cocção.

Polvilhe a superfície dos suflês com um pouco de açúcar impalpável antes de levá-los ao forno. Sirva bem quente, assim que tirar do forno.

Suflê de haddock

Rendimento: 6 PORÇÕES

Ingredientes

2 colheres (sopa) de manteiga sem sal
4 colheres (sopa) de farinha de trigo
1 litro de leite
½ kg de *haddock* defumado
½ litro de água
1 alho-poró (parte branca) picado
1 cenoura pequena picada
2 ramos de salsa
4 gemas
6 claras
noz-moscada ralada na hora
sal e pimenta-do-reino moída na hora
manteiga sem sal para untar

Preparo

Em uma panela, faça um *béchamel*, derretendo a manteiga, juntando a farinha e cozinhando por 1 minuto. Acrescente, aos poucos, cerca de 1 xícara do leite, mexendo sempre, até obter uma mistura homogênea, de consistência quase firme.

Meça ¾ de xícara dessa mistura e reserve.

Cozinhe o *haddock* no restante do leite misturado à água, ao alho-poró, à cenoura e à salsa por 20 minutos.

Retire o peixe, limpe, retirando a pele e as espinhas, e esfarele a carne com um garfo. Misture-a vigorosamente ao *béchamel*. Junte em seguida as gemas, tempere com noz-moscada e pimenta e acerte o sal.

Preaqueça o forno a 180°C.

Unte um *ramequin**.

Bata as claras em neve e misture delicadamente ao *haddock*.

Leve ao forno por 35 a 40 minutos, ou até que esteja bem alto e dourado.

Sirva imediatamente.

Suflê de papoula com calda de morango

Rendimento: 4 PORÇÕES

Ingredientes
Suflê

4 gemas
2 colheres (sopa) de leite
2 colheres (sopa) de suco de limão
raspas de 1 limão
½ fava de baunilha
100 g de açúcar
4 claras
100 g de semente de papoula (moída no processador ou liquidificador com 20 g de açúcar)
sal
20 g de manteiga sem sal para untar
2 colheres (sopa) de açúcar impalpável (ver p. 331) para polvilhar

Calda

500 g de morango limpo
50 g de açúcar
2 colheres (sopa) de *eau-de-vie* de framboesa (opcional)

Preparo
Suflê

Unte um *ramequin** grande ou 6 individuais com a manteiga e polvilhe com o açúcar.

Na batedeira, bata as gemas com o leite, o suco e raspas de limão, as raspas do interior da fava de baunilha e 75 g do açúcar, até que essa mistura esteja bem espumosa.

À parte, bata as claras em neve com a pitada de sal e o restante do açúcar.

Preaqueça o forno a 180°C.

Misture a semente de papoula à mistura de gemas e, com cuidado, incorpore as claras, "suspendendo" a massa e girando a vasilha.

Despeje a mistura no(s) ramequin(s) e asse por 35 minutos na parte inferior do forno.

Calda

Bata o morango no liquidificador, passe por peneira e misture o açúcar e a *eau-de-vie*. Sirva acompanhando o suflê.

Suflê de chocolate e avelã

Rendimento: 6 A 8 PORÇÕES

Ingredientes

250 g de chocolate meio-amargo picado

75 g de manteiga sem sal

½ colher (chá) de essência de baunilha

1 colher (sopa) de licor de chocolate

6 gemas

⅓ de xícara de açúcar

50 g de avelã tostada e moída

8 claras

¼ de colher (chá) de cremor tártaro

sal

1 colher (sopa) de manteiga sem sal para untar

1 colher (sopa) de açúcar impalpável
  (ver p. 331) para polvilhar

Preparo

Preaqueça o forno a 180°C.

Unte um *ramequin** com a manteiga; polvilhe com açúcar e reserve.

Derreta o chocolate e a manteiga no banho-maria*.

Quando começar a derreter, desligue o fogo, junte uma pitada de sal, a baunilha e o licor, misture bem e reserve. Na batedeira, bata as gemas com o açúcar até ficarem espessas e claras (mais ou menos 3 minutos). Junte cuidadosamente essa mistura ao chocolate.

Em seguida, adicione delicadamente a avelã.

Bata as claras até espumarem.

Junte o cremor tártaro e continue batendo em alta velocidade até ficarem em ponto de neve não muito firme. Misture vigorosamente ¼ das claras em neve à mistura de chocolate. Misture o restante delicadamente, em duas vezes, até que nenhum traço branco de clara possa ser visto.

Transfira a mistura para o *ramequin* e leve ao forno em banho-maria para assar por 25 minutos.

Diminua um pouco a temperatura do forno e asse por mais 10 a 15 minutos, até que esteja bem crescido e firme. Sirva imediatamente.

7. Peixes

Há peixes e peixes, e entre eles enormes diferenças de sabor, aroma e textura. Antes de decidir como preparar um peixe, é muito importante conhecermos suas características. O mesmo acontece quando se tem uma boa receita na mão ou até uma boa ideia na cabeça e é preciso ir atrás do peixe que melhor se adapte a ela.

É fundamental não se deixar restringir aos peixes mais conhecidos. Esse é um universo muito vasto para ficarmos limitados ao linguado, ao salmão e à pescada nossos de cada dia.

Os peixes, bem como outros animais, que vivem em água doce ou salgada e que sejam usados na alimentação, são classificados pelo termo genérico "pescados".

Os peixes têm carne muito delicada e extremamente perecível, por isso, o ideal seria comprarmos diretamente do barco de pesca e prepará-los em seguida. Como isso nem sempre é possível, principalmente quando se tem uma demanda regular, é preciso conhecer os melhores fornecedores e, mais importante, saber avaliar o estado geral de um peixe.

O primeiro passo é avaliar o fornecedor, saber se ele transporta, manuseia e refrigera o peixe de maneira correta e se é capaz de responder a qualquer pergunta sobre a origem e as características do peixe. Lembre-se de que o pescado transportado de grande

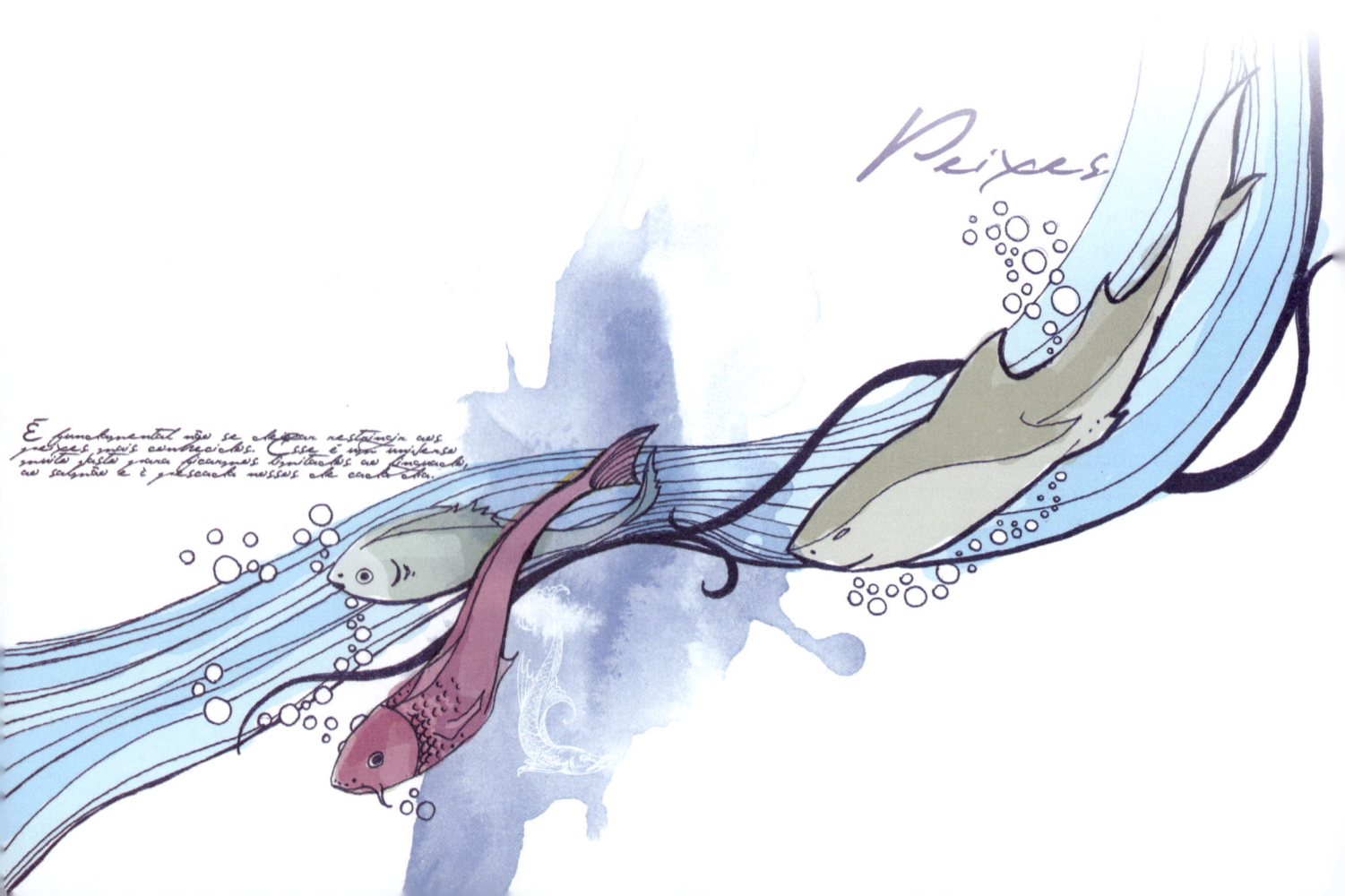

distância é normalmente congelado ou acondicionado em gelo.

Depois de ter encontrado um bom fornecedor, é preciso saber reconhecer os sinais que indicam se o peixe está em perfeito estado:

CHEIRO

O peixe realmente fresco não tem praticamente cheiro algum. Cheiro forte, acre e desagradável é um indício de que o produto já está deteriorado e impróprio para consumo.

TEXTURA

Deve ser firme, elástica, escorregadia e úmida. Se o peixe estiver inteiro, a carne deverá estar bem aderida à espinha, e as escamas brilhantes e bem aderidas à pele. No caso de estarmos comprando um peixe já porcionado, além da elasticidade da carne, será preciso observar se esta está ligeiramente úmida, mas sem nenhum muco.

VENTRE

Em seu formato natural, sem estar afinado, flácido ou escurecido.

OLHOS

Vivos, grandes, brilhantes, salientes, ocupando todo o espaço da órbita.

GUELRAS

De um rosa-avermelhado, sem muco ou cheiro forte.

LIMPEZA

Para alguns estabelecimentos, comprar peixe já limpo e dividido em porções representa grande economia de tempo e espaço. Porém, se houver espaço e pessoal suficientes para fazer a tarefa na própria cozinha, pode ser mais interessante comprar o produto inteiro e manipulá-lo no local. De qualquer maneira, todo cozinheiro deve saber como limpar e porcionar corretamente um peixe.

VÍSCERAS

Devem ser retiradas o mais rápido possível, de preferência ainda no barco, pois se deterioram rapidamente logo após a pesca. Se o peixe ainda estiver com as vísceras, retire-as logo após a compra. Para isso, faça um corte ao longo do ventre.

NADADEIRAS

Faça um corte de cada lado ao longo de cada nadadeira. Segure-a e puxe com um movimento rápido em direção à cabeça. Lave o peixe muito bem em água fria.

CABEÇA E CAUDA

Caso deseje retirá-las, coloque o peixe sobre uma tábua e corte-as com um golpe seco de cutelo.

O pescado estará pronto para ser armazenado, inteiro ou cortado em postas ou filés.

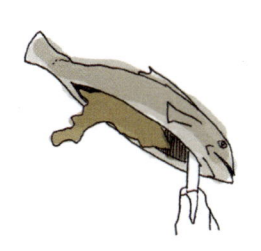   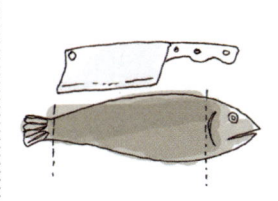

ARMAZENAGEM

A maneira ideal de armazenar o pescado fresco é mantendo-o inteiro, eviscerado e envolto em plástico filme. Se for guardado em geladeira, o pescado deverá ser consumido em no máximo 24 horas. Se armazenado em gelo dentro da geladeira (como explicamos abaixo), o pescado se manterá fresco por aproximadamente 48 horas.

Para a armazenagem de postas e filés, deve-se antes embalar os pedaços bem secos em sacos plásticos atóxicos ou em recipientes plásticos fechados. Deve-se sempre lembrar que filés e postas são mais perecíveis do que o peixe inteiro.

ARMAZENAGEM EM GELO

Coloque o peixe, envolto em plástico filme, sobre gelo picado ou moído em um recipiente com furos, para que a água possa escorrer, e cubra com mais gelo picado. Depois, coloque o recipiente com furos dentro de outro recipiente. O peixe não deve entrar em contato com a água, já que esta acelera o processo de deterioração.

Congelamento

Muitas vezes, o congelamento é a única alternativa para ter um estoque regular de peixes e frutos do mar. Entretanto, temos de levar em conta que o congelamento altera a textura do peixe.

Por isso, não se deve optar por peixes congelados quando a textura for o ponto forte da receita (como pratos que envolvem peixes crus ou marinados).

Já nas receitas em que a carne do peixe passe por um processo de cocção ou, ainda melhor, que vá ser servida com algum tipo de molho, embora a textura não seja a mesma do pescado fresco, o resultado não ficará comprometido demais.

Cuidados ao usar peixes congelados

Se forem congelados a temperaturas muito baixas, será possível manter uma textura próxima à do peixe fresco. Contudo, os freezers domésticos não alcançam temperaturas tão baixas. Por isso, o ideal é comprar o peixe já congelado.

Ao fazer isso, é importante observar se há sinais de derretimento e se a embalagem está intacta, o que indica bom armazenamento.

Caso seja necessário congelar um peixe fresco, seque-o e embale-o muito bem em plástico filme e depois em sacos de congelamento.

O descongelamento deve ser feito em geladeira. Peixes empanados* podem ser fritos ainda congelados.

Como todo alimento, uma vez descongelado, o peixe não poderá ser congelado novamente.

Peixes congelados de forma correta após a pesca duram até 1 ano no freezer. Já os congelados em peixarias, restaurantes ou freezers caseiros têm durabilidade de até 6 meses.

A maneira de porcionar um peixe também é muito importante. O formato e o tamanho influenciarão no tempo de cozimento e no visual final da receita.

Gelo Picado
Peixe Inteiro
Gelo Picado
Recipiente Furado

PRINCIPAIS FORMAS DE PORCIONAR E SERVIR UM PEIXE

INTEIRO

Peixe inteiro e eviscerado.

FILÉ

A carne é retirada por inteiro ao longo da espinha, com ou sem a pele. Dos peixes redondos retiram-se dois filés, e dos peixes achatados (linguado), quatro.

Filé em forma de borboleta

Os dois filés são deixados presos à pele pelo dorso, e a espinha é retirada. Geralmente usado para peixes pequenos.

GOUJON (ISCA)

Faz-se tiras em diagonal a partir de um filé, com 6 cm a 7 cm de comprimento. É um corte usado para peixes que serão empanados* e fritos.

PAUPIETTE

Filé fino e enrolado, geralmente recheado.

TRANCHE

Porções cortadas de filés grossos na diagonal.

POSTA

A carne é cortada na sentido transversal à espinha portanto cada porção terá uma parte da espinha central. A pele é mantida.

MODO DE FAZER

Todas as variedades de peixe possuem alto valor proteico e são de fácil digestão. O teor de gordura varia bastante, entre 2% e 20%, dependendo da espécie e da estação do ano (pela mudança de alimentação).

As gorduras presentes nos peixes são em sua maioria do tipo poliinsaturada (com destaque para o ômega 3, que traz grandes benefícios à saúde).

Um fator muito importante no preparo é seu exato ponto de cozimento. Após o cozimento por completo, sua carne, de textura delicada, começa a ressecar e perder sabor. O peixe também pode ser servido cru ou dourado por fora e cru por dentro (técnica muito utilizada em preparo de salmão e atum, por exemplo).

Outro ponto fundamental, embora muitas vezes esquecido, é o sabor delicado de certos tipos de pescado. É muito comum ver peixes

de qualquer espécie serem temperados sem distinção com sal e limão, e, às vezes, alho. Esse tempero forte pode combinar bem com alguns peixes, principalmente os de sabor mais forte, como a tainha, por exemplo, mas se aplicado a um linguado, certamente iria mascarar o sabor delicado de sua carne. Por isso é interessante não estabelecer regras, mas sim, considerar a melhor combinação para cada receita, segundo o resultado que se quer atingir. Muitas vezes veremos que os condimentos mais apropriados para um peixe fresco são o sal e a pimenta-do-reino.

O mais importante, antes de mais nada, é conhecer as características do pescado antes de escolher a forma de preparo.

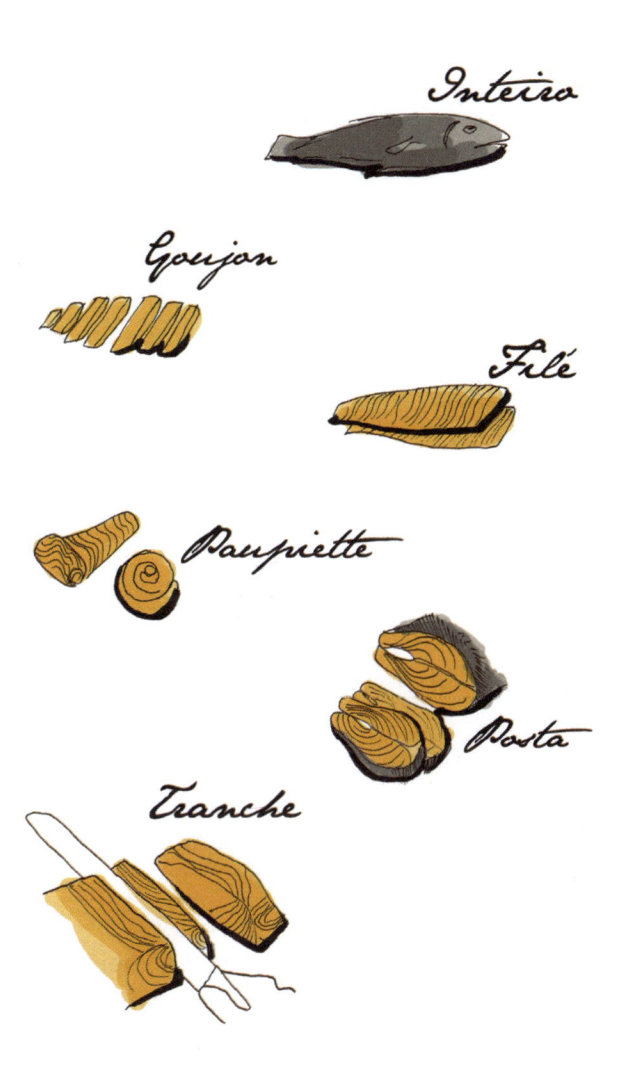

CLASSIFICAÇÃO DOS PEIXES

Quanto à origem (o que influirá no sabor):
- de água doce;
- de água salgada.

Quanto ao teor de gordura (o que influirá na textura e no sabor – maior teor de gordura, sabor mais intenso):
- magros: até 2% de gordura;
- meio-gordos: de 2% a 5% de gordura;
- gordos: mais de 5% de gordura.

Quanto à coloração da carne (o que influirá no sabor):
- carne clara: menor irrigação sanguínea, sabor mais suave;
- carne escura: maior irrigação sanguínea, sabor mais pronunciado.

Quanto à rigidez da carne:
- carne firme: maior resistência ao cozimento, ideal para ensopados (cação);
- carne macia: menor resistência ao cozimento, desmancha-se com facilidade, ideal para métodos de cozimento rápido (badejo, linguado).

Quanto ao formato (o que influirá na limpeza e no porcionamento):
- peixes redondos: têm espinha ao longo da extremidade superior, dois filés (um de cada lado), além de um olho de cada lado da cabeça (truta, badejo, salmão);
- peixes achatados: têm espinha no centro e quatro filés (dois em cima e dois embaixo), os olhos ficam no mesmo lado da cabeça (vários tipos de linguado).

Como já citamos anteriormente, o ideal é ir à peixaria e então lá decidir que peixe levar, de acordo com o que há de melhor disponível no dia.

Quando já temos uma receita em mente, em vez de ir atrás de determinado peixe, podemos analisar as características pedidas na receita e, então, caso não o encontremos, levar um similar. Por exemplo, quando for preparar a receita de pargo no sal e não achar pargo, procure um peixe com características semelhantes: carne clara, macia, magra e de filés finos. Converse com o peixeiro e então você verá que pode levar um lindo vermelho ou até uma tilápia fresquíssima (peixe de água doce mas de sabor extremamente suave) e ambos ficarão ótimos na sua receita.

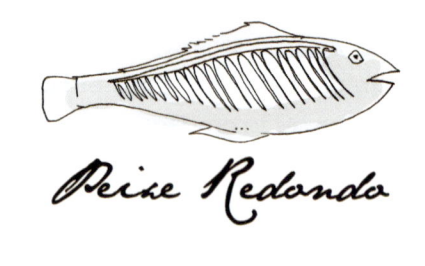

Peixe Redondo

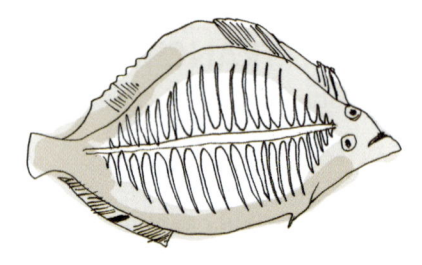

Peixe Achatado

As variantes são muitas, e é preciso sempre analisá-las em conjunto. Um peixe de carne clara e pouca gordura (por exemplo, a pescada) tem sabor mais suave que outro também de carne clara, mas com maior índice de gordura (por exemplo, o meca, também conhecido como atum branco). Ou seja, não basta considerar apenas um fator, é preciso analisar o conjunto.

A seguir, explicamos através de uma tabela como os peixes são classificados e o que os diferencia, assim como suas principais características.

TABELA DE CLASSIFICAÇÃO DOS PEIXES MAIS COMUNS NO MERCADO

PEIXE	QUANTO À ORIGEM/ÁGUA	QUANTO AO TEOR DE GORDURA	QUANTO À COR DA CARNE	QUANTO À MACIEZ DA CARNE
BADEJO	salgada	magro	clara	macia
CHERNE	salgada	gordo	clara	macia
CONGRIO ROSA	salgada	magro	clara	macia
CAÇÃO	salgada	gordo	clara	firme
NAMORADO	salgada	magro	clara	macia
PARGO	salgada	magro	clara	macia
ROBALO	salgada	magro	clara	macia
GAROUPA	salgada	magro	clara	macia
VERMELHO	salgada	magro	clara	macia
LINGUADO	salgada	magro	clara	macia
ATUM	salgada	gordo	escura	macia
SALMÃO	salgada	gordo	escura	macia
TAINHA	salgada	gordo	escura	macia
SARDINHA	salgada	gordo	escura	macia
ANCHOVA	salgada	gordo	escura	macia
MANJUBA	salgada	gordo	escura	macia
CORVINA	salgada	magro	clara	macia
PESCADA	salgada	magro	clara	macia
TRILHA	salgada	magro	clara	macia
MERLUZA	salgada	meio-gordo	clara	macia
DOURADO	doce	magro	clara	firme
PINTADO	doce	gordo	clara	firme
TILÁPIA (*Saint Peter*)	doce	magro	clara	macia
TRUTA	doce	meio-gordo	escura	macia
PEIXE-SAPO (*Lotte*)	salgada	magro	clara	firme

Por terem características tão diferentes, pode-se preparar peixes das mais variadas maneiras.

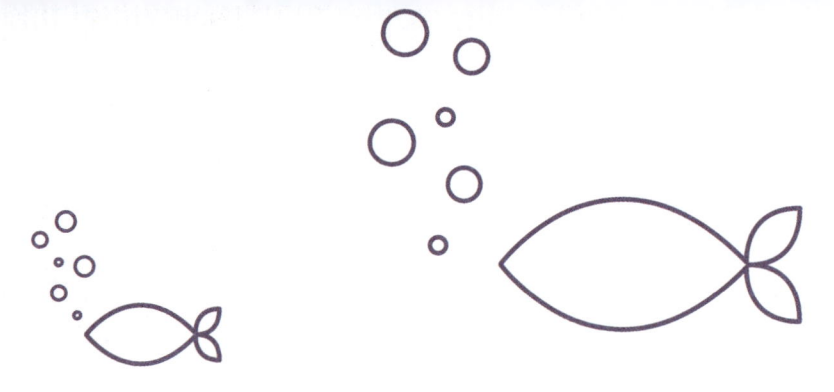

CRU

Recurso muito usado na culinária japonesa. Muitos peixes ficam ótimos se servidos crus, em sashimis, sushis e *tartares*, por exemplo. Nesse caso, é ainda mais importante que o peixe seja fresco e pouquíssimo manipulado antes de ser servido.

Tartare de namorado

Rendimento: 6 PORÇÕES

Ingredientes
Molho
1 gema
1 colher (chá) de mostarda de Dijon
½ colher (sopa) de suco de limão
60 ml de azeite de oliva extravirgem
açúcar
sal e pimenta-do-reino moída na hora

Tartare
600 g de filé de namorado sem pele
1 maçã gala (aproximadamente 150 g), sem casca
1 a 2 colheres (chá) de folhas de erva-doce picadas
50 g de ova de salmão
sal e pimenta-do-reino moída na hora

Preparo
Molho

Misture a gema com a mostarda, o suco de limão, uma pitada de açúcar, sal e pimenta.

Aos poucos, incorpore o azeite, batendo vigorosamente para emulsionar*, e reserve.

Tartare

Corte os filés e a maçã em cubos pequenos.

Junte o molho e a erva-doce e misture com delicadeza.

Acrescente as ovas e misture mais um pouco. Verifique o tempero.

MARINADO

Método pelo qual o peixe é mergulhado em suco cítrico (por exemplo: limão). Sem uso de calor, o peixe "cozinha" devido à acidez, mudando até de cor. Essa acidez previne o crescimento de micro-organismos e amacia as fibras do peixe. Outros elementos podem contribuir com o sabor da receita. Por exemplo, ervas e especiarias. É um clássico das cozinhas do Peru e do Equador.

Ceviche clássico

Rendimento: 6 PORÇÕES

Ingredientes
750 g de filé(s) de peixe branco, fresco e limpo – linguado alto, robalo, pescada amarela, namorado
16 limões (galego é ideal, mas pode ser 8 unidades de Taiti)
1 pedaço (1 cm) de gengibre fresco picadinho
1 talo de aipo (salsão) picado fino
1 dente de alho amassado
1 cebola-roxa média em tiras bem finas (colocar de molho em água com gelo)
2 colheres (sopa) de coentro picado grosseiramente
2 pimentas dedo-de-moça sem sementes, em rodelas
1 xícara de grãos de milho frito
4 batatas-doces glaceadas (opcional – método de preparo abaixo)
sal e pimenta-do-reino moída na hora
6 cubos de gelo

Preparo
Corte os filés de peixe em cubos de 2 x 2 cm e coloque em uma vasilha – reserve em

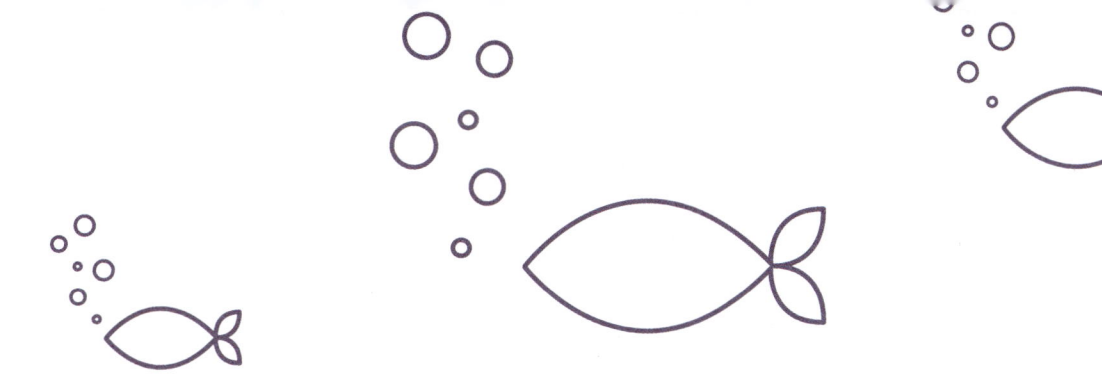

geladeira, coberto com filme plástico. Esprema o limão e misture o suco com as verduras picadas: aipo, gengibre fresco e metade da pimenta dedo-de-moça, metade do coentro picado, metade da cebola, alho amassado; tempere com um pouco de sal e pimenta e deixe em infusão (15 minutos, aproximadamente). Coe no momento de utilizar.

Retire o peixe da geladeira e tempere de leve com sal e pimenta. Misture os cubos de gelo. Regue com o suco coado e mexa bem. Junte as pimentas em tiras, a cebola restante e as folhas de coentro, bem picadas. Retire o gelo.

Decore com as batatas-doces glaceadas e salpique o milho frito.

Para glacear as batatas-doces
6 batatas-doces pequenas
1 xícara de açúcar
casca de 1 laranja
canela em pau
água

Preparo
Descasque as batatas, pique em cubos, e leve ao fogo em uma panela com água quente e cozinhe até abrir fervura. Neste momento, troque a água e repita 3 vezes o mesmo procedimento.

Ao fim deste processo, escorra a água e adicione a batata-doce (na mesma panela), o açúcar e água que as cubra, casca de 1 laranja e canela em pau. Ferva em fogo baixo até ficarem brilhantes e 'glaceadas'. (Se a água secar, adicione mais, aos poucos).

CURADO
A cura é uma técnica usada tanto para preservar como para alterar o sabor dos alimentos e se adapta muito bem a variados tipos de peixe. Alguns processos de cura envolvem também a defumação. O peixe pode ser curado no sal grosso (como é o caso do *gravlax* – cura seca) ou também em misturas de sal e cítricos (cura úmida).

Gravlax

Rendimento: 6 PORÇÕES

Ingredientes
120 g de sal grosso
50 g de açúcar
½ colher (sopa) de pimenta-do-reino branca
   em grão triturado
1 filé de salmão (aproximadamente 1 kg sem pele)
3 colheres (sopa) de vodca
1 maço de *dill* picado
pimenta-do-reino em grão quebrado
fatias de pão preto e manteiga sem sal para acompanhar

Preparo
Misture o sal, o açúcar e a pimenta branca e passe por toda a superfície do filé. Salpique com a vodca.

Espalhe metade do *dill* sobre um pedaço grande de plástico filme ou no fundo de um recipiente (não deve ser de alumínio) e coloque o filé, apertando para aderir. Cubra o outro lado com o restante do *dill*. Enrole no plástico filme pressionando bem e leve à geladeira por 36 a 48 horas. Retire o filé do recipiente e remova o excesso da marinada.

Lave o peixe em água corrente e seque bem com papel-toalha.

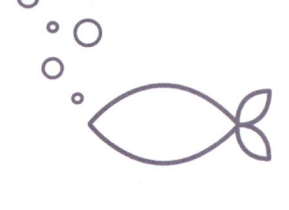
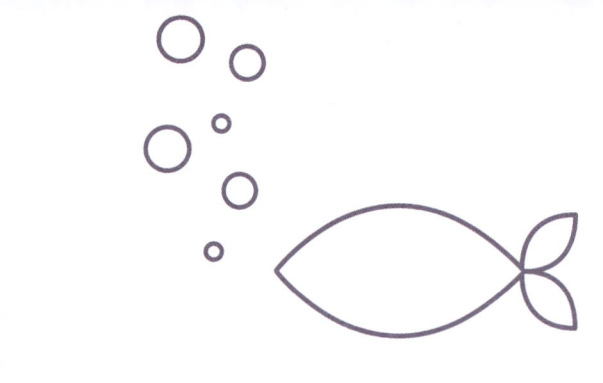

Se for servir, corte-o em fatias bem finas. Sirva com pimenta-do-reino em grão quebrada, fatias de pão preto e manteiga. Se for guardar, envolva o filé em filme plástico e conserve em geladeira por até 8 dias.

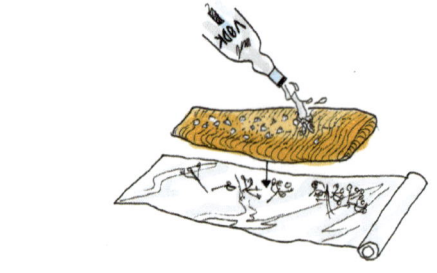

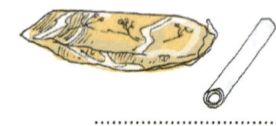

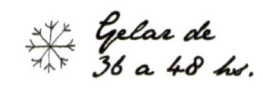

❄ Gelar de 36 a 48 hs.

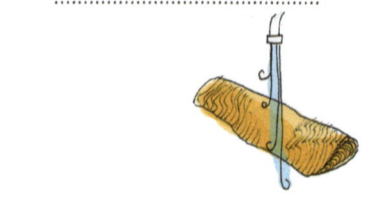

ESCALFADO
(*Poché*)

Por ser um método ideal para alimentos naturalmente tenros, a maioria dos peixes fica bom se preparado deste modo.

Há duas maneiras de fazê-lo: em muito líquido e em pouco líquido.

Em muito líquido:

• o peixe deve ser totalmente submerso em líquido aromatizado (o mais usado é o *court bouillon*) para compensar a perda de sabor do peixe;

• deve ser cozido entre 70°C e 82°C (não deve ferver); para um maior controle, pode-se realizar a cocção no forno;

• pode ser servido com pequena quantidade de molho de sabor intenso, como manteigas compostas ou uma *hollandaise*, ou em um molho extremamente suave, como um vinagrete de laranja;

• se o peixe for servido frio, mantenha-o no líquido até o momento de servir. Nesse caso, apague o fogo pouco antes do peixe atingir o ponto ideal, pois ele continuará o cozimento lentamente enquanto o líquido estiver quente.

Salmão poché com molho de raiz-forte

Rendimento: 6 PORÇÕES

Ingredientes

300 ml de creme de leite fresco
6 colheres (sopa) de raiz-forte ralada em conserva
1,5 litro de *court bouillon* (ver p. 48)
6 filés de salmão (aproximadamente 250 g cada)
vinagre de vinho branco
sal e pimenta-do-reino moída na hora

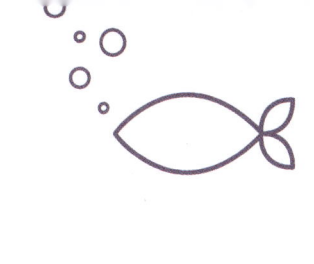

Preparo

Tempere o creme de leite com sal e pimenta e bata ligeiramente para que comece a engrossar.

Acrescente a raiz-forte e, se necessário, adicione algumas gotas de vinagre para aumentar a acidez do molho. Aqueça o *court bouillon*. Quando ferver, abaixe bem o fogo e acrescente os filés de salmão. Cozinhe por aproximadamente 15 minutos ou até que a carne se desfaça em lascas ao ser espetada com um garfo. Retire e sirva com o molho.

Em pouco líquido:

- indicado para filés finos ou pedaços pequenos de carne macia;
- o alimento é cozido em uma combinação de vapor e imersão em líquido aromático e um elemento ácido (que agrega sabor e facilita a emulsificação* do molho);
- o líquido de cocção normalmente faz parte do molho, portanto deve ser condizente com o sabor final;
- use uma *sauteuse** ou um *sautoir**;
- faça apenas uma camada;
- a temperatura de cocção deve ficar entre 70°C e 82°C (não deve ferver);
- para um maior controle, pode-se finalizar a cocção no forno.

Linguado escalfado com échalote e vinho branco

Rendimento: 6 PORÇÕES

Ingredientes

90 g de *échalote** ou cebola-roxa picada

90 ml de vinho branco seco

150 ml de *fumet* de peixe (ver p. 47)

6 filés de linguado

180 ml de creme de leite fresco

60 g de manteiga sem sal

sal e pimenta-do-reino moída na hora

1 colher (sopa) de manteiga sem sal para untar

Preparo

Unte uma *sauteuse* (ver p. 26) grande com manteiga. Junte a *échalote*, o vinho e o *fumet* e aqueça. Acrescente os filés temperados com sal e pimenta, dispostos em uma só camada no fundo da *sauteuse*.

Estabeleça uma fervura branda* (até 75°C), cubra com papel-manteiga ou tampa e cozinhe até que o peixe esteja cozido, no fogão ou em forno preaquecido a 160°C.

Retire os filés com cuidado e transfira para uma travessa e cubra-os com papel-alumínio para mantê-los aquecidos.

Reduza* o líquido da cocção à metade.

Acrescente o creme de leite e reduza mais um pouco.

Finalize encorpando o molho com a manteiga (*monter au beurre**) e ajuste o tempero.

Sirva sobre os filés.

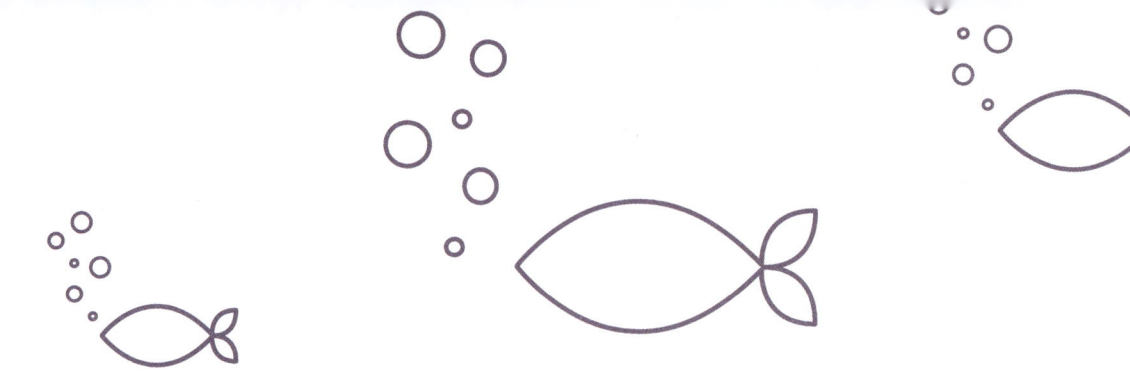

GRELHADO OU CHAPEADO

Método ideal para peixes gordos, pois a alta temperatura da grelha ou da chapa derrete bem a gordura, fazendo com que o peixe fique extremamente macio por dentro, sem ficar ressecado. Peixes de filés finos e os de carne magra podem ser passados antes na farinha de trigo para ficarem mais protegidos.

Esse método altera significativamente o sabor do peixe, deixando-o mais intenso, portanto deve ser acompanhado por molhos contrastantes (ácidos, por exemplo). Ao grelhar ou chapear um peixe, este fica levemente crocante. Para preparar peixes com pele, grelhar ou chapear são métodos ideais.

ASSADO

Talvez seja o método mais versátil utilizado no preparo de peixes. Pode-se usar para peixes inteiros, recheados ou não, postas, tranches, filés, *paupiettes* e filés tipo borboleta.

Assado inteiro

Ótimo para todos os peixes de carne macia. Quando assados recheados, conservam mais umidade e ainda ganham sabor. Peixes magros inteiros ficam melhor se recheados por ressecarem menos. Um bom exemplo é a tainha recheada assada.

Assado inteiro em crosta de sal

Método pelo qual o peixe é envolvido em sal grosso antes de ser levado ao forno. O sal forma uma capa protetora, e o peixe cozinha no vapor de seu próprio líquido, ficando extremamente úmido e macio. Ótimo para peixes médios (pargo e vermelho).

Assado em filés recheados

Por serem recheados e enrolados (*paupiettes*), ficam mais protegidos e assam muito bem, principalmente se forem regados com algum líquido ou protegidos com papel-alumínio.

Ideal para linguado.

Assado em postas ou filés

Tanto os peixes magros como os gordos ficam bem se feitos dessa forma. Os filés ou postas de peixes magros devem ser sempre protegidos com camadas de legumes ou cobertos com papel-alumínio, para que não se ressequem. Já os mais gordos podem ser feitos cobertos ou descobertos (quando se quer que fiquem dourados). Um bom exemplo é um salmão em postas assado com ervas e vinho branco.

Assados em filés com crosta

Método muito adequado para filés de carne macia e magra. A crosta forma uma camada protetora que previne o ressecamento e agrega textura e sabor. Como, por exemplo, um badejo em crosta de pão fresco e ervas.

TEMPO APROXIMADO DE COCÇÃO EM FORNO (PEIXE DE 1,5 KG)
Inteiro, sem recheio: de 30 a 35 minutos
Inteiro, recheado: de 45 a 55 minutos
Postas e filés grossos: de 12 a 15 minutos
Filés finos: de 5 a 10 minutos

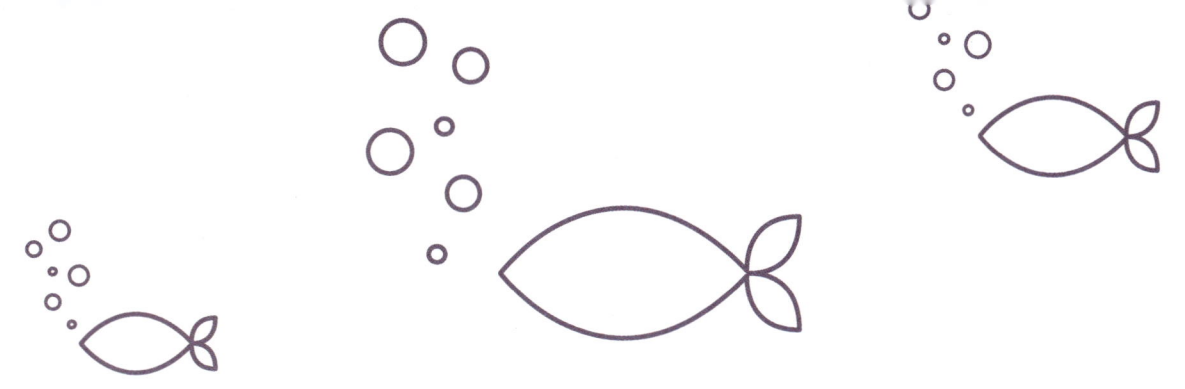

Tainha recheada

Rendimento: 6 PORÇÕES

Ingredientes
Recheio
100 g de cebola picada
15 ml de azeite de oliva extravirgem
200 g de filé de pescada
3 fatias de pão de fôrma
½ xícara de leite
⅓ de xícara de folhas de espinafre cozidas
1 colher (chá) de folhas de sálvia picadas
1 colher (sopa) de cebolinha picada
sal e pimenta-do-reino moída na hora

Tainha
1 tainha (aproximadamente 1,3 kg),
    aberta pelas costas
vinho branco seco
azeite de oliva extravirgem
sal e pimenta-do-reino moída na hora

Preparo
Recheio
Salteie (ver p. 37) a cebola picada em azeite.
Bata no processador a pescada com o pão.
Acrescente o leite, o espinafre, a sálvia, a ce-
bolinha, a cebola, sal e pimenta e misture.

Tainha
Tempere a tainha com sal, pimenta, vinho
branco e azeite. Cubra e leve à geladeira por
30 minutos. Recheie-a, feche-a com palitos,
costure com barbante fazendo uma trança entre os palitos e regue com azeite.

Asse em forno preaquecido a 200°C durante aproximadamente 1 hora.

Antes de servir, retire os palitos e o barbante.

Pargo em crosta de sal

Rendimento: 4 PORÇÕES

Ingredientes
1 pargo (aproximadamente 1,3 kg) eviscerado
3 a 5 claras (1 clara para cada kg de sal)
3 a 5 kg de sal grosso (a quantidade depende
    do tamanho do recipiente e do peixe)
sal e pimenta-do-reino moída na hora

Preparo
Tempere o peixe com sal e pimenta por
dentro e por fora.

Em uma vasilha, misture as claras ao sal grosso. Faça um leito com a mistura de sal e claras
de 2 cm de altura e coloque o peixe por cima.

Cubra completamente o peixe com o restante da mistura (deve haver uma camada de 2
cm de sal em volta de todo o peixe).

Leve ao forno preaquecido a 200°C e asse
por aproximadamente 35 minutos.

Quebre a crosta, limpe todo o sal grosso e
retire as porções para servir.

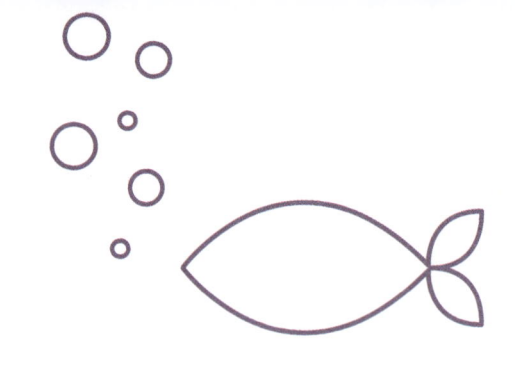
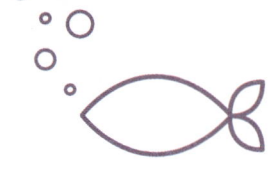

Paupiettes de linguado com recheio de siri

Rendimento: 6 PORÇÕES

Ingredientes

Recheio

400 g de carne de siri
suco de ½ limão
150 g de cebola picada
¼ de xícara de cebolinha (parte branca) picada
30 ml de azeite de oliva extravirgem
2 tomates *concassés**
¼ de xícara de cebolinha (parte verde) picada
½ colher (sopa) de folhas de coentro picadas
1 colher (sopa) de folhas de salsa picadas
2 gemas
180 ml de creme de leite fresco
sal e pimenta-do-reino moída na hora

Linguado

12 filés de linguado pequenos (aproximadamente
   90 g cada)
sal e pimenta-do-reino moída na hora

Molho

100 g de cebola-roxa em *brunoise* (ver p. 41)
90 ml de azeite de oliva extravirgem
300 ml de *fumet* (ver p. 47)
15 ml de vinagre de vinho branco
600 g de tomate *concassé**
1 colher (sopa) de folhas de coentro picadas
1 colher (sopa) de folhas de salsa picadas
sal e pimenta-do-reino moída na hora

Preparo

Recheio

Tempere a carne de siri com limão, sal e pimenta.

Em uma panela, doure ligeiramente a cebola e a cebolinha (parte branca) no azeite.

Acrescente o siri e o tomate e cozinhe até secar.

Retire do fogo e acrescente a cebolinha (parte verde), o coentro, a salsa, as gemas e o creme de leite.

Corrija o tempero e deixe esfriar.

Linguado

Tempere os filés com sal e pimenta e recheie, enrolando-os.

Coloque em assadeira untada, cubra com papel-alumínio e asse em forno preaquecido a 180ºC por 15 minutos ou até que a carne separe facilmente quando espetada com um garfo.

Molho

Doure levemente a cebola em 15 ml de azeite.

Acrescente o *fumet*, o azeite restante, o vinagre, o tomate, sal e pimenta e deixe apenas aquecer, sem ferver.

Acrescente o coentro e a salsa.

Sirva com o peixe.

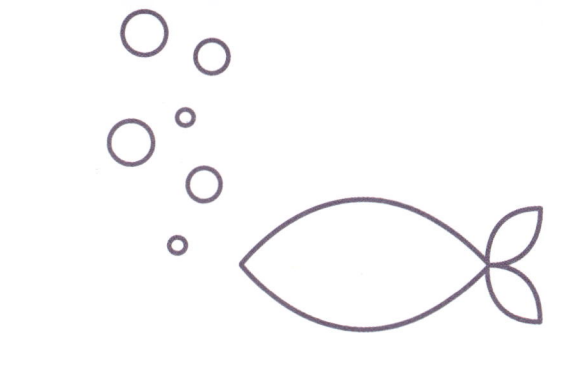
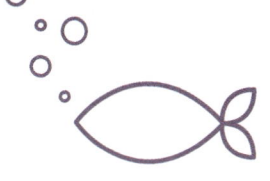

Pescada em crosta de parmesão

Rendimento: 6 PORÇÕES

Ingredientes

80 g de farinha de rosca fresca
raspas de 1 limão Taiti
raspas de ½ limão-siciliano
80 g de queijo parmesão ralado
6 filés de pescada
100 g de manteiga sem sal derretida
sal e pimenta-do-reino moída na hora
manteiga sem sal para untar

Preparo

Prepare uma farofa misturando a farinha de rosca, as raspas dos limões e o queijo parmesão.

Passe os filés pela manteiga e empane* com a farofa.

Asse em forno preaquecido a 240°C por 5 a 7 minutos em assadeira (de preferência antiaderente) bem untada.

Sirva imediatamente.

NO VAPOR

Método pelo qual o peixe é cozido diretamente no vapor. Peixes de carne delicada ficam perfeitos se preparados por esse método. Esse processo conserva o sabor do peixe sem o risco de ressecá-lo, porém não amacia a carne. Indicados para cozimento no vapor são linguado, côngrio-rosa, badejo, namorado, meca, cherne, garoupa, tilápia, pargo, vermelho, pescada-cambucu, entre outros.

Namorado com ragu de lentilha e bacon

Rendimento: 6 PORÇÕES

Ingredientes

1 xícara de lentilha
1 folha de louro
¼ de xícara de bacon em *brunoise* (ver p. 41)
20 ml de azeite de oliva extravirgem
½ xícara de cebola-roxa em *brunoise*
½ xícara de alho-poró em *brunoise*
½ xícara de salsão em *brunoise*
¾ de xícara de cenoura em *brunoise*
150 a 200 ml de *fumet* (ver p. 47)
200 ml de creme de leite fresco
6 filés de namorado (aproximadamente 200 g cada)
sal e pimenta-do-reino moída na hora
ciboulette para decorar

Preparo

Cozinhe a lentilha em água com a folha de louro por aproximadamente 15 minutos (deve ficar ainda um pouco crua).

Em uma panela de fundo largo, frite o bacon em fogo baixo, até que solte bem a gordura e

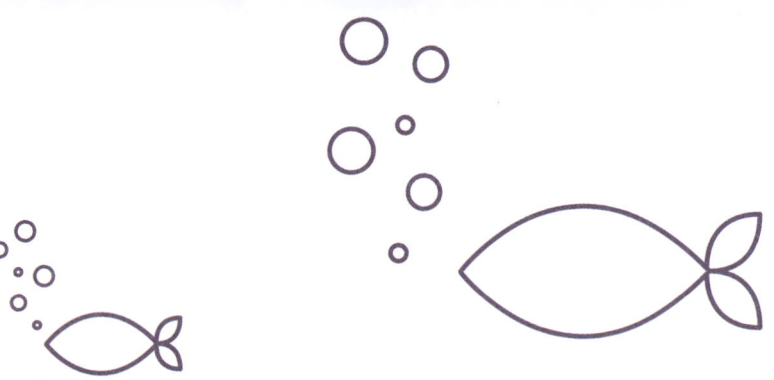

fique ligeiramente crocante. Retire o bacon da panela, mas deixe a gordura que sobrou. Adicione azeite e salteie (ver p. 37) a cebola-roxa. Acrescente o alho-poró, o salsão, a cenoura e salteie mais um pouco. Junte a lentilha pré-cozida, sal e pimenta, o *fumet* e o creme de leite.

Tampe, abaixe o fogo e cozinhe até que a lentilha fique pronta. Se necessário, acrescente mais *fumet*.

Retire do fogo.

Tempere os filés com sal e pimenta e cozinhe no vapor por aproximadamente 10 minutos ou até que estejam cozidos (verifique espetando a carne com um garfo: ela deve quebrar facilmente).

Sirva os filés de peixe sobre o ragu e decore com *ciboulette*.

ASSADO EM *PAPILLOTE*

O peixe é embrulhado em papel-alumínio ou papel-manteiga, com um pouco de líquido aromático para que haja formação suficiente de vapor. Os *papillotes* podem conter também outros elementos (desde que se tenha o cuidado de escolher ingredientes que fiquem prontos ao mesmo tempo que o peixe). O *papillote* deve ser aberto, de preferência, à mesa, para que todos possam sentir os aromas desprendidos.

Papillote de peixe

Rendimento: 6 PORÇÕES

Ingredientes

6 filés de peixe sem pele
   (namorado, linguado, badejo etc.)
150 g de shitake em fatias
100 g de brócolis branqueado*
100 g de cenoura em *julienne* (ver p. 41)
¼ de xícara de alho-poró em rodelas
1 colher (chá) de gengibre ralado
6 colheres (sopa) de vinho branco seco
½ xícara de cebolinha (parte verde) picada
sal e pimenta-do-reino moída na hora
manteiga sem sal

Preparo

Recorte 6 pedaços de papel-manteiga e pincele-os com manteiga.

Em cada um disponha 1 filé de peixe temperado com sal e pimenta no centro do papel.

Sobre o peixe, coloque um pouco de shitake, brócolis, cenoura, alho-poró e gengibre.

Tempere com sal e pimenta. Regue cada *papillote* com 1 colher de sopa de vinho, salpique com a cebolinha e coloque uma bolinha de manteiga no centro.

Feche bem o papel e leve ao forno preaquecido a 200°C por 10 a 20 minutos. O tempo varia de acordo com o tamanho do filé.

Se tiver dúvida, abra um para verificar.

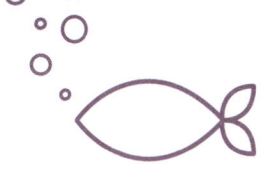

FRITO

Método muito usado, ideal para filés finos (inteiros ou cortados em iscas) e peixes pequenos. Deve-se proteger a carne do peixe com algum tipo de empanamento*. O sabor do empanamento e do óleo usado na fritura mascaram um pouco o sabor do peixe. Os peixes mais indicados são: manjuba, pescada e cação.

Manjuba frita

Rendimento: 6 PORÇÕES

Ingredientes

750 g de manjuba
4 colheres (sopa) de fubá
sal
óleo para fritar

Preparo

Lave a manjuba em um escorredor e seque-a bem com um pano. Tempere com sal. Coloque o fubá em uma travessa e vá empanando*. Frite aos poucos em óleo quente, de preferência em uma cesta, até que fique dourada.

Filé de pescada empanado

Rendimento: 6 PORÇÕES

Ingredientes

280 g de farinha de trigo
1 ovo
300 ml de leite
1 kg de filé de pescada sem pele
sal e pimenta-do-reino moída na hora
óleo para fritar

Preparo

Em uma tigela, misture 1 ¼ de xícara de farinha e sal. Abra uma cova no meio e acrescente o ovo. Adicione o leite aos poucos, misturando bem, até obter uma massa cremosa e lisa. Tempere a farinha restante com sal e pimenta, passe os filés por ela e, em seguida, mergulhe-os na massa. Frite em óleo quente.

Goujon de pescada

Rendimento: 6 PORÇÕES

Ingredientes

6 filés de pescada, limpos, em *goujon* (ver p. 149)
200 g de farinha de trigo
sal e pimenta-do-reino moída na hora
óleo para fritar
limão com casca em gomos para acompanhar

Preparo

Tempere os *goujons* com sal e pimenta, empane em farinha de trigo.

Frite-os em imersão (ver p. 36) até ficarem dourados.

Sirva com o limão.

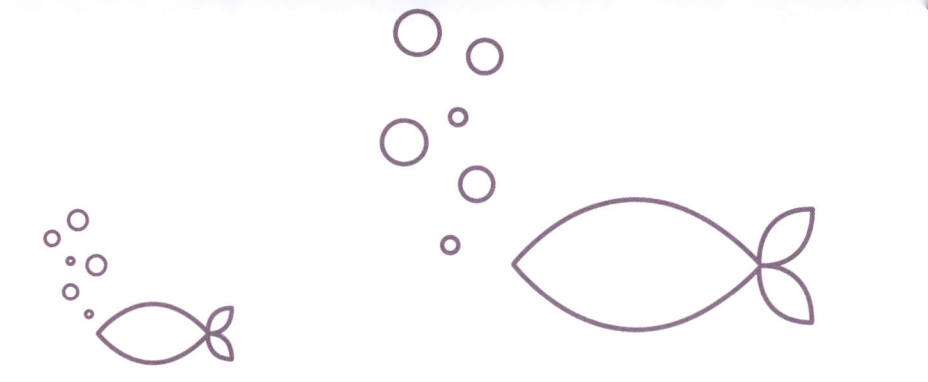

Pescada empanada em fubá

Rendimento: 6 PORÇÕES

Ingredientes

2 ovos ligeiramente batidos
1 colher (chá) de ervas de Provence
6 filés de pescada
100 g de farinha de trigo
200 g de fubá
 sal e pimenta-do-reino moída na hora
óleo para fritar

Preparo

Tempere os ovos com as ervas de Provence. Tempere os filés com sal e pimenta, passe-os pela farinha de trigo, em seguida pelos ovos batidos e então pelo fubá. Pressione ligeiramente para que a crosta fique bem aderida. Frite-os por imersão (ver p. 36) até ficarem ligeiramente dourados.

ENSOPADO

Método adequado para peixes de carne mais firme, como o cação. Peixes mais delicados podem ser usados, mas tenha em mente que eles vão se desfazer em lascas. De qualquer forma, mesmo os peixes de carne mais firmes não devem ser cozidos por muito tempo, para não ficarem com a carne endurecida e ressecada. É o método usado no preparo da moqueca, caldeirada, entre outros.

Sopa de peixe

Rendimento: 6 PORÇÕES

Ingredientes

2 kg de peixes variados, limpos (vermelho, pargo, cação, badejo, robalo, peixe-sapo, cherne etc.)
1 cebola grande picada
20 ml de azeite de oliva extravirgem
2 dentes de alho picados
4 tomates *concassés**
1 ½ xícara de vinho branco seco
1 *bouquet garni* (ver p. 43)
1,5 litro de *fumet* (ver p. 47)

Preparo

Corte os peixes em pedaços grandes.
Se forem filés finos, mantenha a pele para que não se desmanchem.
Doure a cebola no azeite e acrescente o alho. Doure um pouco mais e adicione os tomates.
Acrescente o vinho e deixe secar. Junte o *bouquet garni* e o *fumet*.
Acrescente os peixes de acordo com a textura de cada um (mais firmes primeiro, mais macios por último). Cozinhe apenas pelo tempo necessário e sirva imediatamente.

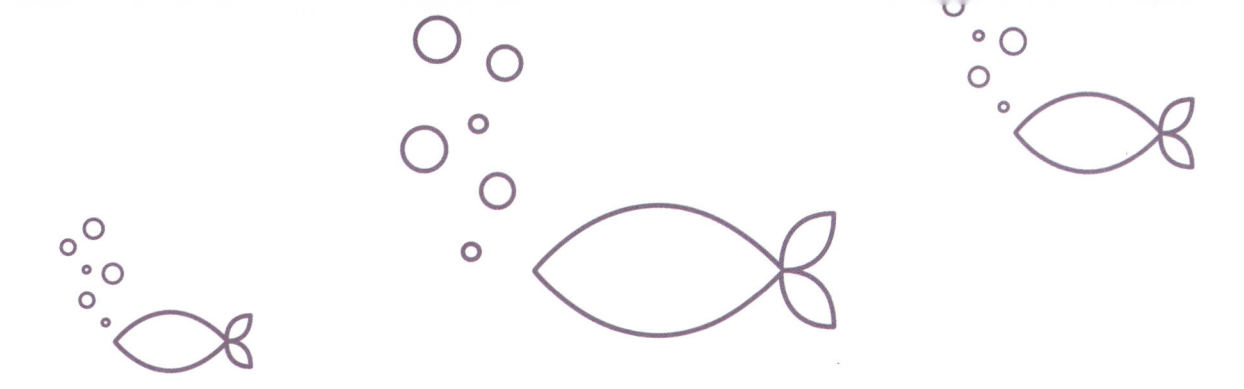

SECO E SALGADO

Método de conservação que muda o sabor e a textura do peixe. O peixe salgado e seco mais comum no Brasil é o bacalhau.

A espécie mais adequada para a produção do bacalhau é o *Gadus morhua*, mas há ainda outras quatro.

Como cada espécie tem características próprias, é importante saber reconhecê-las para fazer o uso mais adequado e também pagar um preço justo. O ideal para isso é ver o peixe inteiro ou pelo menos o filé com a cauda, diferente em cada espécie. Caso isso não seja possível, a compra deve ser feita em um fornecedor de confiança, pois é difícil identificar a espécie apenas pelo tamanho e coloração das postas.

Gadus morhua

Também conhecido como bacalhau do Porto, é pescado no Atlântico Norte e considerado o mais nobre. Possui filés altos e coloração amarelo palha uniforme quando seco e salgado e se desfaz em lascas claras e tenras quando cozido. Tem a cauda quase reta.

Gadus macrocephalus

Também conhecido como bacalhau do Pacífico, possui carne mais clara que a do *Gadus morhua* porém mais fibrosa, não se desfazendo em lascas. Ótimo para desfiar. A cauda do *macrocephalus* é semelhante ao do *Gadus morhua*, reta, porém possui um bordado branco.

Saithe

Possui a carne mais escura e de sabor mais forte, que fica macia e desfia com facilidade depois de cozida. É perfeito para bolinhos. Sua cauda tem duas pontas.

Ling

Possui carne clara e filés mais estreitos, pode ser usado para ensopados e grelhados, mas não é macio como o *Gadus morhua*. Tem cauda mais fina e ligeiramente arredondada. É o mais comum no Brasil.

Zarbo

É o menor de todos e pode ser reconhecido pela sua barbatana dorsal contínua. Fica melhor desfiado. Tem cauda ligeiramente arredondada e menos estreita que a do *ling*.

Além da diferença entre as espécies, temos que ficar atentos à **classificação qualitativa** do peixe salgado e seco, que é feita de acordo com a qualidade do processo de secagem e salga e engloba três categorias:

IMPERIAL

Peixes bem lavados e escovados, uniformemente salgados, sem rasgos ou manchas.

UNIVERSAL

Essa categoria pode conter pequenas manchas, cortes inadequados, alguns rasgos e pequenos pedaços da espinha dorsal. Mas esses são defeitos que comprometem a aparência e não o sabor ou a textura.

POPULAR

Peixes que não preenchem os requisitos da classificação universal, porém ainda estão adequados ao consumo humano. Não podem estar com a carne mole ou com excesso de rachaduras.

Como se pôde ver, de acordo com a espécie e a classificação qualitativa, o bacalhau mais nobre é o **Porto imperial**, mas, dependendo do uso que se fará, tem-se várias alternativas com ótima relação custo-benefício.

Há mais uma classificação, quanto ao tamanho ou calibre. Como o bacalhau é acondicionado em caixas de 25 kg ou 50 kg, sabendo-se seu calibre podemos calcular o peso aproximado de cada peça. Por exemplo, para uma caixa de 25 kg, se o calibre for 04/06, quer dizer que há de 4 a 6 peças por caixa, portanto, o peso mínimo de cada peça será de aproximadamente 4 kg.

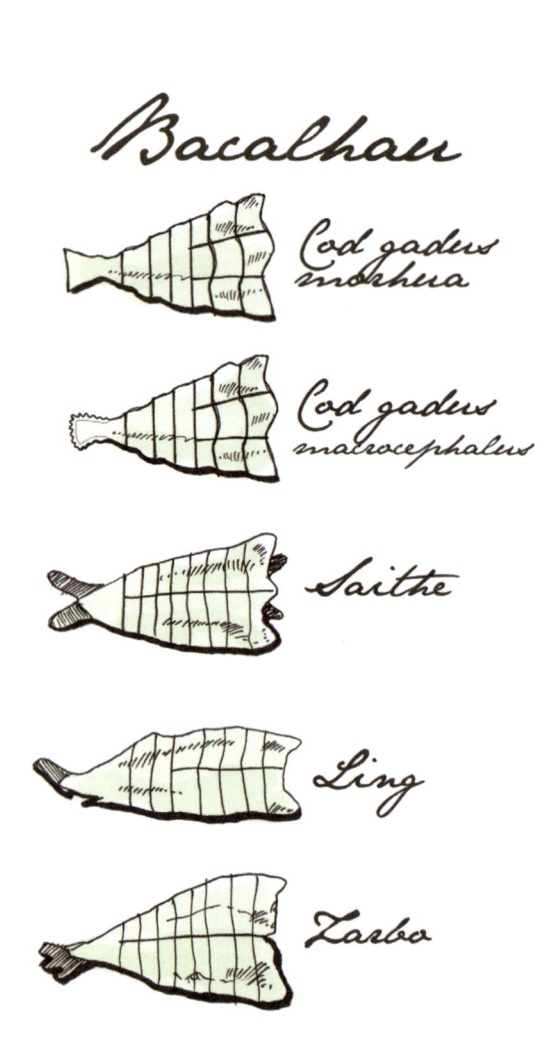

Para verificar se o bacalhau está bem seco, segure-o pela cauda. O filé deve permanecer reto ou curvar-se apenas ligeiramente.

Calcule de 180 g a 200 g de bacalhau por pessoa (dessalgado, com pele e espinha), e de 80 a 120g de bacalhau por pessoa (se estiver seco e salgado).

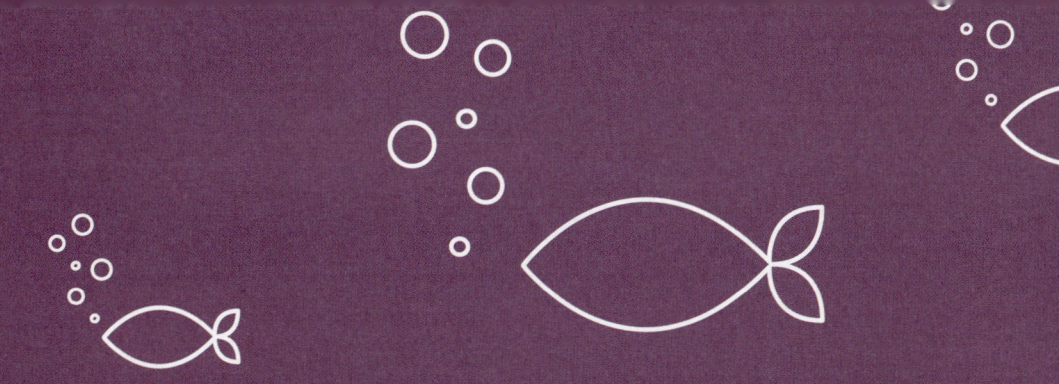

CUIDADOS NO PREPARO DO BACALHAU

DESSALGA

Tão importante quanto comprar o bacalhau adequado à receita é fazer a dessalga corretamente. A dessalga começa lavando-se bem o bacalhau, depois ele deve ser colocado em um recipiente grande com bastante água fria e mantido na geladeira. O ideal é que o peixe fique sobre uma grade, para que o sal que for saindo se deposite no fundo do recipiente e não fique em contato com a carne.

Deve-se trocar a água frequentemente, pelo menos a cada 4 horas.

Uma dessalga bem feita não significa tirar todo o sal do peixe, pois então teremos um produto final insosso. Portanto, caso isso aconteça, não hesite em acrescentar sal ao peixe para que fique saboroso novamente, ciente de que a textura não será a mesma.

Quando estiver dessalgando filés muito altos, insira uma faca até o centro de um filé e retire um pedaço de lá para provar. É comum, nesses casos, o peixe estar perfeitamente dessalgado por fora e ainda muito salgado por dentro.

É bom sempre provar um pedaço do peixe para verificar o grau de dessalga, que varia de acordo com o tamanho dos pedaços, quantidade de água no recipiente e a frequência da troca de água. Cuidado para não dessalgar demais.

Se sua opção for pelo bacalhau já dessalgado disponível no mercado, verifique se o ponto da dessalga está a seu gosto.

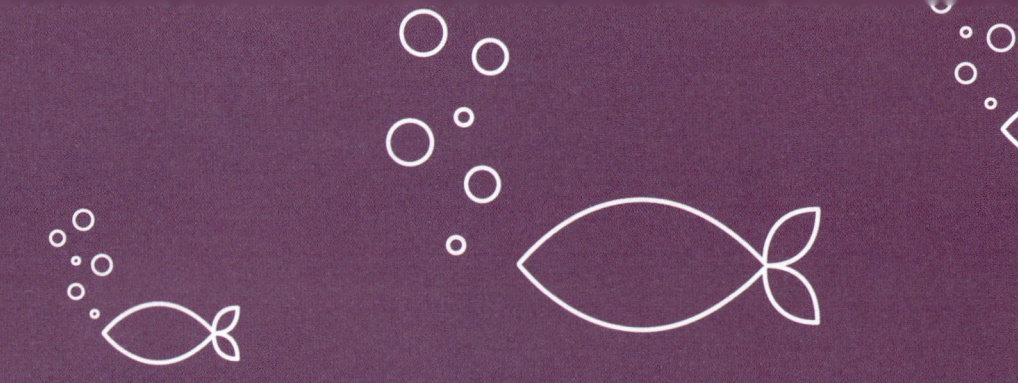

TEMPO DE DESSALGA
Filés bem altos: 48 a 60 horas
Filés altos: 40 a 48 horas
Filés médios: 36 a 40 horas
Filés finos: 24 a 36 horas
Bacalhau desfiado: 6 a 8 horas

COZIMENTO

Não se deve cozinhar o bacalhau, e sim escalfá-lo (entre 70° e 82° C). A fervura resseca o peixe. O tempo de cozimento varia segundo o tamanho dos filés, mas fica entre 5 a 10 minutos, apenas até que o peixe fique macio. O momento de interromper o cozimento é quando se nota que é possível separar as lascas do peixe.

Se preparado ao forno com ingredientes que liberem líquido durante o cozimento ou quando for preparado totalmente submerso em azeite (*confit*), o bacalhau não precisa ser escalfado, pode ir direto da dessalga para o forno.

CONGELAMENTO

O bacalhau pode ser congelado depois de dessalgado por até 6 meses. O descongelamento deve ser feito em geladeira.

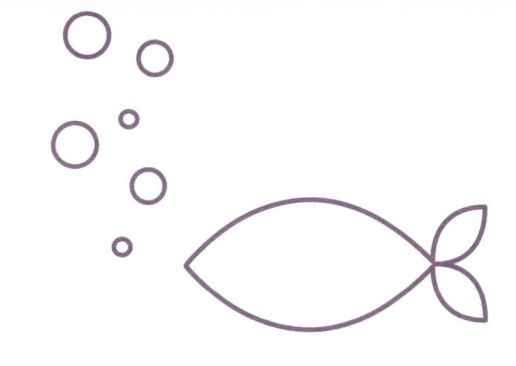
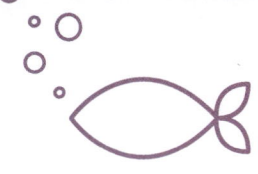

Bacalhau ao forno

Rendimento: 6 PORÇÕES

Ingredientes

1 kg de bacalhau (lombo) dessalgado (ver p. 165)

800 g de batata em rodelas grossas

1 folha de louro

55 ml de azeite de oliva extravirgem

1 pimentão vermelho, sem semente, em rodelas

1 cebola grande em rodelas

½ xícara de vinho branco seco

3 colheres (sopa) de azeitona preta em lascas

3 dentes de alho fatiados

4 ovos cozidos cortados em 4

4 tomates *concassés**

2 colheres (sopa) de folhas de salsa picadas

1 colher (sopa) de cebolinha picada

folhas de manjericão

sal e pimenta-do-reino moída na hora

Preparo

Escalfe o bacalhau na água por aproximadamente 10 minutos. Retire a pele e as espinhas e reserve.

Afervente as batatas em água com sal e a folha de louro até que comecem a cozinhar, retire e reserve. Salteie (ver p. 37) o pimentão e a cebola em 40 ml de azeite.

Acrescente o vinho branco e reduza*. Acrescente a azeitona, tempere com sal e pimenta e retire do fogo. Em um refratário, coloque a batata, o bacalhau e, por cima, o pimentão e a cebola salteados e asse a 180°C por 20 minutos.

Enquanto isso, frite as fatias de alho no azeite restante até que fiquem bem douradas.

Retire o bacalhau do forno, coloque por cima os ovos cozidos, o tomate com as ervas e o alho frito.

Leve ao forno por mais 1 minuto, apenas para aquecer.

Regue com o azeite e distribua as ervas por cima.

Bolinho de bacalhau

Rendimento: 4 PORÇÕES

Ingredientes

500 g de bacalhau, sem pele e sem espinhas, dessalgado (ver p. 165)

350 g de batata

100 g de cebola em *brunoise* (ver p. 41)

1 dente de alho bem picado

1 colher (sopa) de azeite de oliva extravirgem

50 ml de vinho do Porto

2 ovos

1 colher (sopa) de folhas de salsa picadas

sal e pimenta-do-reino moída na hora

Preparo

Escalfe o bacalhau até que fique macio. Desfie-o. Cozinhe a batata inteira em água salgada até ficar macia.

Escorra e esprema-a ainda quente. Misture com o bacalhau. Salteie (ver p. 37) a cebola e o alho em azeite. Acrescente o vinho do Porto e reduza*. Acrescente esse salteado à mistura de batata e bacalhau. Adicione os ovos, a salsa, sal e pimenta e misture bem.

Forme *quenelles** e frite os bolinhos por imersão (ver p. 36).

DEFUMADO

Fica com sabor acentuado e consistência bem diferente do peixe fresco. Em lascas ou fatias finas, pode ser usado em sanduíches, saladas e canapés (salmão ou *haddock*); se marinado em azeite ou óleo com especiarias e ervas, pode ser usado em saladas e antepastos (arenque e truta); além disso pode ser cozido no leite ou grelhado e preparado em um molho cremoso (*haddock*), a fim de suavizar o sabor. Nesse caso, deve ser servido com acompanhamentos bem neutros, como batatas cozidas, por exemplo.

Haddock com molho cremoso de alho-poró

Rendimento: 6 PORÇÕES

Ingredientes

70 g de manteiga sem sal

8 alhos-porós médios (parte branca) fatiados

2 ½ colheres (chá) de açúcar

80 ml de Xerez

1 colher (chá) de folhas de tomilho

170 ml de creme de leite fresco

1 filé de *haddock* defumado (ou bacalhau defumado) cortado em 6 pedaços de 200 g cada

1 ½ litro de leite

½ litro de água

sal e pimenta-do-reino moída na hora

Preparo

Doure ligeiramente na manteiga o alho-poró com o açúcar, sal e pimenta. Reduza bem o fogo, tampe e cozinhe até que o alho-poró fique bem macio. Aumente o fogo e acrescente o Xerez, o tomilho e o creme de leite.

Reduza um pouco e corrija o sal.

Em uma panela, cozinhe o *haddock* com o leite e a água por aproximadamente 10 minutos ou até que esteja macio. Escorra e sirva sobre o creme de alho-poró.

8. Frutos do mar

Apesar de chamados genericamente de frutos do mar, os moluscos e crustáceos possuem características tão peculiares que merecem ser tratados de forma individual.

Por terem a carne muito delicada, exigem cuidados especiais no preparo. O cozimento no tempo correto é importantíssimo, pois em poucos segundos passam de uma consistência macia para outra dura e, muitas vezes, "borrachuda". Os sabores são normalmente intensos e muito característicos, o que requer mais cuidado na escolha de molhos e acompanhamentos e do método de cocção a ser utilizado. Ao falar em frutos do mar, não se pode esquecer a simplicidade: ela valoriza o ingrediente.

Moluscos

Caracterizam-se por possuírem uma concha, às vezes duas, que lhes protege o corpo, com exceção apenas do polvo e da lula, que possuem tentáculos. Dividem-se em univalves, bivalves e cefalópodes.

UNIVALVES

São os que possuem apenas uma concha, como, por exemplo, o abalone, o ouriço-do-mar e os *escargots*.

BIVALVES

São os que possuem duas conchas, ligadas por uma articulação, como, por exemplo, o marisco, o mexilhão, a ostra e a vieira.

CEFALÓPODES

São os que possuem os "pés na cabeça", ou seja, têm os tentáculos ou braços ligados diretamente à cabeça. A lula e o polvo são exemplos de cefalópodes.

Ao comprar frutos do mar é preciso antes de mais nada sentir seu cheiro, que deve ser neutro e agradável. Se forem comprados congelados, sua embalagem deve estar em perfeitas condições e eles devem estar armazenados à temperatura de -18°C ou mais frio.

Crustáceos

Caracterizam-se por possuírem carapaça (e/ou esqueleto externo), onde se prendem os músculos. Em geral, têm um par de mandíbulas, dois pares de antenas e dois pares de maxilas. Os exemplos mais conhecidos são: lagosta, camarão e lagostim.

MODO DE FAZER

Como já foi dito anteriormente, a textura dos alimentos tem papel tão importante em uma receita quanto o sabor. Quando se trata de frutos do mar, isso é ainda mais importante. Portanto, seja qual for a receita escolhida, sempre calcule muito bem o momento de acrescentar os frutos do mar ao preparo.

Mais adiante neste capítulo há indicações básicas, mas são as receitas que ilustram melhor o procedimento correto de cozimento.

Polvo

Além do cheiro, é preciso observar a textura da carne, que deve estar firme e úmida, mas não viscosa. Os polvos menores, de até 1 kg, são mais macios.

Deve ser armazenado embalado em recipientes plásticos e então colocado entre camadas de gelo e refrigerado.

LIMPEZA

Retire a cabeça fazendo um corte logo acima dos olhos. Abra-a e retire as vísceras. Reserve. Com a ponta de uma faca, corte em volta dos olhos e retire-os. Vire os tentáculos ao contrário e esprema uma cartilagem dura que se encontra no seu centro. Lave os tentáculos com cuidado para remover eventuais sujeiras das ventosas. Se desejar, retire a pele, puxando-a firmemente.

PREPARO

Pode ser cozido, grelhado ou salteado. O tempo de cozimento depende muito do tamanho dos pedaços, mas em geral deve ser de até 5 minutos ou então passar dos 25 minutos, quando a carne volta a ficar macia (entre 5 e 25 minutos, a carne se torna extremamente dura). A escolha do tempo de cozimento depende muito do tipo de receita. Por exemplo, um polvo grelhado ou usado em uma salada, ficará melhor se feito de maneira rápida. No caso de ser usado em um molho ou ensopado, pode ser mais interessante cozinhar o polvo por mais tempo para que absorva melhor o sabor do preparo e transfira seu sabor para o molho. A cabeça do polvo é comestível, porém, por sua carne ser mais fina que a do corpo e dos tentáculos, o ideal é usá-la separadamente em uma receita.

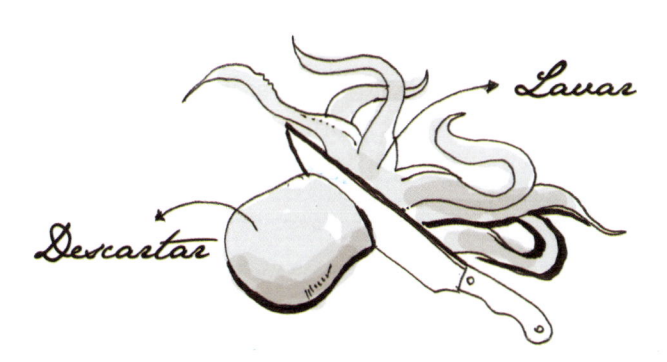

Lavar

Descartar

Retirar a Parte Dura

Salada de polvo

Rendimento: 6 PORÇÕES

Ingredientes
Polvo

1 polvo inteiro (aproximadamente 2 kg), limpo (ver p. 171)

1 folha de louro

1 ramo de tomilho fresco

15 ml de azeite de oliva extravirgem

1 cebola-roxa grande picada

1 alho-poró em fatias

1 ½ xícara de grão-de-bico cozido, sem pele

2 colheres (sopa) de azeitona preta em lascas

2 colheres (sopa) de azeitona verde em lascas

3 ovos cozidos picados

1 colher (sopa) de folhas de salsa picadas

Molho

30 ml de suco de limão

90 ml de azeite de oliva extravirgem

sal e pimenta-do-reino moída na hora

Preparo
Polvo

Coloque o polvo em uma panela de pressão com o louro, o tomilho e a cebola (sem água). Feche a panela e quando começar a apitar, conte 8 minutos. Abra a panela, retire o polvo e corte-o em pedaços de 1 cm.

Aqueça o azeite e acrescente o alho-poró.

Deixe murchar um pouco e acrescente os pedaços de polvo.

Salteie (ver p. 37) ligeiramente, retire do fogo, passe para uma tigela e deixe esfriar.

Molho

Dissolva o sal e a pimenta no suco de limão. Acrescente o azeite em fio, batendo com um *fouet** até que fique homogêneo. Reserve.

Montagem

Junte ao polvo o grão-de-bico, as azeitonas, os ovos, a salsa e o molho.

Misture delicadamente e sirva. Se for servir posteriormente, conserve a salada na geladeira e retire com 30 minutos de antecedência, para não servi-la gelada.

Lula

Polvo à la marseillaise

Rendimento: 6 PORÇÕES

Ingredientes

750 g de polvo limpo (ver p. 171) (corpo e tentáculos)

90 ml de azeite de oliva extravirgem

200 g de cebola em *brunoise* (ver p. 41)

2 alhos-porós em rodelas

1 pacote de pistilos de açafrão

3 dentes de alho picados

3 tomates maduros em *concassé**

1 *sachet d'épices* (ver p. 43)

300 g de arroz

sal e pimenta-do-reino moída na hora

Preparo

Corte o polvo em pedaços de aproximadamente 3 cm e tempere com sal e pimenta.

Aqueça o azeite e, em fogo alto, salteie (ver p. 37) o polvo até que fique bem rosado.

Acrescente a cebola e salteie até que fique transparente.

Junte o alho-poró, o açafrão e o alho. Salteie até que fiquem ligeiramente dourados.

Acrescente o tomate e deixe secar.

Adicione água suficiente para cobrir o polvo (cerca de 1 cm acima), coloque o *sachet d'épices* e tampe.

Cozinhe em fogo baixo por 15 minutos e acrescente o arroz. Cozinhe por mais 15 minutos ou até que o arroz esteja macio.

Caso seja necessário, adicione mais água quente. Retire o *sachet d'épices* e sirva.

Além do odor, observe a pele, que deve ser úmida e não viscosa.

Para armazenar, por, no máximo, 24 horas, coloque em recipiente fechado sobre cama de gelo.

LIMPEZA

Lave a lula e, se desejar, retire a pele, puxando-a com firmeza. Separe cuidadosamente os tentáculos do corpo – o olho, a bolsa de tinta e os intestinos virão junto com os tentáculos.

Lave e retire a pena interna (cartilagem transparente). Para utilizar os tentáculos, faça um corte bem acima do olho e esprema uma pequena cartilagem arredondada que se encontra em sua base. Para utilizar a bolsa de tinta, passe-a por uma peneira no momento do uso.

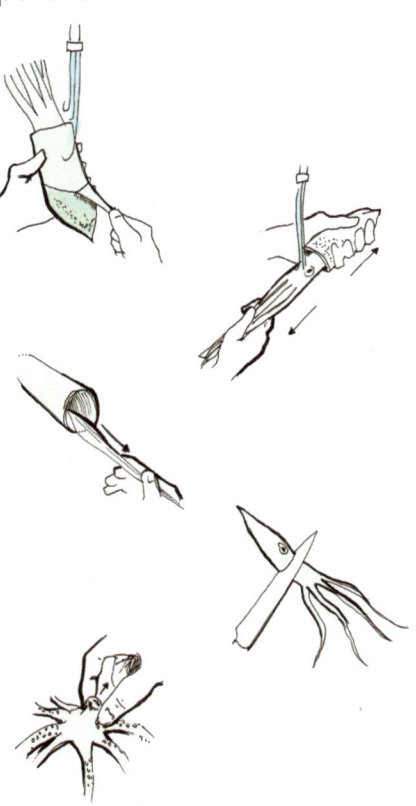

PREPARO

Pode ser grelhada, empanada ou frita; assada com ou sem recheio; escalfada*. O tempo de cozimento deve ser curtíssimo (2 minutos) ou por mais de 25 minutos, quando ela volta a se tornar macia.

Lula salteada

Rendimento: 8 PORÇÕES

Ingredientes

12 lulas cortadas em anéis
50 ml de azeite de oliva extravirgem
raspas de 1 limão
salsa picada
1 dente de alho picado
sal e pimenta-do-reino moída na hora

Preparo

Em uma frigideira aquecida, coloque o azeite e, em fogo alto, salteie (ver p. 37) as lulas com o alho por 1 a 2 minutos. Tempere com sal e pimenta, junte a salsa e as raspas de limão. Sirva em seguida.

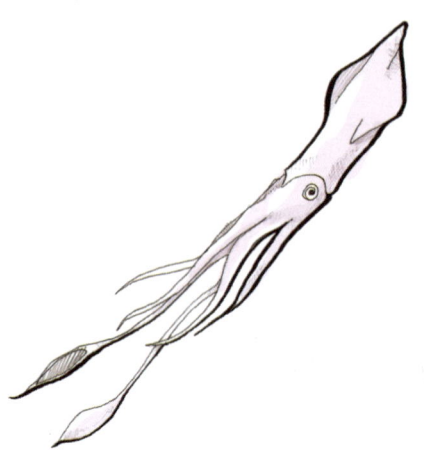

Calamares en su tinta

Rendimento: 6 PORÇÕES

Ingredientes

2 kg de lula
80 g de amêndoa picada
5 dentes de alho amassados
1 colher (sopa) de folhas de salsa crespa picadas
3 fatias de pão francês sem casca, adormecidos em água e espremidos
1 xícara de cebolinha (parte branca) picada
20 ml de azeite de oliva extravirgem
500 ml de vinho branco seco
300 ml de água
2 pacotinhos de tinta de lula
2 colheres (sopa) de cebolinha (parte verde) picada
sal e pimenta-do-reino moída na hora

Preparo

Limpe a lula (ver p. 173), reservando os saquinhos de tinta, e corte-a em anéis.

Em um pilão, amasse a amêndoa com o alho e a salsa.

Acrescente o pão e misture bem.

Amasse os saquinhos de tinta reservados e passe por uma peneira.

Em uma panela, doure a cebolinha (parte branca) no azeite e acrescente a pasta de pão.

Doure por 2 a 3 minutos e adicione a lula, o vinho, a água, a tinta reservada e os dois pacotinhos de tinta adicionais.

Tempere com sal e pimenta. Cozinhe por aproximadamente 30 minutos em fogo baixo ou até que estejam macias.

Retire do fogo e acrescente a cebolinha.

Caranguejo e Siri

Por ser extremamente perecível, deve ser comprado vivo e mantido assim até o momento do preparo. A alternativa é comprar apenas sua carne congelada. Para limpar, é importante que todas as suas partes tenham sido identificadas.

LIMPEZA

Com uma pinça de cozinha, pegue o caranguejo vivo, coloque-o em uma panela com água fervente e sal e cozinhe por 5 minutos. Escorra e lave-o em água corrente. Caso deseje utilizá-lo inteiro, retire os eventuais pelos da carapaça raspando com uma faca.

Se for usar apenas a carne, retire as patas e quebre-as para remover a carne com mais facilidade. Com uma faca, abra o corpo em duas partes, como se fosse uma concha. Ali, irá encontrar um pouco de carne e as vísceras do caranguejo; retire com uma colherinha a carne branca e junte à que foi retirada das patas; despreze as vísceras.

PREPARO

Pode ser cozido e servido inteiro, ou pode-se retirar a carne cozida e utilizá-la em uma receita de recheio, sopa, suflê ou salada, por exemplo. Nesse caso, pode-se usá-la diretamente ou ainda saltear a carne com temperos para agregar sabor à receita.

Siri

Salada de caranguejo ao estragão

Rendimento: 6 PORÇÕES

Ingredientes

400 g de carne de caranguejo
1 talo de salsão (parte verde mais clara)
  em *brunoise* (ver p. 41)
1 colher (sopa) de *ciboulette* picada fina
½ colher (chá) de estragão seco
suco de ½ limão
40 g de maionese (ver p. 230)
30 g de creme azedo (ver na p. 231)
½ colher (chá) de mostarda de Dijon
sal e pimenta-do-reino preta moída na hora
folhas de alface e fatias de pão grelhado
  para acompanhar

Preparo

Em uma tigela média, misture delicadamente a carne de caranguejo, o salsão, a *ciboulette* e o estragão.

À parte, misture o limão com sal e pimenta, e em seguida junte a maionese, o creme azedo e a mostarda de Dijon.

Regue a mistura de caranguejo com um pouco desse molho, só até que a carne esteja temperada, e reserve o restante para temperar as folhas de alface. Sirva em seguida com folhas de alface temperadas com o molho reservado e fatias de pão grelhado ou reserve em geladeira.

Por ser extremamente perecível, deve ser comprado vivo e mantido assim até o momento do preparo. Também se pode encontrar sua carne congelada.

LIMPEZA

Com uma pinça, pegue o siri vivo e coloque-o em uma panela com água fervente e sal. Cozinhe até que a carcaça mude de cor (de azul para vermelho). Escorra e lave-o sob água corrente. Separe as pinças maiores e quebre-as ligeiramente com um martelo. Retire a carne puxando-a com cuidado. Puxando firmemente, arranque a carcaça e retire as vísceras sob água corrente. Quebre o siri e retire a carne.

PREPARO

Assim como o caranguejo, sua carne é muito usada para o preparo de recheios (como na casquinha de siri), sopas, saladas e suflês. A carne é empregada diretamente em uma receita ou salteada com temperos.

OBS.: Ao comprar a carne de siri congelada, antes de empregar, sinta com os dedos se não há pedaços de casca misturados à carne.

Gratinado de siri

Rendimento: 6 PORÇÕES

Ingredientes

70 g de manteiga sem sal
1 cebola picada fino
30 g de farinha de trigo
500 ml de leite
4 ovos
2 colheres (chá) de mostarda
30 ml de vinho branco seco
1 kg de carne de siri descongelada
½ xícara de folhas de salsa picadas
½ xícara de farinha de rosca
2 claras
50 g de queijo parmesão ralado
páprica picante
noz-moscada ralada na hora
Tabasco ou outro molho de pimenta
sal e pimenta-do-reino moída na hora
manteiga sem sal para untar

Preparo

Em uma panela, derreta 30 g de manteiga, junte a cebola e sue*.

Acrescente a farinha e adicione aos poucos o leite frio, mexendo sempre, até formar um creme liso.

Junte as gemas, uma pitada de páprica, uma pitada de noz-moscada, a mostarda, o vinho branco e a carne de siri.

Mexa bem em fogo baixo, tempere com sal, pimenta-do-reino e algumas gotas de Tabasco, junte a salsa e reserve.

Preaqueça o forno a 180°C. Forre uma assadeira pequena com papel-alumínio muito bem untado com manteiga e polvilhe com parte da farinha de rosca.

Bata as claras em neve, junte delicadamente à mistura de siri e passe para a assadeira.

Misture o queijo parmesão com a farinha de rosca restante e polvilhe sobre a mistura.

Divida a manteiga restante em pedacinhos e espalhe sobre a mistura.

Asse até que esteja corado e quando enfiar um palito, este saia limpo.

Esta mesma receita pode ser usada para fazer casquinha de siri.

Lagosta, lagostim e cavaquinha

O ideal é comprá-los vivos. Devem ser mantidos refrigerados, em caixas com gelo, por no máximo 1 dia. Pode-se comprar também esses crustáceos congelados, normalmente só as caudas. Nesse caso, lembre-se de que o processo ideal de descongelamento é em geladeira, por 24 horas. No caso de lagostas e cavaquinhas, compre animais de tamanho médio (entre 500 g e 1 kg), cuja carne é mais macia e de sabor mais delicado.

Lagosta

Lagostim

Cavaquinha

LIMPEZA

Para limpar lagostas, cavaquinhas e lagostins, retire os intestinos. Se for usar a cauda separada da cabeça, segure a cabeça e puxe firmemente a cauda para fora. Com uma tesoura, corte a parte de baixo da cauda pelas laterais. Retire a carne puxando de uma vez só. Na maior parte das vezes, o intestino se mantém preso à carapaça.

Caso isso não ocorra, tente puxá-lo ou faça um corte para retirá-lo. Para utilizar as cabeças em caldos, lave bem a parte interna em água corrente e, com um martelo de cozinha, quebre-as em pedaços menores. Para utilizar a lagosta inteira, convém cortá-la ao meio pelas costas, no sentido longitudinal, com uma faca pesada de chef.

PREPARO

Podem ser cozidos ou grelhados com a casca, servidos com manteiga clarificada ou composta, ou usados em risotos, sopas, massas e saladas ou salteados com temperos.

Salada morna de lagosta grelhada, com tomate confit e vagem holandesa

Rendimento: 8 PORÇÕES

Ingredientes

Confit de tomate

1 kg de tomate italiano maduro, de tamanho médio

5 g de sal

10 g de açúcar

páprica picante

azeite de oliva extravirgem

Lagosta

2 a 3 litros de fundo de peixe ou crustáceo (ver p. 46)

2 litros de água

3 limões-sicilianos cortados ao meio

3 lagostas de 350 g a 450 g cada

75 ml de azeite de oliva extravirgem

400 g de vagem holandesa branqueada* em água com sal

15 g de *échalote** ou cebola-roxa em *brunoise* (ver p. 41)

10 g de *ciboulette* picada fino

azeite de oliva trufado (opcional)

 sal e pimenta-do-reino preta moída na hora

Preparo

Confit de tomate

Preaqueça o forno a 160°C.

Corte o tomate ao meio, retire a ponta que o prendia ao talo e parte das sementes.

Disponha-o em uma assadeira ligeiramente untada com azeite e polvilhe o sal, o açúcar e uma pitada de páprica picante.

Regue com um fio de azeite e asse por no mínimo 1 hora ou até que esteja semi-desidratado.

Lagosta

Em um caldeirão, em fogo médio, misture o fundo de crustáceos, a água e 2 limões.

Quando começar a ferver, junte as lagostas com um palito de churrasco atravessado ao longo do corpo para que não entortem tanto ao cozinhar.

Cozinhe por apenas 4 minutos. Retire do fogo e deixe esfriar. Aqueça uma grelha ou chapa.

Com uma faca de chef afiada, corte a lagosta ao meio no sentido do comprimento.

Tempere com 3 colheres de sopa de azeite, sal e pimenta.

Com a parte da carne para baixo, doure as metades das lagostas por 3 a 4 minutos.

Vire e deixe aquecer por 2 a 3 minutos do lado da casca.

Em uma *sauteuse* (ver p. 26) grande, em fogo médio, coloque o azeite restante, junte a vagem e tempere com sal e pimenta.

Acrescente a *échalote*, salteie (ver p. 37) até que esteja ligeiramente dourada. Junte o tomate.

Prove o tempero e reserve.

Quando amornar, adicione o suco de ½ limão (ou mais, se desejar).

Arrume em um prato a guarnição de vagem e tomate, tempere com gotas do azeite trufado, se desejar, e a *ciboulette*.

Corte a lagosta em rodelas de 1 cm e distribua por cima.

Pode ser servida morna ou em temperatura ambiente.

Camarão

É comercialmente classificado por tamanho ou por unidades/kg, por exemplo: 8/10 significa 8 a 10 camarões em 1 kg, ou seja, são camarões grandes. Os mais comuns no Brasil são os camarões rosa e cinza. Deve ter cheiro suave, sem nenhum traço de amoníaco (odor comum quando o produto não está fresco). A cabeça deve estar bem presa ao corpo.

Para armazenar, por no máximo 24 horas, coloque em recipiente fechado sobre cama de gelo.

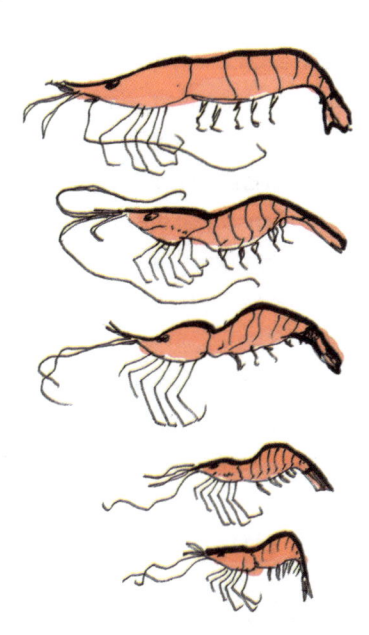

LIMPEZA

Deve-se retirar a casca e depois o cordão escuro que corre ao longo das costas do camarão, antes ou depois da cocção. Caso se queira manter a casca, o cordão escuro pode ser retirado com um palito ou agulha de crochê. Outra solução possível é fazer uma incisão superficial com uma faca afiada diretamente na casca, apenas o suficiente para retirar o cordão.

PREPARO

Pode ser cozido (em água ou em um molho), salteado, grelhado (com ou sem a casca) ou feito "no bafo" (cozidos em seu próprio vapor, em panela tampada). O tempo de cozimento é muito curto, entre 1 e 4 minutos, dependendo do tamanho do camarão. Caso se deseje um sabor mais acentuado, as cascas e a cabeça podem ser usadas para fazer um caldo ou como parte do molho de uma receita.

Camarão em seu jus

Rendimento: 6 PORÇÕES

Ingredientes

36 camarões médios limpos
  (reservando a casca e a cabeça)
120 ml de azeite de oliva extravirgem
200 g de cebola em *brunoise* (ver p. 41)
1 pimentão vermelho, sem semente, em *brunoise*
1 rodela de pimenta dedo-de-moça sem semente
½ maço de cebolinha em fatias finas
200 ml de vinho branco seco
1,2 litro de água
4 dentes de alho em *brunoise*
1 alho-poró em *brunoise*
400 ml de creme de leite fresco
sal e pimenta-do-reino moída na hora

Preparo

Lave bem e seque as cascas e cabeças de camarão.

Em uma frigideira de inox, aqueça 45 ml de azeite e frite as cascas e cabeças de camarão, até que estejam bem douradas. Junte a cebola, o pimentão, a pimenta dedo-de-moça e

metade da cebolinha e sue*. Deglaceie* com o vinho branco e deixe secar. Adicione a água e cozinhe por aproximadamente 20 minutos em fogo baixo.

Coe e reserve esse caldo. Em outra frigideira, aqueça o azeite restante com o alho e salteie (ver p. 37) os camarões limpos. Retire os camarões e, na mesma frigideira, coloque o alho-poró e a cebolinha restante. Cozinhe por alguns minutos (apenas até amolecerem).

Deglaceie* a frigideira com o caldo preparado anteriormente e reduza à metade. Adicione o creme de leite fresco e tempere com sal e pimenta.

Aqueça os camarões nesse molho para servir.

Camarão grelhado com casca

Rendimento: 6 PORÇÕES

Ingredientes
24 camarões inteiros grandes (12/14)
azeite de oliva extravirgem
sal e pimenta-do-reino moída na hora

Preparo
Faça um corte no dorso de cada camarão, da cabeça à cauda, sem retirar a casca, e retire a veia. Lave-os bem e seque com papel-toalha.

Chapeie os camarões até que fiquem bem vermelhos e cozidos. Sirva com uma manteiga composta (pag. 71) adicionada sobre os camarões assim que saírem da grelha.

Mexilhão e vôngole

Quando forem comprados frescos, as conchas devem estar bem fechadas ou, caso estejam ligeiramente abertas, devem fechar-se de imediato ao serem tocadas, mostrando que estão vivas e próprias para o consumo. Devem ser conservados refrigerados na própria embalagem e consumidos em até 12 horas.

LIMPEZA

Deve-se esfregar as conchas com uma escova sob água corrente antes de abri-las com a ponta de uma faca e retirar as barbas, caso haja. Se a concha estiver especialmente pesada ou leve, deve ser verificada, pois ocasionalmente podem-se encontrar conchas vazias ou cheias de barro ou areia. Outra maneira de abrir as conchas é cozinhá-los em pouca água, no vapor ou diretamente no molho com o qual serão servidos.

Eles se abrem sob efeito do calor. Descarte os que não se abrirem com o cozimento, pois significa que não estão frescos.

PREPARO

Podem ser usados cozidos, como explicado acima, para que se abram sozinhos, ou ainda cozidos "no bafo" (em panela tampada, com o vapor do próprio líquido) ou também com vinho e temperos aromáticos.

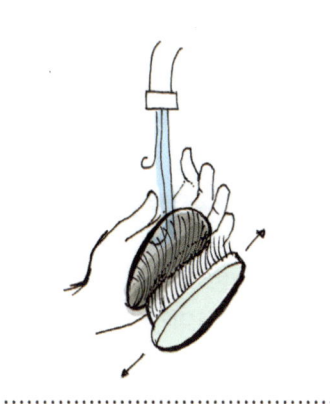

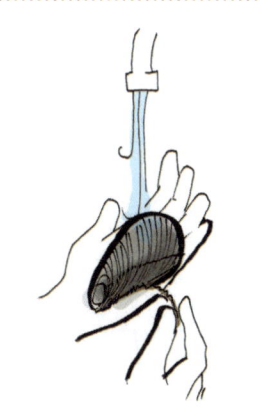

Moules marinières

Rendimento: 4 PORÇÕES

Ingredientes

40 mexilhões

100 g de manteiga sem sal gelada

1 cebola em *brunoise* (ver p. 41)

1 colher (sopa) de folhas de salsa picadas

200 ml de vinho branco seco

suco de 1 limão

sal e pimenta-do-reino moída na hora

pão francês em fatias ou batata frita para acompanhar

Preparo

Limpe os mexilhões (ver p. 182).

Coloque-os em uma panela com metade da manteiga, a cebola, a salsa, o vinho e o suco de limão.

Tampe e cozinhe por alguns minutos, mexendo ocasionalmente, até que se abram.

Retire os mexilhões e reserve em local aquecido.

Coe o molho e leve para reduzir*. Finalize (*monter au beurre**) o molho encorpando-o com a manteiga restante e tempere com sal e pimenta.

Sirva o molho com os mexilhões (se desejar, retire meia casca e regue cada um com esse molho). Acompanhe de batatas fritas ou pão rústico.

Ostra

Ouriço

Deve estar com a concha bem fechada. A carne tem que estar firme, úmida e bem brilhante. Deve permanecer viva até o momento do preparo, conservada em gelo ou refrigerada e consumida em até 12 horas.

Se for comprado inteiro, deve ter os espinhos firmes. Deve ser armazenado em geladeira e consumido em até 12 horas.

LIMPEZA

Usando luvas para proteger as mãos, segure o ouriço e corte o topo da concha com uma tesoura. Se não for servi-lo dentro da própria concha, retire a carne com uma colher.

LIMPEZA

As conchas devem ser bem escovadas e então abertas com a ponta de uma faca de lâmina dura e curta ou com uma faca para ostras. Tenha o cuidado de não deixar que a água escorra.

PREPARO

Crua com gotas de limão e pimenta ou em pratos quentes como, por exemplo, ostras empanadas e fritas ou gratinadas. Por ter sabor intenso, não é indicada para preparos muito elaborados.

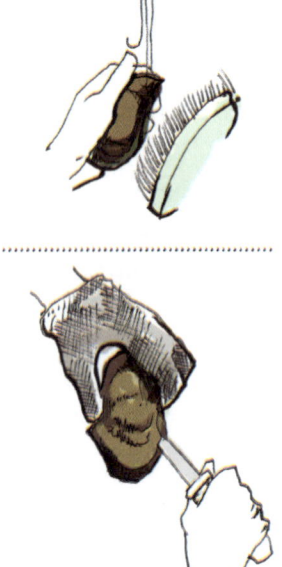

Vieira

Deve estar com as conchas bem fechadas. A carne é clara, transparente e tem odor suave e adocicado. Se estiver com a casca, deve ser armazenada na embalagem em que for comprada.

Para armazenar a vieira sem casca, por no máximo 24 horas, coloque em recipiente fechado, sobre cama de gelo.

LIMPEZA

Escove as conchas com delicadeza e abra com a ponta de uma faca.

PREPARO

Pode ser servida crua, cozida, grelhada ou feita no vapor. De qualquer forma, deve ser cozida muito rapidamente, o suficiente para que fique quente e firme ao toque.

Vieira à la nage thai

Rendimento: 6 PORÇÕES

Ingredientes

45 ml de óleo
4 fatias de gengibre
1 cebola-roxa pequena em fatias
1 pimenta dedo-de-moça, sem semente, em fatias
1 talo de capim-limão (parte branca), em fatias grossas diagonais
1 xícara de shitake em fatias
60 ml de *nam pla* (molho de peixe)
900 ml de fundo claro de ave (ver p. 44)
suco de 1 limão
¼ de xícara de folhas grandes de manjericão
¼ de xícara de cebolinha picada
36 vieiras grandes
sal e pimenta-do-reino branca moída na hora

Preparo

Em uma *wok* (ver p. 26) ou frigideira, aqueça o óleo e salteie (ver p. 37) o gengibre, a cebola, a pimenta e o capim-limão até ficarem macios, ou seja, por mais ou menos 5 minutos.

Junte o shitake e salteie por 3 minutos.

Tempere e deglaceie* com o molho de peixe.

Reduza* à metade, junte o fundo de ave e deixe evaporar mais um pouco.

Acrescente o suco de limão e tempere com sal.

Acrescente algumas folhas de manjericão e a cebolinha.

As vieiras podem ser douradas na chapa, temperadas apenas com sal e pimenta, e adicionadas ao caldo na última hora, ou escalfadas (ver p. 37) em um pouco de *nage** à parte e adicionadas ao prato final (a *nage* com todos os legumes e temperos).

Decore com as folhas de manjericão restantes.

9. Aves

Quando se fala em ave, pensa-se logo em frango; no entanto, a variedade de aves disponível é muito grande. Codorna, perdiz, pato e galinha-d'angola são facilmente encontrados. O aumento da demanda incentivou os produtores a criarem essas aves originariamente selvagens. Como cada ave tem sua particularidade, é importante descobrir o sabor e a textura de cada uma delas.

Aves são todos os animais de pena usados na cozinha. Os mais usados na gastronomia são frango, galinha, peru, galinha-d'angola, pato, marreco, codorna, perdiz, faisão e avestruz. Podem ser encontrados resfriados (abatidos, resfriados e vendidos para consumir em, no máximo, 5 dias) ou congelados (submetidos à ação do frio até alcançar a temperatura interna de -18°C).

A limpeza das várias espécies de ave é muito semelhante, diferenciando-se basicamente pelo tamanho. Portanto, tendo aprendido a limpar, trinchar* e desossar um frango, com algum treino e cuidado você será capaz de fazer isso com qualquer outra ave.

Frango

É a mais comum das aves utilizadas na culinária. Contudo, o que chamamos genericamente de frango pode ser classificado em cinco categorias, conforme o tamanho e a idade do animal.

FRANGO DE LEITE OU GALETO

Ave de até 3 meses de idade, pesando entre 400 g e 800 g. Tem carne macia, com cartilagens e ossos moles, pouca gordura e sabor suave; cozinha com bastante rapidez. As melhores formas de prepará-lo são grelhar, fritar ou assar.

FRANGO COMUM

Geralmente animais machos, entre 3 e 7 meses, pesando entre 1 kg e 1,5 kg. Possui carne mais suculenta, cartilagens firmes e ossos mais resistentes. Presta-se a praticamente todos os modos de preparo. As fêmeas normalmente são destinadas à postura de ovos e só costumam ser abatidas em idade adulta.

GALINHA OU GALO

Aves adultas com mais de 7 meses, pesando de 1,5 kg a 4 kg. Podem ser preparadas de diversas maneiras. A carne é bem saborosa, variando de acordo com a raça e o tipo de alimentação. O galo tem a carne mais firme e menos gordurosa do que a da galinha e precisa de mais tempo de cozimento. Carne adequada para guisados e sopas.

CUIDADOS A SEREM TOMADOS

• Seja comprando a ave no mercado ou encomendando a produtores para entrega em domicílio, verifique a procedência do animal no momento da compra e recebimento (só compre aves criadas em avícolas certificadas e confira a temperatura do produto no momento da entrega);

• Dê preferência ao frango criado sem o uso de antibióticos e alimentado com ração orgânica, se disponível;

• Armazene sob refrigeração ou congele imediatamente após a compra ou o recebimento;

• Retire da geladeira apenas no momento de iniciar a manipulação e apenas a porção a ser usada;

• Tome medidas para impedir a contaminação cruzada: assegure-se da limpeza de todos os utensílios e superfícies utilizados para a manipulação de aves (facas, tábuas, bancadas etc.), não coloque aves cruas sobre alimentos já prontos ou que não serão cozidos (saladas, por exemplo), e higienize muito bem as mãos imediatamente após a manipulação de aves cruas.

FRANGO CAIPIRA

É o frango criado solto, com alimentação natural ou mista, muito saboroso e com forte apelo mercadológico. Sua carne, no entanto, é mais rija; e a pele, além de mais corada, não desmancha no cozimento, prestando-se mais a ensopados, guisados, assados no forno ou espeto.

FRANGO CAPÃO

O costume de capar frango data da Grécia Antiga e é ainda hoje muito difundido no Nordeste brasileiro. A ave castrada é saborosa e possui uma camada de gordura que derrete durante o cozimento. É melhor para assados.

COMPRA

Assegure-se de que o produto tenha:

- cheiro suave;
- pele macia e seca (se estiver úmida, é sinal de que o animal já esteve congelado);
- pele de cor clara, entre o amarelo e o branco, sem manchas escuras;
- carne com consistência elástica, nem dura nem mole demais, deve ceder ao toque e voltar à forma quando interrompida a pressão;
- bico e pés flexíveis quando apertados, assim como o osso do peito.

CORTES

PEITO

Carne branca e macia, muito boa para grelhar, fritar e saltear.

SUPREME

Corte do peito que conserva a coxa da asa limpa.

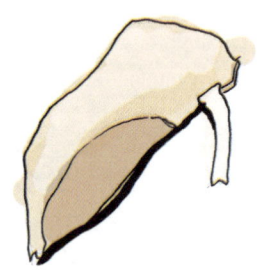

SOBRECOXA

Carne mais escura e muito saborosa. Pode ser assada, grelhada (depois de desossada), guisada ou frita.

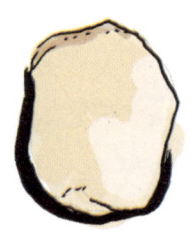

COXA

Carne muito saborosa. Pode ser guisada, grelhada, frita ou assada.

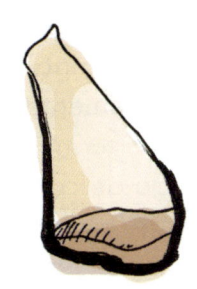

ASA

Composta de uma pequena coxa e da asa. É muito macia, boa para assar, fritar e grelhar.

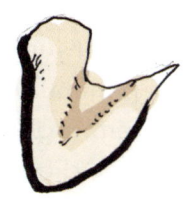

PESCOÇO

Parte saborosa, usada em sopas, fundos e caldos.

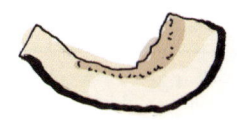

MIÚDOS

O fígado, o coração e a moela são ótimos para salteados, recheios e farofa. O pé serve para fazer caldos ou sopas.

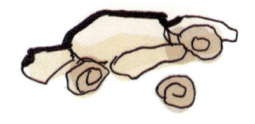

ASSADO

Frango de leite assado com limão-siciliano, pimenta vermelha e ervas

Rendimento: 6 PORÇÕES

Ingredientes

20 g de manteiga sem sal

20 ml de azeite de oliva extravirgem

1 colher (chá) de folhas de salsa picadas

1 colher (chá) de folhas de alecrim

1 colher (chá) de folhas de tomilho

raspas e suco de 2 limões-sicilianos

1 pimenta dedo-de-moça, sem semente, picada

2 frangos de leite (no máximo 1 kg cada), limpos, lavados e secos

250 ml de fundo claro de ave (ver p. 44)

sal e pimenta-do-reino moída na hora

Preparo

Preaqueça o forno a 180°C.

Faça uma pasta com a manteiga, o azeite, as ervas, as raspas de limão, um pouco do suco, a pimenta dedo-de-moça, sal e pimenta. Esfregue essa pasta muito bem no exterior e interior dos frangos, inclusive por baixo da pele (descolando-a da carne com cuidado para que não rasgue). Amarre as extremidades das coxas. Coloque em uma assadeira e regue com o restante do suco.

Asse em forno preaquecido a 220°C por 15 minutos ou até dourar. Abaixe o forno para 180°C, cubra com papel-alumínio e asse por mais 50 minutos.

Regue ocasionalmente com o fundo de ave.

Retire a ave do forno e sirva inteira ou trinchada*.

Coe o molho da assadeira e sirva à parte.

GUISADO

Fricassée de frango

Rendimento: 6 PORÇÕES

Ingredientes

1 frango

60 ml de manteiga clarificada*

230 g de cebola em cubos médios

2 dentes de alho picados

30 g de farinha de trigo

120 ml de vinho branco seco

800 ml de fundo claro de ave (ver p. 44)

1 folha de louro

1 colher (chá) de folhas de tomilho

120 ml de creme de leite fresco

200 g de cenoura em fatias

1 alho-poró (parte branca) fatiado, branqueado*

sal e pimenta-do-reino moída na hora

Preparo

Trinche* o frango mantendo a pele. Tempere com sal e pimenta. Aqueça a manteiga e salteie (ver p. 37) o frango, dourando levemente. Tire-o da panela e reserve. Na mesma panela, sue* a cebola e o alho. Junte a farinha e cozinhe, fazendo um *roux* branco (ver p. 49).

Deglaceie* com o vinho branco, acrescente o fundo, o louro e o tomilho.

Ferva, e retorne o frango à panela. Abaixe o fogo e cozinhe lentamente por cerca de 30 minutos. Espete a parte mais espessa da ave com um garfo longo de cozinha. Se um líquido rosado abundante escorrer, ainda não está completamente cozido. Teste novamente depois de alguns minutos. Estará cozido e pronto para o consumo quando, espetado, sair um pouco de líquido transparente. Se medido com termômetro a temperatura deve ser de pelo menos 75°C.

Para finalizar, tire o frango, com o molho, retire o excesso de gordura que ficou na superfície e volte à panela. Adicione o creme de leite e cozinhe em fogo lento até ficar ligeiramente espesso. Adicione a cenoura e o alho-poró e acerte o tempero.

Retorne o frango à panela para aquecer antes de servir.

FRITO POR IMERSÃO

Frango à Kiev

Rendimento: 6 PORÇÕES

Ingredientes
Manteiga composta

1 dente de alho

100 g de manteiga sem sal

1 colher (sopa) de folhas de salsa picadas

1 colher (chá) de folhas de tomilho picadas

sal

Frango

900 g de filé de frango

3 ovos

60 ml de leite

2 l de óleo

sal e pimenta-do-reino branca moída

farinha de trigo e farinha de rosca para empanar

Preparo
Manteiga composta

Amasse o alho com um pouco de sal, junte a manteiga e as ervas, enrole em plástico filme, formando um cilindro, e leve à geladeira até ficar bem firme.

Frango

Na parte alta do peito, faça uma incisão profunda sem romper o filé, criando uma bolsa onde será inserida a manteiga. Tempere com sal e pimenta, coloque uma porção de manteiga composta gelada na bolsa de cada filé e feche muito bem, apertando.

Misture os ovos com o leite. Empane* os filés com a farinha de trigo, a mistura de ovo e leite e a farinha de rosca.

Aqueça o óleo e frite por imersão (ver p. 36) até dourar.

Retire o frango da fritura e leve ao forno preaquecido por cerca de 20 minutos para finalizar o cozimento.

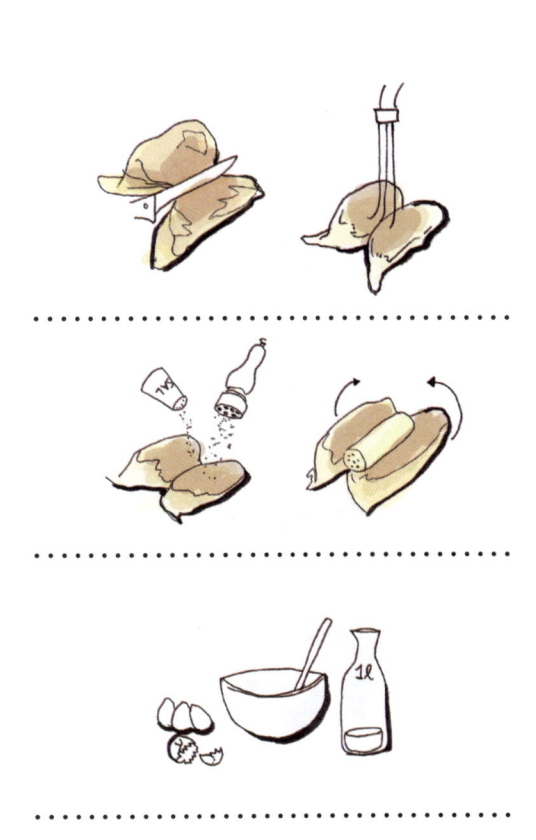

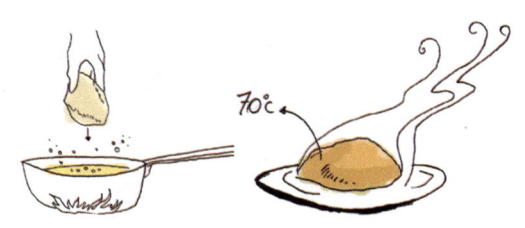

Outras aves

Patos e outras aves encontrados no comércio brasileiro são sempre advindos de criação em cativeiro. Essas são espécies trazidas de fora e aclimatadas aqui. Há também uma pequena atividade de caça a algumas dessas aves em nosso território. Os animais mais populares para caça por aqui são os nativos, como a pomba-rola.

PATO

Escura e de sabor mais intenso que a do frango, a carne de pato pode apresentar diferentes sabores e texturas, de acordo com a raça, alimentação e preparo. Pode ser assado, braseado, guisado, ensopado, confitado* (o *confit de canard*). Seu peito (*magret*) pode ser grelhado como um *steak*. Um importante subproduto do pato é o fígado gordo (*foie gras*), obtido através da engorda forçada do animal. Apesar de ser considerado uma iguaria, o *foie gras* é um produto controverso por causa dos supostos maus tratos ao animal durante o processo de engorda, e tem a sua produção e venda proibida em alguns países.

PERDIZ

Ave de plumagem cinza com pontinhos pretos, a perdiz tem a carne escura e tenra (especialmente a dos animais novos). A carne da fêmea é mais suculenta e macia que a do macho, chamado perdigão. Pode ser guisada, braseada ou assada.

POMBO

O pombo selvagem tem uso na culinária semelhante ao da perdiz. É uma espécie específica, caçada em determinadas regiões (pombos de igreja não servem). Esse animal ainda não é criado no Brasil. Pode ser guisado ou braseado.

FAISÃO

Uma das mais carnudas aves de caça, pode ser assada ou braseada. Quando criada em cativeiro, tem sabor menos pronunciado que o do faisão selvagem.

A carne da fêmea do faisão é inferior em qualidade. O faisão é um animal que não se adaptou bem à criação no Brasil e sua carne é seca e de qualidade inferior.

CODORNA

Espécie da família das perdizes, mas um pouco menor. Pode ser guisada, braseada, assada ou salteada.

PERU

Originário das Américas, entre as aves comestíveis é uma das maiores. Tem carne delicada e de sabor suave. A carne do peito é muito apreciada. Seu peso varia de 4 kg a 16 kg. A carne da fêmea é mais saborosa que a do macho. A forma ideal de prepará-lo é assado.

PREPARO

Cada ave tem sabor e textura particulares, mas no preparo de todas elas há dois aspectos com que se deve tomar muito cuidado: o possível ressecamento do peito e a necessidade de temperar com antecedência. Por ser uma carne extremamente magra (à exceção da de pato), pode-se lançar mão de alguns recursos a fim de torná-la mais suculenta:

• assá-la com osso e pele, mesmo que estes sejam removidos depois;
• empanar* a carne para protegê-la;
• bardeá-la* com bacon para que a gordura deste lhe confira umidade;
• utilizar métodos de cozimento que envolvam líquido (braseado, guisado, ensopado).

A necessidade de temperar com antecedência se deve ao formato irregular e ao tamanho de certas aves (por exemplo, o peru). Há também aquelas cujo sabor da carne é muito suave.

Para resolver essa questão, pode-se:

• temperar as aves com ingredientes secos com antecedência proporcional ao tamanho da ave (quanto maior, mais tempo);
• marinar as aves com antecedência para agregar sabor.

ASSADO
Peru à brasileira renovado

Rendimento: 8 PORÇÕES

Ingredientes
Peru e a marinada

1 peru de 4 kg a 5 kg sem os miúdos

½ colher (chá) de sal

1 limão cortado ao meio

4 dentes de alho cortados ao meio

1 pimenta dedo-de-moça ou mais forte, sem semente, picada

1 cravo-da-índia

3 talos de salsão, sem as fibras duras, em cubinhos

400 g de cebola grosseiramente picada

1 alho-poró (parte branca) fatiado

500 ml de vinho branco

60 ml de vinagre balsâmico

Recheio

200 g de manteiga sem sal

400 g de cebola em *brunoise* (ver p. 41)

3 talos de salsão, sem as fibras duras, em cubinhos

1 pimenta dedo-de-moça ou mais forte, sem semente, picada

500 g de pão branco, sem casca, em cubos médios, secos no forno sem corar

3 colheres (sopa) de folhas de tomilho

2 colheres (sopa) de folhas de salsa picadas

30 g de coco seco em lascas

30 g de banana-passa em rodelas

30 g de abacaxi seco

50 g de castanha-do-pará

250 ml de água

sal

Molho

caldo da assadeira do peru

100 g de amora

100 g de jabuticaba

100 g de acerola

Preparo
Peru e a marinada

Esfregue o peru por dentro e por fora com sal e meio limão (com cuidado para não romper a pele), enxágue com água fria uma ou duas vezes e seque bem.

Deixe a ave de molho de um dia para o outro em uma marinada feita com todos os outros ingredientes. Vire o peru de vez em quando, deixando a parte do peito permanecer por mais tempo na marinada.

Recheio

No dia seguinte, derreta 150 g da manteiga em uma panela e nela salteie a cebola, o salsão e a pimenta. Quando tudo estiver quase dourado, junte o pão e o tomilho e tempere com sal. Retire do fogo e junte a salsa e as frutas secas. Escorra o peru da marinada e seque ligeiramente. Recheie a cavidade com metade do recheio e reserve a outra metade. Prenda bem a pele da ponta do peito com um palito (ou costure) e amarre as pontas das coxas com barbante para o recheio não escapar. Tempere o peru com sal e pincele generosamente com a manteiga restante.

Transfira o peru para uma assadeira grande e despeje a marinada, acrescida de 250 ml de água. Asse em forno preaquecido a 180°C por 1 hora ou até dourar bem. Depois desse tempo, regue bem com a marinada e cubra com papel-alumínio, deixando assar por mais

2 horas ou até que, espetadas com um garfo, as coxas liberem um líquido transparente (se o líquido for rosado, a ave ainda estará parcialmente crua). Como o líquido da assadeira secará durante o processo, vá acrescentando mais água aos poucos. Ao fim desse tempo, apague o forno, transfira a ave para outra assadeira e a mantenha no forno desligado.

Molho

Passe o caldo da assadeira por uma peneira e reserve ½ xícara para a farofa. Reduza* o restante à metade da quantidade original (ao longo do processo de redução, vá retirando com uma concha o excesso de gordura que vier à superfície). Junte as frutas (reservando algumas para a decoração), amasse bem com um garfo, tempere a gosto e reduza por mais 30 minutos em fogo baixo.

Passe por peneira novamente, forçando para que o sumo (e a cor) das frutas seja extraído ao máximo. Se estiver muito ralo, volte a ferver até engrossar um pouco.

Aqueça a farofa com o caldo reservado (é uma farofa úmida), fatie o peito e as coxas do peru (ou deixe para fazê-lo à mesa), arrume no centro de uma travessa, coloque o restante da farofa em volta e decore com as frutas reservadas. Sirva o molho à parte.

BRASEADO
Perdiz com molho escuro

Rendimento: 6 PORÇÕES

Ingredientes

3 perdizes limpas
250 g de cebola bem picada
2 dentes de alho pequenos picados
150 g de cenoura picada
2 talos de salsão bem picados
1 ramo de tomilho
1 folha de louro
¼ de colher (chá) de canela em pó
1 litro de vinho tinto
200 ml de azeite de oliva extravirgem
1,5 litro de fundo claro de ave (ver p. 44)
sal e pimenta-do-reino moída na hora
azeitona preta ou ameixa preta sem caroço para decorar

Preparo

Tempere as perdizes com a cebola, o alho, a cenoura, o salsão, o tomilho, o louro, a canela, sal e pimenta. Junte metade do vinho e deixe marinar por aproximadamente 4 horas.

Retire as aves da marinada e escorra bem os legumes em uma peneira.

Reserve o líquido da marinada.

Seque bem as perdizes e aqueça o azeite em panela grande, que comporte as aves inteiras.

Doure as aves de todos os lados, sem deixar queimar. Retire-as e reserve.

Na mesma panela, com a gordura que sobrou, doure os legumes.

Refogue até ficarem macios e leve a carne de volta à panela. Junte o vinho restante, o fundo e um pouco mais de sal.

Quando começar a ferver, reduza o fogo e cozinhe durante 1 hora e 30 minutos, tomando cuidado para o líquido não secar.

Retire as perdizes da panela e deixe amornar.

Bata o conteúdo da panela no liquidificador e peneire.

Leve o molho de volta à panela e deixe apurar e engrossar um pouco.

Corte as perdizes em 6 pedaços cada, removendo, se possível, um pouco dos ossos.

Leve os pedaços de volta ao molho e corrija o sal.

Sirva imediatamente, decorado com azeitona preta ou ameixa preta.

BRASEADO
Galinha-d'angola à l'ancienne

Rendimento: 8 PORÇÕES

Ingredientes

2 galinhas-d'angola cortadas em 4 pedaços cada

1 *bouquet garni* (ver p. 43)

225 g de cebola pérola sem pele

500 ml de vinho branco, tipo *Riesling*

175 g de manteiga sem sal gelada, em cubinhos, separada em porções de 15 g

350 g de bacon, em cubos, fervido em água e escorrido

700 g de cogumelo-de-paris

15 ml de óleo

120 g de farinha de trigo

1 colher (sopa) de folhas de salsa picadas

sal e pimenta-do-reino moída na hora

Preparo

Retire os excessos de gordura e pele dos pedaços de galinha e deixe marinar no vinho com *bouquet garni* e cebolas pérola por 12 horas.

Passado esse período, escorra, seque bem os pedaços de galinha e reserve as cebolas pérola e o vinho da marinada.

Em um *sautoir* (ver p. 26), derreta 15 g da manteiga e doure o bacon. Reserve.

Na mesma frigideira, adicione mais 15 g da manteiga e, em fogo alto, doure a cebola pérola e os cogumelos. Tempere com sal e pimenta. Reserve.

Em uma panela grande, aqueça o óleo e 15 g da manteiga. Salpique os pedaços de galinha com farinha de trigo e doure de todos os lados.

Junte o vinho da marinada e raspe bem o fundo da panela, para deglacear*.

Tempere com sal e pimenta, tampe e cozinhe durante 30 minutos.

Retire então as porções de peito, transfira para uma travessa, cubra com papel-alumínio e reserve.

Deixe as coxas e sobrecoxas cozinharem até ficarem macias, acrescentando água se necessário.

Separe os pedaços de galinha e finalize o molho reduzindo e montando com a manteiga.

Transfira os pedaços de galinha para uma travessa, cubra com o molho, salpique com salsa picada e sirva em seguida.

SALTEADO E ASSADO
Codorna assada ao Porto com cogumelos

Rendimento: 6 PORÇÕES

Ingredientes

6 codornas
1 ramo de tomilho
1 folha de louro
750 ml de vinho tinto
70 ml de óleo
70 g de manteiga sem sal
350 g de alho-poró (parte branca) em fatias
½ xícara de cebolinha (parte branca) picada
300 g de shitake em fatias
300 g de shimeji em fatias
200 ml de vinho do Porto
750 ml de fundo claro de ave (ver p. 44)
100 ml de vinagre balsâmico
sal e pimenta-do-reino moída na hora

Preparo

Lave as codornas e tempere com sal e pimenta, o tomilho, o louro e o vinho tinto.

Deixe marinar por 2 horas na geladeira, virando as codornas ocasionalmente.

Retire as codornas do tempero, seque-as com papel-toalha e coe o tempero, reservando o líquido.

Em uma panela de fundo largo, aqueça o óleo e a manteiga e salteie (ver p. 37) as codornas até que fiquem bem douradas.

Transfira para uma assadeira, cubra com papel-alumínio e leve ao forno preaquecido a 200°C por 20 minutos.

Na mesma panela, sue* o alho-poró e a cebolinha na gordura que restou (se necessário, acrescente um pouco mais).

Junte o shitake e o shimeji e salteie* até que o líquido liberado pelos cogumelos seque.

Acrescente o vinho do Porto, o fundo de frango e o líquido reservado da marinada.

Reduza* por 10 a 15 minutos e junte o vinagre balsâmico. Corrija o tempero.

Quando voltar a ferver, retire do fogo.

CONFITADO
Confit de pato

Rendimento: 8 PORÇÕES

Ingredientes

4 colheres (sopa) de sal grosso

6 dentes de alho amassados grosseiramente

8 ramos de tomilho

3 folhas de louro

6 coxas com sobrecoxas de pato

200 g de cebola em cubos

2 litros (aproximadamente) de gordura de pato
(ou uma mistura de gordura de pato e banha
de porco ou manteiga clarificada*)

pimenta-do-reino preta amassada na hora

Preparo

Coloque 1 ½ colher (sopa) do sal em uma tigela que possa acomodar os pedaços de pato em uma só camada. Espalhe metade do alho, o tomilho e o louro por cima do sal.

Coloque os pedaços do pato com a pele para cima e cubra com o sal, o alho e a cebola restantes e tempere com a pimenta-do-reino. Cubra com plástico filme e leve à geladeira por 2 dias. Preaqueça o forno a 100°C (bem baixo). Retire o excesso de sal e tempero do pato e descarte.

Coloque os pedaços em uma assadeira funda em uma só camada e despeje a gordura do pato (os pedaços devem ser cobertos pela gordura).

Cubra e leve ao forno por 3 a 4 horas ou até que a carne comece a se soltar dos ossos.

A gordura não pode ferver. Retire do forno e deixe esfriar.

Acomode as coxas de pato em recipientes de vidro ou plástico esterilizados e cubra com a gordura. Deixe esfriar completamente antes de colocar na geladeira.

O pato pode ser servido simplesmente esquentando-o novamente no forno ou em frigideira até ficar bem dourado ou usado para fazer risoto, molho para massa, salada (para estes fins, sem a pele e os ossos), ou em cozidos como o *cassoulet*.

O *confit** também pode ser feito em panela, no fogão, sempre com o fogo muito baixo, para que a gordura não ferva em nenhum momento.

Esta receita pode levar dois dias para ser concluída, mas uma vez pronta pode ser guardada na geladeira por algumas semanas.

CHAPEADO
Magret de pato ao molho de laranja

Rendimento: 6 PORÇÕES

Ingredientes
Marinada
300 ml de suco de laranja
45 ml de mel
45 ml de molho de soja
45 ml de vinagre de vinho tinto
3 colheres (chá) de gengibre picado

Magret
3 peitos de pato
(aproximadamente 200 g cada)
1,2 litro de fundo escuro de ave (ver p. 47)
1 colher (sopa) de *ciboulette*
sal e pimenta-do-reino preta moída na hora

Preparo
Marinada

Misture todos os ingredientes e marine os peitos durante 2 horas.

Magret

Escorra, passe por água corrente e seque muito bem os peitos de pato.

Coe e reserve a marinada. Com a ponta de uma faca, faça riscos sobre a gordura (pele), formando sulcos que não atinjam a carne.

Em uma frigideira, coloque os peitos com o lado da gordura para baixo, tempere com sal e pimenta e leve ao fogo, deixando dourar bem.

Vire e doure mais 5 minutos. Transfira os peitos para uma travessa, cubra com papel-alumínio e reserve em local aquecido.

Descarte a gordura, mas não lave a frigideira.

Deglaceie* a frigideira, com o caldo da marinada e o fundo, e reduza* até obter consistência de molho.

Corte os peitos em fatias, sirva com o molho e guarneça com *ciboulette*.

10. Carnes

Todas as partes dos animais que servem de alimento ao homem são chamadas de "carne" a partir do momento que são cortadas. Esse conceito abrange a carne de aves, mamíferos, caças e peixes. Neste capítulo, trataremos das carnes bovina, suína e ovina. Cada animal e seus cortes resultam em carnes de características diferentes, sejam mais ou menos gordas, duras ou macias, de sabor mais marcante ou mais suave. Não existe carne ruim, o que se deve considerar é o tipo de carne e corte mais apropriados para o preparo que se deseja fazer ou escolher o preparo mais adequado para a peça que se tem.

Cientificamente, denomina-se carne o conjunto de tecidos de coloração e consistência específica – os que não são cartilagem ou couro – que recobre o esqueleto dos animais.

Os órgãos internos, denominados miúdos, também usados na alimentação, são igualmente considerados carne.

COMPOSIÇÃO E VALOR NUTRITIVO

A carne é composta, principalmente, de proteína (de 10% a 20%) e gordura (de 5% a 30%), além de substâncias minerais, vitaminas, enzimas, água e carboidrato.

ESTRUTURA

O conhecimento da estrutura da carne é importante para entendermos porque cozinhamos cada corte de maneira diferente.

OSSOS E CARTILAGEM

Os ossos de animais adultos são mais duros, quebradiços e brancos, já os de animais novos são menos quebradiços e apresentam um tom róseo.

A cartilagem é uma variedade de tecido conjuntivo, de cor cinzenta ou branca, que forra as extremidades dos ossos e também certas partes do esqueleto do animal. A cartilagem é flexível e macia em animais novos e mais dura em animais adultos.

É dos ossos, da cartilagem, dos tendões, do tecido conjuntivo e da pele que se extrai o colágeno, gelatina natural que dará mais corpo às preparações. A liberação do colágeno ocorre apenas quando há aquecimento de algumas dessas partes.

Dentro dos ossos, encontramos o tutano – substância macia, nutritiva e de cor rosada, apreciada como iguaria. Um bom exemplo de uso do tutano na cozinha é o ossobuco (corte da canela de boi ou vitela que contém carne, osso e tutano).

COR

Há variações na intensidade da cor, decorrentes da raça, idade, sexo, alimentação, nível de exercício (ou movimentação) a que o animal normalmente é submetido ou pela combinação de todos esses fatores.

O animal de pasto tem carne mais escura que a daquele cuja ração inclui milho e outros cereais.

A carne de animais novos é mais clara que a de animais velhos; assim, a carne de vitela é mais clara que a de boi.

A TEXTURA DA CARNE

Varia de acordo com:

• **O corte**: sua localização no animal é fator determinante na maciez da carne. Os músculos do pescoço, pernas e quarto dianteiro são as partes mais exercitadas do animal, portanto, produzem carnes menos tenras e geralmente têm sabor mais pronunciado que os cortes macios.

• **O animal**: bovinos, suínos e caprinos apresentam diferenças significativas quanto à textura.

• **A raça**: diferentes raças vão também definir características particulares dos animais, tanto na textura, como na maciez e sabor.

• **A idade**: animais mais novos têm carne de textura mais delicada que animais mais velhos.

• **A alimentação**: a maneira como o animal é alimentado também influi na maciez, textura e sabor da carne. Alimentos calóricos como grãos resultam em uma carne mais marmorizada; por outro lado, o animal alimentado no pasto resulta em uma carne com sabores mais complexos. No caso dos bovinos, é o pasto que dá o seu sabor característico.

• **O local**: animais confinados apresentam carne mais macia, animais que se exercitam com frequência têm carne mais dura. Por isso, a carne de animais criados em planícies é mais macia que a de outros, criados em terrenos acidentados. Por outro lado, músculos que realizam movimentos contínuos tem carne mais saborosa, uma vez que são mais irrigados.

• **A quantidade de tecido conjuntivo**: envolve os músculos e forma os tendões e ligamentos, e pode ser branco ou amarelo.

O **branco** compõe-se principalmente da proteína colágeno, que, embora seja rígida quando está crua, se transforma em gelatina quando cozida em calor úmido, tornando-se macia.

O **amarelo** é formado em grande parte de elastina, que não é amaciada pela cocção e, quando em grande quantidade, deve ser removida antes do cozimento.

No macho, o tecido muscular é mais abundante que o adiposo, por essa razão a carne fica mais rígida, mas a remoção dos testículos do animal novo, processo conhecido como castração, aumenta a produção de tecido gorduroso, o que faz a carne ficar mais macia e saborosa. O exercício desenvolve o tecido conjuntivo, tornando mais duros os músculos de locomoção.

• **A quantidade de gordura**: a gordura encontrada na carne está geralmente localizada entre as células do tecido conjuntivo. Os principais depósitos estão situados ao redor dos órgãos internos, entre os músculos e em volta destes, diretamente sob a pele.

Em animais bem nutridos de certas raças criadas especialmente para corte, parte da gordura se distribui em partículas minúsculas pelas fibras da carne, dando um aspecto marmorizado.

A gordura melhora o sabor, a suculência e a maciez da carne cozida, reduz o tempo de cocção e diminui as perdas de sucos por evaporação.

Todo alimento solúvel em gordura (lipossolúvel) vai se armazenar na gordura como informação de sabor, provendo diferentes aromas quando a carne é aquecida. Os modernos métodos de produção de animais de corte combinam pasto com grãos durante o período de confinamento, tirando o melhor de cada um deles, resultando em uma carne muito mais saborosa e apta a agradar diferentes perfis de público.

A cor, a quantidade e o ponto de fusão da gordura variam de acordo com o tipo, raça e alimentação do animal. Por exemplo: a gordura de porco é mais mole e mais branca que a de boi. Os porcos engordados com soja têm a gordura menos sólida que a daqueles alimentados com milho.

• **A maturação:** processo que altera não apenas a textura, como também o sabor da carne.

As carnes são conservadas por algum tempo em temperatura baixa e com pouca umidade. Essa condição impede a proliferação de bactérias, enquanto as enzimas atuam normalmente.

A ação das enzimas modifica parte do colágeno, transformando-o em gelatina, tornando a carne mais macia, sem necessidade de calor.

Todas as carnes de frigorífico passam por esse processo antes de chegar ao consumidor final. A maturação também pode ser feita a vácuo.

A carne fresca, também chamada de verde, é aquela consumida logo após o abate, portanto sem o processo de maturação. É dificilmente encontrada para venda.

Carne bovina

ESCOLHA

Comece pela cor da carne, que deve estar sempre muito vermelha, com veios de gordura brancos ou ligeiramente amarelados. Cortes menos irrigados, como o lagarto, por exemplo, têm a carne mais rosada.

TESTE DO TOQUE

Se a carne for elástica (ceder ao toque e imediatamente voltar ao normal), estará adequada para o consumo.

TESTE DO ODOR

O odor deve ser suave, fresco e agradável.

A carne embalada a vácuo precisa respirar por 10 minutos antes de ser utilizada, nesse tempo ela volta à cor vermelha natural (no vácuo, devido à falta de oxigênio, a carne fica escura) e também ao seu odor característico, uma vez que o cheiro forte da carne embalada a vácuo se volatiliza.

CONSERVAÇÃO

O tempo de conservação depende do peso e do tipo de carne. A moída, por exemplo, deteriora muito mais rapidamente que a carne cortada em pedaços maiores e deve ser consumida, de preferência, no mesmo dia da compra.

Peças com até 500 g conservam-se de três a quatro dias na geladeira. As peças com mais de 750 g conservam-se até uma semana, desde que devidamente embaladas (envoltas em plástico filme) e refrigeradas. A temperatura de armazenagem deve oscilar entre 0°C e 4°C, e as carnes só devem ser retiradas da refrigeração

1 hora antes do preparo, para readquirir a consistência original. Carnes embaladas a vácuo têm durabilidade duas a três vezes maior.

Carnes congeladas (a -18°C) duram até 3 meses e devem ser descongeladas sob refrigeração. O congelamento caseiro é desaconselhado. Por ser lento, causa formação de cristais de gelo entre as fibras da carne, rompendo-as. Isso altera significativamente sua textura quando descongelada.

Quando as carnes são congeladas industrialmente, o processo se dá mais rapidamente e pouco altera a textura da carne.

Para ter carne congelada, compre-a nesse estado e a mantenha a -18°C.

CORTES

Depois de abatido no matadouro, o animal é dividido ao meio, no sentido do comprimento, desde o pescoço até a extremidade da carcaça. Essas metades são então subdivididas em quartos (traseiro e dianteiro).

No quarto dianteiro ficam os músculos mais trabalhados do animal, as carnes com cor mais intensa, uma quantidade maior de gordura (maior marmoreio) e de tecido conjuntivo, o que garante um sabor mais aprofundado, porém uma consistência um pouco mais rígida que a dos cortes do traseiro do animal.

Maciez e sabor são dois aspectos que nem sempre encontramos ao mesmo tempo no mesmo corte. Alguns cortes são muito macios e têm pouco sabor, outros são um pouco mais rígidos mas têm um sabor muito mais pronunciado. Não existe certo e errado, existe o gosto de cada um e a cultura de comer carne de cada local.

No Brasil se valoriza muito a maciez da carne, e essa valorização tem sua base no nosso rebanho de zebuínos - animal mais rústico, de menor porte, mais magro, com carne mais rígida - e que, até pouco tempo (menos de um século) atrás, era criado de qualquer forma, sem nenhum confinamento, sem nenhuma adição de grãos na dieta, ou seja, mal alimentado para a finalidade de corte. Em virtude dessa carne disponível, convencionou-se que os melhores cortes eram os mais macios, mesmo que não fossem os mais saborosos. Daí o sucesso do filé-mignon por aqui.

Nos EUA foi diferente, houve uma campanha dos pecuaristas na década de 1920 para valorizar a carne de animais gordos, bem alimentados, e passaram a valorizar os cortes gordos como sendo os melhores, e as carnes com muito marmoreio passaram a ser chamadas de *prime*, sendo valorizadas como as melhores. Pouco depois, estudos constataram que nem sempre o marmoreio garantia a maciez e o sabor da carne, mas mesmo assim persistiu a ideia de as carnes gordas serem as melhores nos EUA.

Cortes do quarto dianteiro são muito valorizados nos EUA e alguns deles foram adotados em açougues brasileiros com muito sucesso, pois superada a barreira inicial do preconceito, depois que o consumidor experimenta o novo corte, acaba aderindo a ele.

A conservação da carne também tem relação com as condições de abate e desossa, que devem ser feitos dentro de padrões muito rígidos de higiene e, no caso da desossa, é importante ainda que seja realizada em ambiente em baixa temperatura, na câmara fria, o que garante a maturação do produto no vácuo.

VEJAMOS A SEGUIR QUAIS SÃO OS QUARTOS DIANTEIROS E TRASEIROS, E QUAIS SÃO OS CORTES QUE COMPÕEM CADA UM DELES.

CORTES

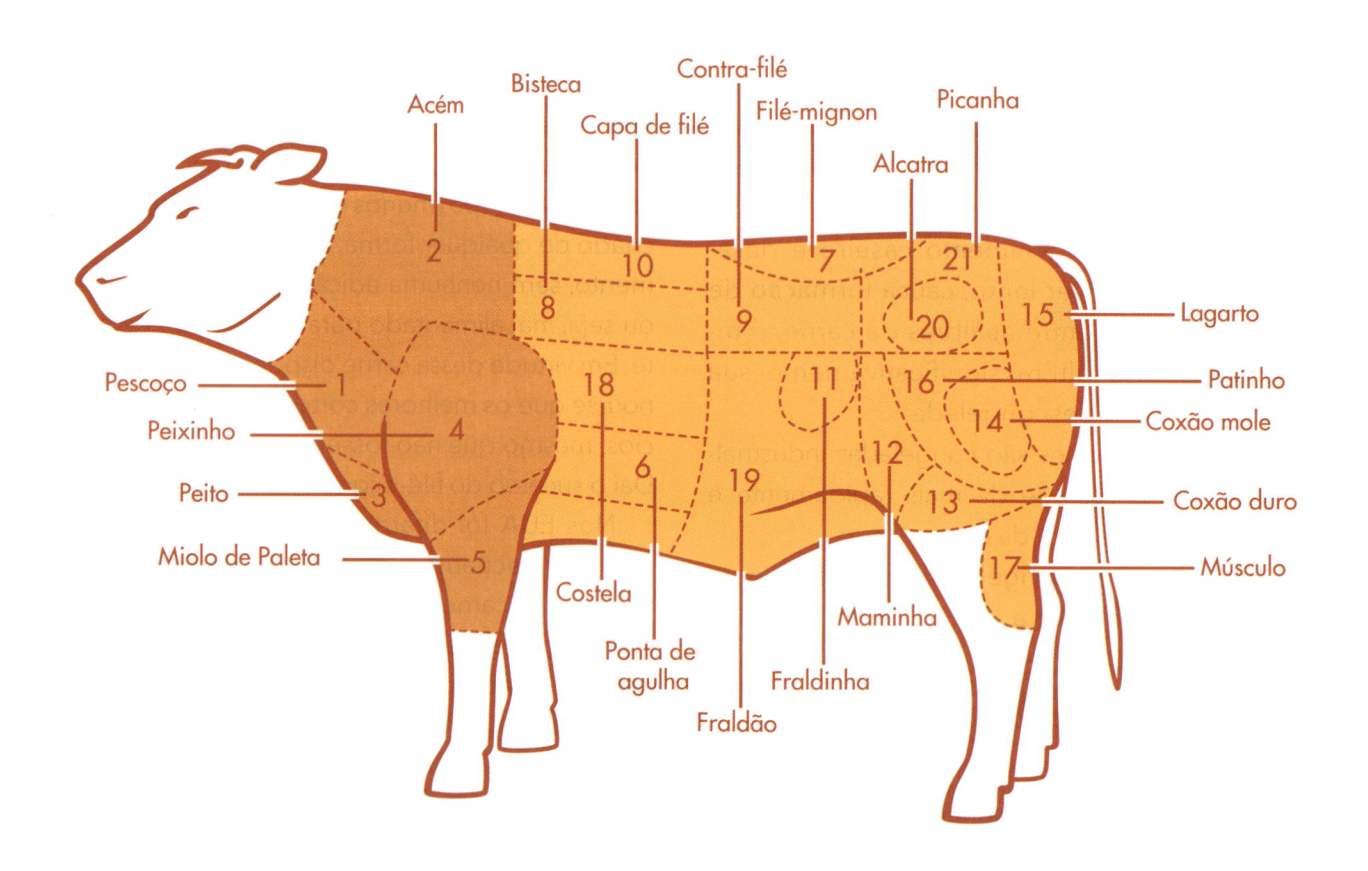

■ **Quarto dianteiro**

Contrafilé (parte dianteira), acém (miolo de acém, *prime steak*), peito, paleta (miolo e bife de paleta), raquete (*shoulder*, *flat iron*), peixinho, fraldão, costela, capa de filé e ossobuco – assim como o contrafilé, o ossobuco se repete no traseiro e dianteiro.

■ **Quarto traseiro**

Contrafilé (parte traseira), filé-mignon, alcatra (bombom e *baby beef*), coxão duro, coxão mole, patinho, lagarto, maminha, fraldinha, picanha e ossobuco.

CARNES DO TRASEIRO

ALCATRA

Corte nobre e grande, tem algumas partes mais magras e outras com maior teor de gordura. Popularmente, considera-se a alcatra a parte da peça que sobra após serem retirados a picanha, a maminha e o miolo. Ideal para bifes, em pedaços maiores para churrasco, rosbife de panela, brochetes e picadinho.

Do miolo são extraídos o **bombom** e o **baby beef**, ambos cortes magros e muito macios. O bombom rende um excelente rosbife, medalhões e demais cortes que originalmente seriam feitos com mignon. O *baby beef*, quando é retirado com capa de gordura, também fica excelente para ir à grelha.

A **maminha**, como a **picanha**, vem separada do miolo apenas por uma membrana.

CONTRAFILÉ

Fica ao longo da parte externa da coluna vertebral. Na verdade, o contrafilé rende muitos cortes e pode ser feito com ou sem osso.

Da ponta, do traseiro até a metade, o contrafilé tem capa de gordura significativa e daí sai o famoso corte argentino *bife de chorizo*. Deste ponto também saem cortes americanos como o *t-bone*, quando é cortado com osso (3 primeiras vértebras incluindo o mignon, na sua parte mais larga) e o *NY strip*.

A partir deste ponto a capa de gordura sai da superfície, entra na peça e marca onde começa o *bife ancho*. Dele derivam 3 cortes: *bife ancho*, *prime rib* (*ancho* com osso) e o *entre-côte*, que é o *ancho* sem a *ceja* (capa externa dividida do miolo pelo tecido conjuntivo e gor-

dura). Os bifes de contra, de uso comum no dia a dia da nossa cozinha, são extraídos deste ponto até o fim da peça.

O contrafilé é um corte que permite observar a mudança de característica da carne em um mesmo músculo: o *chorizo*, com toda a característica dos cortes traseiros (mais claro, menos irrigado, com gordura externa, menor marmoreio, sabor mais delicado, quase nenhum tecido conjuntivo), e o *ancho*, que é o melhor exemplo de corte do dianteiro (cor mais escura, mais irrigado, mais marmoreio, lâmina de tecido conjuntivo acompanhando a lâmina interna de gordura e separando esta da *ceja*, com sabor mais forte).

MAMINHA

Corte da alcatra, para churrascos, rosbifes de panela ou de forno. Também usada para preparo de carne de panela, cozimento longo, inteira ou em cubos.

MÚSCULO DIANTEIRO E TRASEIRO

Cortes de carne magra, rica em tecido conjuntivo e colágeno, o que rende pratos muito ricos em sabor, textura e nutrientes. Ideal para cozimento prolongado em caldos e ensopados. Quando cortado com osso é chamado de ossobuco.

PATINHO

Carne magra, para cozimento prolongado (bifes de panela ou rolê); ótima para moer, para fazer bolos de carne, quibe etc.

PICANHA

Embora esteja ligada à alcatra por uma lâmina de tecido conjuntivo, é a ponta do coxão duro, de formato triangular, com capa espessa de gordura. A picanha vai da ponta da peça até a terceira veia, onde começa o coxão duro. Excelente para churrascos, bifes altos, rosbifes de panela ou de forno.

FRALDINHA

A fraldinha é um corte extraído da ponta carnuda da costela, combinando suculência, sabor e maciez. Tem fibras extremamente irrigadas, e mesmo sendo magra é uma carne saborosa. Frequentemente usada em churrasco.

FILÉ-MIGNON

O filé-mignon é o corte mais macio do boi e também uma das carnes mais magras. É um bom exemplo de carne que é mais macia e menos saborosa, pois se encontra em local do boi que não se movimenta. Apesar da pouca gordura e marmoreio, tem boa irrigação e suculência. Seu sabor é adocicado e delicado.

LAGARTO

O lagarto é um corte do traseiro do boi que tem fibras longas de tom vermelho claro devido à pouca irrigação e ausência de marmoreio. É, portanto, carne magra que requer cozimento prolongado e, frequentemente, algum tipo de recheio (legumes, bacon, linguiça) para ajudar na suculência. É ideal para o preparo de rosbife frio a ser fatiado finamente e também é a carne usada para o preparo do carpaccio.

COSTELA

A costela é um corte grande e com muita personalidade. Em uma mesma peça encontra-se variedade de texturas e sabores, além de uma bela porcentagem de gordura. Sua localização começa no meio do peito e acompanha o osso que vai até o contrafilé. Comumente dividida entre costela de ripa e ponta de agulha. Muito apreciada feita na brasa ou no bafo, lentamente.

COXÃO DURO

Corte saboroso, de fibras longas e magras, coberto por uma camada de gordura amarelo-palha. Faz parte de uma peça maior chamada coxão, onde também estão o coxão mole, o patinho, o lagarto e o músculo. Usa-se para bifes finos e pratos de cozimento mais longo, e também para hambúrguer, moído junto com um pouco de sua gordura, que tem sabor delicado.

COXÃO MOLE

O coxão mole possui corte de fibras curtas e macias; é uma peça magra, mas bem irrigada. É um corte versátil que rende bons bifes, desde que a carne seja cortada no sentido transversal às suas fibras.

PEITO E PESCOÇO

Carnes magras do dianteiro do boi, de textura mais firme, adequadas para preparos de cozimento prolongado.

ACÉM

O acém está localizado próximo à costela do dianteiro. Apesar da consistência mais rígida, tem um certo marmoreio (gordura entre as fibras), o que garante suculência e sabor.

CORTES ESPECIAIS

BIFE DE TIRA

Este corte é retirado do centro da picanha, no sentido longitudinal. Rende um bife longo, um diferencial e uma especialidade. Bastante marmorizado e com bela capa de gordura, tem textura macia e suculenta.

ASSADO DE TIRA

O assado de tira é um corte extraído da costela traseira do boi, que atribui sabor e textura únicos à carne. A quantidade de gordura entremeada na carne garante um bom marmoreio.

BIFE DE CHORIZO, OJO DE BIFE E BIFE ANCHO

(Vide informações contidas na p. 205, em "Contrafilé".)

CAPA DE FILÉ

A capa de filé está localizada sobre o contrafilé ou filé de costela. Sua textura desigual se deve às fibras entremeadas e ao tecido conjuntivo, dando sabor e personalidade ao corte. Um exemplo de uso é moído, para recheio de esfihas.

CARPACCIO

O carpaccio consiste em fatias finíssimas de carne magra, rosada e macia, feito 100% com carne bovina, geralmente proveniente do lagarto ou do filé-mignon.

RABADA

Obtida do rabo do animal, a rabada rende um dos cozidos mais amados do Brasil. Por ser uma carne que ladeia o osso, é extremamente saborosa, além de ser rica em gordura.

OSSOBUCO

O ossobuco é extraído da perna traseira do boi. Cortado em rodelas grossas com osso, é recheado de tutano, uma iguaria rica em sabor e textura.

RAQUETE

A raquete é um corte extraído da paleta do boi. Trata-se de um bife alto, suculento e saboroso. A carne é bem irrigada, de cor vermelha intensa. Soma-se a isso um alto grau de marmoreio natural e maciez incomum para cortes do dianteiro.

FLAT IRON

O *flat iron* é o corte de descoberta recente, retirado da raquete. Tem a maciez do mignon e a profundidade de sabor e alto grau de marmoreio do *ancho*.

MIOLO OU CORAÇÃO DA PALETA

O miolo da paleta é um corte bastante irrigado, de cor vermelha intensa, fibras curtas e marmoreio discreto, fator compensado pela capa de gordura externa que o envolve e garante untuosidade ao corte. Peça adequada para braseados e assados.

Lagarto

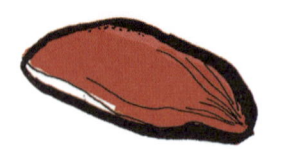

Patinho

Coxão Mole

Músculo

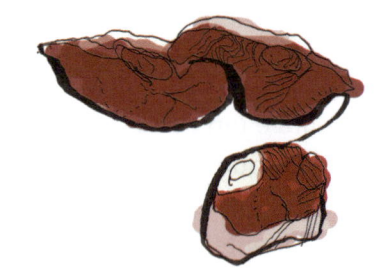

Filé-Mignon

Bisteca

Picanha

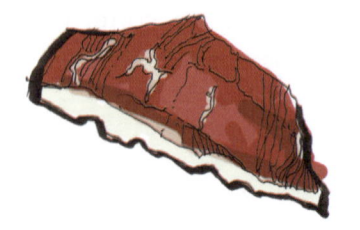

Alcatra

MODO DE FAZER

É muito importante conhecer bem as características de cada corte de carne e o animal do qual ela provém. Sabendo identificá-las, você saberá aplicar o método de cocção mais adequado a cada uma delas.

Conforme citado anteriormente, os critérios usados para escolha (corte x método de cocção) são:

- se é gorda ou magra;
- se é mais ou menos irrigada;
- se é mais dura ou mais macia;
- se tem sabor marcante ou suave.

O objetivo final ao preparar uma peça de carne é sempre obter suculência (da própria carne ou do líquido agregado), sabor e maciez.

PESO MÉDIO DA PORÇÃO (QUANTIDADE RECOMENDADA PARA UMA PESSOA)
Carne sem osso: 125 g a 150 g
Carne com osso: 150 g a 220 g
Carne com muito osso: 220 g a 400 g

NOTA SOBRE MANIPULAÇÃO

Ao se deparar com um corte de carne cru ou assado, deve-se analisar a direção de suas fibras. O corte deve sempre ser "contra" a fibra (perpendicular) e de preferência deslizando a lâmina de uma faca longa e bem afiada, em um corte único.

Roast beef de panela

Rendimento: 6 PORÇÕES

Ingredientes

25 ml de óleo

25 g de manteiga clarificada*

1 kg de filé-mignon, parte central, limpo e amarrado com barbante para manter a forma

sal e pimenta-do-reino moída na hora

Preparo

Tempere a carne generosamente com sal e pimenta. Em panela de ferro se possível, sem cabos de madeira ou plástico, aqueça o óleo com a manteiga.

Doure todos os lados, em fogo alto. Retire a panela com a carne do fogo e leve ao forno preaquecido a 240°C. Cozinhe por mais 10 minutos, para obter um rosbife malpassado.

Retire do forno e deixe a carne descansar na panela por mais 15 minutos, envolta em papel-alumínio, para que os sucos da carne se redistribuam (por causa do calor, eles ficam retidos no centro da peça).

Retire o barbante, corte fatias de aproximadamente 1 cm de espessura e sirva acompanhado de batata *sautée* (ver p. 87).

Carne com legumes à chinesa
(stir fry)

Rendimento: 6 PORÇÕES

Ingredientes
Carne
40 ml de saquê seco
20 ml de molho de soja
1 ½ colher (chá) de amido de milho
5 g de gengibre ralado
800 g de filé-mignon, limpo, em tiras bem finas
50 ml de óleo
1 cenoura em rodelas finas
200 g de brócolis
80 g de shitake em tiras
100 g de broto de bambu fatiado
1 pimentão vermelho, sem semente, em cubos médios
1 colher (sopa) de molho de ostra (oyster sauce)
sal e pimenta-do-reino moída na hora

Molho
150 ml de fundo claro bovino ou de ave (ver p. 44)
1 colher (chá) de amido de milho dissolvido em 20 ml
 de água fria
1 colher (chá) de óleo de gergelim torrado
sal

Preparo
Carne

Em uma tigela, misture 20 ml de saquê, o molho de soja, o amido de milho e o gengibre ralado. Acrescente a carne, tempere com sal e pimenta e misture bem.

Deixe marinando em recipiente coberto por 1 hora.

Molho
Em outra tigela, misture bem o saquê res-tante, o fundo, o amido de milho dissolvido em água e o óleo de gergelim. Tempere com sal. Reserve. Em fogo alto, aqueça muito bem o óleo usando uma wok (ver p. 26) ou frigideira funda. Quando o óleo estiver bem quente, re-tire, com auxílio de uma escumadeira, metade da carne da marinada e salteie (ver p. 37) por 2 minutos aproximadamente.

Retire da wok. Repita o processo com a carne restante. Retire a carne.

Na mesma wok, sempre em fogo alto, junte os legumes e salteie por mais alguns minutos (eles devem se manter crocantes) e tempere com sal. Leve a carne de volta à wok e adicione o molho reservado.

Acrescente o molho de ostra e, se desejar, mais pimenta.

Verifique o sal e sirva bem quente.

SALTEAR

Técnica que consiste em dourar cortes de car-ne em pouca gordura, a altas temperaturas, com movimentos constantes (o termo vem do francês sauter, que significa saltar). O alimento "salta" na frigideira.

Como é um processo rápido, é adequado para cortes naturalmente macios. A carameliza-ção* que se forma na frigideira pode ser degla-çada* para formar um molho.

Escalopinho de vitela al limone

Rendimento: 6 PORÇÕES

Ingredientes

30 ml de óleo

20 g de manteiga clarificada*

20 g de manteiga sem sal

800 g de escalopes de vitela

100 g de farinha de trigo

150 ml de fundo claro bovino (ver p. 44)

50 ml de suco de limão-siciliano

raspas de 1 limão-siciliano

1 colher (sopa) de folhas de salsa picadas

½ limão-siciliano em fatias finas

sal e pimenta-do-reino moída na hora

Preparo

Em uma *sauteuse* (ver p. 26) grande, em fogo baixo, aqueça o óleo e a manteiga clarificada.

Enquanto isso, tempere os escalopinhos com sal e pimenta e passe pela farinha de trigo.

Sacuda para retirar o excesso.

Aumente o fogo, doure os escalopinhos de um lado, vire e repita o processo, que deverá ser rápido, para não deixar a carne passar do ponto.

Caso a frigideira não seja suficientemente grande, faça em 2 ou 3 vezes.

Retire os escalopes e transfira-os para uma travessa, cobertos com papel-alumínio.

Na mesma frigideira, junte o fundo de carne e raspe bem o fundo para soltar os resíduos da cocção. Junte então o suco e as raspas do limão. Quando começar a ferver, acrescente a manteiga e a salsa picada, mexa bem e volte os escalopes à frigideira para aquecer.

Sirva imediatamente, guarnecido com as fatias de limão.

ASSAR

Método de cocção que emprega calor em um ambiente seco controlado (o forno). Quando a camada externa do alimento é aquecida, parte de seus sucos naturais vira vapor, cozinhando-o por completo.

Os sucos que se caramelizam* no fundo da assadeira podem ser utilizados como base para molhos através de uma deglaçagem*.

Ao assar carnes, devemos ter o cuidado de:

• preaquecer o forno, para evitar a perda de sucos e o cozimento inadequado;

• regular a temperatura do forno de acordo com o tamanho e as características do alimento, para evitar que a superfície externa queime antes do cozimento;

• lardear* ou bardear* alimentos que não forem suficientemente gordurosos, para enriquecer seu sabor e agregar umidade;

• não adicionar líquidos frios aos alimentos durante a cocção, para não interromper o cozimento;

• descansar o assado antes de cortá-lo, para que os sucos da cocção (que durante o cozimento se concentram pela peça) sejam reabsorvidos.

Maminha assada com mostarda e sálvia

Rendimento: 8 PORÇÕES

Ingredientes

1 peça de maminha (aproximadamente 1,2 kg) limpa, mas com a capa de gordura

40 g de mostarda de Dijon

2 colheres (sopa) de folhas de sálvia picadas

30 ml de azeite de oliva extravirgem

1 dente de alho picado

500 g de *mirepoix* (ver p. 43)

250 ml de fundo escuro bovino (ver p. 46)

50 ml de vinho Madeira

sal e pimenta-do-reino moída na hora

Preparo

Tempere a maminha com sal.

Misture a mostarda, a sálvia, o azeite, o alho e pimenta, esfregando a carne com essa mistura. Preaqueça o forno a 220°C. Coloque a carne em uma assadeira sobre uma "cama" de *mirepoix* (deixando a capa de gordura para cima) e asse por 30 minutos. Verifique de vez em quando se a assadeira não está seca e, se necessário, junte um pouco de água ou fundo quente. Ao final desse tempo, desligue o forno e transfira a maminha para uma assadeira limpa, cubra com papel-alumínio e volte ao forno, que ainda deve guardar algum calor. Retire o excesso de gordura e leve a assadeira com o *mirepoix* e os sucos do assado ao fogo alto. Caramelize* bem o *mirepoix* na assadeira e junte o fundo. Raspe bem com uma colher de pau e reduza*. Passe o molho por peneira fina, apertando bem para que parte da polpa dos legumes passe por ela, engrossando o molho naturalmente.

Transfira esse molho para uma panelinha e faça uma redução* junto com o vinho Madeira até obter um molho mais espesso.

Fatie a carne e sirva com o molho à parte.

BRASEAR

Técnica especialmente apropriada para carnes. Usada para cortes grandes e mais duros, consiste em dourar a carne em gordura quente e, em seguida, cozinhá-la em pouco líquido (água, caldo, vinho). A quantidade de líquido do braseado deve ser suficiente para cobrir apenas entre 1/3 e metade da peça a ser cozida, e o cozimento se dá pela fervura do líquido associada ao vapor criado por ele, pois cozinha-se com panela tampada.

Um dos maiores benefícios desse método é fazer com que cortes grandes e duros se tornem macios e úmidos, pois o líquido inserido na cocção penetra na fibra, amolecendo o tecido. O líquido restante da cocção se transforma em um excelente molho, muito rico em sabor.

Os braseados podem ser totalmente feitos no fogão ou iniciados no fogão e finalizados em forno. Quando o braseado é feito na boca do fogão, é necessário que se acrescente mais líquido aos poucos durante o cozimento, pois o controle de temperatura é menos eficiente. Nesse caso, o contato direto da chama com a panela produz mais calor, secando os líquidos antes que a carne esteja macia.

Os braseados devem ter um sabor final intenso, resultado de uma cocção lenta e prolongada, e o molho pode ser coado, batido ou servido como está.

A receita a seguir ilustra claramente a técnica de brasear carnes. Utilize-a alterando os ingredientes para produzir diferentes produções.

Miolo de alcatra braseado

Rendimento: 8 PORÇÕES

Ingredientes

50 ml de óleo ou manteiga clarificada*

1,2 kg de miolo de alcatra limpo e
    amarrado com barbante para dar forma

300 g de *mirepoix* (ver p. 43)

40 g de farinha de trigo

200 ml de vinho tinto

1,5 litro de fundo escuro bovino (ver p. 46)

1 *sachet d'épices* (ver p. 43)

sal e pimenta-do-reino moída na hora

Preparo

Aqueça uma panela de fundo grosso se possível, sem cabos de madeira ou plástico. Coloque o óleo e doure bem a carne de todos os lados.

Quando estiver bem dourada, retire da panela e reserve. Coloque o *mirepoix* na panela e doure ligeiramente.

Adicione a farinha de trigo e doure levemente. Junte o vinho, deglaçando* e raspando todo o suco caramelizado* no fundo da panela, e reduza* o vinho até quase secar.

Adicione o fundo quente e o *sachet d'épices*.

Volte a carne para a panela e cozinhe em fogo alto até o líquido ferver.

Tampe a panela e leve ao forno preaquecido a 140°C (médio – baixo) por 1 hora e 30 minutos, até que a carne esteja bem cozida e macia.

Retire do forno, reserve a carne e reduza o molho.

Acerte o tempero, coe e sirva a carne fatiada com o molho.

GUISAR

Muito similar ao braseado, também utiliza cortes mais duros, mas a carne deve estar em pedaços menores. Alguns passos também sofrem alterações, como no caso de produções com frango e vitela que podem sofrer um branqueamento* prévio, em vez de serem dourados em gordura quente antes de serem guisados. Pelo fato de as carnes estarem em pedaços menores, o tempo de cocção do guisado é relativamente menor. O molho formado durante a cocção é servido juntamente com os pedaços de carne e os complementos aromáticos, coados ou não.

Carne de panela com molho ferrugem

Rendimento: 6 PORÇÕES

Ingredientes

130 g de farinha de trigo

1 colher (sopa) de tomilho seco

1,5 kg de coxão mole limpo, em cubos de 2 cm

30 ml de azeite de oliva extravirgem

30 ml de óleo

250 ml de vinho tinto

370 ml de fundo escuro bovino (ver p. 46)

400 g de tomate pelado picado

1 colher (chá) de cominho em semente moído na hora

1 colher (chá) de páprica picante

1 folha de louro

12 cebolinhas pérola inteiras e descascadas

2 dentes de alho amassados ou muito bem picados

1 colher (sopa) de folhas de salsa picadas

100 g de azeitona verde sem caroço

sal e pimenta-do-reino moída na hora

Preparo

Preaqueça o forno a 140°C.

Em um recipiente raso, misture a farinha, o tomilho, sal e pimenta-do-reino. Passe os cubos de carne por essa mistura, sacuda muito bem o excesso e transfira para outra vasilha.

Em uma panela de fundo grosso se possível, sem cabos de madeira ou plástico, aqueça o azeite e o óleo, doure os cubos de carne aos poucos. Quando a carne estiver toda dourada, junte o vinho tinto, o fundo de carne, o tomate e leve ao fogo médio.

Deixe levantar fervura, raspando o fundo da panela com colher de pau.

Leve a carne de volta à panela e junte o cominho, a páprica e a folha de louro. Tempere com um pouco mais de sal e pimenta.

Tampe a panela e leve ao forno, na prateleira do meio, por 2 horas.

Verifique ocasionalmente, controlando para que o líquido não seque, acrescentando mais um pouco de água ou fundo de carne quente, se necessário.

Vinte minutos antes de servir, retire a panela do forno, leve à boca do fogão e junte o alho, a salsa picada, as cebolinhas e a azeitona.

Deixe a panela destampada, em fervura branda* até o molho chegar à consistência desejada.

Sirva em seguida.

Blanquette de vitela

Rendimento: 6 PORÇÕES

Ingredientes

2 kg de carne de vitela cortada em cubos

2 cenouras

1 talo de salsão

1 cebola

1 cravo

1 *bouquet garni* (ver p. 43)

250 g de cogumelo-de-paris

100 g de manteiga

suco de ½ limão-siciliano

20 cebolinhas pérola

2 colheres (sopa) de açúcar

3 colheres (sopa) de farinha

200 ml de creme de leite fresco

2 gemas

sal e pimenta moída na hora

10 grãos de pimenta preta

3 talos de salsa

Preparo

Com no mínimo 6 horas de antecedência, coloque a carne de vitela já em cubos de molho em bastante água fria e leve à geladeira. Ao fim desse tempo, escorra a carne e seque com um pano. Reserve.

Descasque as cenouras e corte-as em pedaços. Remova as folhas do salsão, assim como os fios, e corte o talo em pedaços. Descasque a cebola. Espete o cravo na cebola. Reserve.

Coloque os cubos de carne em uma panela e cubra com bastante água fria. Leve a ferver. Tempere com sal. Junte as cenouras, o salsão, a cebola, o *bouquet garni* e os grãos de pimenta. Cubra (parcialmente) com uma tampa e deixe cozinhar

em fogo baixo por 1h30, escumando. Retire os cubos de carne da panela. Coe o caldo e reserve.

Limpe muito bem os cogumelos, removendo as bases. Corte-os em quartos. Refogue por 5 minutos em 10 g de manteiga aquecida, sem deixar tomar cor. Regue com o sumo do limão e um pouco de água. Cozinhe em fogo brando por mais 10 minutos. Reserve.

Descasque as cebolinhas. Sue* as cebolinhas inteiras em 40 g de manteiga. Polvilhe com o açúcar e deixe caramelizar um pouco, cuidando para não escurecer. Regue com um pouco de água. Tempere com sal e pimenta. Cozinhe em fogo brando por 15 minutos.

Com o restante da manteiga e farinha, prepare *roux* amarelo para um *velouté* (ver p. 64) e, quando ferver, coloque os cubos de vitela na panela. Adicione os cogumelos e as cebolinhas. Aqueça em fogo brando.

Separe uma concha do molho e a ele junte, temperando*, a gema misturada ao creme de leite.

Junte a mistura à panela e aqueça em fogo muito brando, mexendo sempre, sem deixar ferver. Polvilhe com a salsa picada finamente e sirva em seguida.

FRITAR

O objetivo da fritura por imersão e da fritura rasa é produzir uma camada crocante, dourada e saborosa no exterior do alimento, que também funciona como uma proteção e mantém seus sucos internos.

Somente cortes de carne naturalmente tenros devem ser fritos, pois a fritura por si só não dá maciez e umidade. Se ficarem secos é porque foram cozidos demais.

As carnes devem estar corretamente porcionadas para produzir uma boa fritura. Devem estar em escalopes ou bifes finos, e nunca se deve fritar cortes gordurosos.

Pode-se finalizar a cocção em forno, caso não tenha sido possível fazê-la por completo durante a fritura.

A adição de molhos úmidos não é aconselhada quando produzimos alimentos por meio de fritura, pois a umidade do molho irá amolecer a camada externa do alimento, fazendo com que as características dessa produção sejam perdidas.

Sirva os molhos à parte.

Cotoletta alla milanese

Rendimento: 6 PORÇÕES

Ingredientes

6 costeletas de vitela (aproximadamente 1,5 cm de espessura)
2 ovos batidos com 1 colher (chá) de água
1 limão em gomos
sal e pimenta-do-reino moída na hora
farinha de trigo e farinha de rosca para empanar
manteiga clarificada* para fritar

Preparo

Apare bem os filés de vitela, bata um pouco para nivelar e risque a superfície da carne com a ponta de uma faca, sem cortá-la.

Coloque a farinha de trigo em um prato grande, a de rosca em outro, e o ovo em um prato mais fundo.

Tempere muito bem a vitela com sal e pimenta e empane* na farinha de trigo, apertando bem para retirar todo o excesso de umidade.

Passe pelo ovo e, finalmente, pela farinha de rosca, também apertando bem para aderir.

Em uma frigideira grande, aqueça um pouco de manteiga e frite as costeletas, uma de cada vez, dos dois lados, até estarem bem douradas.

Repita a operação para as demais costeletas, adicionando mais manteiga clarificada conforme a necessidade e sirva com os gomos de limão.

Esses filés empanados* podem ser também fritos por imersão em óleo abundante.

ENSOPAR

Técnica que consiste em cozinhar carnes em fundo sem dourá-las previamente. Indicado para cortes mais duros, em pedaços, tendo como característica um prato de sabor suave.

Ao contrário do que se imagina, produzir um ensopado requer cuidado. Cada ingrediente deve entrar na panela na hora certa, pois eles têm pontos de cozimento diferentes e o simples fato de a carne estar cozida em meio líquido não garante a sua suculência – ela pode ficar dura. Para assegurar que a carne fique macia e úmida, ela deve cozinhar o tempo necessário.

Devemos nos preocupar também com o sabor do líquido resultante da cocção do ensopado. Ele deve ser extremamente saboroso e substancioso. Para isso, o ideal é partir de um fundo feito com mais ossos que o convencional e pensar muito bem na combinação dos ingredientes (carne, aromáticos, ervas etc.).

Cozido

Rendimento: 20 PORÇÕES

Ingredientes

Caldo básico

3 kg de ossos (canela)

1,5 kg de ossobuco

4 talos de salsão com as folhas mais tenras

3 cebolas médias, cortadas em pedaços

1 cabeça grande de alho, esmagado

3 alhos-porós inteiros

2 folhas de louro

1 maço de salsinha

3 ou 4 galhinhos de tomilho

sal a gosto

óleo para untar

3 cravos-da-índia

Carnes

2 kg de peito de vaca cortado em cubos grandes
ou costela de boi em pedaços

1,5 kg de músculo bovino limpo em cubos grandes

1 kg de lombo de porco defumado

1 kg de carne-seca sem gordura

1 kg de linguiça de porco fresca

1 cabeça de alho

2 cebolas

louro

Legumes e verduras

2 chuchus inteiros

3 batatas-doces grandes

4 pedaços grandes de mandioca

4 espigas de milho cortadas em pedaços –
pode servir à parte

3 cenouras grandes

4 nabos pequenos

1 repolho roxo cortado em pedaços grandes

6 amarrados de couve sem os talos grossos –
  4 folhas em cada amarrado
500 g de abóbora de pescoço, madura em
  pedaços grandes
8 bananas-da-terra bem maduras, cortadas ao meio
sal a gosto
10 ovos cozidos

Acompanhamento
Pirão
2 xícaras (chá) de farinha de mandioca fina sem ser torrada
2 litros do caldo básico
molho de pimenta

Preparo
Caldo básico

Um dia antes de servir o cozido, prepare o caldo básico. Coloque as carnes e ossos em uma fôrma grande untada e leve ao forno quente por 1 hora e 30 minutos até tostarem por igual.

Acrescente os demais ingredientes e deixe por mais 15 minutos no forno. Passe tudo para um tacho grande e cubra com água fria. A água deve ultrapassar cerca de 10 cm as carnes e as verduras.

Cozinhe em fogo alto até levantar fervura, depois em fogo bem lento por cerca de 8 horas, sem tampar a panela (acrescente mais água fervente, se necessário).

Tempere com sal e vá retirando com uma escumadeira a espuma que se forma na superfície.

Depois de pronto, coe e descarte os ossos e as verduras. Deixe esfriar na geladeira. Retire a camada de gordura que se formou e reserve o caldo.

Carnes

Ainda no dia anterior, coloque a carne-seca de molho pelo menos por 6 horas, trocando a água 4 vezes.

Escorra a carne-seca já dessalgada e cozinhe junto com as defumadas (paio, lombo de porco defumado, e, por último, as linguiças fininhas). Depois de cozidas, escorra e reserve.

Frite os cubos de carne fresca em uma panela de ferro com óleo até dourar bem; acrescente o paio, o lombo e as linguiças e deixe dourar. Junte todas as carnes em um caldeirão grande, cubra com caldo básico e cozinhe em fogo baixo até que todas estejam bem macias (3-4 horas). Reserve, coe e desengordure o caldo.

Legumes e verduras

Cozinhe em metade do caldo básico primeiramente os legumes mais duros (cenoura, batata, batata-doce e abóbora). Em seguida, os macios (vagem, nabo, repolho e couve-de-bruxelas). Por último as bananas. Se for necessário, junte um pouco de água quente durante o cozimento.

....

SUGESTÕES: milho e couve podem ser cozidos à parte (devido aos seus pontos de cozimento – um muito duro, e a outra, tenra).

Pirão

Na hora de servir, aqueça o caldo em fogo baixo e, sempre mexendo, vá juntando aos poucos a farinha de mandioca em quantidade suficiente para obter um pirão liso e de textura média, sempre mexendo. Sirva quente.

Montagem e finalização

Aqueça as carnes e os legumes em 5 l de caldo. Sirva quente com as carnes cortadas e os legumes, as verduras e as bananas em travessas separadas. Acompanhe com o pirão e com o molho de pimenta.

Carne suína

É muito nutritiva, mas não pode ser consumida crua ou malpassada. Ela deve ser consumida sempre preparada, seja pela ação do calor ou da salmoura. Quando cozida, deve sempre atingir a temperatura interna de 75°C.

Na culinária existem dois tipos principais de carne suína:

PORCO

É o animal adulto. O porco chega à cozinha sempre limpo, sem miúdos ou vísceras. Normalmente vem em cortes maiores. Os cortes mais conhecidos são lombo, pernil, paleta, carré e costeletas.

A carne de porco se presta para quase todos os tipos de preparação. A técnica de calor úmido (braseado e guisado) e a técnica de calor seco são indicadas.

No porco existe uma diferença bem marcada entre os dois pedaços do contrafilé (conhecido como lombo). A parte traseira, apesar da capa externa de gordura, é mais magra e menos irrigada e fica ressecada quando assada ou feita em panela.

Já a parte do dianteiro, apesar do formato menos uniforme e da ausência da capa de gordura, é mais irrigada e marmorizada, sendo mais suculenta quando assada.

LEITÃO

É o animal em idade de amamentação. Apresenta-se quase sempre inteiro e limpo.

Carne ovina

A carne dos ovinos tem textura lisa, coloração rosada, pouca gordura e é envolta em uma pele fina e transparente. Ela abrange 3 tipos de animal:

CARNEIRO

Animal já adulto e castrado. A alimentação influencia muito no sabor da carne. O cordeiro ou carneiro pode ser encontrado inteiro, em metades ou em cortes. Os cortes mais conhecidos são lombo, pernil, paleta, carré e costeletas.

CORDEIRO DE LEITE OU CORDEIRO MAMÃO

Animal que ainda não desmamou, geralmente até 3 meses de idade.

CORDEIRO

Entre 4 meses e 1 ano de idade.

No norte da França, na região próxima à costa da Normandia, encontra-se o *agneau des prés-salés*, uma raça de cordeiro que se alimenta em pastos cujo solo tem grande quantidade de sal. Isso faz que o alimento que esses animais ingerem seja mais saturado de sal, o que os faz reter mais líquido, deixando assim sua carne mais suculenta. Os cortes desse cordeiro são altamente disputados, uma iguaria apreciada pelos grandes chefs franceses, que colocam um destaque no cardápio quando o prato é preparado com ele.

Caça

Além das carnes tradicionalmente criadas para consumo, existem os animais da fauna silvestre, que já foram as mais importantes fontes de carne para o homem. Com o desenvolvimento das cidades e, consequentemente, da pecuária, as caças perderam muito da sua importância como base da alimentação, passando a ser consideradas "iguarias".

Atualmente, muitos animais silvestres são criados em cativeiro, tanto para consumo da carne como para uso da pele. No Brasil, essa atividade depende de licença do Ibama.

As carnes de caça se dividem em dois grupos principais: caças de pluma e caças de pelo, que por sua vez se subdividem em grandes e miúdas.

Assim como ocorre com as outras carnes, a alimentação e os hábitos de vida dos animais interferem em seu sabor. A idade também tende a acentuar a cor e o sabor forte das caças, além de provocar o enrijecimento das fibras musculares.

Antes da cocção, geralmente as caças são maturadas para se tornarem mais macias. O processo tradicional consiste em eviscerá-las o mais rápido possível e pendurá-las pelas pernas traseiras (no caso dos animais de pelo) em um lugar fresco e escuro. O couro só é retirado no momento do uso.

Os cortes de carne e os métodos culinários são os mesmos usados para as outras carnes, porém, as caças são normalmente marinadas para terem o sabor atenuado e ficarem mais macias.

Pernil de porco à la nivernaise

Rendimento: 6 a 8 PORÇÕES

Ingredientes

1 pernil de porco pequeno de 3 kg, ou um pedaço com peso igual
2 cenouras em *brunoise* (ver p. 41)
300 g de cebola em *brunoise*
2 dentes de alho picados
1 folha de louro
suco de 2 limões
1 colher (chá) de folhas de tomilho
45 g de manteiga sem sal *en pommade**
250 ml de fundo claro bovino reduzido* (ver p. 45)
sal e pimenta-do-reino moída na hora

Preparo

De véspera, limpe a carne e tempere-a com a mistura de vegetais, suco de limão e ervas, e leve à geladeira para marinar.

Na hora de assar, preaqueça o forno a 220°C, transfira o pernil para uma assadeira com a marinada e besunte-o com a manteiga. Leve a assar.

Depois de 1 hora, vire a peça e acrescente 200 ml de água quente.

Se o assado estiver dourando rápido demais, cubra com papel-alumínio. Não deixe secar o líquido da assadeira.

Quando a carne estiver cozida e dourada, retire da assadeira e envolva com papel-alumínio.

Leve a assadeira ao fogo, junte o fundo e deglaceie*.

Passe por peneira, apertando bem para retirar o máximo de molho possível, e verifique o sal.

Corte fatias do pernil e arrume em uma travessa. Despeje o molho por cima e sirva em seguida.

Lombo de porco com laranja

Rendimento: 6 PORÇÕES

Ingredientes

1,2 kg de lombo de porco com um pouco de gordura

1 dente de alho amassado

suco de 1 limão

50 ml de óleo

300 g de cebola em *brunoise* (ver p. 41)

120 ml de vinho branco seco

suco de 4 laranjas

500 ml de fundo claro de ave (ver p. 44)

casca de 2 laranjas, em *julienne* (ver p. 41),
 fervida 2 vezes em água

sal e pimenta-do-reino moída na hora

Preparo

Tempere o lombo com o alho, o suco de limão e pimenta-do-reino, com antecedência mínima de 2 horas.

Em uma panela de fundo grosso se possível, aqueça o óleo.

Tempere bem a carne com sal e, em fogo alto, doure-a de todos os lados. Quando estiver bem dourada, retire a carne da panela e reserve. Na mesma panela, junte a cebola e doure ligeiramente.

Junte o vinho branco, deglaçando* e raspando todos os sucos caramelizados* no fundo da panela, e reduza* até quase secar.

Adicione o suco de laranja e o fundo quente. Volte o lombo para a panela e cozinhe em fogo alto até o líquido ferver.

Reduza então o fogo, tampe a panela e leve ao forno preaquecido (140°C). Asse por 1 hora, sem deixar o líquido secar até que a carne esteja cozida e macia.

Retire do forno, reserve a carne e reduza o molho. Acerte o tempero, coe, adicione as cascas de laranja e sirva o lombo fatiado com o molho.

GRELHAR E CHAPEAR

Método de cocção em que a fonte de calor está situada na parte inferior da carne, em uma grelha, chapa ou frigideira. A cocção é feita por condução, quando os sucos da carne tendem a se manter no interior da peça. É ideal para cortes naturalmente macios, como contrafilé, filé-mignon e alcatra. Além do método de cocção (grelhar), a escolha da receita mais adequada também é muito importante. Por exemplo: um contrafilé grelhado apenas com sal e pimenta é muito saboroso por si só, enquanto um filé-mignon grelhado, além de sal e pimenta, requer um molho para agregar sabor.

Técnica geral para grelhar (bifes, bistecas, medalhões, tournedos)

Escolha um óleo que tenha alta resistência à temperatura e sabor neutro (milho ou canola).

Aqueça bem a grelha. Salgue, unte a peça a ser grelhada com óleo e a coloque sobre a grelha. Deixe a carne grelhando até que os sucos comecem a aparecer na superfície.

Vire e cozinhe até atingir o ponto de cocção desejado.

Para chapear, use frigideira de fundo espesso ou chapa de ferro, aqueça bem e coloque o óleo. Salgue a peça e a coloque na chapa ou frigideira, em fogo alto. Quando os sucos começarem a aparecer na superfície, vire a peça e prossiga a cocção em fogo alto (para carnes malpassadas) ou abaixe o fogo (para carnes

ao ponto); ou finalize a cocção colocando a peça em forno preaquecido em temperatura alta, para chegar ao ponto (no caso de carnes bem-passadas).

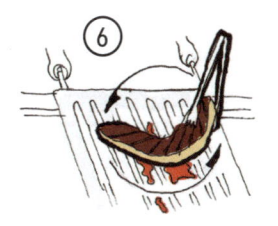

①

Óleo de Milho

②

③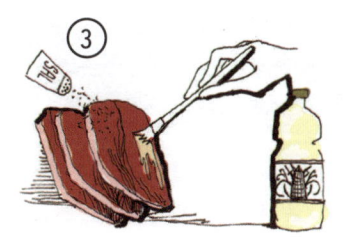

④

⑤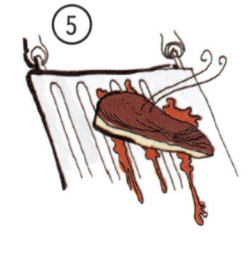

⑦

⑧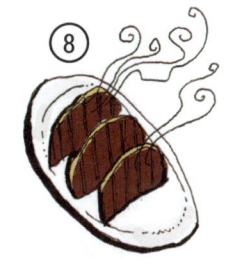

- Somente segundos antes de levar ao fogo tempere a carne a ser grelhada com sal, pois este extrai parte do suco da carne.
- Não vire muitas vezes, pois isso impede que o calor aja sobre a carne de maneira contínua.
- Vire com uma espátula ou pinça, nunca com um garfo. Ao furar a carne, boa parte do seu suco se perde e, com ele, a suculência.

TEMPO, ESPESSURA E COZIMENTO

A espessura, o ponto desejado e o poder do fogo são as variantes que determinam o tempo de cozimento da carne. Outros fatores importantes:

- A peça deve ser retirada da refrigeração 1 hora antes ir ao fogo. Um filé muito gelado não é adequado para fazer um medalhão malpassado, pois a carne ficará fria por dentro, já que não haverá tempo para o calor atingir o centro.

• A presença de um osso no corte dá mais sabor, mas aumenta o tempo de cocção, pois o calor demora mais para chegar aos pontos próximos ao osso.

• A melhor maneira de testar o ponto de cocção é vendo e tocando a carne, mas saber o tempo de cozimento, com certa margem de erro, também pode ajudar. À medida que a carne for cozinhando ficará mais firme, e a cor do interior passará de um vermelho profundo para um rosa claro, terminando em uma tonalidade rosa-acinzentada, quando bem-passada. A experiência é o melhor indicador e ela só virá com o tempo, por meio de tentativa e erro.

Algumas dicas para facilitar a avaliação

PONTO *BLEU*

É uma carne quase crua. Passada rapidamente por calor seco em frigideira, chapa ou panela. A temperatura interna é de 50°C.

A carne deve estar em temperatura ambiente no momento do preparo.

MALPASSADO

Grelhe os dois lados até ficarem dourados. A carne estará bem macia quando tocada e o interior manterá a mesma coloração, ou seja, o mesmo vermelho-escuro indicativo da carne crua.

AO PONTO

Grelhe os dois lados até ficarem dourados, abaixe o fogo e cozinhe por mais alguns minutos. A carne oferecerá certa resistência quando pressionada, o centro da peça estará rosado, o suco também, e surgirão gotas na superfície dourada ao ser virada.

BEM-PASSADO

Grelhe os dois lados até dourarem. Em seguida, leve ao forno preaquecido a 240°C e asse até chegar ao ponto desejado (apenas alguns minutos). A carne perderá a cor rosada e estará firme quando tocada. O cozimento é terminado no forno para evitar a formação de uma casca dura e queimada, causada pelo cozimento feito somente na frigideira.

As carnes bovinas e ovinas têm 4 pontos de cocção:

50°C	ponto *bleu*	toque muito macio
55°C a 60°C	malpassada	toque macio
60°C a 65°C	ao ponto	toque levemente firme
65°C a 74°C	bem-passada	toque firme

11. Garde manger

O termo *garde manger* era usado originariamente para denominar a despensa, local onde se guardava a comida. Como ali não havia refrigeração, aplicavam-se técnicas aos alimentos para preservá-los (curas, defumações, embutidos) e, com o tempo, o local passou a ser uma área da cozinha. Era lá que se produzia a parte fria dos banquetes, alimentos ornamentados com grande grau de excentricidade, além dos queijos, conservas e charcutaria.

Na brigada clássica de cozinha, o chefe do *garde manger* é o responsável por todas as preparações frias, incluindo saladas, charcutaria (frios e embutidos), patês, aperitivos, algumas decorações e pré-preparos para cozinha quente.

No serviço contemporâneo, o *garde manger* também é responsável pela preparação de sanduíches e, em hotéis, pelo serviço de quarto.

ESCOLHA DE INGREDIENTES

Como dito anteriormente, o *garde manger* tem como principais aliados os bons ingredientes e as técnicas aplicadas. Portanto, são imprescindíveis a compra e escolha de ingredientes de qualidade para garantir um bom resultado.

SAZONALIDADE

Palavra-chave quando falamos de comidas frias. As frutas, legumes e verduras são muito usadas. Cada produto tem sua época: quando está em melhores condições para o consumo, mais abundante e com preços menores. Hoje em dia pode-se encontrar os produtos durante todo o ano, pois as técnicas agrícolas estão avançadas e a abertura de mercado facilita a importação. Contudo, o ideal é conhecer as sazonalidades e procurar sempre os vegetais e frutas da estação.

COMPRA

Procure bons fornecedores e se informe sobre suas instalações e modo de trabalhar. Especifique cada produto, incluindo peso, tamanho, grau de maturação etc. e acompanhe as entregas recusando produtos que não sigam as especificações desejadas (exemplo: tomate tipo Débora, oblongo, maduro para salada em caixa com 10 kg).

ARMAZENAGEM

Produtos secos devem ser armazenados em caixas plásticas devidamente organizadas em local seco e fresco, favorecendo assim o uso dos ingredientes mais velhos, com data de validade mais próxima (método do PEPS – primeiro que entra, primeiro que sai). Quanto aos produtos frescos, estes devem ser armazenados sob refrigeração, de acordo com suas características.

MODO DE FAZER
SALADAS

Atualmente, a preocupação com a saúde e a aparência fez aumentar o consumo de saladas, tornando esses pratos obrigatórios na composição dos cardápios.

Saladas podem ser classificadas como prato frio composto de um ou mais ingredientes, ligados ou não por um molho.

A despeito dessa classificação, podemos agregar um ou mais elementos quentes a uma salada. Além disso, ingredientes frios não precisam necessariamente ser servidos crus.

Folhas

Pode-se criar uma enorme variedade de produções escolhendo folhas apropriadas e fazendo uma boa combinação com molhos.

Para preparar saladas com sucesso é importante conhecer os tipos de folha disponíveis, seu sabor e sua textura, bem como a melhor maneira de utilizá-las. Os principais tipos de folha existentes no Brasil são **alfaces** (lisa, crespa, roxa, mimosa, americana e romana); **chicórias** (endívias, *radicchio*, escarola, chicória, chicória *frisée*); e as outras (repolho, repolho roxo, acelga, mostarda, rúcula, agrião, azedinha, *mâche*, espinafre).

Há uma classificação das folhas de acordo com o sabor e as características e esta deve ser observada na montagem de saladas: folhas suaves (alfaces em geral); folhas picantes (agrião, mostarda); folhas amargas (rúcula, *radicchio*).

LIMPEZA

Separar as folhas e lavá-las uma a uma sob água corrente; higienizá-las, deixando-as imersas em água com cloro (seguindo as instruções do produto); secar muito bem as folhas em centrífuga específica para esse fim ou com papel-toalha; armazenar as folhas adequadamente sob refrigeração, cobertas com papel úmido; rasgar as folhas em bocados.

USOS

As saladas podem ser servidas como entrada, acompanhamento ou prato principal. Vários fatores devem ser considerados na escolha do tipo de salada, como:

• se for acompanhar mais de um prato, basta uma salada de folhas com um molho básico (vinagrete, por exemplo);

• se for complementar uma produção como um grelhado ou uma fritura, deve agregar sabor, textura e nutrientes ao prato (salada de batata com gorgonzola acompanhando um frango grelhado, por exemplo);

• se for servir de entrada, deve ser leve, pequena, mas muito saborosa; não precisa combinar com o prato principal e não deve repetir ingredientes (exemplo: salada verde com truta defumada e amêndoa em lâminas não combina com truta defumada com molho de amêndoa como prato principal);

• se for o prato principal, deve ser rica, servida em porção maior, e ter na composição, se possível, proteína, carboidrato e vegetais (por exemplo: salada com folhas e vegetais, queijo grelhado e croûtons);

• se for servida no final da refeição (como é muito comum na Itália e na França), como um digestivo ou para limpar o paladar antes do queijo, deve ser apenas de folhas.

Como qualquer outro tipo de prato, uma boa salada deve ter ingredientes de qualidade e escolhidos de forma a obter um prato equilibrado.

O cuidado na aparência e preparo fará que a salada se torne mais atraente e apetitosa (uma cenoura mal cortada não produz a mesma sensação que outra cortada em finas fatias ou tiras crocantes, mais fáceis de mastigar).

Na hora de montar (empratar) sua salada, tente visualizar o resultado e considere os seguintes elementos:

• cores (de monocromáticas a supercoloridas);

• montagem e formato (simétrica ou assimétrica, se tem altura ou se é mais espalhada no prato);

• se tem ou não elementos de decoração, e assim por diante.

O importante é que o produto final tenha harmonia e pareça gostoso, sem contudo denotar excesso de manipulação – problema muito comum em produções frias, quando a comida parece mexida demais ou muito arrumada.

Não há regras para a composição de saladas, mas alguns pontos devem ser levados em consideração, como:

• escolha ingredientes que combinem – sabores contrastantes são interessantes, sabores conflitantes são um desastre.

• procure ingredientes de cores, sabores e texturas diferentes; lembre-se de que cada ingrediente pode ser degustado separadamente, portanto, tudo deve ter um sabor bom.

• monte a salada visando à sua aparência final.

Há muitas possibilidades de combinação para deixar as saladas agridoces mais interessantes, como:

• quanto ao sabor: salgado-doce (bacon com maçã, melão com presunto); ácido-gorduroso (salmão com limão, vinagre com azeite); picante-doce (manga com pimenta, *chutney*); leve-rico (folhas com queijo, amêndoa com vagem).

• quanto à textura: crocante-macio (salada com *croûtons*, batata com bacon), macio-firme (parmesão e alface-romana).

• quanto à temperatura: quente-frio (salada com molho morno, salada com queijo grelhado).

Além das folhas e vegetais, ainda podemos adicionar às saladas queijos, grãos e cereais, carnes frias desfiadas, defumados, embutidos, frutas secas e frescas, flores comestíveis, oleaginosas*, ervas, marinados/conservas (pepino azedo, palmito), pães, massas, sementes (gergelim, girassol, abóbora etc.).

ADIÇÃO DE MOLHO

Em primeiro lugar, só tempere a salada no momento de servir:

Coloque as folhas limpas e secas em uma tigela de tamanho apropriado (não a que você irá usar para servir a salada), adicione o molho e, usando duas colheres (ou as mãos, como preferimos!), envolva todas as folhas no molho uniformemente. Cada folha deve estar apenas coberta com o molho, cuidando para que não haja excessos. Transfira a salada já temperada para o prato de servir.

DECORAÇÃO

Escolha a decoração de acordo com os ingredientes utilizados na salada. Tome cuidado, pois muitas vezes a própria salada já é bastante bonita e dispensa decoração, mas, caso isso seja necessário, não exagere nem coloque elementos excessivamente coloridos ou enfeitados (flores de tomate, vassouras de nabo etc.). Lembre-se de que tudo que está no prato deve ser comestível!

Salada Caesar

Rendimento: 6 PORÇÕES

Ingredientes
Croûtons
2 dentes de alho amassados com sal e azeite de oliva extravirgem
3 fatias de pão italiano redondo

Molho
1 filé de anchova posto de molho no leite por 1 hora, escorrido e bem picado
3 gemas semicozidas (cozidas por 8 minutos)
30 ml de suco de limão
60 g de queijo parmesão ralado fino
150 ml de azeite de oliva extravirgem
sal e pimenta-do-reino moída na hora

Montagem
1 maço de alface-romana
60 g de queijo parmesão em lascas
1 dente de alho sem casca

Preparo
Croûtons

Passe a mistura de alho no pão italiano, corte-o em cubinhos e coloque em uma assadeira.

Leve ao forno preaquecido a 160°C e asse até que esteja bem seco.

Molho

Com um garfo, amasse a anchova, junte as gemas, sal e pimenta e misture muito bem para que forme uma pasta.

Acrescente o suco de limão e o parmesão e incorpore tudo.

Junte o azeite em fio, emulsificando* com um *fouet*.

Se ficar muito espesso, alongue* com um pouco de água fria.

Montagem

Lave e seque as folhas de alface. Separe a saladeira ou prato de servir e esfregue toda a superfície interna, de leve, com o dente de alho.

Rasgue as folhas, transfira para a saladeira, tempere com o molho e salpique os *croûtons* e as lascas de parmesão.

Salada de batata com gorgonzola

Rendimento: 6 PORÇÕES

Ingredientes

1 kg de batata pequena, bem lavada
1 colher (chá) de sal
60 ml de vinagre de vinho branco
folhas de 1 galho de alecrim
1 colher (sopa) de mostarda de Dijon
50 ml de azeite de oliva extravirgem
150 g de queijo gorgonzola
sal e pimenta-do-reino moída na hora

Preparo

Cozinhe a batata em água com sal até ficar tenra.

Em uma tigela grande, misture 50 ml de vinagre às folhas de alecrim e, assim que a batata cozinhar, coloque-a na tigela para esfriar, mexendo.

Em uma tigela à parte, prepare um vinagrete com o vinagre restante, a mostarda, o azeite, sal e uma pitada de pimenta.

Junte o queijo e use o molho para temperar a batata.

Sirva frio ou em temperatura ambiente.

Salada verde com *confit* de pato

Rendimento: 6 PORÇÕES

Ingredientes

½ maço de alface-americana
½ maço de rúcula
½ maço de alface-roxa
⅓ de maço de chicória *frisée*
30 ml de vinagre de framboesa (ou de vinho branco)
50 g de framboesa fresca ou congelada
40 ml de azeite de oliva extravirgem
50 ml de óleo
300 g de *confit* de pato em lascas, sem pele, em temperatura ambiente (ver p. 198)
suco de limão
sal e pimenta-do-reino moída na hora

Preparo

Lave e seque as folhas.

Em uma tigela, dissolva o sal e a pimenta no vinagre.

Adicione a framboesa e amasse bem com um garfo.

Junte o azeite e o óleo em fio, emulsificando* com um *fouet*, até ficar homogêneo.

Prove e acerte o sabor adicionando, se necessário, algumas gotas de suco de limão.

Coloque as folhas rasgadas em uma tigela grande, regue com o molho e misture, envolvendo bem as folhas.

Disponha as folhas no prato de serviço e distribua com cuidado as lascas de *confit*.

Salada de grãos com especiarias

Rendimento: 6 PORÇÕES

Ingredientes

45 g de arroz selvagem

30 g de cevada em grão

30 g de arroz integral

30 g de aveia em grão

45 g de trigo em grão

¼ colher (chá) de cominho em pó

¼ colher (chá) de canela em pó

1 envelope de açafrão (em pó ou pistilo)

100 g de manteiga sem sal

200 g de cebola em *brunoise* (ver p. 41)

300 g de abobrinha italiana em *brunoise*

100 g de amêndoa em lâminas

150 g de damasco turco (doce) em tiras

2 colheres (sopa) de folhas de hortelã rasgadas

sal e pimenta-do-reino moída na hora

Preparo

Cozinhe os grãos separadamente com bastante água, sal e as especiarias até que fiquem macios. Escorra a água e reserve.

Em um *sautoir* (ver p. 26), coloque metade da manteiga e salteie (ver p. 37) a cebola e a abobrinha até tomarem cor. Reserve.

Doure a amêndoa na manteiga restante.

Misture os grãos cozidos com os vegetais salteados, o damasco e a amêndoa e salpique a hortelã. Sirva em temperatura ambiente.

MOLHOS FRIOS

No *garde manger*, os molhos mais utilizados são:

- emulsões frias;
- molhos à base de laticínios;
- salsa (ver p. 69);
- *coulis* (ver p. 69);
- molhos de cobertura, entre outros.

As emulsões frias mais usadas são vinagrete e maionese, compostos basicamente de óleo, ácido e ovo (na maionese). O tipo de óleo e de ácido usado depende do resultado final desejado.

ÓLEOS

O azeite ou óleo de oliva é o mais usado, pois seu sabor único pode variar de suave e frutado a intenso e picante, dependendo da região de origem.

O azeite extravirgem, extraído da primeira prensagem a frio da azeitona, é o mais forte em sabor e cor e seu teor de acidez é de menos de 1%. Por ser mais saboroso e caro que os demais, é recomendado para uso em produções sem cocção – em molhos para saladas, para finalizar pratos ou como acompanhamento de pães no início da refeição ou sanduíches.

Há também outros óleos usados em saladas e molhos, como o de nozes, amendoim, milho, amêndoa, avelã, gergelim, semente de uva, de papoula e de girassol.

ÁCIDOS

Dentre os ácidos usados no preparo de molhos frios, o vinagre é o mais comum deles. É um subproduto do vinho ou de outra bebida

fermentada usando-se uma bactéria, acondicionado em barris de carvalho. A bactéria forma uma espécie de filtro, que consome o álcool existente no vinho e o transforma em ácido acético. Existem basicamente dois métodos de produção: o Orléans e o germânico.

No método Orléans, a fermentação requer mais ou menos três meses e é seguida de uma cuidadosa filtragem. Depois, o ácido acético é regulado com a adição de água e/ou vinho, de maneira que fique em torno de 6% no produto acabado. No método germânico, o tempo de fermentação é abreviado para um a três dias. É claro que as diferenças de sabor são significativas.

O vinagre balsâmico é um tipo especial de vinagre, feito a partir de vinho tinto envelhecido em tonel de carvalho. O verdadeiro vinagre balsâmico passa por 13 diferentes tonéis de carvalho antes de estar pronto.

Existem vinagres feitos a partir da fermentação de outros alimentos. Os mais comuns são os de maçã e de arroz.

Nas emulsões frias também são usados como ácido o suco de limão ou de frutas ácidas (maracujá, laranja, kiwi, framboesa etc.).

EMULSÕES FRIAS

Emulsão* é a combinação mecânica (batendo com *fouet**, liquidificador ou agitando um pote fechado) de elementos que não se misturam naturalmente, como água e óleo, por exemplo. Dessa forma, os elementos são quebrados em partículas muito pequenas, que ficam em suspensão dando a impressão de que estão misturados.

Existem três tipos de emulsão: temporária (vinagrete), semipermanente (*hollandaise*) e permanente (maionese).

VINAGRETE/EMULSÃO TEMPORÁRIA

Principal molho frio usado na cozinha (pois não aparece apenas no *garde manger*, mas em preparações quentes e em finalizações). Trata-se da combinação de ácido e óleo.

PROPORÇÃO BÁSICA: 3 PARTES DE ÓLEO PARA 1 PARTE DE ÁCIDO

O que transforma essa mistura em um molho perfeito é a proporção correta e a emulsificação, feita com um *fouet**, ou colocando-se os ingredientes em um recipiente (pote) bem fechado e agitando até que o molho fique cremoso e uniforme.

O vinagrete pode ser preparado de diversas formas para criar inúmeras variações. Há, contudo, alguns fatores a considerar:

• A proporção pode variar de acordo com o grau de acidez do ácido utilizado.

• Óleos muito aromáticos, como o azeite extravirgem e o óleo de nozes, em geral contribuem com boa parte do sabor dos vinagretes, portanto é preciso cuidado para que o vinagre utilizado não mascare o sabor desses óleos.

• Às vezes é necessário mesclar um óleo mais neutro com um de sabor mais intenso para que o vinagrete não fique muito forte em determinada salada. Deve-se pensar sempre no que se quer atingir.

• Vinagretes são emulsões temporárias, por isso é necessário mexer sempre antes de servir.

• Adicionar um pouco de água aumenta ligeiramente o grau de estabilidade da emulsão (a proporção ideal é 1 colher de sopa de água para 4 de azeite e 1 de ácido).

• É necessário fazer o vinagrete com ingredientes em temperatura ambiente, para que aconteça a emulsificação.

• Sempre dissolva o sal no vinagre antes de adicionar o azeite, pois o sal não dissolve no azeite.

MAIONESE/EMULSÃO PERMANENTE

Molho feito através da combinação de gemas, ácido e óleo. Por conter gema, rica em lecitina – um agente emulsificante –, a maionese não se separa quando pronta, pois é uma emulsão* estável.

PROPORÇÃO BÁSICA: 180 ML A 240 ML DE ÓLEO PARA 1 GEMA

A quantidade de óleo deve variar de acordo com o tamanho das gemas. Por tratar-se de um molho de base, o óleo deve ser preferencialmente neutro, salvo quando se queira usar, por exemplo, azeite para agregar sabor. Fique atento, pois a quantidade de óleo é grande e, ao substituir por azeite, o sabor pode ficar forte. Vale usar meio a meio!

Na produção da maionese pode-se usar suco de limão e diferentes tipos de vinagre. O ácido é utilizado para dar sabor e para ajustar a consistência do molho.

A maionese e molhos que a contêm como base podem ser usados em saladas, como *dip* para vegetais e peixes, sanduíches etc.

Alguns fatores que devem ser considerados:

• Para se atingir uma emulsificação melhor, os ingredientes devem estar em temperatura ambiente.

• Uma boa maionese deve ser cremosa e com uma cor amarelo-pálido, e, ao cair da colher, deve se espalhar ligeiramente.

• Deve haver acidez suficiente para realçar o sabor, sem, contudo, ser predominante.

• Adicionar um pouco de água às gemas facilita a emulsificação.

• A adição do óleo deve ser lenta e gradual, pois se for muito rápida, o molho poderá quebrar.

• Como a maionese é um molho espesso, raramente é utilizada sozinha como molho para uma salada. Nesse caso, a melhor maneira de empregar a maionese é diluí-la em um vinagrete.

Maionese

Rendimento: 800 GRAMAS

Ingredientes

2 gemas
45 ml de vinagre de vinho branco
45 ml de água
1 colher (chá) de mostarda de Dijon
450 g de óleo
sal e pimenta-do-reino moída na hora
suco de limão para acertar a acidez

Preparo

Coloque no liquidificador as gemas, o vinagre, a água, a mostarda, sal e pimenta. Bata até que a mistura esteja espumosa, adicionando aos poucos o óleo em fio, com o liquidificador em velocidade média, até que todo o óleo tenha sido incorporado e a maionese esteja densa (deve ser cremosa e amarelo-pálido – e, ao cair da colher, deverá se espalhar ligeiramente). Ajuste os temperos e acerte a acidez e a textura com o suco de limão (se necessário).

MOLHOS À BASE DE LATICÍNIOS

Os molhos à base de laticínios não seguem regras ou técnicas específicas. Os mais comumente usados no *garde manger* são: creme azedo (*sour cream*), molhos à base de queijos (com queijos cremosos em geral), molhos com iogurte, molhos enriquecidos com creme de leite fresco, entre outros. É necessário cuidado ao usar esses molhos, pois têm textura densa e podem deixar a produção pesada.

Podem ser usados para acompanhar peixes marinados, defumados, embutidos etc.

CREME AZEDO

O creme azedo (*sour cream*) é um creme de leite fermentado naturalmente ou através da adição de bactérias. De textura suave e sabor ácido, é mais espesso que o creme de leite fresco.

Creme azedo (sour cream)

Rendimento: 300 GRAMAS

Ingredientes

500 ml de creme de leite fresco
suco de 1 limão ou mais, caso necessário
1 colher (chá) de sal

Preparo

Esprema o limão e misture-o ao creme de leite. Cubra com um plástico filme, e deixe a mistura descansar por 1 hora, ou até espessar.

Tempere com o sal. Ajuste a acidez (adicionando mais limão, se necessário) e refrigere para uso.

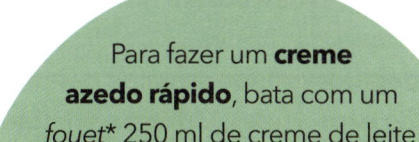

Para fazer um **creme azedo rápido**, bata com um *fouet** 250 ml de creme de leite fresco com um pouco de sal e pimenta, até espessar ligeiramente. Adicione suco de ½ limão e bata até o ponto de chantili. Prove e ajuste a acidez, adicionando mais gotas de limão, se necessário. Reserve sob refrigeração.

Molho cremoso de queijo de cabra

Rendimento: 250 GRAMAS

Ingredientes

90 g de queijo de cabra fresco esmigalhado
suco de 1 limão
20 ml de óleo de nozes
90 ml de azeite de oliva extravirgem
40 g de queijo parmesão ralado
sal e pimenta-do-reino moída na hora

Preparo

Coloque o queijo de cabra, o suco de limão, sal e pimenta em uma tigela.

Acrescente o óleo de nozes e o azeite e misture bem com um garfo.

Junte o parmesão, misture e reserve em temperatura ambiente.

ÓLEOS E VINAGRES AROMATIZADOS

Considerados grandes trunfos nas mãos de cozinheiros experientes, são uma combinação de sucos de vegetais, ervas, raízes e outras especiarias com óleos, azeites e vinagres. Podem ser utilizados como molho, para decorar e finalizar produções, ou ainda na composição de outros molhos.

Azeite de tomilho

Rendimento: 500 ML

Ingredientes
2 maços (ou bandejas) de tomilho
½ colher (chá) de pimenta-do-reino
   preta levemente amassada
2 xícaras de azeite de oliva extravirgem
   tiras da casca de ½ limão-siciliano

Preparo
Separe as folhas de tomilho dos galhos. Pique com uma faca ou bata em um miniprocessador. Em uma panela, misture o tomilho, a pimenta-do-reino e o azeite e aqueça levemente. Coloque em um vidro limpo e junte as tiras de limão-siciliano depois que esfriar. Sacuda bem. Deixe em infusão* em temperatura ambiente por 2 horas. Guarde por no máximo 1 mês, bem tampado, em geladeira.

Vinagre infuso

Rendimento: 500 ML

Ingredientes
500 ml de vinagre de vinho branco
4 dentes de alho
2 ramos de alecrim
10 pimentas-do-reino em grão
10 pimentas rosa em grão

Preparo
Em uma panela, aqueça o vinagre a mais ou menos 50°C. Coloque o alho, o alecrim e as pimentas no recipiente escolhido. Adicione o vinagre morno sobre elas. Deixe esfriar e tampe. Mantenha na geladeira, use após 5 ou 6 dias e conserve no vidro por até 2 meses.

Óleo aromatizado com extrato de tomate

Rendimento: 450 ML

Ingredientes
300 ml de óleo
150 g de extrato de tomate

Aqueça o óleo com o extrato de tomate a 80°C.
Misture bem, deixe decantar*, retire o óleo e coloque em um recipiente. Mantenha na geladeira por até 3 meses.

Azeite de ciboulette

Rendimento: 500 ML

Ingredientes

1 maço (ou bandeja) de *ciboulette*
1 colher (sopa) de estragão seco
500 ml de azeite de oliva extravirgem

Preparo

Branqueie* a *ciboulette*. Escorra e seque bem.

Meça a *ciboulette* e coloque-a no liquidificador ou processador com o estragão, junte a mesma medida de azeite extravirgem. Bata até virar uma pasta homogênea. Transfira para um vidro transparente e junte o dobro da quantidade de azeite.

Tampe e sacuda para misturar bem e guarde por um dia. Quando as ervas decantarem*, filtre o óleo através de uma gaze ou peneira finíssima, tomando cuidado para que nenhuma partícula passe para o vidro (limpo). Pode ser usado imediatamente ou guardado por até uma semana na geladeira.

Hors-d'oeuvres (aperitivos)

Frios ou quentes, os *hors-d'oeuvres* são pequenas porções de alimento servidos antes da refeição para abrir o apetite. Podem ser dispostos em mesas ou servidos por garçons (serviço de coquetel).

TIPOS DE *HORS-D'OEUVRES*

SALGADINHOS

São produções do tamanho de um bocado. A escolha dos tipos é baseada nos costumes de cada país. No Brasil, são comuns os salgadinhos fritos, empanados e assados, tais como coxinhas, empadas, bolinhas de queijo, pastéis, croquetes etc.

CANAPÉS

Dentre as produções de *hors-d'oeuvre*, o canapé é um clássico bastante utilizado.

Quente ou frio, pode ser composto de uma infinidade de ingredientes e variações.

Sua composição é base + pasta + recheio + decoração.

Base

Um pão de sua escolha, ou base de canapé que pode ser pão cortado, bases industrializadas (*tartelettes*) ou bases feitas com vegetais (rodelas de cenoura, batatinhas), frutas secas, *blinis*, *tortillas*, massas (*brisée e choux*) etc.

Pasta

Ingrediente cremoso usado para dar umidade e proteção à base, normalmente feita com queijos cremosos, manteiga, maionese ou creme de leite (chantili, reduções*).

Recheio

Ingrediente que dá sabor e pode ser utilizado isoladamente ou em uma combinação com outros (frios, vegetais, ovas, defumados etc.).

Decoração

Pode ser ou não parte do recheio, mas serve basicamente para dar visual ao canapé montado (ervas picadas, pimentas, frutas secas etc.).

OVAS DE PEIXE

As mais encontradas vêm de peixes de tamanho médio como arenque, carpa, *haddock*, salmão etc. São encontradas frescas, congeladas ou enlatadas, são muito delicadas e se deterioram facilmente. Um dos ingredientes mais exclusivos para a composição de *hors-d'oeuvres*, é a ova do esturjão (caviar), peixe originário do mar Cáspio, que possui condições de temperatura e saturação da água ideais para o crescimento deste peixe. As ovas são retiradas do peixe e salgadas ainda no barco. Existem basicamente 3 tipos de caviar comercializados atualmente, apesar de haver mais de 400 espécies de esturjão. Os três tipos mais comuns são beluga, sevruga e osetra.

Existe ainda um caviar raro, o dourado alma, antes degustado apenas pelos monarcas russos e iranianos. O que diferencia as ovas do caviar é a espécie de peixe e o processo de salga.

O caviar é tradicionalmente servido com *blinis* e creme azedo; é muito perecível, requer cuidados especiais no manuseio e serviço. Deve ser servido em recipiente de cristal, sobre gelo e com colher que não seja de prata.

MOUSSES FRIAS

Combinação de três elementos: uma base (purê de vegetais, de carnes defumadas e cozidas ou de queijos), uma liga (gelatina) e um agente aerador (claras em neve e/ou creme de leite fresco batido). Aparecem na composição de *hors-d'oeuvres* como recheio de *tartelettes* salgadas, *vol-au-vents* ou na composição de canapés.

A fórmula básica para mousses frias é 900 g de purê-base + 30 g de gelatina + 240 ml de líquido + 500 ml de agente aerador.

CRUDITÉS

Legumes e vegetais servidos crus, cortados uniformemente e acompanhados de molhos (*dips*) espessos à base de maionese ou queijos cremosos.

SANDUÍCHES

O preparo de sanduíches é uma responsabilidade do *garde manger*. Além dos sanduíches tradicionais, existem os *finger sandwichs*, que são minissanduíches, do tamanho de uma ou duas mordidas, servidos nos famosos chás ingleses ou mesmo como *hors-d'oeuvres*.

Assim como os canapés, os sanduíches devem apresentar em sua composição: base + pasta + recheio; a decoração é facultativa, variando de acordo com a produção e finalidade.

Club sandwich

Rendimento: 6 PORÇÕES

Ingredientes

20 fatias de bacon
18 fatias de pão de fôrma branco
100 g de maionese (ver p. 230)
15 folhas de alface lisa lavadas
3 tomates em rodelas
600 g de peito de peru em fatias

Preparo

Em uma frigideira, sue* o bacon até ficar bem crocante.

Monte o sanduíche com 3 fatias de pão levemente torrado, intercaladas com maionese, alface, tomate, peito de peru e bacon.

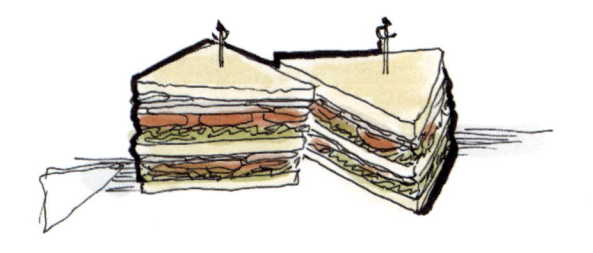

Canapé de duxelles com ciboulette

Rendimento: 6 PORÇÕES

Ingredientes

20 casquinhas para canapé individuais
100 g de *cream cheese*
20 g de manteiga sem sal
20 g de cebola em *brunoise* (ver p. 41)
100 g de cogumelo-de-paris em *brunoise*
20 ml de vinho branco seco
80 ml de creme de leite fresco
suco de limão (opcional)
1 colher (sopa) de folhas de salsa picadas
ciboulette em pedaços de aproximadamente 3 cm
sal e pimenta-do-reino moída na hora

Preparo

Preaqueça o forno a 180°C e aqueça as casquinhas para canapé por 10 minutos.

Retire do forno e espalhe uma porção pequena de *cream cheese* em cada uma delas.

Aqueça uma *sauteuse* (ver p. 26), coloque a manteiga e sue* a cebola.

Junte o cogumelo e salteie (ver p. 37) até que seque.

*Deglaceie** com o vinho branco e algumas gotas de suco de limão e espere secar. Adicione o creme de leite e cozinhe até engrossar um pouco. Tempere com sal e pimenta e salpique com a salsa picada.

Recheie as casquinhas torradas com uma porção de *duxelles* e decore com a *ciboulette*.

Sirva quente.

Blinis com ovas e creme azedo

Rendimento: 6 PORÇÕES

Ingredientes

5 g de fermento biológico em pó

20 ml de água morna

200 ml de leite morno

20 g de manteiga sem sal

15 g de açúcar

120 g de farinha de trigo

1 ovo

200 g de creme azedo (ver p. 231)

1 potinho de ovas de sua preferência

3 colheres (sopa) de *ciboulette* picada

sal

manteiga clarificada* para fritar

Preparo

Para preparar os *blinis*, dissolva o fermento em água morna.

Em uma panela, junte o leite e a manteiga, leve ao fogo e aqueça sem deixar ferver.

Deixe esfriar.

Peneire o sal, o açúcar e a farinha e reserve.

Bata a gema até adquirir consistência levemente aerada.

Adicione aos poucos a mistura de leite à gema.

Junte a farinha e mexa bem.

Junte o fermento e descanse por 1 hora.

Bata a clara em ponto de neve e acrescente à mistura.

Cubra e deixe crescer por aproximadamente 40 minutos ou até dobrar de volume.

Frite em manteiga clarificada como panquecas de aproximadamente 2,5 cm de diâmetro.

Disponha os *blinis* em uma travessa e coloque sob cada um deles uma pequena porção de creme azedo.

Coloque em seguida as ovas e decore com a *ciboulette* picada.

Charcutaria

É a produção de embutidos, patês e *terrines*, conhecidos como recheios, além de preparações clássicas como *galantines e pâtés en croûte*.

TERRINE

A denominação advém da abreviação do nome clássico do prato, *pâté en terrine (terrine* ou terracota é a matéria-prima da qual se fazia a fôrma, originariamente a cerâmica).

São recheios assados ou moldados em fôrmas de cerâmica ou metal com tampa e servidos frios.

PATÊS

São recheios assados em diferentes recipientes e apresentados de diversas formas, frios ou quentes.

Como base para a produção de patês e *terrines*, é utilizada uma mistura que consiste na carne crua moída, temperada e emulsificada* com gordura. A consistência dessa mistura pode variar de acordo com o produto final. Patês de *campagne* costumam ser mais rústicos, ao passo que *mousselines* têm textura mais suave e delicada.

Os quatro preparos básicos de recheios para a produção de patês e *terrines* são: ***campagne*, simples, *gratin* e mousseline.**

Essas produções podem também ser utilizadas como recheio (codorna recheada, por exemplo).

CAMPAGNE

O tradicional tem temperos fortes, como cebola, alho, pimenta-do-reino e louro. É o mais simples de todos, tem textura rústica (pedaços maiores), na maioria das vezes é marinado com antecedência e contém miúdos (fígado, moela etc.).

SIMPLES

Mais refinado que o de *campagne*, é o mais versátil deles. Deve ser bem temperado, mas o tempero nunca deve predominar ou mascarar o sabor da carne utilizada. É feito com partes iguais de carne, gordura (geralmente de porco) e uma carne dominante, moídas em moagem progressiva e processadas.

GRATIN

A carne dominante é parcial ou totalmente cozida antes da produção do recheio, que será depois marinado e moído.

MOUSSELINE

Deve ser delicada, aerada e de sabor suave. É comumente feita de peixes e frutos do mar, mas também pode ser feita de carne branca. A gordura usada para a *mousseline* é geralmente o creme de leite. Claras de ovos também são utilizadas para obter a textura aerada.

MISTURAS BÁSICAS

As misturas básicas são geralmente preparadas a partir dos seguintes componentes:

INGREDIENTES PRINCIPAIS

Porco, peixe, frutos do mar, caça, aves, carne bovina, vitela e ainda miúdos como fígado de galinha e de porco.

Gordura de porco

Componente importante que deve ser de sabor neutro.

Sal e temperos

O sal tem função vital na produção das misturas básicas, pois ele drena a proteína da carne.

Receitas clássicas usam geralmente especiarias moídas, como *quatre épices*. No entanto, ervas, vegetais aromáticos (como cebola e alho), cogumelos, vinhos, conhaques, destilados, vinagres etc. são também adicionados.

LIGAS SECUNDÁRIAS

Utilizadas quando a proteína dos recheios não é suficiente para dar textura, estrutura e liga às misturas básicas. São elas:

Panade

Liga à base de amido usada para segurar a parte gordurosa da mistura básica, pois absorve os sucos naturais durante a cocção. Os tipos mais usados são pão embebido em leite, *pâte à choux*, farinha, arroz cozido e batata cozida.

Ovos

São usados para suavizar as misturas básicas, ajudam a ligar, mas devem ser usados com parcimônia, pois podem mudar a textura do recheio.

Leite em pó desnatado

Enriquece a mistura sem agregar líquido.

Decoração

Diversos tipos podem ser usadas para produção de *pâtés* e *terrines*, mas devem sempre ser compatíveis com o recheio. Essas decorações possibilitam a inclusão de sabor, textura e cor à fórmula básica dos recheios (bacon e folhas de louro, por exemplo).

MÉTODOS PARA O PREPARO DAS MISTURAS BÁSICAS

MÉTODO SIMPLES

• Marine a carne e a gordura cortadas em cubos.

• Gele a mistura e, se possível, banhe o moedor com água gelada.

• Execute a primeira moagem no moedor grosso e gele por 15 minutos.

• Execute a segunda moagem no moedor médio e gele por 15 minutos.

• Execute mais uma moagem (em moedor mais fino ou no mesmo da segunda moagem) para obter uma massa homogênea e lisa.

• Tempere.

• Acerte o tempero escalfando em muito líquido uma pequena porção envolta em filme plástico (para ter uma noção de como ficará quando pronto).

• Acrescente a decoração.

• Cozinhe em banho-maria* de forno ou escalfe até a temperatura interna máxima de 63°C.

MÉTODO *CAMPAGNE*

• Marine a carne e a gordura cortadas em cubos.

• Gele o recheio e, se possível, banhe o moedor com água gelada.

• Execute a primeira moagem no moedor grosso, gele por 15 minutos e reserve a metade da carne moída grossa para decoração.

• Execute a segunda moagem com a metade da carne no moedor médio e gele por 15 minutos.

• Passe a carne moída com a *panade* e/ou ovo por mais uma moagem (em moedor mais fino ou no mesmo da segunda moagem) para obter uma massa homogênea e lisa.

• Misture as carnes processadas à carne moída grossa reservada.

• Tempere.

• Acerte o tempero como no método simples.

• Adicione a decoração e cozinhe em banho-maria* de forno ou escalfe em muito líquido até a temperatura interna máxima de 63°C.

MÉTODO *GRATIN*

• Corte a carne em pedaços grandes, salteie em gordura quente e resfrie*.

• Misture a carne à gordura ou *panade* e gele. Execute a primeira moagem em moedor grosso e gele por 15 minutos.

• Passe pelo moedor médio e gele por mais 15 minutos.

• Passe pelo processador ou liquidificador por 5 a 10 segundos ou até obter uma mistura homogênea e lisa.

• Tempere.

• Acerte o tempero e acrescente a decoração.

• Cozinhe em banho-maria* de forno ou escalfe em muito líquido até a temperatura interna máxima de 63°C.

MÉTODO *MOUSSELINE*

• Tudo deve estar bem gelado, inclusive a faca do processador.

• Misture a carne cortada em cubos aos ovos ou claras e sal.

• Processe rapidamente, acrescentando o creme de leite aos poucos até obter uma mistura homogênea e lisa.

• Passe pela peneira fina.

• Tempere.

• Acerte o tempero e acrescente a decoração.

• Cozinhe em banho-maria* de forno ou escalfe em muito líquido até a temperatura interna máxima de 63°C.

Pâté en croûte

É o mais elaborado dos *pâtés*, uma preparação assada em fôrma forrada com massa, cujo interior é composto de uma mistura básica de carne e gordura de porco em quantidades balanceadas.

Pode-se substituir a carne de porco por outras, mas deve-se manter o princípio básico de proporção entre carne e gordura.

Atualmente os *pâtés en croûte* são preparados em fôrmas retangulares, apesar de as fôrmas ovais ainda serem uma atraente alternativa para montagens de mesas de buffet.

MÉTODO PARA O PREPARO DE *PÂTÉ EN CROÛTE*

- Prepare o recheio de acordo com a mistura básica e refrigere até o momento de rechear a fôrma.
- Abra a massa seguindo este processo: meça o fundo e os lados da fôrma.
- Corte a massa com uma sobra de 5 cm nos lados e nas pontas, para que posteriormente seja dobrada; corte a cobertura com uma sobra de 5 cm a 6 cm, suficiente para cobrir completamente a parte superior da fôrma.
- As sobras da massa devem ser reservadas para a decoração final.
- Coloque a massa na fôrma e acomode-a no devido lugar.
- Pincele o ovo ligeiramente batido para colar.
- Forre o fundo e as laterais da massa com fatias de bacon, presunto cru, outro tipo de carne ou embutido fatiado.
- Coloque o recheio na fôrma, apertando para tirar as bolsas de ar com uma espátula e alisando a superfície.
- Feche o recheio com bacon, presunto cru etc. e cubra com a massa. Pincele a superfície com ovo batido, tomando cuidado para não escorrer.
- Cubra o *pâté* com papel-alumínio e asse em forno preaquecido a 180ºC até que fique parcialmente cozido (45 minutos). Retire o *pâté* do forno e remova o papel-alumínio.
- Com um cortador circular, faça um ou dois orifícios para que o vapor saia. Retire o disco de massa e recoloque o cortador no orifício para mantê-lo aberto durante o cozimento.
- Com a massa que sobrou, decore a parte de cima do *pâté en croûte* com motivos variados, colando-os com ovo batido.
- Termine de assar em forno preaquecido a 170ºC, até atingir a temperatura interna de 65ºC para carne e 60ºC para peixes e legumes.
- Retire do forno e deixe esfriar. Retire os líquidos da cocção, se houver, virando a fôrma com cuidado (certifique-se de que o *pâté* esteja bem frio).
- Recheie ainda na fôrma o *pâté en croûte* com *aspic*, despejando o líquido pelo orifício com o auxílio de um funil. O recheio vai encolher durante o cozimento, deixando assim um espaço entre ele e a massa, que deverá ser preenchido com o *aspic*.
- Refrigere antes de cortar e servir.

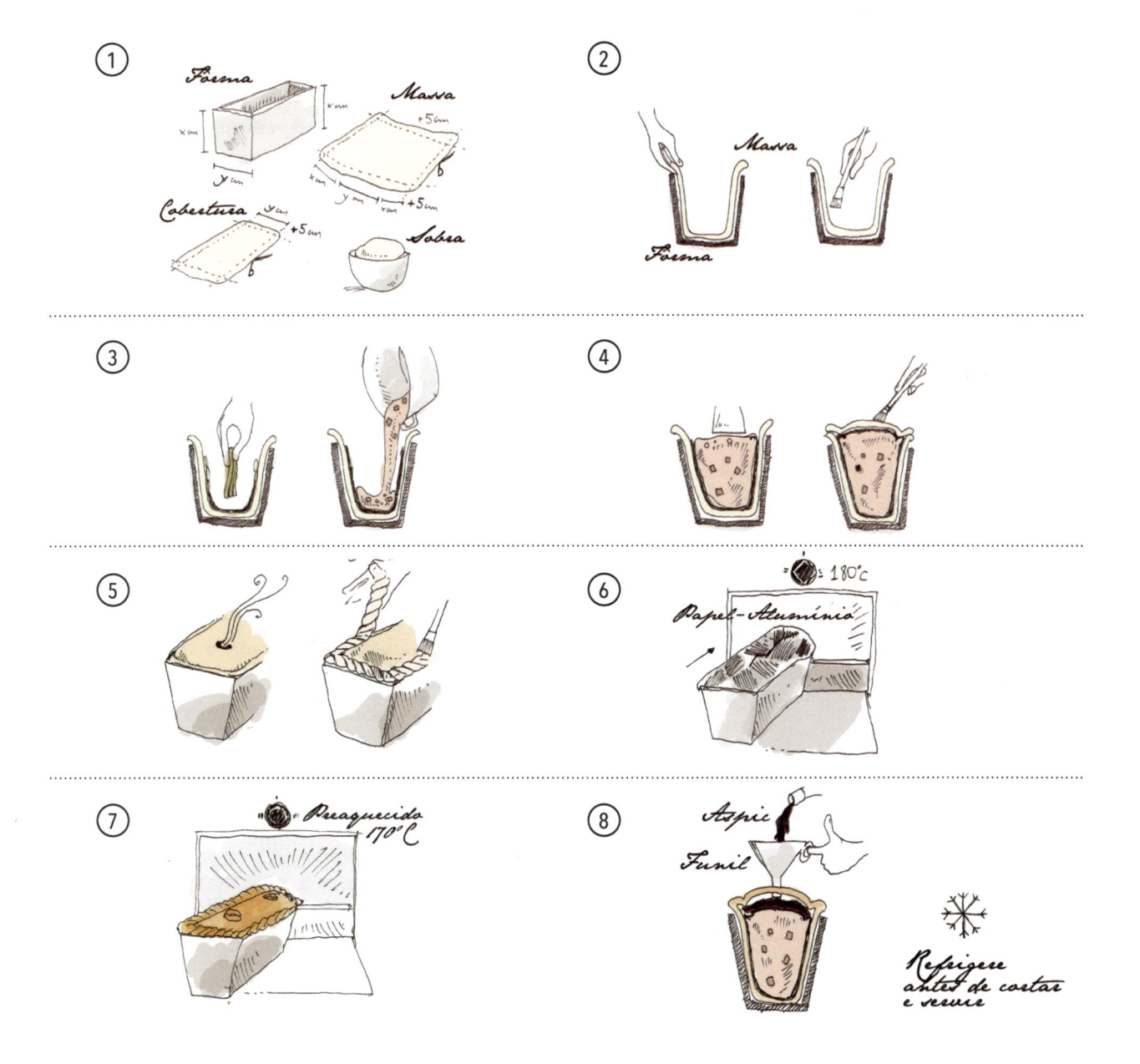

MAIS ITENS DE CHARCUTARIA

GALANTINE

É feita geralmente com um recheio de carne de ave, enrolada em sua própria pele. Também pode ser preparada com carne de peixe, coelho etc. As *galantines* devem ser escalfadas em fundo claro de ave, resfriadas* e servidas.

DODINE

Feitas de carne de ave (pato ou ganso), são similares às *galantines*, porém são assadas (e não escalfadas) e servidas quentes.

BALLOTINE

Semelhantes às *galantines*, mas envoltas em plástico ou pano. Normalmente são pocheadas ou cozidas no vapor e feitas de carnes diversas. Podem ser servidas quentes ou frias.

Mousseline de frango

Rendimento: 6 A 8 PORÇÕES

Ingredientes

500 g de carne de frango, limpa, em cubos
½ colher (chá) de páprica doce
2 claras
30 ml de vinho branco seco gelado
250 ml de creme de leite fresco
1 colher (chá) de folhas de tomilho picadas
sal e pimenta-do-reino branca moída na hora

Preparo

Tempere a carne com a páprica, sal e pimenta (ver em método *mousseline* p. 239). Junte a carne, as claras e o vinho branco e bata no processador até obter uma pasta homogênea. Retire a mistura e transfira para uma tigela.

Incorpore, aos poucos, o creme de leite (eventualmente, pode não haver necessidade de utilizar todo o creme), mexendo bem, até que todo o creme esteja bem envolvido na pasta. Adicione o tomilho.

Acerte o tempero e, caso deseje uma *mousseline* bem suave e delicada, passe a mistura por uma peneira.

Sugestão de serviço: faça *quenelles*, escalfe-as em muito líquido (ver p. 37) em fundo claro de ave (ver p. 44) e sirva com *sauce béarnaise* (ver p. 66) ou enforme a *mousseline* em *terrine* e asse a 180°C em banho-maria* por aproximadamente 1 hora.

Terrine de chèvre, pimentão vermelho, berinjela e pesto de salsa

Rendimento: 6 PORÇÕES

Ingredientes

Pesto

½ xícara de folhas de salsa

1 dente de alho pequeno

4 colheres (sopa) de vinagre de vinho branco

2 colheres (sopa) de água

6 colheres (sopa) de azeite de oliva extravirgem

sal e pimenta-do-reino moída na hora

Terrine

1 berinjela grande, em fatias de 1 cm no sentido do comprimento

⅓ xícara de azeite de oliva extravirgem

¼ xícara de azeitona preta, batida no processador

2 pimentões vermelhos grandes, sem pele e sem semente, em tiras

200 g de queijo de cabra cremoso ou em pasta (tipo *Crottin*, *Bûche de Chèvre*, *Montrachet* ou de *Bellay*), em fatias ou pedaços de 1 cm de espessura

sal e pimenta-do-reino moída na hora

Preparo

Pesto

Bata todos os ingredientes no liquidificador até obter um molho cremoso de cor verde intensa. Passe por peneira fina, apertando bem para extrair o máximo de sabor e cor.

Terrine

Preaqueça o gratinador (ou *broiler*) do forno ou, se não tiver, use o forno alto. Pincele a berinjela com azeite e arrume em uma assadeira em uma só camada. Tempere com sal e pimenta-do-reino. Grelhe a berinjela até dourar, vire e repita o processo. Com uma espátula, transfira para outra assadeira forrada com papel-toalha e escorra o excesso de azeite.

Forre uma fôrma de *terrine* de 24 cm x 10 cm com plástico filme, deixando sobrar uns 6 cm além das bordas da fôrma, para posteriormente cobrir a superfície.

Forre o fundo da fôrma com as fatias de berinjela, acrescente em seguida a pasta de azeitona preta, as fatias de pimentão e o queijo de cabra. Repita as camadas, terminando com a berinjela. Cubra com o plástico filme que sobrou nas bordas. Coloque um peso por cima (latas de conserva, um tijolo leve, um pedaço de mármore ou granito do tamanho da fôrma etc.). Leve à geladeira por no mínimo 24 horas. A *terrine* pode ser feita com até três dias de antecedência.

Antes de servir, retire a *terrine* da fôrma e depois retire o plástico. Corte fatias de 2 cm, forre uma travessa com um pouco de pesto de salsa e, com extremo cuidado, arrume-as sobre ele. Sirva o restante do pesto à parte.

Terrine de fígado

Rendimento: 6 A 8 PORÇÕES

Ingredientes

500 g de fígado de galinha limpo
500 ml de leite
½ colher (chá) de estragão seco
80 g de manteiga sem sal
50 g de cebola em *brunoise* (ver p. 41)
½ colher (chá) de folhas de tomilho
45 ml de conhaque
50 ml de creme de leite fresco
3 ovos
4 fatias de bacon
1 folha de louro
sal e pimenta-do-reino moída na hora

Preparo

Cubra os fígados limpos com leite, junte o estragão e deixe de molho por 12 horas na geladeira.

Coe. Em um *sautoir* (ver p. 26) grande, aqueça a manteiga e salteie (ver p. 37) a cebola, o tomilho e o fígado (ver método *gratin* p. 239).

Cozinhe por 5 minutos, ou até que os fígados percam a coloração rosada.

Transfira para uma tigela e junte o conhaque, o creme de leite, os ovos, sal e pimenta. Bata no processador até ficar homogêneo. Forre o fundo de uma *terrine* de 24 cm x 10 cm com o bacon e o louro e encha com o patê. Leve ao forno preaquecido a 190ºC e asse em banho-maria* por 1 hora.

Retire do forno e coloque um peso por cima (latas de conserva, um tijolo leve, um pedaço de mármore ou granito do tamanho da fôrma etc.). Leve à geladeira pelo menos por 2 dias. Sirva com compota agridoce de cebola.

Compota agridoce de cebola

Rendimento: 300 GRAMAS

Ingredientes

100 g de manteiga sem sal
500 g de cebola em rodelas finas
1 colher (chá) de sal
½ xícara de açúcar
½ xícara de vinho tinto
¼ de xícara de vinagre de vinho tinto
sal e pimenta-do-reino branca moída na hora

Preparo

Em um *sautoir* (ver p. 26), derreta a manteiga e murche a cebola, junto com o sal, uma pitada de pimenta-do-reino e o açúcar em fogo moderado, mexendo ocasionalmente, durante uns 20 minutos ou até a cebola ficar bem cozida. Junte o vinho e o vinagre, deixe levantar fervura e cozinhe em fogo moderado, sem tampar, mexendo de vez em quando, durante mais uns 20 minutos, até o líquido reduzir um pouco. Aumente a chama e engrosse rapidamente a compota. Retire e sirva morna ou fria.

Massa de pâté en croûte

Rendimento: 800 GRAMAS

Ingredientes

600 g de farinha de trigo

10 g de fermento em pó

45 g de leite em pó

15 g de sal

180 g de manteiga sem sal *en pommade**

3 ovos

15 ml de vinagre de vinho branco

180 ml de leite

farinha de trigo para polvilhar

Preparo

Bata no processador, na opção pulsar, a farinha, o fermento, o leite, o sal e a manteiga até estarem bem misturados. Adicione 2 ovos e o vinagre e processe por mais 5 segundos.

Coloque toda a massa na batedeira, acrescente o leite e bata por 3 a 4 minutos, em velocidade média, até que a massa forme uma bola.

Verifique a consistência (se está muito ressecada) e adicione mais leite se necessário. Retire a massa da batedeira e sove* com as mãos, até ficar macia e lisa. Embrulhe em plástico filme e deixe descansar por 30 minutos na geladeira.

Abra com o rolo sobre uma superfície enfarinhada, até ficar com 0,5 cm de espessura. Recorte a massa de forma a preencher uma fôrma de *terrine* de 30 cm x 10 cm. Recheie e feche, pincelando com a clara do ovo restante para colar.

Bata a gema que sobrou e pincele a massa. Asse coberta com papel-alumínio em forno preaquecido a 220°C por 15 minutos, e depois, descoberta, a 170°C até atingir a temperatura interna de mais ou menos 70°C (cerca de 40 minutos).

Recheio de pâté en croûte

Ingredientes

500 g de peito de frango

120 g de lombo

120 g de gordura de porco

50 g de cebola em *brunoise* (ver p. 41)

2 dentes de alho em *brunoise*

30 ml de óleo

30 ml de vinho do Porto

30 ml de Marsala

100 g de pistache tostado

50 g de uva-passa preta

½ colher (chá) de folhas de tomilho picadas

¼ de colher (chá) de folhas de alecrim picadas

100 g de presunto em fatias

sal e pimenta-do-reino moída na hora

Preparo

Separe 250 g do peito do frango e corte em cubos médios. Reserve na geladeira. Corte o restante do peito, junto com o lombo e a gordura de porco.

Em uma *sautese* (ver p. 26) pequena, sue* a cebola e o alho no óleo. Adicione a carne e salteie (ver p. 37) por alguns minutos. Acrescente os outros ingredientes, exceto o presunto e o peito de frango em cubos. Ajuste o tempero.

Moa a mistura de carne passando duas vezes pelo moedor médio e leve à geladeira (ver método *campagne* p. 239).

Bata essa mistura no processador por cinco segundos para obter uma massa lisa e homogênea. Misture então o peito de frango em cubos. Monte o *pâté en croûte* (ver p. 240): abra a massa, forre uma fôrma de *terrine*, distribua o presunto e depois recheie e asse.

Aspic

Rendimento: 1 LITRO

Ingredientes

30 g de gelatina em pó incolor sem sabor
1 litro de *consommé* (ver p. 73)

Preparo

Hidrate* a gelatina em um pouco de água por alguns minutos. Aqueça o *consommé* e acrescente a gelatina.

Deixe esfriar para que engrosse um pouco e encha o *pâté en croûte* (ver p. 240).

Linguiça de pernil de porco

Rendimento: 500 GRAMAS (APROXIMADAMENTE)

Ingredientes

1 dente de alho
½ colher (chá) de folhas de alecrim picadas
1 colher (sopa) de folhas de salsa picadas
¼ de colher (chá) de pimenta calabresa
60 g de bacon em *brunoise* (ver p. 41)
100 g de banha de porco em *brunoise*
300 g de pernil de porco
½ colher (chá) de antioxidante
15 ml de vinho branco
100 g de gelo
tripa hidratada* em água com vinho branco, cravo-da-
-índia, alho e louro por pelo menos 12 horas
sal

Preparo

Amasse o alho com sal, as ervas e a pimenta calabresa. Junte o bacon e a banha e misture bem (ver método *campagne* p. 239).

Pique grosseiramente a carne de porco, acrescente o antioxidante e o vinho, e junte tudo à mistura de bacon.

Separe metade da mistura e pique muito bem com a ponta da faca.

Passe o restante da mistura no moedor, com o gelo, usando o disco médio.

Encha a tripa com a mistura, amarre e faça pequenos furos.

Escalfe em pouco líquido (ver p. 37) a linguiça e frite.

Galantine de frango

Rendimento: 6 PORÇÕES

Ingredientes

1 galeto inteiro
100 g de bacon
150 g de peito de frango
1 colher (chá) de folhas de tomilho
1 colher (chá) de folhas de salsa picadas
15 ml de conhaque
 1 ovo
50 g de peito de peru defumado em cubos
30 g de pistache tostado
30 g de azeitona verde sem caroço em pedaços
3 litros de fundo claro de ave (ver p. 44)
pimenta-da-jamaica em pó
sal e pimenta-do-reino moída na hora

Preparo

Retire a pele do galeto. Reserve e desosse. Bata no processador o galeto, 50 g do bacon, o peito de frango, o tomilho, a salsa, o conhaque e o ovo. Corte o bacon restante em cubos médios e salteie (ver p. 37) até ficar crocante.

Retire a mistura do processador e adicione o bacon salteado, o peito de peru, o pistache e a azeitona. Tempere com sal e as pimentas. Coloque a pele sobre um pedaço de plástico filme e espalhe o recheio na parte central.

Enrole com o auxílio do plástico filme, formando um cilindro bem firme. Enrole no papel-alumínio, escalfe em muito líquido (ver p. 37) em fundo claro de ave, até a temperatura interna atingir 65°C.

Retire o plástico filme e leve a uma *sauteuse* (ver p. 26) para dourar a parte externa.

Sirva quente ou gelado, fatiado.

MÉTODOS ARTESANAIS DE CONSERVAÇÃO DE ALIMENTOS

CONSERVAS

O preparo de conservas vem sendo praticado pelo homem há milhares de anos como uma forma de garantir sua sobrevivência em momentos em que há escassez de produtos ou mesmo nos períodos de inverno rigoroso ou calor extremo.

Existem alguns processos capazes de retardar ou interromper a deterioração natural dos alimentos. Quando conhecemos suas aplicações podemos obter alimentos com sabores preservados por um bom tempo. Estas técnicas utilizadas isoladamente ou combinadas entre si podem ser trunfos em uma cozinha, pois possibilitam a conservação e o respectivo consumo de alimentos fora de sua estação com os sabores preservados .

Algumas técnicas :

- Cura
- Marinadas
- Conservação em sal
- Salmoura
- Alimentos em conservas ácidas
- Defumação
- Fermentação

Além destas técnicas, podemos citar como métodos eficazes de conservação de alimentos:

- Branqueamento e congelamento (choque térmico)
- Desidratação e secagem (retirada da umidade)
- Concentração de açúcares (compotas e geleias)
- Ausência de ar (vácuo)

CURAS

A cura é a desidratação do alimento por meio de sua exposição a uma mistura seca ou úmida rica em sal e/ou acrescida de elementos doces, ervas e condimentos. Este processo tem a finalidade de desidratar o produto, baixando a umidade e assim evitando o crescimento de bactérias. Realça o sabor e conserva a cor dos alimentos. Exemplo: *gravlax*.

MARINADOS

É o método utilizado para obter uma cura dissolvida em água ou solução contendo ácido, óleo, sal, açúcar e aromas (ervas frescas).

Em cada um dos casos mencionados, o processo e o meio de conservação é diferente. No caso da cura seca dissolvida em água, o processo de conservação se dá, pois o alimento em contato com o sal desidrata, impossibilitando assim o crescimento de bactérias.

A solução de ácido com óleo e temperos conserva o alimento pois este é mantido em imersão nesta solução. O alimento deve ser deixado nesta solução pelo menos por 24 horas, coberto e refrigerado antes de ser servido. Deve ser servido em fatias finas cortadas na hora e sua durabilidade varia de acordo com o produto, o método aplicado e os ingredientes utilizados na marinada. Exemplo: *ceviches*.

CONSERVAÇÃO EM SAL

O alimento é temperado e colocado em contato direto com o sal, que desidrata, retira o excesso de umidade e impurezas do alimento, conservando-o.

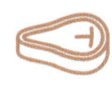

SALMOURAS

Solução salgada com temperos, usada para curar grandes quantidades.

Exemplo: conservas.

ALIMENTOS EM CONSERVAS ÁCIDAS

Cuidados no preparo e armazenamento:

Os cuidados no preparo de conservas são a garantia para se obter produtos com validade e preservação das características originais e de sabor. Para tanto, devemos atentar para:

• A matéria-prima selecionada deve ser escolhida de acordo com a safra, podendo-se assim obter o melhor sabor de cada alimento.

• Superfícies de trabalho, equipamentos e utensílios sempre limpos, sem resíduos de alimentos, para evitar contaminação cruzada.

• Panos e tolhas devem ser limpos e de uso exclusivo para o preparo de conservas – sempre que possível use papel-toalha, que pode ser descartado após o uso.

• Refrigeradores para armazenamento devem estar a 4°C.

• Uso do álcool 70% acondicionado em borrifador é importante neste processo.

• Frascos e embalagens devem ser esterilizados, conforme procedimento descrito a seguir.

MÉTODO DE ESTERILIZAÇÃO DE POTES E FRASCOS

Lembre-se: A durabilidade dos produtos está diretamente relacionada ao processamento.

FRASCOS DE VIDRO

Os vidros podem ser reciclados, porém as tampas devem ser sempre novas, com borrachas de vedação preservadas e adequadas a cada tipo de conserva.

Existem tampas especiais para conservas com maior teor de azeite e vinagre para que não oxidem. Buscar sempre um fornecedor de qualidade e orientação específica, de acordo com sua necessidade.

ESTERILIZAÇÃO DOS FRASCOS

O material mais indicado para conservas por ter resistência e pouca troca de ar com o meio externo é o vidro, portanto devemos esterilizá-los conforme o processo descrito a seguir:

Coloque os vasilhames limpos e as tampas em uma panela com água que ultrapasse sua capacidade. Tampe e deixe levantar fervura. Aproximadamente 10 minutos depois da fervura, retire cuidadosamente estes frascos com auxílio de uma pinça, própria para este fim, e seque por fora, deixando-os emborcados sobre uma grade ou pano limpo para que saia todo excesso de líquido. Leve-os ainda emborcados ao forno por 10 minutos a 200°C para concluir a esterilização.

ESTERILIZAÇÃO DAS TAMPAS

• As tampas devem ser lavadas em água fervente com sabão neutro;

• Coloque-as em seguida de molho em álcool 70% por 1 hora;

• No momento do envase, retire as tampas do álcool, seque bem e utilize-as imediatamente.

• As tampas também poderão ser fervidas por 10 minutos, mas tome cuidado para não desgastar a borracha de vedação, use fogo brando durante o processo.

ENVASE/EQUIPAMENTOS

Neste processo deve-se envasar o alimento ainda quente no frasco também quente e então proceder à pasteurização – este processo de resfriamento controlado descrito a seguir tem como objetivo evitar a proliferação de micro-organismos que ainda podem estar presentes nas conservas, geleias e molhos.

Todos os equipamentos e utensílios devem ser borrifados com álcool 70%.

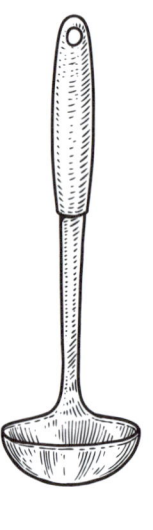

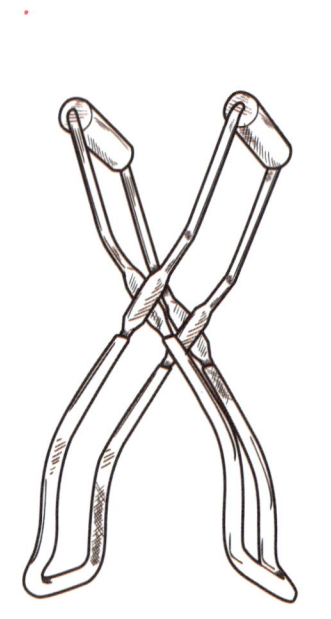

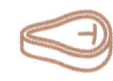

PASTEURIZAÇÃO CASEIRA - MÉTODO

Deve-se forrar o fundo da panela com um pano limpo, colocar os frascos de vidro cheios e vedados no banho-maria, acrescentar água fervente na panela até cobrir totalmente os frascos.

Ferva os frascos por 10 a 20 minutos. Este tempo pode variar dependendo do tamanho do frasco; quanto maior, mais tempo será necessário para que o calor possa atingir o centro do vidro. Não existe ciência exata para este processo; o indicado é realizar pequenos testes até chegar ao processo ideal para o seu produto. Retire-os cuidadosamente com o pegador e os coloque imersos em um recipiente contendo água morna, por 5 minutos. Repita esta operação, trocando os frascos para um recipiente contendo água a temperatura ambiente e depois água gelada, evitando assim que ocorra um choque térmico e garantindo que os potes estejam intactos até o final do processo de resfriamento.

SOBRE PRAZO DE VALIDADE

Muitos fatores influenciam no resultado final do preparo de conservas: higiene rigorosa, controles de temperatura, tempos de cozimento, acidez dos molhos assim como as condições e os prazos de armazenamento. Teste em seu ambiente as melhores condições de armazenamento e o prazo de validade ideal.

Existem tabelas com tempo de conservação, mas pelos motivos citados acima, o melhor parâmetro é testar seu processo de produção e ambiente de conservação para, aí sim, sugerir a validade com boa margem de segurança para os seus produtos.

ROTULAGEM

Assim que os frascos estiverem frios, secar bem e rotular com as seguintes informações: ingredientes – data de fabricação – indicações de armazenamento pós abertura e prazo de validade.

ARMAZENAMENTO

Alocar os itens já pasteurizados e prontos para o consumo em local arejado e com ventilação de ar e ausência de luz para melhor conservação dos produtos.

INFORMAÇÕES GERAIS

Por que usamos álcool 70% ao invés do álcool 46,2% comum, que encontramos no supermercado?

A solução de álcool a 70% é germicida e há suas vantagens de desinfecção, tais como:

- bactericida de ação rápida;
- baixo custo;
- não-tóxico;
- incolor e não deixa resíduos.

Sua ação se dá quando empregado tanto na desinfeção de superfícies e instrumentos como na antissepsia da pele.

Conserva de pimentas brasileiras assadas com gengibre, folha de limão e especiarias

Rendimento: 2 VIDROS DE 200 ML

Ingredientes

150 g de pimentas frescas variadas: malagueta, dedo--de-moça, de cheiro do Pará, cumari etc.

60 ml de cachaça

1 pedaço de gengibre fresco de aproximadamente 3 cm

1 dente de alho

1 colher (sopa) de coentro em grão

2 folhas de limão (secas ou frescas)

1 pedaço médio de canela em pau

1 anis estrelado

200 ml de óleo de girassol

1 colher (café) de sal

Preparo

Lave e seque muito bem as pimentas, que devem estar íntegras e com seus cabinhos bem presos. Descarte caso tenha alguma que esteja com mofo ou imperfeição, elas não devem ser utilizadas.

Arrume as pimentas em uma assadeira e regue com um fio de óleo. Leve ao forno a 180°C para que tostem levemente por aproximadamente 3 a 5 minutos.

Em uma panela, junte a cachaça, o pedaço de gengibre, o dente de alho, os grãos de coentro, o anis estrelado, as folhas de limão, o sal e o óleo de girassol e leve para ferver.

Esterilize os frascos e proceda ao envase.

Retire as pimentas do forno enquanto ainda quentes e arrume-as nos vidros esterilizados com bastante cuidado, sem deixar muito espaço entre elas.

Cubra as pimentas com o líquido e vede bem.

Deixe sempre um pequeno espaço para que o processo de vácuo possa acontecer.

Proceda à pasteurização conforme a técnica descrita anteriormente.

DICA DE CONSUMO: Antes de consumir, deixe a conserva armazenada pelo menos por 1 semana em local arejado e ventilado para que os sabores possam ficar mais presentes. Depois de aberta, deve ser mantida sob refrigeração.

Esta conserva se presta para ser transformada em um molho de pimentas muito aromático, você só precisa liquidificar todos os ingredientes depois deste tempo de maturação.

DEFUMAÇÃO

Por defumação entende-se a exposição direta do alimento à fumaça, seja para conservá-lo ou para agregar sabor. O sabor da defumação será correspondente ao tipo de fumaça, isto é, aos ingredientes utilizados ou ao tipo de madeira, lembrando que o processo não pode ser efetuado com qualquer madeira e sim madeiras próprias para este fim.

Para produzir defumações, o alimento deve ser primeiramente preparado em cura e então refrigerado e mantido em contato com o ar para que se forme uma película protetora, que ajudará na defumação e adição de sabor ao produto.

Depois disso, o alimento deverá ser exposto à fonte de fumaça, sem que haja contato direto do alimento com o fogo ou a madeira, sobre uma grelha, em panela ou equipamento apropriado, sempre tampado.

A defumação pode ser feita de maneira mais forte ou suave, dependendo do tempo de exposição do alimento à fumaça e do resultado que se quer obter.

Existem dois tipos de defumação: a fria e a quente.

Defumação fria

A fumaça é produzida por calor. Acima da fumaça é colocada uma outra grelha com gelo e, então a fumaça sobe, resfria e entra em contato com o alimento quando já está fria. Este processo possibilita a defumação e adição de cor e sabor ao alimento sem cozinhá-lo, mantendo-o ainda rico em sucos e com textura mais úmida.

Todo alimento defumado a frio deve, depois de ser defumado, passar um período de maturação, que consiste em deixá-lo por certo tempo sob refrigeração (temperatura controlada) para que os sabores venham à tona. O método de defumação fria é mais indicado para alimentos que sofrerão cocção posterior à defumação.

Ex.: linguiça defumada.

A defumação a frio aromatiza os alimentos enquanto mantém temperatura baixa o suficiente para evitar o cozimento. As temperaturas não devem ultrapassar os 30°C. Neste caso, a fumaça é incorporada ao alimento sem que ele seja aquecido ou cozido. Este processo pode ser realizado com o contato prolongado do alimento com a fumaça fria ou industrialmente, com o emprego de líquidos aromáticos específicos que contêm o sabor da fumaça.

A defumação a frio não pode ser considerada um método eficaz de conservação dos alimentos, desta maneira a técnica deve ser combinada com outros processos de conservação, tais como: salga, cura e fermentação. Por exemplo, um filé de peixe defumado a frio deve ser primeiro curado com sal e mantido sempre sob refrigeração para perder parte do líquido e só depois submetido à defumação.

Um ponto importante na defumação e complexidade de sabores é garantir que as madeiras que serão utilizadas no processo de defumação não sejam queimadas muito rapidamente, mas lentamente com o calor da brasa, assim resultarão em uma fumaça mais aromática e intensa.

Uma dica é mergulhar as madeiras ou especiarias em água antes de colocá-las sobre carvões incandescentes ou embrulhá-las em papel-alumínio com pequenos cortes, para a

fumaça sair e, assim, garantir que o calor será mais brando e a fumaça mais interessante para o alimento.

Outra dica é fechar a ventilação da grelha para que as chamas desapareçam pela falta de oxigênio e reste apenas o carvão para iniciar a defumação.

Defumação quente

Método de conservação de alimentos ancestral que consistia em colocar os pedaços de carne fresca ou salgada nas chaminés para que a fumaça desse um aroma especial e ao mesmo tempo conservasse a carne por mais tempo, podendo ser consumida em tempos de escassez de alimentos.

Expõe-se o alimento a uma fonte de fumaça e calor em câmaras com temperatura controlada. Este processo garante a segurança no consumo sem que o alimento precise passar por nova cocção.

Ex.: presunto defumado.

A defumação a quente aromatiza os alimentos enquanto os cozinha: os ingredientes são expostos ao calor em temperaturas que variam entre 80° C e 130° C, por isso cozinham ao mesmo tempo, mantendo sua umidade e sabor. Quanto mais tempo em menores temperaturas a defumação acontecer, melhor para a manutenção das características do alimento. Caso a defumação ocorra a temperaturas mais altas, o alimento irá encolher excessivamente, secar e quebrar.

Atualmente, entende-se como defumação o processo de expor o alimento à fumaça proveniente de madeiras aromáticas, sendo esta fumaça proveniente de uma fonte de calor ou uma fumaça fria. A defumação é um método para aromatizar alimentos com o uso de madeira ardente ou outros materiais vegetais, tais como especiarias e chás.

Praticamente qualquer alimento pode ser defumado – peixes, aves, crustáceos, legumes, frutas, queijos e oleaginosas.

A fumaça também tem propriedades antimicrobianas e antioxidantes que ajudam a preservar os alimentos.

TIPOS DE MADEIRAS MAIS UTILIZADAS PARA DEFUMAR

As madeiras utilizadas para produzir a fumaça devem ser aquelas provenientes de vegetais duros e não resinosos. É muito frequente o uso de misturas de madeiras. As mais indicadas são as de árvores frutíferas (macieira, goiabeira, cerejeira, abacateiro), mas qualquer uma que não tenha resina serve. É indicado também o uso de ervas secas e especiarias para adicionar outros aromas aos alimentos.

EQUIPAMENTOS PARA DEFUMAÇÃO

Defumação a quente
• *Wok* ou panela de fundo cônico com grelha adaptada e tampa
• Panela de defumação a quente
• Defumador industrial

Defumação a frio
• Pistola de defumação – *"Smoking gun"*
• Defumador nacional caseiro portátil
• Defumação artificial – fumaça líquida (produto industrializado)

Mousseline de mandioquinha defumada

Rendimento: 4 PORÇÕES

Ingredientes
600 g de mandioquinha cozida em água e sal
250 ml de creme de leite fresco
2 colheres (sopa) manteiga sem sal
sal e pimenta-do-reino a gosto

Preparo

Na panela de defumação, coloque a mandioquinha já cozida cortada em rodelas de 1 cm aproximadamente – o tamanho deve ser o mais uniforme possível entre os pedaços para que a defumação seja equilibrada. Ligue o fogo e deixe por 5 minutos, contando a partir do momento que perceber que se iniciou a defumação dentro da panela.

Desligue o fogo e retire com cuidado os pedaços de mandioquinha da panela.

Aqueça em uma panela o creme de leite e a manteiga. Junte os pedaços de mandioquinha defumada para que o sabor defumado fique mais persistente no creme de leite e na manteiga. Deixe amornar e bata no processador de alimentos até obter um creme muito liso e sedoso. Acerte a textura desejada, mais cremosa ou mais firme, adicionando mais creme de leite ou voltando ao fogo para espessar levemente. Tempere com sal e pimenta-do-reino a gosto. Sirva como acompanhamento de camarões ou de um filé de peixe na chapa.

Fermentação

POR MARINA HERNANDEZ

FERMENTAÇÃO DE ALIMENTOS À BASE DE LEITE

IOGURTE

- O iogurte é o leite fermentado mais popular do mundo.
- Ele pode ter diferentes texturas: mais cremoso, mais líquido até semi-sólido.
- É o resultado da cultura de algumas bactérias que se proliferam no leite a determinada temperatura e transformam a lactose em ácido lático, alterando o seu PH, conferindo textura e acidez características.
- Os micro-organismos normalmente encontrados em produtos fermentados com base de leite são: *Lactobacillus bulgaricus, Lactobacillus acidophillus* e os *Streptococus thermophillus*, que têm um efeito positivo para nossa saúde, principalmente para o sistema digestivo.

Orientações gerais para o processo

- Higienização: ferva todos os utensílios que entrarão em contato com o leite. A única bactéria que deve se proliferar é a específica do iogurte. Enquanto o leite esfria, cuide para que nada respingue sobre ele.
- Ferva o leite lentamente em fogo baixo, mexendo sempre ou com o uso de um difusor de calor colocado sobre a chama do fogão, para que o leite não queime no fundo da panela. Este processo ajuda na obtenção de um iogurte mais firme, pois o aquecimento atua na proteína do leite, a caseína, e promove uma pequena evaporação da água, que servirá para concentrar o leite.
- A introdução dos micro-organismos (cultura-mãe) deve ser feita em temperatura mínima de 37°C e máxima de 41°C.
- A temperatura ambiente é uma importante variável a ser observada. Quanto mais baixa a temperatura, maior o cuidado em acondicionar o leite, principalmente já contendo os lactobacilos, sendo indicado deixá-lo em ambiente isolado, tal como dentro de isopor ou bolsa térmica.
- Uma vez pronto o iogurte, separe a cultura-mãe (4 colheres de sopa para 1 litro de leite) em recipiente esterilizado antes de iniciar o consumo.
- O iogurte caseiro dura, no mínimo, 5 dias em geladeira.
- A consistência do iogurte varia, dependendo:

★ do teor de gordura do leite utilizado. Se utilizar leite desnatado e quiser textura mais firme, adicione 2 colheres de leite em pó, antes da fervura.

★ do tempo em exposição à temperatura ideal de proliferação das bactérias.

Iogurte natural

Rendimento: 1 LITRO

Ingredientes

1 l de leite (integral, semidesnatado ou desnatado)
60 g de iogurte natural (aprox. 4 colheres de sopa)

Preparo

Ferva o leite em fogo baixo.

Deixe esfriar até que chegue a 42°C (se não tiver um termômetro, coloque o dedo no leite: você deve ser capaz de contar até 10 sem se queimar).

Retire 1 xícara do leite na temperatura de 42°C e misture com a cultura-mãe. Junte com o restante do leite. Passe por uma peneira e despeje em vidro/pote com boa vedação e o envolva em pano grosso ou cobertor.

Coloque dentro de ambiente fechado e deixe descansar por 9 a 12 horas. Algumas sugestões de ambientes fechados são:

- bolsa térmica ou isopor (se quiser garantir ainda mais o processo, coloque água fervente no fundo da bolsa ou do isopor).
- garrafa térmica: escalde uma garrafa térmica com capacidade para 1 litro. Despeje a mistura na garrafa e feche bem. Deixe descansar por 9 a 12 horas.
- iogurteira elétrica: despeje o conteúdo na vasilha da iogurteira, tampe e ligue. Mantenha ligada por 9 a 12 horas. Neste caso você pode deixar o leite esfriar completamente se quiser.

Após esse tempo, passe o iogurte para o pote onde ele ficará acondicionado, separando em outro pote 4 colheres de sopa de iogurte. Este será o que você usará como cultura-mãe na próxima vez.

MANTEIGA FERMENTADA

Em muitos países da Europa o creme de leite ou nata é fermentado a partir da adição de uma cultura de bactérias e deixado em temperatura de fermentação antes de ser batido e transformado em manteiga.

Esse processo transforma a lactose em ácido lático, uma vez que compostos aromáticos adicionais são potencializados, o que trará aromas e sabores especiais a este produto, além de serem excelentes para a saúde.

Manteiga fermentada

Rendimento: 300 G (APROXIMADAMENTE)

Ingredientes

500 ml de nata (ou creme de leite fresco)
4 colheres (sopa) de iogurte natural sem soro
flor de sal a gosto para finalizar

Preparo

Deixe a nata atingir a temperatura ambiente de 25°C. Adicione o iogurte natural e misture delicadamente por alguns instantes. Deixe repousar por 48 horas em ambiente protegido – forno coberto com pano, dentro de uma caixa de isopor ou bolsa térmica. Para ajudar o processo, pode-se ainda colocar água morna ao redor do recipiente para manter a temperatura de fermentação constante por mais tempo, caso o clima esteja mais frio. No ve-

rão, este processo estará pronto de 24 a 48 horas, aproximadamente.

Leve este preparo ao freezer por pelo menos 2 horas, para que esteja bem gelado antes de proceder ao próximo passo. Ou deixe na geladeira de um dia para o outro.

Leve também o *bowl* da batedeira ao freezer ou ao refrigerador para que fique bem gelado.

Adicione a nata (ou creme) fermentada gelada na tigela da batedeira com a pá – não use o batedor de claras, irá demorar muito mais tempo – e bata em velocidade média/baixa inicialmente para que o creme inicie a separação entre soro (*buttermilk*) e manteiga.

Assim que começar a firmar, deixe batendo até que a manteiga se separe totalmente do soro. Deve levar entre 7 e 10 minutos. Perceba se o creme permanece bem frio durante todo o processo para que possa ser transformado em manteiga.

Diminua então a velocidade da batedeira até que perceba que todo o soro foi expulso da massa.

Separe o *buttermilk* da manteiga usando uma peneira fina para deixar que o líquido escorra. Reserve este *buttermilk* para usar em receitas de panquecas, cookies e bolos.

Lave a manteiga com água gelada filtrada sobre a peneira até que esta água saia totalmente limpa, desta maneira irá evitar que fique rançosa rapidamente.

Tempere a gosto, enrole em papel-manteiga e guarde sob refrigeração.

Se desejar, coloque sal a gosto, que também irá ajudar na conservação da manteiga.

O prazo ideal para consumo é de até 15 dias mantida sob refrigeração, evitando contato com outros alimentos para que não absorva aromas indesejáveis.

KEFIR

- É uma comunidade de micro-organismos que fermenta o leite, produzindo uma bebida mais espessa que o leite, a qual pode variar de pouco ácida até muito ácida, dependendo da forma como for preparada.
- A diferença entre estes tipos de micro-organismos é que o kefir contém bactérias que, ao fermentar o leite em temperatura ambiente, produzem uma bebida levemente alcóolica.
- Sua forma se assemelha a floretes de couve-flor.
- Os grãos de kefir exigem cuidados diários para que fiquem ativos e produzam um fermentado de qualidade. Caso deseje interromper a produção, você pode guardá-los submersos em leite dentro de um pequeno pote bem vedado, sob refrigeração. Para reativá-los, basta retomar o processo com pequenas quantidades de leite em temperatura ambiente para que ele volte a ficar ativo.
- Você deve sempre manter a proporção de 5% de grãos de kefir para o volume de leite que irá fermentar, assim a acidez ficará controlada.
- Seu kefir irá aumentar de tamanho ao longo das semanas e o indicado é não deixar mais que 10% do volume de leite de grãos de kefir. Quando ele começar a aumentar muito de tamanho, a sugestão é que você doe seus grãos excedentes de kefir ou congele uma parte para tê-los no futuro, caso precise de mais grãos.

Kefir de leite

Rendimento: 250 G (APROXIMADAMENTE)

Ingredientes

250 a 300 ml de leite de vaca integral
1 colher (de sopa) de grãos de kefir

Preparo

Coloque os grãos de kefir em um recipiente de vidro ou cerâmica e cubra com leite. Cubra com um véu ou feche com a tampa sem pressionar demais. Nunca encha o recipiente, deixe sempre um espaço vazio, pois a fermentação pode ser levemente alcoólica, o que poderá produzir gás, portanto deixe um respiro para isso acontecer. O kefir irá fermentar mais rápido se alimentado com leite em temperatura ambiente; não aqueça, somente deixe o leite voltar à temperatura ambiente caso esteja usando leite refrigerado.

Deixe o pote em temperatura ambiente por 24 horas ou até perceber que está firme. Neste momento, passe todo o kefir por uma peneira, separando os grãos para repetir sua produção. Consuma seu leite fermentado pelo kefir ou guarde em geladeira. Para produzir uma textura de coalhada que pode, inclusive, ser passada no pão, você pode drenar o leite fermentado com filtro de papel em geladeira. Você obterá o leite fermentado em espessura de coalhada ou queijo cremoso se adicionar sal. O resultado da drenagem será um soro que pode ser consumido (proteína saudável) ou utilizado para regar suas plantas.

12. Cozinhas do Brasil

POR MARA SALLES

Introdução

Ainda há muito a ser descoberto sobre ingredientes e técnicas das cozinhas do Brasil. A dimensão quase continental do país e a dificuldade de circulação de mercadorias, aliadas a uma boa dose de provincianismo e desconhecimento das culturas regionais, fazem com que essas técnicas e ingredientes sejam pouco difundidos. Em geral, no meio gastronômico, sabe-se mais sobre *grano duro* do que sobre a granulação de nossas farinhas de mandioca.

O jerimum, o dendê, os queijos artesanais, o charque, a mandioca, o feijão-verde, o fubá de moinho de pedra, o jambu, o molho pardo, o cuxá, as tapiocas, o melado, a rapadura, a maniçoba, as frutas da Amazônia e do cerrado, as pimentas brasileiras, se escondem nas periferias, na floresta, no sertão e no interior do país. É nesses redutos que os verdadeiros guardiões da nossa cultura estão preparando o afogado para a festa do Divino; o barreado para o res-tauro após a folia de Carnaval, em Morretes, no Paraná; os bolos de noiva, no Recife; as canjicas, curaus e pamonhas, nas festas das colheitas do milho; o pato ao tucupi em uma das maiores festas católicas do mundo (o Círio de Nazaré, em Belém do Pará); o caruru dos meninos, na celebração de Cosme e Damião.

Outro aspecto é a identidade da nossa cozinha. Como a maioria dos povos, temos um jeito particular de comer. Um jeito que reflete

o nosso caráter miscigenado por índio, negro e português. Comemos a mistura: o arroz junto com o feijão, com a farofa, com a carne de panela. Comemos de maneira vigorosa a comida farta de um país abundante. Hábitos e ingredientes regionais delineiam um mapa gastronômico que difere completamente do mapa político e revelam cozinhas regionais com características muito particulares.

O tucupi, por exemplo, líquido extraído da mandioca brava, instigante molho de herança indígena, é apreciadíssimo pelas populações amazônicas, enquanto a carne-seca e a farinha também seca são indispensáveis no dia a dia árido do sertanejo. O goiano aprecia alguns ingredientes amargos como a jurubeba, a guariroba e o perfumado pequi, pois são os frutos que o cerrado lhe oferece.

No interior da Bahia, come-se a comida seca do sertanejo; já no Recôncavo Baiano, porta de entrada de africanos, o dendê, o leite de coco, o camarão seco e o gengibre temperam pratos de oferenda, nascidos nos terreiros de Candomblé. Minas aprendeu a comer e acrescentou requinte à comida que São Paulo produzia e lhe fornecia, quando a busca frenética do ouro fez com que lá se ignorasse até a cultura de subsistência. Por isso, o tutu à mineira e o frango com quiabo são tão mineiros quanto paulistas.

Técnicas brasileiras de cozinha ainda não foram catalogadas, mas estão impressas em nossa comida em formas de maneirismos, regionalismos, saberes e gestuais. Bater o sal com alho bem fresquinho e usar como tempero pronto, ter sempre à mão um vidro com molho de pimenta preparada em casa e "tocar" uma panela de pressão pelo barulhinho "tchiiii" e pelo aroma que se espalha pela vizinhança representam alguns desses gestuais. Há também que se lembrar dos virados ou mexidos – comida de emergência que se improvisa quando a fome bate e que junta arroz, feijão, ovo, restinhos de carne e a indefectível farinha de mandioca; ou de que cozinhar com panela destampada, na

cozinha tradicional, é sinal de desmazelo onde cabem os abafadinhos – legumes cortados ou picadinhos, temperados e refogados de um jeito bem nosso.

É nessa diversidade que está contida uma cozinha tão rica e complexa quanto jovem, em um país que ainda está por ser descoberto.

Fala-se hoje que o futuro da gastronomia mundial passa pelo Brasil, e isso tem muito sentido, pois temos todos os elementos para construir uma grande cozinha – uma natureza rica e variada, uma criatividade excepcional expressa na música, na dança e na cultura popular, e uma grande capacidade de se adaptar às novas situações.

Um ótimo começo é a valorização que chefs de cozinha, nacionais e internacionais, estão dando aos ingredientes brasileiros. Essa pequena demanda já está provocando investimentos na qualidade dos produtos e sua aparição nos mercados. As cachaças de qualidade, o açaí e o azeite de castanha-do-pará são exemplos disso.

Arroz, feijão, farinha e carne-seca

Foram os tropeiros os responsáveis pela amálgama do arroz, feijão, farinha de mandioca e carne-seca, ingredientes que são a base da nossa alimentação. Por quase três séculos abriram caminhos, difundiram hábitos e costumes, levando no lombo de seus animais, além daquilo que o Brasil produzia, seu próprio alimento que viria a sustentar uma nação inteira.

Arroz, feijão, farinha e carne-seca, além de dar "sustância", não pereciam nas longas jornadas. De suas misturas nasceram o arroz carreteiro, o feijão-tropeiro, os virados, o tutu e as inúmeras farofas e mexidos.

São pratos adorados que se multiplicam até hoje. Impossível não ser arrebatado por um lombo assado escoltado pelo indefectível tutu e uma couve verdinha assustada. São pratos maduros, que resistiram ao tempo, cheios de sabedoria.

É a partir do domínio dessas técnicas antigas e do investimento na criação, que favorece um maior conhecimento de nossas matérias-primas, que a nossa gastronomia pode evoluir e trilhar caminhos próprios.

CARNES-SECAS

Parte da tradição alimentar é muito apreciada por grande número de brasileiros, especialmente do Nordeste. As carnes-secas são encontradas no país inteiro e batizadas com vários nomes. Trata-se, na verdade, de uma técnica antiga de cura da carne, por meio da salga, para possibilitar estocagem, sem a necessidade de refrigeração. O advento da geladeira não suprimiu o hábito do consumo das carnes-secas, de vaca, de cabrito ou de ovelha, que caíram no gosto popular e se transformaram em ícones da nossa cozinha.

É bom lembrar que as carnes salgadas de porco, usadas para a feijoada e outros pratos, não são classificadas como carne-seca, mas sim como carnes salgadas.

Genérica e popularmente, o nome carne-seca tem sido usado para designar carnes curadas pela ação do sal e pela exposição ao tempo. As melhores condições para sua produção estão no sertão nordestino, porque o clima quente e seco favorece a cura rápida, minimizando a proliferação de bactérias. Para facilitar a compreensão, sem, no entanto, entrar em minúcias técnicas, pode-se dizer que elas se dividem basicamente em dois grupos: o da carne-de-sol, também conhecida como carne-de-vento, carne serenada e carne-do-sertão; e o da carne-seca, em que se incluem a carne-seca encontrada no supermercado como *jerked beef*, o jabá (também conhecido como charque ou carne-do-ceará) e outras denominações regionais menos conhecidas.

Trata-se de uma técnica, e não de um corte. Teoricamente, tanto as carnes-secas quanto a carne-de-sol podem ser preparadas a partir de qualquer parte do animal. No entanto, tornaram-se usuais os seguintes cortes:

CARNE-DE-SOL

Cortes do traseiro, em geral coxão mole, coxão duro, patinho e lagarto.

CARNE-SECA

Coxão duro, coxão mole e braço.

CHARQUE OU JABÁ

Ponta de agulha e outras partes do dianteiro.

O princípio seguido em ambos os grupos é o mesmo: a carne fresca é salgada e levada

para secar (desidratar). No entanto, cada grupo tem sua característica peculiar.

CARNE-DE-SOL

Antes de mais nada é bom que se saiba que, apesar do nome, a carne-de-sol nem sempre é seca ao sol. A cura pode ser feita no sereno, ou ainda em áreas cobertas e bem ventiladas, protegidas por telas, daí os nomes carne serenada e carne-de-vento.

No método artesanal a peça de carne é aberta em mantas de espessura fina (não mais que 4 cm), esfrega-se sal refinado em toda superfície e depois leva-se a secar (ao sol, vento ou sereno) por um período médio de 3 dias. O resultado é uma carne que preserva certa umidade e maciez, mas que não verte sangue ao ser cortada. Sua cor é marrom-acinzentada, podendo apresentar-se avermelhada no centro, pois a ação do sal ocorre de fora para dentro. O sabor e o aroma são característicos de cura.

No entanto, o que prepondera hoje é a produção sob refrigeração, tanto no uso doméstico quanto nos frigoríficos. Os principais produtores estão no norte de Minas (Montes Claros), na Paraíba (Picuí) e no Rio Grande do Norte (Seridó).

CARNE-SECA

Diferencia-se da carne-de-sol por ser mais seca, mais salgada e por ter tempo de cura maior. É produzida em escala industrial, leva conservantes como nitrito-nitrato, o qual lhe dá cor avermelhada, e é facilmente encontrada sob o rótulo de *jerked beef* (é engraçado imaginar um sertanejo pronunciando essas palavras). É a mais consumida fora do Nordeste, sendo ideal para o preparo da feijoada, cozidos e também pode ser desfiada e utilizada em inúmeros recheios e canapés.

Convencionou-se chamar também de carne-seca o jabá ou charque, muito embora tenham características diferentes. O charque ou jabá (como é conhecido no sertão) é um tipo de carne-seca mais rústica, muito desidratada. Mantas mais finas e de cortes menos nobres, depois de secas, são empilhadas e o peso das pilhas funciona como uma prensa, extraindo ainda mais resíduos líquidos, resultando em uma carne rígida e bem salgada.

Em mercados populares, é encontrada enrolada como se fosse um rocambole, ou ainda em peças muito rígidas. Tem sabor pronunciado e, por ter cortes entremeados de gordura, é perfeita no preparo de guisados. É com ela que se prepara o arroz carreteiro. O jabá de tirinhas com colorau que minha mãe preparava quando eu era criança é daqueles sabores que nunca se apaga da memória. De todas as carnes curadas é, sem dúvida alguma, a mais deliciosa.

Carne-Seca

Jabá de tirinhas tingidas em colorau

Rendimento: 6 PORÇÕES

Ingredientes

1 kg de jabá
2 colheres (sopa) de manteiga
1 cebola grande ralada
1 colher (chá) de colorau em pó

Preparo

Deixe o jabá de molho em água na geladeira por 24 horas e troque a água uma vez.

Em uma panela, afervente o jabá em água abundante durante 30 minutos. Escorra e repita a operação em nova água e cozinhe até ficar bem macio. Escorra novamente e reserve parte do líquido do cozimento.

Pique a carne em tirinhas, eliminando a gordura que não seja entremeada. Em uma panela, derreta a manteiga e refogue a cebola.

Acrescente o colorau e deixe frigir por 2 minutos. Junte a carne com um pouco do líquido do cozimento para que fique bem úmida.

Cozinhe por mais 3 minutos.

Pré-preparo da carne-seca

A carne-seca precisa ser demolhada com 24 horas de antecedência. Antes, é necessário que a carne seja muito bem lavada em água corrente, para que se elimine todo o sal da superfície (devem ser observados os cortes a seguir), depois mergulhada em água gelada na proporção de 2,5 litros por quilo de carne e mantida em geladeira.

Corte para demolha

Deve ser cortada em quadrados de 7 cm. Esse tamanho possibilita a perfeita atuação da água na retirada do sal, deixando-a no ponto ideal. Se cortada em cubos muito pequenos, a água extrairá demasiadamente o seu sal, tornando-a insossa. Se cortada em pedaços muito grandes, a água não penetrará no núcleo desses cortes, deixando-a salgada demais. Lembre-se de que a expectativa que se tem ao comer uma carne-seca ou um bacalhau é de que o sal não passe despercebido.

Outras vantagens desse corte são:

• se o objetivo for desfiá-la, o resultado final serão fios longos e padronizados;
• se o objetivo for transformá-la em cubinhos, tirinhas ou qualquer outro corte, esse tamanho permitirá todas essas possibilidades.

Pré-cozimento

A carne-seca precisa ser pré-cozida em 2 águas antes do início de qualquer preparação. A água da demolha deve ser desprezada e a quantidade de água para seu cozimento deve estar sempre na proporção de 2 litros por quilo de carne.

Após o cozimento por 20 minutos, essa primeira água deve ser descartada e uma nova água, dessa vez quente, na mesma proporção, deve ser utilizada, até que a carne fique macia ao toque de um garfo. Reserve sempre o líquido do segundo cozimento para usá-lo nas preparações dessa carne (em ensopados ou mesmo se desfiada), com a finalidade de agregar sabor e umidade.

Guisado de carne-seca

Rendimento: 6 PORÇÕES

Ingredientes

4 colheres (sopa) de óleo de soja
3 dentes de alho picados
½ colher (chá) de colorau
¼ de pimentão verde, sem semente, picadinho
¼ de pimentão vermelho, sem semente, picadinho
1 cebola média picadinha
3 tomates maduros, sem semente, em cubos
750 g de carne-seca pré-cozida (ver p. 263) e
   posteriormente cortada em cubos de l,5 cm
pimenta-do-reino moída na hora

Preparo

Em uma panela, em óleo bem quente, refogue primeiro o alho com o colorau, depois os pimentões e a cebola e, por último, o tomate.

Junte a carne e uma pitada de pimenta-do-reino. Refogue por mais 5 minutos. Adicione 150 ml do líquido do cozimento e deixe ferver por mais 5 minutos.

Pré-preparo da carne-de-sol

Na maioria das vezes, a carne-de-sol não necessita ser demolhada. Deve-se lavá-la em água corrente e abundante para retirar o excesso de sal de sua superfície. Esse procedimento só é válido quando se tem controle de seu tempo de cura. No caso da carne apresentar certa rigidez e presença acentuada de sal, é sempre desejável lavar em água corrente e deixar a peça inteira de molho em uma mistura de leite e água gelada (meio a meio) na proporção de 2 litros dessa mistura para cada quilo de carne, em geladeira, por no mínimo 6 horas. Ao iniciar o preparo do prato, não é necessário lavá-la de novo, também não é necessário o seu pré-cozimento.

Carne-de-sol assada em manteiga de garrafa

Rendimento: 6 PORÇÕES

Ingredientes

1 kg de carne de sol
200 ml de manteiga de garrafa derretida

Preparo

Lave bem a carne em água corrente (caso não tenha sido demolhada). Besunte a peça com manteiga de garrafa, embrulhe em papel-alumínio, coloque em assadeira e asse a 160°C. Se o forno tiver umidade, programe-o para 50% seco e 50% úmido. Se não tiver, coloque sob a assadeira da carne, na grade bem abaixo, outra assadeira com água.

Ao final de 1 hora, a carne estará macia e pronta.

O acompanhamento ideal é o baião-de-dois.

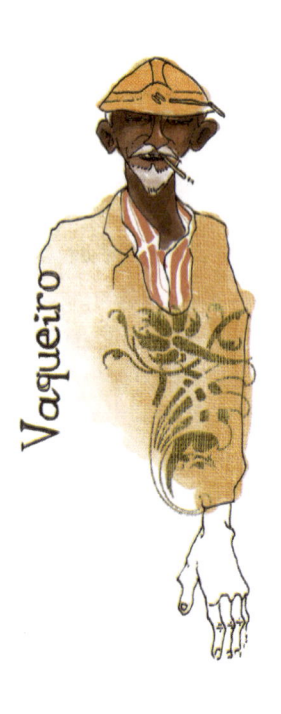

Vaqueiro

ARROZ E FEIJÃO

O arroz e o feijão andam sempre juntos e marcam presença no prato nosso de cada dia. Casamento perfeito de dois carboidratos, seus tipos se modificam de região para região, mas nunca se separam.

O feijão-carioquinha, ironicamente, é o preferido do paulista. No Rio de Janeiro, o preto é o favorito, assim como no Rio Grande do Sul. No Norte, há um tipo muito particular de feijão, o manteiguinha de Santarém, no Pará, de grãos minúsculos e clarinhos, que é um dos mais delicados e saborosos. O feijão fradinho é a base do acarajé baiano, patrimônio cultural do Brasil. No Nordeste, preferem-se as favas, de várias cores, tamanhos e desenhos; os feijões macassar e o andu também são muito apreciados.

Em Minas, o feijão adquiriu uma importância muito grande no ciclo do ouro, com os pratos de origem tropeira. O tutu, o feijão-tropeiro e o virado foram refinados para atender à elite portuguesa que explorava o ouro. Surgiram então, nesse período, 3 clássicos com diferentes texturas:

FEIJÃO-TROPEIRO

Os grãos de feijão são cozidos sem que se desmanchem e, depois de escorridos, são temperados e misturados à farinha de mandioca, ovos mexidos e linguiça frita. Lembra uma farofa.

TUTU À MINEIRA

O feijão cozido é processado ou passado em peneira, e essa pasta recebe temperos como toicinho ou bacon, alho, cebola e cebolinha, e é levemente engrossada com farinha de mandioca e/ou de milho. O prato se comple-ta com lombo, bisteca ou costelinha de porco, couve, torresmo e ovo frito.

VIRADO À PAULISTA

Depois de cozido, misturam-se parte dos grãos inteiros e parte da pasta processada ou amassada. Essa mistura é bem temperada e depois levemente engrossada com farinha de mandioca e/ou de milho. A composição tem mais 7 elementos: arroz, couve, torresmos, linguiça, bistequinha, banana à milanesa e ovo frito.

O nosso feijão tem uma afinidade histórica com as carnes de porco. Tanto que no seu preparo é comum o uso de pelo menos um pedacinho de paio, bacon, linguiça ou qualquer outra carne salgada ou defumada. É claro que você pode fazer um feijão só com óleo e temperos convencionais, e ele pode ficar bom. Entretanto, ficará extraordinário se temperado com banha de porco.

Feijão tradicional

Rendimento: 10 PORÇÕES

Ingredientes

500 g de feijão

1,5 litro de água

1 fio de óleo de soja

1 pedaço da pele do bacon (aproximadamente 30 g)

40 ml de banha de porco

3 dentes de alho bem picados

½ colher (sopa) de sal

Preparo

Escolha o feijão e coloque-o para cozinhar em água fria, na panela de pressão, junto com a pele do bacon e o óleo.

Cozinhe por aproximadamente 30 minutos depois que a panela tiver pegado pressão. Abra a panela. Nesse momento, o feijão deverá estar cozido, mas seus grãos estarão inteiros e o caldo, ralo.

Pressione um grão entre os dedos, se amassar com facilidade estará bom, se não, cozinhe até atingir esse ponto. Após o cozimento, retire do fogo. Em uma panela grande, aqueça a banha, doure o alho e transfira o feijão para essa panela, para que seja envolvido no óleo com alho ainda bem quente. Coloque o sal e mantenha o fogo ligado até que o caldo engrosse.

Também é comum guarnecer a feijoada com outras carnes de porco, como bisteca, lombo ou linguiça fresca frita, além de outros excessos na cozinha tradicional brasileira. Sem eles, porém, a feijoada certamente estará completa e bem equilibrada.

Feijoada

Rendimento: 15 A 20 PORÇÕES

Ingredientes

200 g de orelha de porco salgada

1 pé de porco salgado

700 g de carne-seca

1 rabo de porco salgado

700 g de costelinha de porco salgada

2 línguas de porco salgadas

1 ½ kg de feijão-preto

3 folhas de louro

4 paios em rodelas

4 gomos de linguiça calabresa defumada em rodelas

100 ml de banha de porco ou óleo

10 dentes de alho bem picados

1 cebola grande em cubinhos

1 dose de cachaça

1 laranja-pera com a casca (cortadas as extremidades)

pimenta-do-reino moída na hora

Preparo

De véspera, lave bem as carnes salgadas sem cortá-las e a carne-seca (cortada em pedaços de 7 cm) em água corrente e coloque-as de molho em aproximadamente 8 litros de água na geladeira, trocando uma vez a água. No dia seguinte, coloque o feijão para cozinhar com a orelha, o pé de porco e o louro em 4 ½ litros de água. Em outra panela, cozinhe a carne-seca, a costelinha, o rabo e a língua até começarem a amaciar (como cada ingrediente tem um tempo de cozimento diferente, vá retirando-os à medida que estiverem cozidos). Reserve a água do cozimento dessas carnes.

Quando perceber que o grão do feijão se desmancha ao ser apertado com os dedos,

transfira para uma panela maior e junte as carnes cozidas já cortadas, adicionando um pouco da água do cozimento. Depois de alguns minutos acrescente o paio e a linguiça livres da pele e cortados em rodelas.

Em uma panela grande, aqueça a banha e doure primeiro o alho e depois a cebola, até que murche.

Coloque pimenta-do-reino e transfira para esse refogado todo o conteúdo da panela do feijão. Junte a cachaça, a laranja e mais um pouco do caldo do cozimento.

Cozinhe por mais alguns minutos até o caldo engrossar. Depois de pronta, o ideal é deixá-la descansar por uma noite (12 horas) em geladeira.

Antes, retire e descarte a laranja, que se esquecida no meio da feijoada a deixará amarga.

Decorridas 12 horas, uma nata de gordura terá se formado na superfície da panela.

Remova toda essa gordura preservando a camada gelatinosa que se forma logo abaixo, aqueça e sirva com os seguintes acompanhamentos: arroz branco, farofa clássica ou simplesmente farinha de mandioca; couve finamente picada (em *chiffonade*); torresmo; caldinho de feijão; molho preparado a partir de um vinagrete de tomate, cebola e cebolinha bem picados, acrescido do caldo quente da feijoada; e pimenta-malagueta curtida. É bom observar que, se feita com rigor, a feijoada não receberá sal outro que não seja o de suas próprias carnes salgadas.

Existem várias formas de se **curtir pimentas**, o mais importante é saber a diferença entre curti-las em óleo e curti-las em ácidos ou fermentados como vinagre, cachaça, tucupi e até mesmo garapa de cana.

A primeira atuará sobre a pimenta definhando sua polpa, extraindo dela todas as suas propriedades: cor, picância, aroma e sabor, que ficam concentrados no óleo, acentuando sua pungência e facilitando seu uso em conta-gotas à mesa ou na cozinha.

Na segunda forma os mais límpidos como cachaça e vinagre de álcool manterão as pimentas íntegras para que elas possam ser saboreadas inteiras, mantendo por um bom tempo o fruto com sua cor, picância, aroma e sabor.

Pimenta-malagueta curtida

Ingredientes

200 g de pimenta-malagueta fresca
1 xícara de vinagre de álcool
1 xícara de óleo de soja

Preparo

Selecione pimentas frescas e sadias: quanto mais verdes os cabinhos, mais frescas serão as pimentas.

Retire os cabinhos, esparrame sobre um pano limpo dobrado, borrife vinagre de álcool e friccione o pano sobre as pimentas para esterilizá-las.

Esterilize também o vidro com sua tampa, fervendo em água limpa.

Deixe secar naturalmente virado para baixo.

Coloque as pimentas, que devem preencher todo o vidro, e despeje sobre elas o vinagre ou o óleo até a boca, escorrendo um pouquinho ao ultrapassar a borda.

Mantenha em lugar fresco fora da geladeira.

Misturar pimentas de vários tipos, agregar ervas e outros temperos pode ser bonito e decorativo, mas como elas têm características singulares, isso não é o mais adequado.

PRATOS PREPARADOS COM FEIJÃO

FEIJÃO SERGIPANO

Espécie de cozido preparado com feijão-mulatinho, carne fresca, carne-seca, linguiça e legumes de toda ordem: batata-doce, cará ou inhame, abóbora, jiló, quiabo, maxixe. O que é interessante nesse prato é a complexidade de seu tempero, pois leva cominho, coentro em grão, pimenta-do-reino em grão, hortelã, pimenta fresca e colorau.

FEIJÃO DE LEITE

Prato da cozinha afro-brasileira, presente principalmente na Semana Santa. Trata-se de um feijão cozido sem temperos, depois passado por peneira ou liquidificador e mesclado ao leite de coco e um leve toque de açúcar.

CALDINHO DE FEIJÃO

Pode ser preparado retirando-se o caldo do cozimento de qualquer feijão. Processam-se os grãos para deixá-los mais espessos e se poder tomar de colher. O melhor e mais genuíno é o purinho, retirado do cozimento da feijoada ou do feijão comum e que se toma com um toque de malagueta curtida e uma "branquinha", é claro.

ARROZ BRANCO TRADICIONAL

Cada um tem um jeitinho particular de preparar o seu arroz, entretanto, alguns preceitos devem ser seguidos para que o resultado final seja um arroz saboroso, soltinho e bem cozido, pois é assim que a maioria dos brasileiros o aprecia.

Muitos cozinheiros principiantes menosprezam os cuidados no preparo do arroz, concentrando esforços no que se costuma chamar de mistura. Esse é um erro que não se pode admitir. Assim como os japoneses se esmeram no preparo dos sushis, os italianos nos pontos de seus risotos, nós também temos que ter rigor no preparo de um simples arroz do dia a dia.

PRECEITOS PARA O PREPARO DE UM BOM ARROZ BRANCO

- Lavá-lo com antecedência de 1 hora em escorredor.
- A proporção é de 2 partes de água para 1 de arroz.
- A panela deve ter capacidade para cinco vezes o volume do arroz cru, pois este triplica de volume à medida que cozinha. Por exemplo, para se preparar 1 litro de arroz deve ser utilizada uma panela com capacidade para 5 litros. É indispensável também que ela tenha tampa.
- A proporção de óleo é de 100 ml para cada quilo de arroz.

> O arroz brasileiro é basicamente um só, o agulhinha. Puro, enriquecido, ou cozido junto com o feijão, ele se multiplica.

Arroz branco tradicional

Rendimento: 5 PORÇÕES

Ingredientes

250 g de arroz agulhinha (preferencialmente, o tipo 1, que é o mais uniforme)
30 ml de óleo
1 colher (chá) de sal
3 dentes de alho picados
500 ml de água fervente

Preparo

Lave o arroz e escorra com 1 hora de antecedência, para que fique bem sequinho. Em uma panela, aqueça o óleo, coloque o arroz e mantenha em fogo médio, mexendo para envolver todos os seus grãos com o óleo, por cerca de 5 minutos.

Incorpore o sal e o alho picado. Adicione a água fervente, tampe e mantenha em fogo médio. Desloque a tampa para que durante o cozimento haja um pequeno respiro.

Quando o arroz já tiver consumido praticamente toda a água e aparecer na parte central da panela pequenos orifícios de ebulição, o fogo deve ser reduzido.

Tampe completamente a panela por mais 5 minutos até que tenha desaparecido completamente qualquer vestígio de líquido.

Desligue o fogo.

O arroz estará pronto depois de 15 minutos descansando.

> Esta é a minha receita, se a sua atingir o objetivo com qualidade, mantenha-a.

PRATOS PREPARADOS COM ARROZ

ARROZ DE MERENDA

Nome que se dá a um mexidinho das sobras de arroz e feijão do almoço, enriquecido com ovos mexidos e torresmo, que é levado na roça, por volta das 2 horas da tarde, como merenda para os camponeses.

ARROZ DE SUÃ

Prato das regiões interioranas, preparado com o espinhaço do porco e arroz. A espinha dorsal do porco cortada pelas vértebras, com o seu tutano, é bem temperada e apurada em panela. Depois disso, adiciona-se o arroz, que será refogado e cozido. Corte difícil de ser encontrado em açougues comuns. Geralmente vende-se como suã o espinhaço com pouca carne, cortado ao meio no sentido longitudinal e sem o tutano, que é indispensável no preparo do prato. O ideal é encomendar, já que tornou-se um corte especial.

GALINHADA

Prato único e bem popular, seu preparo é relativamente simples. A ave é cortada pelas juntas, bem temperada e refogada em banha de porco até que a carne fique dourada e no fundo da panela tenha se formado uma crosta. Alho, cebola e tomate são refogados com essa crosta. Por último, é introduzido o arroz lavado e bem escorrido para ser cozido em água ou caldo de frango. O uso do milho e do pequi são variações bem comuns no Centro-oeste.

ACAÇÁ DE ARROZ

Espécie de pudim da cozinha afro-brasileira, com pouco ou nenhum sal, que equilibra de forma muito sábia o caruru, o bobó de camarão e as moquecas. Pode ser preparado também com farinha de arroz e milho branco. Há a versão doce, também conhecida como acaçá de leite, este é servido envolto em folha de bananeira e feito de milho.

ARROZ-DE-CUXÁ

Típico do Maranhão, tem a vinagreira como ingrediente indispensável, além do camarão seco, gergelim e a farinha de mandioca.

ARROZ DE PENEIRA

Preparado da mesma forma que o macarrão. Depois de bem cozido é escorrido em peneira. Como não leva outro tempero senão um pouco de sal, é ideal para acompanhar a maniçoba e o vatapá do Pará, por exemplo.

Arroz-doce

Rendimento: 2 Porções

Ingredientes

1 litro de leite tipo A
½ xícara de arroz cru lavado
1 xícara (não muito cheia) de açúcar
1 canela em pau
casca de ¼ de laranja
sal

Preparo

Em uma panela, coloque o leite para ferver. Quando levantar fervura, acrescente o arroz, o açúcar, a canela, a casca de laranja e uma pitada de sal.

Para que não derrame, coloque um pires virado para baixo dentro da panela. Mantenha em fogo baixo, mexendo de vez em quando para não grudar no fundo, até engrossar e o arroz ficar bem macio. Não deixe ficar muito espesso, já que depois de frio ele tende a engrossar muito.

ARROZ DE PUTA RICA

Clássico goiano, consiste em uma rica panelada que leva frango, linguiça e costelinha defumadas, ervilha, azeitona e ovos cozidos.

ARROZ CARRETEIRO

Seu nome vem da época em que se usavam carretas de boi para fazer circular a produção brasileira.

Nas paradas, o prato, preparado com o charque, não perecível, oferecia "sustância" à tropa. É preparado com o charque em cubinhos, cozido com arroz e temperado só com alho.

Típico do Rio Grande do Sul, também pode ser preparado com charque de ovelha.

Mandioca, o pão do Brasil

Originária da América do Sul e confundida inicialmente pelos portugueses com o inhame africano, logo foi reconhecida como alimento fundamental do índio, o que prevalece até os dias de hoje em algumas tribos.

Para grande parte da população do Norte e Nordeste, é uma cultura de subsistência. Em regiões bem pobres, as populações se alimentam quase exclusivamente da mandioca. Passa-se sem o arroz e sem o feijão, mas nunca sem a mandioca. O pão dali não é o francês nem vem de padarias, mas das rudimentares casinhas de farinha, em geral, uma extensão da própria casa – são essas casas que produzem a matéria-prima para os beijus de tapioca, os mingaus, os bolos de macaxeira, os biscoitos de polvilho e o cuscuz.

São inúmeros os subprodutos da mandioca: goma, polvilho, farinhas de várias qualidades, beiju, puba ou massa de mandioca, tapioca, sagu e tucupi, entre outros.

POLVILHO

É o amido ou fécula da mandioca. No processo artesanal, é extraído por decantação, quando a mandioca crua, descascada e ralada é misturada à água. Ainda úmido, recebe o nome de goma ou tapioca molhada. Depois de seco, transforma-se em um pó finíssimo e branco chamado polvilho, que pode ser doce ou azedo.

POLVILHO DOCE

É o produto que resulta da goma fresca levada para secar antes que fermente, por isso é inodoro e insípido.

POLVILHO AZEDO

É o produto que resulta da goma fresca levada para secar depois de fermentada, por isso tem sabor azedo.

Tanto um quanto outro são ingredientes usados indistintamente no preparo de inúmeras quitandas tipicamente brasileiras – beijus, biscoitos, sequilhos e tantos outros. É com o polvilho que se faz o nosso tão particular pão de queijo.

TAPIOCA

A definição desse ingrediente se torna complicada por causa dos regionalismos.

Brasil afora, chamam-se tapioca a goma, o polvilho umedecido, todas as variedades de tapiocas granuladas, além do beiju, que é preparado a partir da goma ou do polvilho.

O importante é saber que tudo o que se chama de tapioca deriva de fécula de mandioca e qual tipo se aplica melhor a cada preparação.

GOMA

É o ingrediente perfeito no preparo do popular beiju, vendido na rua pelas tapioqueiras. Há quem faça beiju umedecendo com água o polvilho, com resultado razoável. O beiju deve ser comido assim que sai do fogo, pois só quando está quentinho se percebe sua interessante textura ligada.

BEIJU DE TAPIOCA COM GOMA FRESCA

Utilize uma frigideira antiaderente, uma peneirinha e uma espátula.

Leve a frigideira ao fogo médio e, com uma colher, passe a goma pela peneirinha, de for-

ma que a goma umedecida e peneirada cubra completa e uniformemente o fundo da frigideira. A espessura deve ter cerca de 0,5 cm. Em pouco tempo, as partículas da goma se juntam e nesse momento é possível virar o beiju. Mais 1 minuto, no máximo, e o beiju pode ser retirado do fogo com auxílio de uma espátula. Sirva quente, besuntado com manteiga ou leite de coco. É delicioso com café.

Pão de queijo

Rendimento: 30 UNIDADES

Ingredientes

500 g de queijo de minas meia cura ralado
900 ml de polvilho doce ou azedo
1 colher (sopa) de manteiga
2 ovos
250 ml de leite
1 colher (chá) de sal óleo para untar

Preparo

Misture o queijo ao polvilho, adicione a manteiga, os ovos, o leite e o sal.

Sove a massa até ficar homogênea.

Faça bolinhas pouco menores que uma bola de pingue-pongue e coloque em uma assadeira untada com óleo em intervalos de 3 cm entre elas.

Leve ao forno preaquecido a 200°C por aproximadamente 12 minutos.

TACACÁ

Com a goma diluída em água e engrossada no fogo é feita a base do tacacá (que leva também tucupi, jambu e camarão seco) servido em cuias nas cidades amazônicas por volta das 5 horas da tarde. O caldo esfumaçante é sorvido aos goles, aquecendo as entranhas e provocando uma sensação de frescor, pois o calor interno, naquele momento, é maior do que o escaldante calor do ambiente da floresta.

TAPIOCAS GRANULADAS

As mais comuns são aquelas encontradas nos supermercados em pacotes de 500 g e que parecem sal grosso. Há também uma que parece floquinhos de isopor e outras grumosas, que são as artesanais e, obviamente, muito superiores, mais frequentes na região Norte.

Depois de hidratadas, são usadas no preparo de cuscuz, mingaus e pudins, sabiamente combinados ao coco ou ao leite de coco.

Poucos sabem, mas a tapioca granulada pode ser utilizada em várias preparações em que tradicionalmente se usa amido de milho ou trigo.

Um bolinho adquirirá textura e leveza inusitadas se, em vez de farinha de trigo, for preparado com tapioca hidratada.

SAGU

Pode-se dizer que o sagu é um tipo de tapioca industrialmente transformada em bolinhas miúdas e rígidas. Até bem pouco tempo era utilizado exclusivamente como sobremesa, cozido com vinho tinto, água e açúcar. Hoje, sabe-se que ele pode ser usado com sucesso misturado a bases líquidas salgadas ou agridoces.

Pérolas de tapioca agridoce

Rendimento: 6 PORÇÕES

Ingredientes

700 ml de água
50 g de tapioca em bolinhas ou sagu
100 ml de melado de cana
50 ml de vinagre balsâmico

Preparo

Em uma panela, ferva a água, coloque a tapioca e cozinhe por 10 minutos. Escorra, coloque sob água fria corrente e repita a mesma operação por mais duas vezes, sempre a partir da mesma quantidade de água fervente, até as bolinhas adquirirem transparência. Reserve.

Ferva o melado com o vinagre balsâmico até formar um caramelo. Deixe esfriar e derrame sobre a tapioca.

Misture delicadamente e leve à geladeira.

Use para finalizar canapés a base de peixes ou de frutas.

PUBA OU MASSA DE MANDIOCA

Massa úmida de cheiro e sabor acres, obtida por meio da fermentação da mandioca. As raízes são mergulhadas em água por alguns dias até entrarem em decomposição. Nesse estágio, são colocadas em sacos de pano, friccionadas, muito bem lavadas em água corrente e transformadas em massa úmida.

Usada em biscoitos, bolos e pudins, é o principal ingrediente do tradicional bolo Souza Leão, de Pernambuco, que ficou famoso desde a época em que a puba era a principal substituta da cara e escassa farinha de trigo.

Bolo Souza Leão

Rendimento: 8 PORÇÕES

Ingredientes

120 ml de água fria
250 g de açúcar
½ a 1 canela em pau
6 cravos-da-índia
½ colher (chá) de semente de erva-doce
100 g de manteiga
250 g de massa puba
4 gemas
180 ml de leite de coco
sal e manteiga para untar

Preparo

Em uma panela, faça uma calda em ponto de fio (ver p. 333) com a água e o açúcar e adicione a canela, o cravo e a erva-doce.

Tire do fogo, coe e, com a calda ainda quente, adicione uma pitada de sal e a manteiga. Deixe esfriar.

Em outro recipiente, misture a massa puba e as gemas uma a uma. Acrescente aos poucos o leite de coco e misture, até ficar homogênea. Acrescente a calda fria e misture bem (se ficar com grumos, coe).

Preaqueça o forno a 220°C.

Unte uma fôrma com buraco no meio de 24 cm de diâmetro, despeje o bolo e asse em banho-maria coberto com papel-alumínio por mais ou menos 50 minutos.

Tire o papel-alumínio e asse até que fique dourado (mais uns 10 minutos).

Farinhas

A rotina de uma casa de farinha, dessas muitas encontradas no Nordeste, começa por descascar as raízes que se amontoam no canto do barracão. A partir daí, a mandioca é lavada, ralada e colocada em tipitis ou outros invólucros porosos, para que seu líquido seja extraído através da prensa. A massa, depois de espremida, é passada por peneira. É nesse momento, antes de ir para a torra, que sua granulação é definida em função das tramas das peneiras utilizadas. A farinha é feita sobre uma espécie de forno aberto. A base do forno é de alvenaria ou barro, e a massa da mandioca é mexida com rastelos até secar e chegar ao ponto certo, ou seja, a massa perde toda a umidade e adquire crocância. Não há farinha de mandioca crua. Todas são torradas – umas mais, outras menos. Existem farinhas e farinhas. Grossas, finas, muito grumosas, farinha-d'água, farinha beiju, farinha gomada, farinha seca, farinha branca. Vários fatores contribuem para a boa qualidade de uma farinha de mandioca.

Além do cuidado com a higiene e com a qualidade da mandioca, a presença do amido e o ponto de torra são fatores muito importantes. Farinhas industrializadas têm, em geral, pouquíssimo amido, por isso não produzem liga no preparo de pirões, por exemplo.

FAROFA

No preparo da farofa, que pode ter infinitas variações, o que importa é seu resultado, geralmente seco e crocante, que é o que a diferencia de um virado, em geral úmido. Para se conseguir esse resultado deve-se primeiro fazer um refogado-base e só depois dele frio mexer a farinha.

Farofa tradicional

Rendimento: 10 PORÇÕES

Ingredientes

1 colher (sopa) de óleo
50 g de bacon em cubinhos
4 dentes de alho picados
1 cebola pequena em cubinhos
300 g de farinha de mandioca
sal

Preparo

Aqueça a frigideira com o óleo. Acrescente o bacon e frite até dourar. Junte o alho picado e doure. Adicione a cebola e murche. Desligue o fogo e espere esfriar. Mexa a farinha e acerte o sal.

TUCUPI

É o líquido extraído de um tipo específico de mandioca-brava. Ao se prensar a mandioca para a feitura da farinha, obtém-se esse líquido (considerado venenoso por conter ácido cianídrico), que deve ser fervido pelo menos por 20 minutos, tempo necessário para o ácido volatilizar-se.

Apreciadíssimo em praticamente toda a região amazônica, é provavelmente o único molho genuinamente brasileiro. É com ele que se temperam peixes, caças, carne de porco e de vaca e curtem-se pimentas. Com ele também se prepara o tacacá e o pato ao tucupi, ícone da cozinha de Belém do Pará.

Pato ao tucupi

Rendimento: 3 A 4 PORÇÕES

Ingredientes

1 pato inteiro (aproximadamente 2 ½ kg)
1 cebola grande picada
1 colher (sopa) rasa de sal
1 colher (sopa) rasa de alho amassado
1 xícara de azeite de oliva extravirgem
½ xícara de vinagre de vinho branco
suco de ½ limão
½ colher (chá) de pimenta-do-reino em grão
½ colher (chá) de noz-moscada em pó
4 folhas de louro
¼ de maço de salsa picada em pedaços grandes
1 litro de tucupi
1 maço de jambu
3 folhas de chicória (coentro do Pará)

Preparo

Corte o pato pelas juntas.

Faça uma vinha-d'alho com a cebola, o sal, o alho, o azeite, o vinagre, o suco de limão, a pimenta, a noz-moscada, o louro e a salsa e envolva cada pedaço do pato.

Deixe marinando pelo menos por 12 horas.

Em uma assadeira, arrume os pedaços e derrame o que sobrou da vinha-d'alho sobre eles e leve ao forno preaquecido a 160°C por aproximadamente 2 horas ou até que esteja dourado e macio.

Em uma panela grande, ferva o tucupi por 20 minutos para que o ácido cianídrico evapore.

Depois disso, acrescente o pato (livre de gordura e da crosta de tempero), o jambu e a chicória.

Deixe ferver por mais 10 minutos.

Sirva com farinha-d'agua (também conhecida como farinha de areni).

Dica: use uma assadeira do tamanho ideal para permitir que os pedaços de pato fiquem bem juntinhos.

Glossário de técnicas, fazeres e usos da cozinha brasileira

ABAFAR

É a técnica de preparar legumes em panela tampada. O alho ou cebola é suado* no óleo, os legumes (picadinhos ou batidinhos) são introduzidos, o sal e a pimenta-do-reino são adicionados e misturados muito rapidamente. A panela é tampada, o fogo é mantido em temperatura média e o vegetal acaba cozinhando com seu próprio líquido, sem se adicionar água e sem mexer. Muito usada para legumes como abobrinha, chuchu, jiló.

APURAR OU APERTAR

Utilizado normalmente para carnes preparadas em panela que, depois de cozidas, são mantidas em fogo lento para que fiquem com menos líquido, mais escuras e com sabor levemente tostado do fundo da panela.

ASSUSTAR

Passar rapidamente vegetais em frigideira bem aquecida, com pouco óleo ou azeite para que mantenham a cor, o sabor e a textura, cozinhando praticamente apenas no calor residual.

ATOLAR

É a técnica de cozinhar uma carne (geralmente com osso) junto com uma raiz que tenha

bastante amido, como a mandioca, o cará e o inhame, por exemplo. A raiz se desmancha e seu amido faz que a carne fique atolada no creme espesso resultante do cozimento do legume. O melhor exemplo de prato em que se utiliza essa técnica é a deliciosa vaca atolada mineira – bons nacos de costela gorda atolados em mandioca.

BATIDINHO

É a técnica para cortar a abobrinha ou outros legumes e fazer um refogado, ou melhor, um abafado (ver abafar*). São golpes dados sobre o legume na horizontal, batendo-se rapidamente com a faca, de forma a gerar pedaços desiguais. E, por incrível que pareça, o resultado é muito diferente do produzido com legumes em cortes regulares.

BOBÓ

É o nome de um prato, mas também de uma forma de preparo, em que se faz uma base cremosa a partir do cozimento de um tubérculo (nesse caso, a mandioca é perfeita, mas também o inhame e o cará podem ser usados) e depois se agrega frango, camarão ou outro tipo de carne ou peixe.

CABIDELA

É a forma como é conhecido no Nordeste o frango ao molho pardo mineiro, ou seja, a ave é preparada em um molho feito com o seu próprio sangue.

CALDINHOS

São caldos apurados, que levam diferentes temperos e geralmente fazem a entrada na refeição ou acompanham uma cachacinha, ou restauram devido ao abuso desta. Os mais conhecidos e prestigiados são o caldo de feijão, de mocotó, de sururu, mocofava (caldo de mocotó com favas), caldo de peixe, de camarão, de piranha e de carne. Caldinhos são de beber.

CARNE DE PANELA

É a técnica de cozinhar uma carne de segunda em panela de pressão (ou em panela de barro ou de ferro), quase sem uso de água, aproveitando apenas o suco da peça e o líquido dos ingredientes que fazem parte da preparação, como o tomate, a cebola e o pimentão. Do resíduo que fica na panela pode-se fazer um molho escuro, denso e de sabor inigualável, que é usado para cozinhar

o legume que acompanha a carne (batata, mandioca), transferindo-lhe um delicioso sabor e uma cor de caramelo.

CATAR

Separar, escolher os melhores (espécimes, pedaços, partes) para o preparo. Siri catado, catar feijão.

CURTIR

Conservar legumes ou pimentas em salmoura ou líquido de variados conteúdos (vinagre, azeite ou óleo e sal) para serem consumidos depois de algum tempo. As pimentas devem ser curtidas com muito cuidado.

DEMOLHAR

Termo usado para se extrair o sal de carnes e peixes secos ou salgados, colocando esses ingredientes de molho em água fria na geladeira por um período compatível com o teor de sal do ingrediente e seu volume.

FRIGIDEIRA OU FRITADA

Técnica em que se misturam os princípios da omelete e do suflê, mas que não é uma coisa nem outra. A base pode ser feita com peixes, carnes, legumes ou verduras refogadas que, depois de fria e misturada às claras em neve, às gemas e levada ao forno por alguns minutos, resulta em uma cobertura leve e saborosa. Comuns no Nordeste e no Rio de Janeiro, as principais fritadas são a frigideira de bacalhau, a de peixe, a de camarão e a de legumes.

LATA

É a técnica de conservação ou manutenção dos alimentos em banha, usada antigamente devido à falta de refrigeração, mas até hoje largamente utilizada pelo país afora, pois agrega um gosto particular e diferenciado ao alimento. É o nosso *confit*. São feitas assim carne suína, linguiça, almôndega, carne bovina de segunda etc., armazenadas em latas de alumínio.

MANTEIGA DE GARRAFA

Tipicamente nordestina. Seu nome está relacionado à forma como ela é vendida, em garrafas. Pelo método tradicional, o creme de leite puro, extraído pela desnatadeira, é levado para ferver

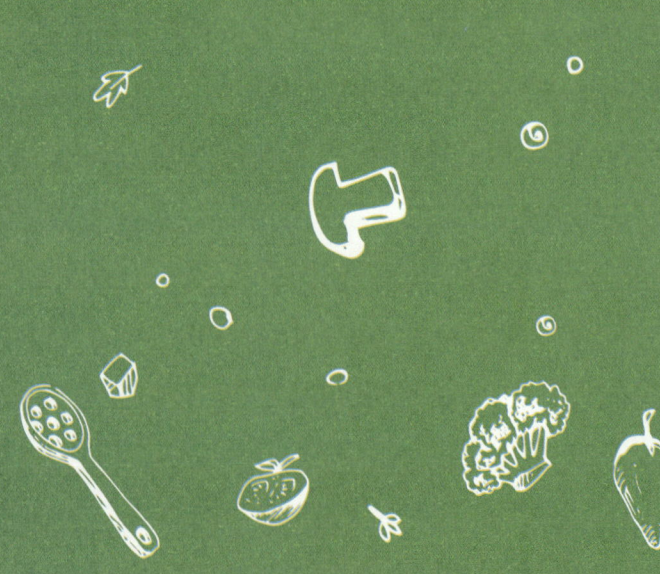

por algumas horas, até que suas partículas sólidas, popularmente chamadas de borra, se precipitem, separando-se da parte gorda (manteiga).

Mexendo-se sem parar, a borra vai se decantando e tostando no fundo da panela. É essa borra de cor caramelizada que confere à manteiga um sabor único e pronunciado, bem diferente da manteiga que usamos habitualmente. Ao ser aquecida, essa manteiga não se queima.

No fim desse processo, a manteiga, que adquire uma cor amarela intensa, é filtrada e colocada em garrafas. Em temperatura ambiente coagula-se (exceto, é claro, em ambientes muito quentes como o sertão), sendo necessário aproximar a garrafa do fogo para que rapidamente se liquidifique.

Métodos domésticos são também comuns no Nordeste: a partir do leite puro, fresco e fervido, as natas são diariamente reservadas e, ao final de poucos dias, batidas vigorosamente em água fria. A massa de gordura que se agrupa nesse processo é também um tipo de manteiga de garrafa.

Deliciosa, é fundamental usá-la sobre a mandioca cozida e no preparo das carnes-de-sol, mas não é o tipo de manteiga indicada para preparações mais delicadas, como bolos e doces. Em criações deve ser usada com cautela, pois seu sabor é preponderante.

PAÇOCA

Técnica já pouco usada hoje em dia, mais comum no Nordeste brasileiro. Em um grande pilão são socadas carnes-secas com farinha de mandioca ou de milho e outros temperos, resultando em um tipo de farofa levemente úmida, que pode ser comida com as mãos, moldando-se bolinhos. É muito comum também a paçoca doce, principalmente a de amendoim torrado misturado à farinha de milho.

PAMONHA

Papa feita de milho verde ralado e leite, envolta na própria palha do milho e amarrada ou costurada nas pontas. Pode ser salgada ou doce, dependendo da região prepondera um tipo ou outro. Em alguns lugares, acrescenta-se recheios como queijo, linguiça etc. As melhores são as de Goiás, onde existe milho de alta qualidade e tradição no preparo da pamonha, sendo as pamonharias bastante comuns.

Também tem muita tradição nos festejos juninos do Nordeste.

PANELADA

Uma das técnicas mais usadas nas cozinhas simples e gostosas do Brasil. Herdeira do cozi-

do português, do *lamen* japonês, do *cassoulet* francês, consiste em carnes misturadas a legumes e verduras cozidos juntos ou separados (dependendo do tempo de cozimento de cada um), mas sempre servidas em uma única panela (pelo menos essa é a forma tradicional). Algumas das paneladas brasileiras mais apreciadas são a feijoada (seja a baiana ou a carioca), a maniçoba, a buchada, o cozido e a dobradinha (no Norte do país e no Recôncavo Baiano). Algumas dessas paneladas não levam legumes, é o caso do barreado paranaense e do afogado do vale do Paraíba, em São Paulo.

PILAR

É a técnica de macerar a farinha de mandioca com outros ingredientes para fazer as paçocas. Os pilões geralmente são de madeira e os ingredientes precisam ser socados durante um bom tempo para dar um resultado homogêneo e saboroso. São usados também para moer, pisar e descascar alimentos.

PINGADO

É aquele café servido no copo americano com um pouquinho de leite, tradição das padarias de São Paulo. Diferencia-se da "média" pela quantidade de leite, que na "média" é maior, por isso o nome: (mais ou menos metade de café e metade de leite).

PIRÃO

Geralmente feito com peixe, mas também muito bom com carnes gordas e aves, acompanhando cozidos. Usa-se as partes que serão descartadas em uma moqueca ou em uma peixada (a cabeça, o rabo), cozinhando-as bem até obter um bom caldo e depois agregando farinha de mandioca, formando uma textura própria e com certa transparência.

RASPADINHA

É a nossa versão do *granité* francês. Picolé feito de água e frutas geralmente raspado e sugado, para refrescar. No Norte do país é chamado de rala-rala. Pode ser consumido para fazer a passagem entre uma etapa e outra da refeição.

REFOGAR OU AFOGAR

Método de cocção utilizado no preparo de legumes e verduras, cortados de diversas formas, e para carnes picadas com ou sem osso.

É por esse método que geralmente é iniciada a maioria das preparações dos pratos brasileiros. Aquecendo-se em uma panela uma pequena quantidade de óleo, azeite, manteiga ou outra substância gordurosa, temperos como alho, cebola e outros são suados* ou dourados e logo a seguir o alimento é introduzido e mantido em fogo médio, mexendo-se sem parar até que se incorpore bem aos temperos e apure o sabor.

No caso de alimentos mais tenros como abobrinha, chuchu, quiabo e jiló, o refogado inicia e finaliza a preparação sem necessidade de adição de líquidos. Já no caso de carnes com osso e tubérculos, o refogado necessita receber líquido, em pequenas quantidades e aos poucos, até o ponto ideal de cozimento.

SALPICAR

Jogar de forma aleatória e aos pouquinhos o sal (ou outro tempero em pó) nas preparações. O melhor é fazer com as mãos.

SAPECAR

É o que se fazia antigamente quando se limpava uma ave de forma caseira. Depois de ter depenado o animal, ele era sapecado no fogo para eliminar os resquícios das penas. É o que se faz também com alguns alimentos, como o milho na brasa e a orelha ou pé de porco salgados antes de serem acrescidos à feijoada.

TIRAR O BÊBADO

Fazer com que o álcool usado na preparação evapore.

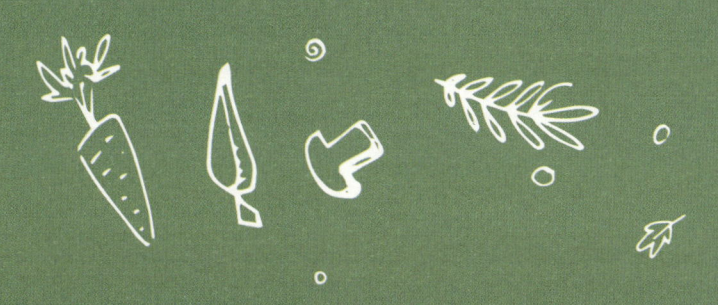

13. Panificação

O pão é o alimento que resulta do cozimento de farinha com água e sal, na maioria dos casos. Foi produzido pela primeira vez por volta do século XI a.C., na Europa. Na sequência, os egípcios e hebreus introduziram a massa fermentada. O pão é uma das bases da alimentação ocidental, com uma importância que vai além do produto em si; é um símbolo para várias religiões – Jesus escolheu o pão para celebrar a Eucaristia, por exemplo. Já foi moeda de troca e fonte de alimento para populações inteiras em épocas de fome.

A produção industrial, com maquinários, surgiu no final do século XIX. Hoje em dia, o pão é produzido em tão larga escala que a média de consumo por pessoa é de 55 quilos por ano.

O padeiro, assim como o chef confeiteiro, deve escolher entre a cozinha e a panificação – o aprendizado dos dois pode ser longo, uma vez que essa atividade, apesar de estar ligada intimamente à cozinha, é produzida à parte, em outro ambiente, com outros equipamentos e utensílios. As técnicas são muito peculiares ao ofício. Aqui veremos a **panificação básica**; os conceitos, técnicas e receitas para se produzir os pães mais emblemáticos da nossa cultura. A partir deles as variações são infinitas.

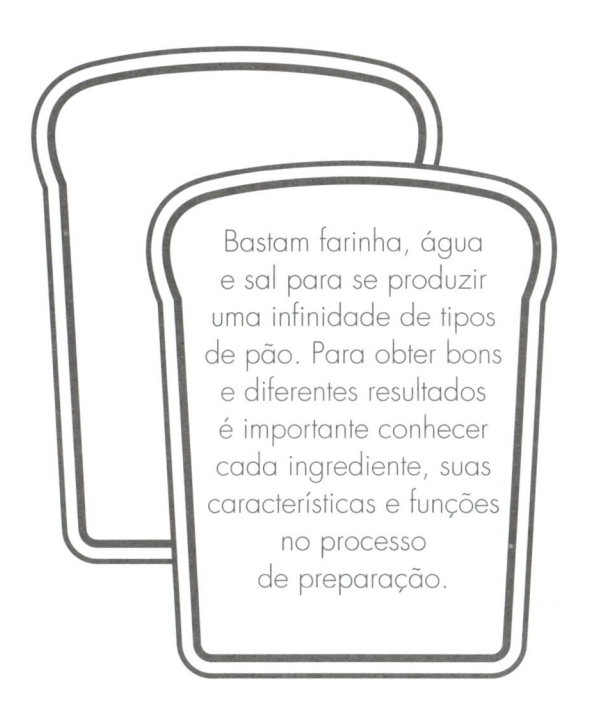

Bastam farinha, água e sal para se produzir uma infinidade de tipos de pão. Para obter bons e diferentes resultados é importante conhecer cada ingrediente, suas características e funções no processo de preparação.

FARINHA DE TRIGO

Obtida da moagem e refinamento do grão de trigo, é o ingrediente responsável pela estrutura do pão.

A farinha de trigo deve ser fabricada a partir de grãos de trigo sãos e limpos, isentos de matéria terrosa e em perfeito estado de conservação. Não pode estar úmida, fermentada ou rançosa.

Um fator determinante na qualidade da farinha é o **tipo de grão**. Os grãos de trigo cultivados em países frios são de qualidade superior; portanto, as farinhas de melhor qualidade produzidas no Brasil têm mistura de grãos nacionais e importados.

A farinha do trigo é a mais rica em glúten, proteína responsável pela elasticidade da massa, indispensável no preparo do pão, pois é ela que ajuda no crescimento e na estrutura deste. A consistência elástica e esponjosa dos bolos também são de responsabilidade do glúten. Nenhuma outra farinha (centeio, arroz, milho, soja) dá ao pão a mesma textura que a farinha de trigo. Contudo, podem-se produzir pães exclusivamente com outras farinhas, ou em combinação com a farinha de trigo.

A moagem é feita em diversos níveis, resultando em diferentes tipos de farinha. No Brasil, as farinhas de trigo são classificadas em:

FARINHA INTEGRAL

Em cuja elaboração o grão inteiro é moído (parte interna, casca ou farelo e gérmen). Utilizada no preparo de pães integrais, possui alto teor de fibra.

FARINHA BRANCA (COMUM)

Produto obtido a partir do cereal limpo (sem casca) e desgerminado. Devido ao processo de refinamento, a farinha perde nutrientes e parte do glúten. A denominada tipo 1 (especial) apresenta menor quantidade de impurezas.

SEMOLINA E SÊMOLA

Resultam da trituração do trigo limpo e desgerminado. O grão é triturado e passado por peneira. A semolina passa pelas peneiras mais finas, enquanto a sêmola fica retida nas peneiras mais grossas. Os termos sêmola e semolina podem ser usados para outros grãos de vegetais, devendo portanto ser acrescidos da denominação do produto, isto é, o nome vegetal de origem (sêmola de milho, por exemplo).

GLÚTEN

Proteína presente na farinha de trigo que, quando em contato com a umidade e ao ser trabalhada, desenvolve "redes" que retêm o dióxido de carbono produzido pela ação do fermento, fazendo os pães crescerem. Quanto mais se trabalha uma massa, redes mais resistentes são formadas e, assim, é criada a estrutura do pão.

ÁGUA, LEITE OU OUTROS LÍQUIDOS

Ao entrar em contato com o fermento e a farinha, desencadeiam o processo de fermentação. Quando a massa é assada, o vapor produzido pelos líquidos, somado à ação do fermento, confere volume ao pão e deixa a massa aerada. Além disso, alguns líquidos podem dar sabor ao pão, como o leite, por exemplo.

FERMENTOS

Introduzem na massa gás carbônico, responsável pelo volume e a textura aerada dos pães. Há 3 tipos de fermento:

- biológico;
- químico;
- físico.

BIOLÓGICO

O tipo de fermento mais usado em panificação, salvo instruções específicas, é o fermento biológico. É uma levedura que se alimenta dos açúcares contidos na massa e libera gás carbônico e álcool. Quando associada ao vapor formado pelos líquidos usados na receita, essa levedura dá tenacidade e volume à massa.

É encontrado fresco, em blocos; seco, na forma de grânulos; ou instantâneo, em pó. Também pode ser produzido de forma natural, como explicaremos posteriormente.

Quando fresco, tem durabilidade de apenas alguns dias; depois disso começa a perder sua força. Deve ser refrigerado e pode também ser congelado por até um mês. Deve ser misturado ao líquido da receita.

Quando seco em grânulos, dura ao menos um ano em recipiente fechado e sob refrigeração. Deve ser misturado ao líquido da receita. O fermento biológico instantâneo em pó pode ser misturado diretamente à farinha de trigo.

O fermento biológico seco é 3 vezes mais potente do que o fermento fresco – 5 gramas do seco correspondem a 15 gramas do fresco.

QUÍMICO

É o bicarbonato de sódio e o fermento químico em pó. A mistura de um produto alcalino (bicarbonato de sódio) com um ácido (geralmente presente na receita ou, no caso do fermento químico em pó, já presente na sua formulação), em contato com um líquido, faz que o gás carbônico seja produzido dentro da massa. Quando levamos a massa ao forno, este gás se expande e confere uma textura aerada à produção.

FÍSICO

Não é exatamente fermento. A fermentação física é um processo que resulta no crescimento da massa em consequência do vapor liberado por um ou mais ingredientes da receita quando aquecidos. Por exemplo, na receita de uma broa de milho a massa é batida com ovos, e são eles que garantem o seu crescimento. É possível também usar uma combinação de fermentos orgânico e físico (por exemplo, em um *croissant*).

Nesse caso, além do crescimento pela ação do fermento orgânico, o vapor que fica "preso" entre as camadas de manteiga faz que as camadas de massa se separem e cresçam um pouco mais.

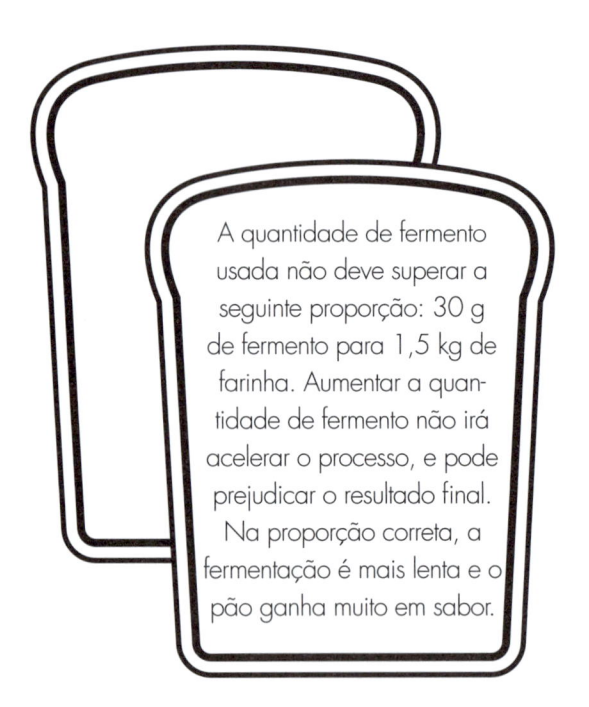

A quantidade de fermento usada não deve superar a seguinte proporção: 30 g de fermento para 1,5 kg de farinha. Aumentar a quantidade de fermento não irá acelerar o processo, e pode prejudicar o resultado final. Na proporção correta, a fermentação é mais lenta e o pão ganha muito em sabor.

SAL E AÇÚCAR

Embora usados com parcimônia, são essenciais. Se usado em grande quantidade ou adicionado diretamente ao fermento, o sal pode inibir o processo de fermentação. Seu uso em excesso também inibe o desenvolvimento do glúten.

Porém, todas as receitas de pão levam sal, até mesmo as doces, pois este é elemento essencial para dar sabor e evitar a fermentação excessiva.

O açúcar auxilia na coloração (caramelização*) e no processo de fermentação, pois alimenta as bactérias presentes no fermento biológico. No entanto, nem todos os pães levam açúcar.

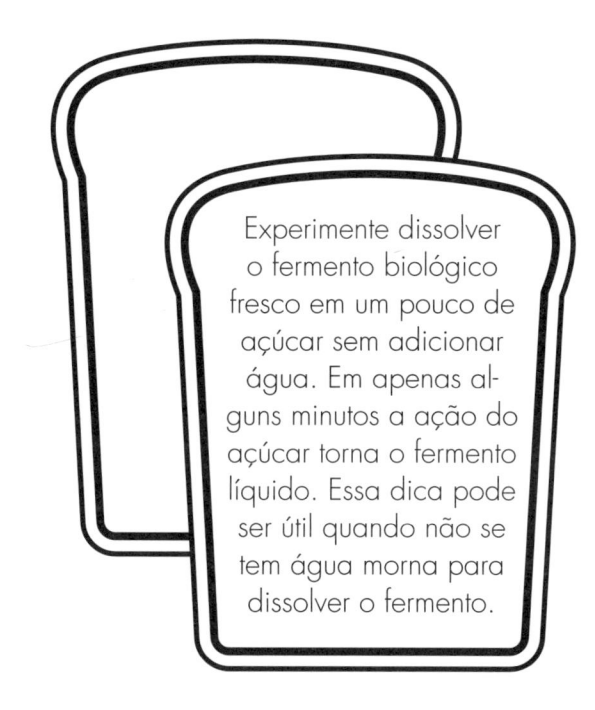

Experimente dissolver o fermento biológico fresco em um pouco de açúcar sem adicionar água. Em apenas alguns minutos a ação do açúcar torna o fermento líquido. Essa dica pode ser útil quando não se tem água morna para dissolver o fermento.

GORDURA E OVOS

Podem fazer parte da receita, mas nem sempre são necessários. A gordura usada na proporção correta (por volta de 3% do peso total da massa) reforça a elasticidade do glúten ao mesmo tempo que envolve sua "rede", impedindo-a de ficar muito longa.

A gordura deixa, assim, a massa mais macia e úmida (pães com redes muito longas tendem a ficar duros). Ela também impede parte da evaporação do líquido, fazendo que o pão fique fresco por mais tempo. Se usada em grande quantidade, quebra e impede a formação das redes de glúten.

Os ovos, além de ter a função de fermento físico, como foi visto anteriormente, também acrescentam sabor e cor e dão maior durabilidade e maciez à massa, devido à gordura presente nas gemas.

OUTROS INGREDIENTES

Frutas secas, grãos, carnes (principalmente as curadas), queijos, ervas etc. podem dar sabor e textura.

TEMPO, TEMPERATURA E UMIDADE

São fatores que muito influenciam na fermentação e na cocção. A variação deles pode resultar em produtos muito diferentes, mesmo que os ingredients utilizados sejam os mesmos. Portanto, além de seguir à risca as quantidades dos ingredientes de uma receita, o tempo de cocção, a temperatura e a umidade devem ser respeitadas.

MODO DE FAZER

Na panificação, bem como na confeitaria, a maior parte das receitas não pode mais ser manipulada a partir do momento que se inicia a cocção, ou seja, uma vez que a massa do pão está pronta e é levada ao forno, não se muda mais a receita.

É imperativo usar pesos e medidas exatas, para conseguir sempre um resultado perfeito.

Há diversos fatores que influenciam no resultado final de uma produção.

São estes:

- ingredientes usados;
- proporção dos ingredientes;
- processos utilizados – manipulação;
- temperatura dos ingredientes;
- tempo e temperatura da fermentação e da cocção;
- umidade da massa e ambiente;
- o forno. É importante conhecer bem o funcionamento do forno (principalmente um forno não profissional) onde o pão será assado - se aquece rápido demais ou é lento, se tem convecção (nem sempre necessária), se as temperaturas que constam nos controles são realmente precisas etc..

Aqui, como em todo o livro, as receitas são ferramentas fundamentais para que entendamos os conceitos. Conhecer o papel de cada ingrediente em uma receita é indispensável.

Há dois tipos básicos de pão: os levedados e os ázimos. Vejamos.

PÃO LEVEDADO

É aquele cuja massa foi acrescida de levedura ou fermento e assado em forno, chapa ou cozido no vapor e no qual a massa tem espaços preenchidos de ar.

PÃO ÁZIMO

Sem fermento, é achatado e mais compacto que o levedado: *matzá*, *chapati* e *tortilla*, por exemplo. Pode ser assado em forno, chapa, ou mesmo frito.

AS MASSAS

MASSA MOLE

É a mais simples, pois necessita de pouco "trabalho" com as mãos. Bater vigorosamente com uma colher de pau ou com a pá da batedeira para desenvolver o glúten na farinha de trigo é suficiente. Quando se soltar das paredes da vasilha, estará suficientemente "trabalhada". Os pães feitos dessa massa são mais porosos e ressecam mais rapidamente do que os pães com massas mais trabalhadas.

PÃO ESPONJA

Variação da massa mole, porém mais consistente, que ainda deve ser misturada em vasilha. O resultado é um pão de textura leve, com "furos". O fermento é dissolvido em quantidade maior de líquido, e a farinha deve ser adicionada ao fermento desde o começo do preparo. Essa primeira mistura é deixada para fermentar por uma hora ou mais e se torna "esponjosa" (daí o nome).

Outros ingredientes, como manteiga e ovos, são adicionados nesse momento, junto com o restante da farinha, o sal e os demais ingredientes.

MASSA BÁSICA

É a dos pães ditos convencionais. Serve de base para muitas variações.

PROCEDIMENTO PADRÃO PARA O PREPARO DA MASSA BÁSICA

O processo tradicional implica em três passos fundamentais:

• Dissolver o fermento em água morna, respeitando o período necessário para fermentação (que depende da temperatura ambiente, mas, em geral, 15 minutos são suficientes).

• Pesar a farinha e o sal, transferindo-os para uma superfície de trabalho.

• Formar um vulcão e despejar o líquido no centro da cratera, agregando aos poucos o líquido à farinha, com a ajuda de um garfo, se desejar.

Esse é um procedimento básico e deve ser feito apenas quando a receita pedir, você verá que em muitas delas os ingredientes secos são misturados ao fermento sem observar o período de fermentação.

Está dada a largada para o processo de fabricação da massa mais simples e eficaz de todos os tempos. Agora é o momento de trabalhar a massa, para que os ingredientes se misturem de forma homogênea.

• Polvilhe ligeiramente a superfície e as mãos de vez em quando, para não grudar (separe uma quantidade equivalente a ¾ de xícara da farinha para esse fim); deixe a massa descansar por cerca de 15 minutos antes de começar o trabalho de sovar*.

• No início, ela poderá parecer muito grudenta, mas isso pode ser resolvido untando-se ligeiramente os dedos com um pouco de óleo; à medida que se sova a massa, também se está desenvolvendo o conteúdo de glúten da farinha, o que a tornará mais elástica e menos aderente às superfícies (mãos, superfície de trabalho). Amasse firme (mas não de forma violenta – o termo sovar é simbólico) – e com ritmo, assim, a massa ficará cada vez mais lisa, macia e elástica.

• Atenção: trabalhar demais a massa pode fazê-la resultar em um produto com fermentação lenta e textura pesada. Dobre, de vez em quando, a massa em sua direção; aplique então pressão com o calcanhar da mão na direção oposta ao seu corpo; repita a operação várias vezes, girando a massa ¼ de volta cada vez que dobrar.

• O próximo passo é a fermentação, em vasilha levemente untada ou em superfície polvilhada com farinha. Depois da massa ter sido devidamente trabalhada, forma-se uma bola e coloca-se em uma vasilha ou superfície coberta com um pano para que não resseque. Nessa fase ocorre a primeira fermentação. Em geral, a massa dobra de volume, mas isso pode variar conforme a receita. Fatores como a temperatura ambiente (o ideal é que

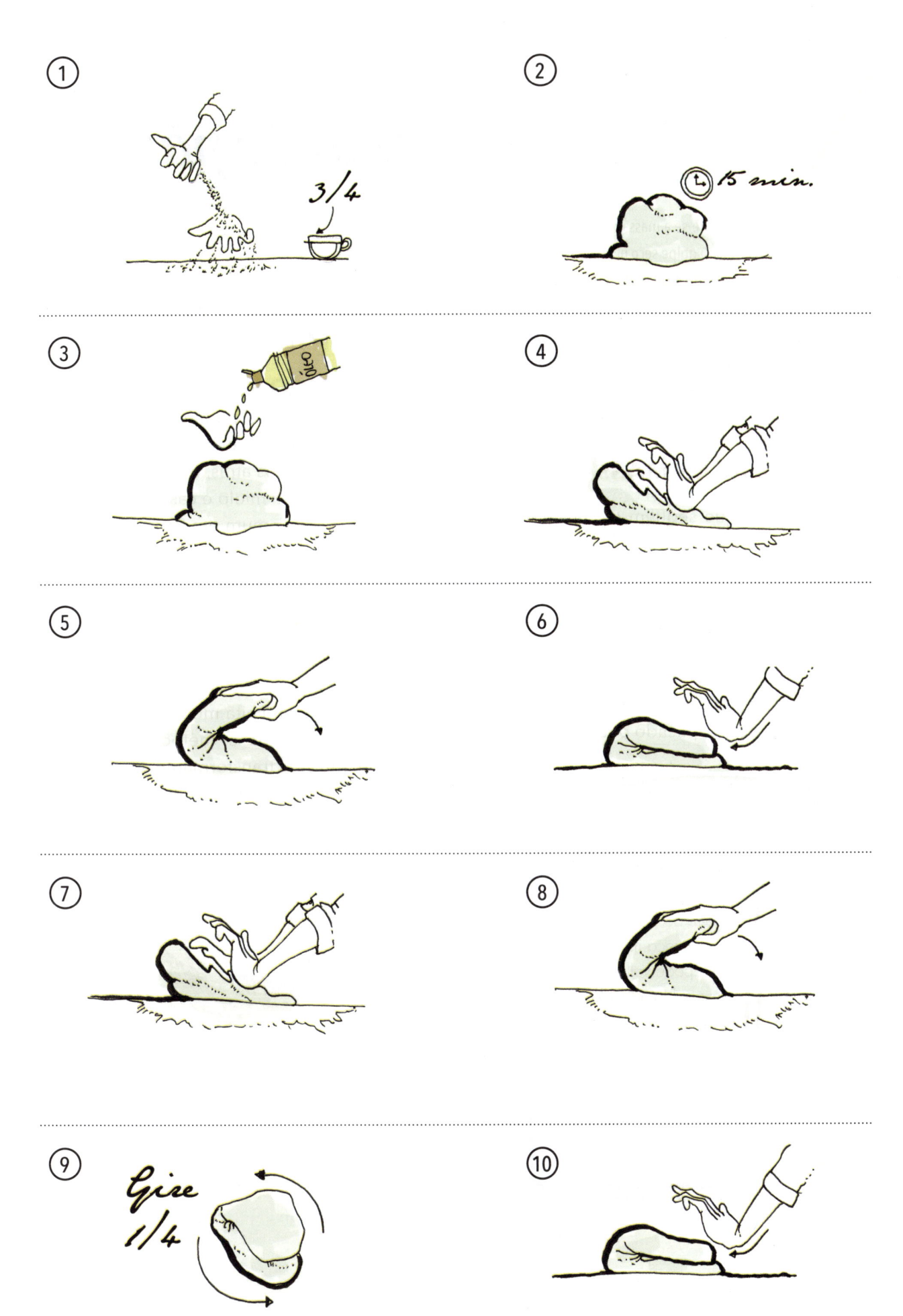

esteja entre 18°C e 26°C) e as correntes de ar (que devem ser evitadas) também influenciam.

• Observe se há um crescimento anormal. A massa não deve crescer além do indicado na receita, ou o pão não alcançará o resultado desejado.

• Após esse tempo, transfere-se a massa para a superfície de trabalho, retira-se o ar com um golpe seco na massa e dá-se a forma desejada. Nesse ponto, ocorre a segunda fermentação, em geral mais curta e já com a massa no formato final.

• O forno já deve estar preaquecido. Então, o pão será assado, retirado do forno e testado para ver se foi assado por inteiro. Desenforme-o e bata levemente embaixo dele com o nó dos dedos; se estiver assado, o som deverá ser oco.

OUTRAS MASSAS

São massas que seguem os mesmos princípios da massa básica, porém com algumas possíveis diferenças: podem ser enriquecidas com gordura, ovos, frutas etc. (*croissant*, pães recheados, panetone); podem conter outras farinhas (de centeio, aveia, milho) ou purê de vegetais ricos em amido (batata, mandioca, entre outros); podem ser feitas a partir de massa azeda (como será explicado posteriormente).

Diferentemente do que ocorre ao bolo, caso ainda lhe pareça mal assado o pão pode voltar ao forno. Deve esfriar completamente antes de ser cortado e servido, de preferência sobre uma grade para que esfrie por igual. Essa é sempre a melhor forma e ela também é essencial para armazenar e congelar o pão.

Tipos de pães

PÃES FEITOS A PARTIR DE FERMENTAÇÃO BIOLÓGICA

PÃO FRANCÊS

O pão francês das padarias brasileiras na verdade pouco tem a ver com aquele feito na França. Até cem anos atrás, o pão no Brasil era bem diferente, com miolo e casca escuros. Naquele tempo era comum em Paris um pão pequeno, de miolo branco e casca dourada – o precursor da *baguette*. Foi na tentativa de imitar esse pão que nasceu o pão francês, diferente da *baguette* principalmente pela adição de açúcar e gordura à massa.

Tornou-se o pão "oficial" em vários estados do Brasil e hoje a receita mudou muito. O uso de aditivos químicos e métodos industriais para o seu preparo transformaram este pão em um produto completamente diferente do original e impossível de reproduzir em casa.

BAGUETTE

A *baguette* (que quer dizer "graveto" em francês) é uma variedade de pão que surgiu no século XIX, junto com a invenção dos fornos com vapor. A cocção nesse tipo de forno proporciona uma casca crocante e um miolo aerado. A *baguette* se distingue basicamente pelas suas dimensões - comprimento muito maior que a grossura –, o que resulta em uma superfície de casca crocante maior que a de outros pães. Podem chegar a 1 metro de comprimento, mas somente a 5 cm de largura e 3 de altura. É o pão de todo dia dos franceses. Hoje em dia é encontrada no mundo todo. Para receber esse nome, a *baguette* deve conter, conforme a lei francesa, somente farinha, água, fermento e sal. A seguir, uma receita mais fácil de fazer em fornos caseiros (daí a presença do açúcar e da manteiga na massa).

Baguette caseira

Rendimento: 3 UNIDADES DE 175 G

Ingredientes

10 g de fermento biológico fresco

50 ml de água morna para dissolver o fermento

500 g de farinha de trigo

10 g de sal

5 g de açúcar

200 ml de água

25 g de manteiga sem sal *en pommade**

farinha de trigo para polvilhar

Preparo

Em uma tigela, dissolva o fermento na água morna e leve para levedar ao abrigo do frio e de correntes de ar por 10 a 15 minutos, quando se formará uma boa camada de espuma na superfície. À parte, misture os ingredientes secos e junte metade da água e o fermento dissolvido. Quando a farinha estiver úmida, coloque a manteiga e adicione o restante da água.

Misture bem até que toda a água tenha sido absorvida.

Trabalhe a massa para que ela fique bem macia e elástica.

Transfira a massa para uma superfície de trabalho ligeiramente polvilhada com farinha e sove* por cerca de 5 minutos (ver p. 289).

Se preferir, utilize uma batedeira com o gancho para massas. Isso irá facilitar o trabalho.

Coloque a massa novamente na tigela, cubra com pano úmido e deixe crescer até dobrar de volume. Divida a massa em aproximadamente 3 porções e dê o formato alongado da *baguette* (até 1 m de comprimento, 5 cm de largura e 3 cm de altura).

Arrume os pães em uma assadeira. Cubra com um pano e deixe a massa dobrar de volume, por cerca de 50 minutos. Aqueça o forno a 220°C.

Com a ajuda de um estilete, faça 4 ou 5 cortes transversais em cada pão.

Leve ao forno por 30-40 minutos, ou até estar bem dourado.

Para uma casca crocante, prepare um borrifador com água.

Logo após colocar o pão no forno, borrife água na superfície, e feche a porta do forno imediatamente.

Retire do forno e deixe esfriar sobre uma grade antes de servir ou embalar.

CIABATTA

Pão branco de origem italiana, o filão é alongado, largo e chato: em italiano, *ciabatta* quer dizer "chinelo". Muito usado como pão para sanduíches. Deve ter casca bem crocante e miolo poroso. É um pão leve. Parte de uma massa bem úmida (proporcionalmente com mais água que a *baguette*), o que lhe confere uma textura aerada.

Ciabatta

Rendimento: 3 UNIDADES

Ingredientes

110 g de fermento biológico fresco

50 ml de água morna para dissolver o fermento

500 g de farinha de trigo

10 g de sal

320 ml de água

óleo para untar

farinha de trigo para polvilhar

Preparo

Dissolva o fermento na água morna e leve para levedar ao abrigo do frio e de correntes de ar por 10 a 15 minutos, quando deve-se formar uma boa camada de espuma na superfície.

Em uma tigela, misture todos os ingredientes (inclusive o fermento já dissolvido).

Transfira a massa para uma superfície de trabalho ligeiramente polvilhada com farinha e sove* (ver p. 289) a massa para que ela fique bem macia, elástica e mais "seca", por volta de 10 a 15 minutos (a massa desse pão é mole – portanto, aconselhamos o uso de uma bateadeira planetária com um gancho).

Polvilhe mais um pouco de farinha, se necessário. Coloque a massa em uma tigela untada com óleo e cubra.

Deixe descansar por 50 minutos (ou até dobrar de volume).

Divida a massa em 3 porções e dê o formato retangular e achatado próprio da *ciabatta*.

Deixe a massa dobrar de volume coberta com um pano levemente umedecido, cerca de 50 minutos, ainda na superfície de trabalho.

Ao final desse tempo, polvilhe a superfície com um pouco de farinha e transfira os pães com cuidado para uma assadeira.

Preaqueça o forno a 220°C e asse por 25 minutos ou até estarem dourados. Um bom teste para saber se o pão está assado é bater com o nó dos dedos no fundo do pão. O som deve ser oco.

Prepare um borrifador com água filtrada. Assim que os pães começarem a dourar, abra rapidamente o forno e borrife um pouco de água sobre eles.

Feche novamente o forno e asse por mais 15 minutos.

Retire do forno e deixe esfriar sobre uma grade antes de servir ou embalar.

Pão de fôrma semi-integral

Rendimento: 2 UNIDADES

Ingredientes

30 g de fermento biológico fresco
320 ml de água morna
60 g de manteiga sem sal *en pommade**
40 g de mel
1 colher (chá) de sal
375 g de farinha de trigo integral
750 g de farinha de trigo branca
Farinha de trigo para polvilhar

Preparo

Em uma tigela grande, dissolva o fermento em ¼ de xícara de água morna. Junte 40 g da manteiga, o mel, o sal, a farinha de trigo integral e a água morna restante. Mexa até obter uma massa lisa e mole. Acrescente a farinha de trigo branca aos poucos, misturando bem. Transfira a massa para uma superfície ligeiramente polvilhada com farinha e sove* por 5 minutos, ou até a massa ficar firme e elástica (ver p. 289).

Retorne a massa para a tigela e unte a superfície da massa com 10 g de manteiga.

Cubra e deixe descansar por 1 hora, ou até dobrar de volume.

Com o restante da manteiga, unte e polvilhe com farinha 2 fôrmas de bolo inglês de 22 cm x 9 cm x 5 cm.

Divida em 2 partes a massa e ajeite nas fôrmas; deixe crescer por mais 1 hora, ou até dobrar de volume.

Preaqueça o forno a 190°C durante 20 minutos.

Asse o pão por 45 minutos, ou até ficar dourado. Retire do forno, desenforme e deixe esfriar sobre uma grade antes de servir ou embalar.

Pão de centeio

Rendimento: 1 UNIDADE

Ingredientes

280 g de farinha de centeio
140 g de farinha de trigo
140 g de farinha de trigo integral
20 g de sal
15 g de fermento biológico fresco
2 colheres (sopa) de açúcar
60 ml de água morna
100 ml de mel
350 ml de leite morno
30 ml de azeite de oliva extravirgem
manteiga para untar
farinha de trigo para polvilhar
azeite para pincelar

Preparo

Em uma tigela, misture as farinhas e o sal. Faça uma cova no meio e coloque o fermento.

Adicione o açúcar, uma pitada de farinha por cima, a água morna e misture. Após 5 minutos, acrescente o mel, o leite, o azeite e misture. Transfira a massa para uma superfície ligeiramente polvilhada com farinha.

Sove* por 10 a 15 minutos até obter uma massa homogênea, elástica e firme (ver p. 289).

Coloque em uma tigela coberta com um pano e deixe crescer por aproximadamente 3 horas.

Modele a massa e coloque em uma fôrma de bolo inglês de 30 cm x 12 cm x 7 cm (aproximadamente) untada e polvilhada com farinha, cubra com um pano e deixe crescer por mais 2 horas.

Pincele com azeite. Asse em forno preaquecido a 200°C por aproximadamente 30 minutos ou até que esteja bem dourado.

Retire do forno, desenforme, envolva o pão em papel-alumínio ou papel-manteiga e deixe esfriar sobre uma grade.

Recomenda-se o consumo após algumas horas, ele estará mais saboroso.

Pão de quatro grãos

Rendimento: 2 UNIDADES PEQUENAS

Ingredientes

120 g de farinha de trigo integral

60 g de farinha de centeio

30 g de farinha de milho branca

60 g de aveia em flocos

30 g de açúcar mascavo

1 colher (sopa) de óleo

1 colher (chá) de sal

250 ml de água fervente

10 g de fermento biológico em pó

½ xícara de água morna

200 g de farinha de trigo

50 g de gérmen de trigo

óleo para untar

leite para pincelar

Preparo

Em uma tigela, misture as farinhas de trigo integral, de centeio e de milho, a aveia, o açúcar, o óleo, o sal e a água fervente. Reserve por meia hora, até amornar um pouco.

Dissolva o fermento em água morna. Junte à mistura de farinhas. Mexa bem e acrescente a farinha de trigo aos poucos, enquanto sova* a massa por 10 minutos (ver p. 289) em uma superfície ligeiramente polvilhada com farinha (essa quantidade de farinha basta também para polvilhar).

Unte uma tigela com óleo e role a massa nela, para que toda a superfície fique untada.

Cubra a tigela e deixe a massa descansar por 2 horas até dobrar de volume.

Divida a massa em duas partes e forme duas bengalas.

Coloque em uma assadeira. Pincele com um pouco de leite e polvilhe com gérmen de trigo.

Deixe crescer outra vez, por 1 hora (ou mais, se estiver frio), até dobrar de tamanho.

Leve ao forno preaquecido a 180°C por aproximadamente 45 minutos ou até que fique dourado e bem assado.

Desenforme e coloque sobre uma grade para esfriar antes de servir ou embalar.

Pão de fôrma branco

Rendimento: 1 UNIDADE PEQUENA

Ingredientes

15 g de leite em pó integral

10 g de fermento biológico fresco

150 ml de água morna

250 g de farinha de trigo

30 g de manteiga sem sal *en pommade**

10 g de açúcar

5 g de sal

15 g de manteiga clarificada* para pincelar

óleo para untar

manteiga para untar

Preparo

Dissolva o leite em pó e o fermento em 30 ml de água. Junte a farinha, o açúcar e o sal.

Bata a massa na batedeira com o acessório em forma de gancho, acrescentando a água

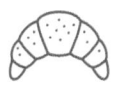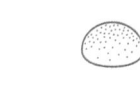

restante aos poucos, por aproximadamente 10 minutos em velocidade alta.

Coloque sobre uma superfície untada com óleo, deixe descansar coberta por 30 minutos, ou até dobrar de volume.

Unte uma fôrma de bolo ingles de 22 cm x 9 cm x 5 cm e coloque a massa.

Deixe crescer por 1 hora até dobrar de volume.

Preaqueça o forno a 180°C e asse por aproximadamente 35 minutos.

Desenforme ainda morno. Deixe esfriar sobre uma grade antes de servir ou armazenar.

> Essa massa pode ser usada para fazer tranças, pãezinhos individuais e bisnagas.

PÃES DE FERMENTAÇÃO NATURAL

FERMENTO NATURAL MASSA-MÃE

Com mais de 2000 anos de existência, este método é mais delicado e seu tempo de fermentação é bem mais longo se comparado à fermentação feita com fermento biológico comercial. Seu resultado é bem característico. Estes fermentos são levedos naturais que se formam em uma mistura de farinha e água, a partir de micro-organismos presentes no ar e também aderidos às cascas de frutas secas ou grãos integrais.

Pães produzidos com fermento natural são mais saborosos e aromáticos, de sabor mais complexo.

Sua casca é mais espessa, resultando em um pão mais rústico tanto no formato quanto na textura.

Para seu preparo se mistura farinha, água e muitas vezes frutas, sucos de fruta, água da hidratação de frutas secas e até batata ralada – elementos que servirão de "isca" aos micro-organismos presentes neste processo. Após alguns dias este preparado vai começar a fermentar e, depois de maduro, poderá ser usado no lugar do fermento biológico industrializado.

Quando se decide fazer um pão, separa-se a quantidade de fermento necessária para o seu preparo e se "alimenta" o restante com farinha e água na mesma quantidade retirada, em peso. Se usou 100 gramas de fermento para

> O fermento deve ser mantido em geladeira acondicionado em recipiente tampado.

o preparo do pão, acrescente 50 g de água e 50 g de farinha ao fermento restante e volte à geladeira. Se o preparo do pão não for diário, este fermento ainda precisa de manutenção: no mínimo uma vez por semana, uma parte é descartada e se "alimenta" o restante com farinha e água na mesma quantidade retirada, em peso, exatamente como descrito acima. Caso contrário, o fermento morre.

Provavelmente, a descoberta da fermentação natural se deu por acaso, quando se observou que, deixada ao tempo, a massa produzia bolhas, exalava odor acre e resultava em um pão mais digestivo. Há cerca de 4500 anos os egípcios notaram que, em vez de esperar que a fermentação se desse espontaneamente, eles podiam juntar à massa recém-preparada um pouco de outra já fermentada, apressando, desse modo, o processo.

Só muito mais tarde, o fermento fresco viria a ser produzido de forma industrial.

Método de preparo da massa-mãe de fermento natural (também chamada levain)

Deve ser preparada pelo menos 15 dias antes do preparo do pão.

Hidrate* 200 g de uvas-passas em água filtrada. Deixe em lugar quente e abafado (dentro de um armário de cozinha, por exemplo) até que pequenas bolhas apareçam na superfície (aproximadamente 48 horas).

Ao fim desse tempo, coe sobre um pano e aperte bem para aproveitar todo o suco. A água resultante é a parte que será utilizada. Reserve as passas para outro uso. Com uma colher, misture esse suco da uva-passa a 250g de farinha de trigo.

Deixe em lugar quente e abafado em recipiente plástico tampado.

Espere fermentar até triplicar de volume (isso pode demorar de 1 dia, em dias quentes e úmidos, até 3 dias, em dias frios e secos). Se o fermento não dobrar de volume, adicione 1

colher (chá) de fermento biológico seco; isso vai auxiliar o processo de fermentação.

Neste ponto o fermento já está pronto para o uso. Lembre-se de que, ao retirar a porção para o preparo de um pão, é obrigatório repor em quantidades iguais de farinha e água, como descritos anteriormente.

Pão de fermentação natural

Rendimento: 1 UNIDADE GRANDE

Ingredientes

Esponja

250 g de massa-mãe

30 ml de água

50 g de farinha de trigo

Pão

200 g de farinha de centeio

800 g de farinha de trigo comum

15 g de sal

300 ml de água (ou mais, se necessário)

Preparo

Esponja

Em uma tigela, coloque a massa-mãe, a água e a farinha. Misture bem. Cubra com um plástico filme e deixe em temperatura ambiente até que comece a formar bolhas (isso pode demorar de 1 a 6 horas, dependendo da "força" do fermento natural e da temperatura do ambiente). Este processo se chama refrescar o fermento.

Pão

Ao final deste tempo, prepare a massa de pão: misture a esponja formada aos demais ingredientes. Sove por 5 minutos sobre superfície enfarinhada ou por 3 minutos na batedeira planetária com o batedor em forma de gancho. Deve-se obter uma massa lisa e elástica e que ainda vai grudar um pouco nas mãos.

Transfira para uma vasilha e cubra com um pano úmido. Deixe a massa fermentar até dobrar de volume (isso pode demorar de 3 a 6 horas, dependendo da "força" do fermento natural e da temperatura do ambiente). Esta fermentação também pode ser feita em geladeira, onde o processo será bem mais lento (até 10 horas).

Ao fim desse período, trabalhe a massa levemente, dando o formato desejado. Disponha com cuidado em uma assadeira e cubra com plástico filme, sem apertar, para que a massa possa crescer livremente. A segunda fermentação pode demorar de 3 a 4 horas, ou até uma noite toda, no caso de fermentação feita em geladeira. Mais uma vez, o objetivo é que ela dobre de volume.

Aqueça o forno a 250°C (temperatura alta). Com um estilete ou faca afiada, faça cortes sobre a superfície da massa antes de levar ao forno. Isso vai liberar um pouco do gás, evitando que a massa cresça de forma desordenada e rache. Se desejar, polvilhe um pouco de farinha para que depois de assado o pão fique com aspecto mais rústico. Leve o pão ao forno e asse por 45 minutos ou mais, até que esteja bem crescido e dourado (se dourar rápido demais, diminua um pouco a temperatura do forno, caso contrário há o risco de ele não assar direito por dentro.

Retire, deixe esfriar em uma grade e sirva ou congele.

• **Uma nota sobre a textura da casca do pão:** Para obter um pão de superfície mais crocante, proceda da seguinte maneira: coloque uma assadeira velha diretamente sobre o "chão" do forno e aqueça. Leve o pão já na fôrma a assar e, neste exato momento, jogue 5 ou 6 cubos de gelo na assadeira velha sob a grade, e feche imediatamente a porta do forno. Isso vai formar vapor e ajudar a formar uma casca crocante.

• Uma alternativa interessante para assar é em panela de ferro com tampa, sem cabo de madeira ou plástico para não derreter com o calor do forno. O fato de estar tampado vai fazer com que o vapor gerado pelo próprio aquecimento da massa se encarregue de formar a crosta desejada. Abra a tampa depois de 30 minutos da entrada do pão no forno. Se a casca já estiver começando a dourar, deixe assar destampado até adquirir tom dourado intenso.

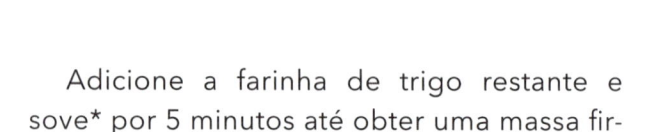

• O porquê do vapor: quando o pão entra no forno, a massa está em temperatura ambiente e vai aquecer gradualmente no forno. Até 90°C a ação do fermento ainda ocorre (é nesse momento que o pão cresce). Durante este tempo é bom que o ambiente tenha um pouco de umidade para que a superfície da massa não resseque e impeça o pão de crescer tudo o que poderia.

Pão de abóbora

Rendimento: 4 UNIDADES

Ingredientes

20 g de fermento biológico fresco
65 ml de água morna
50 g de açúcar
375 ml de leite morno
15 g de sal
1 kg de farinha de trigo
500 g de abóbora sem casca cozida e amassada
50 g de manteiga sem sal derretida
farinha de trigo para polvilhar
óleo para untar

Preparo

Em uma vasilha, misture o fermento com a água até dissolver, cubra e deixe descansar por 5 minutos. Adicione 1 colher de chá do açúcar e deixe descansar mais 10 minutos.

Em uma vasilha, misture o leite, o sal e o açúcar restante e deixe em temperatura ambiente.

Junte essa mistura à de fermento. Adicione 2 ½ xícaras da farinha de trigo e bata bem até obter uma massa lisa. Essa etapa pode ser feita em uma batedeira tipo planetária, usando-se o gancho de massa.

Junte a abóbora e a manteiga derretida e misture bem.

Adicione a farinha de trigo restante e sove* por 5 minutos até obter uma massa firme (ver p. 289).

Coloque a massa em uma superfície ligeiramente polvilhada com farinha e unte o pão com uma fina camada de óleo.

Deixe a massa descansar coberta durante 1 hora, ou até dobrar de volume.

Divida a massa em 4 partes, molde, coloque na assadeira e deixe crescer até dobrar de volume novamente.

Asse em forno preaquecido a 210°C durante 20 minutos.

Depois, reduza para 180°C e asse por mais 25 minutos ou até o pão dourar e estar cozido por dentro. Deixe esfriar sobre uma grade.

Pão de mandioca

Rendimento: 18 UNIDADES

Ingredientes

1 colher (sopa) de fermento biológico em pó
250 ml de leite morno
50 g de farinha de trigo
500 g de mandioca cozida
2 gemas
30 g de manteiga sem sal
1 colher (chá) de sal
50 g de açúcar
farinha de trigo suficiente para dar ponto (cerca de 1 ½ xícara ou mais, dependendo da umidade da mandioca)
farinha de trigo para polvilhar

Preparo

Em uma tigela, desmanche o fermento no leite morno e adicione 50 g de farinha.

Cubra e deixe fermentar por 20 minutos.

Adicione a mandioca, as gemas, a manteiga, o sal e o açúcar.

Junte aos poucos farinha de trigo suficiente para dar o ponto e misture com uma colher de pau até que a massa se solte das paredes da tigela.

Coloque em uma superfície ligeiramente polvilhada com farinha e sove* por 5 minutos (ver p. 289).

Faça bolinhas, distribua em uma assadeira, cubra e deixe crescer até dobrar de volume.

Asse em forno preaquecido a 180°C por 35 a 40 minutos aproximadamente ou até que estejam dourados.

Focaccia tradicional

Rendimento: 2 UNIDADES PARA ASSADEIRAS DE 22 CM X 35 CM; 1 UNIDADE, PARA ASSADEIRA MAIOR

Ingredientes
Massa
500 g de farinha de trigo
20 g de fermento biológico fresco
10 g de açúcar
300 ml de água morna
70 ml de azeite de oliva extravirgem
10 g de sal
azeite para untar

Para aromatizar
sal grosso peneirado ou quebrado para polvilhar
folhas de alecrim

Preparo
Massa

Faça um vulcão com a farinha de trigo e coloque no centro o fermento, o açúcar, 100 ml de água e misture bem até o fermento dissolver.

Misture bem a massa, adicionando a água restante aos poucos e o azeite, até obter uma massa lisa e elástica. Corte uma folha de papel-manteiga do tamanho do pão, unte com azeite, coloque em uma assadeira e sobre ela a massa.

Pincele a massa com azeite, cubra e deixe crescer até dobrar de volume.

Fure a *focaccia*, polvilhe o sal grosso e o alecrim e leve ao forno preaquecido a 220°C por aproximadamente 30 minutos. Assim que a *focaccia* sair do forno, pincele novamente com azeite.

Focaccia recheada (ou coberta)

Rendimento: 2 UNIDADES PARA ASSADEIRAS DE 22 CM X 35 CM; 1 UNIDADE, PARA ASSADEIRA MAIOR

Ingredientes
1 receita da *focaccia* tradicional
1 bola de muçarela de búfala em fatias, muçarela comum ou outro queijo
manjericão, alecrim, orégano, manjerona ou outra erva desejada
tomatinhos-pera bem maduros, cortados ao meio
pimenta-do-reino moída na hora
azeite para pincelar
rodelas de linguiça curada

Preparo

Faça a receita de *focaccia* tradicional. Antes de assar monte a cobertura: use todos os ingredientes ou faça uma seleção. Com o dedo, faça furos na massa e vá colocando os ingredientes, pressionando para que fiquem envolvidos.

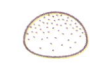

Massa básica para pizza

Rendimento: 3 A 4 UNIDADES DE 25 CM DE DIÂMETRO, DE ESPESSURA MÉDIA OU A GOSTO

Ingredientes

100 g de fermento biológico fresco
250 ml de água
1 kg de farinha de trigo
100 ml de azeite
15 g de açúcar
20 g de sal
farinha de trigo para polvilhar

Preparo

Em uma bacia, com um garfo, quebre o fermento em pedacinhos, e, com as mãos, dissolva-o em 50 ml de água morna.

Vá juntando a farinha de trigo, o azeite, o açúcar e o sal, mexendo bem.

Adicione a água restante até obter uma massa lisa e elástica.

Cubra com pano úmido bem torcido e deixe crescer no mínimo por 2 horas.

Divida em porções correspondentes ao número de pizzas e deixe crescer mais 1 hora.

Em uma superfície ligeiramente polvilhada com farinha, abra a massa na espessura desejada e trabalhe-a.

Para assar em casa, forme a base, justapondo tijolos refratários na grade inferior de seu forno ou use pedras redondas, que estão à venda no comércio para este fim.

Preaqueça o forno a 230°C por no mínimo 20 minutos.

Cubra com molho de tomate básico para pizza (tomate batido no liquidificador com um pouco de sal), queijo muçarela fresco e asse.

ENRIQUECIDOS

CROISSANT

Pão enriquecido e popular na França, teve, na verdade, sua origem na Áustria do final do século XVII. Foi Maria Antonieta quem o introduziu na França por volta de 1770. O formato tradicional do *croissant* é o de uma lua crescente. Feito com massa semelhante à folhada, é ideal para ser servido no café da manhã, puro ou com geleia. Há duas variações populares: com amêndoa e o *pain au chocolat* (em que a mesma massa é recheada com chocolate meio-amargo e modelada em forma de envelope).

Croissant

Rendimento: 20 UNIDADES (APROXIMADAMENTE)

Ingredientes

1 kg de farinha de trigo
600 ml de leite
50 g de fermento biológico
100 g de açúcar
20 g de sal

Para folhar

500 g manteiga

Preparo

Prepare a massa misturando todos os ingredientes (menos a manteiga para folhar) e sove* por 8 minutos.

Polvilhe uma superfície com farinha e, com um rolo, abra um retângulo de 1 cm de espes-

sura. Transfira para uma assadeira. Reserve em geladeira por 30 minutos.

Trabalhe a manteiga que será usada para folhar, sobre uma folha de papel-manteiga formando um retângulo do tamanho de ²/₃ da massa aberta. Leve à geladeira até que fique bem dura.

Abra a massa formando um retângulo com 0.5 cm de espessura.

Retire a manteiga do papel-manteiga e coloque sobre os ²/₃ inferiores da massa aberta.

Dobre primeiro o terço sem manteiga e, em seguida, cubra sobre ele o terço com manteiga.

Vire a massa na sua direção pela direita, fazendo ¼ de volta.

Cubra e leve por 30 minutos à geladeira. Abra a massa novamente em retângulo, dobre 3 vezes, juntando os 2 pontos no meio e dobrando mais uma vez.

Vire a massa na sua direção, pela sua direita, fazendo ¼ de volta. Cubra e leve à geladeira por 30 minutos.

Abra a massa em um novo retângulo de 29 cm de altura por 60 cm de comprimento, sobre superfície enfarinhada.

Divida em triângulos de 10 cm de base por 15 cm de lado.

Enrole, partindo da parte maior para a menor, e dê um formato de meia-lua.

Preaqueça o forno a 200°C.

Coloque em uma assadeira, cubra com um pano úmido e deixe crescer até dobrar de volume. Pincele a superfície com gema. Leve ao forno e asse até que estejam crescidos e dourados.

Observação: o processo de dobras do croissant é parecido (mas não igual) ao da massa folhada.

Confira a ilustração da página 316, ela pode ajudar a entender o preparo.

Bolo rei

Rendimento: 2 UNIDADES MÉDIAS

Ingredientes

Massa
100 g de laranjas glaceadas
3 colheres (sopa) de uvas-passas pretas
100 ml de vinho do Porto
2 ½ colheres (sopa) de fermento seco
100 ml de água
500 g de farinha de trigo
1 ½ colher (chá) de sal
100 g de manteiga *en pommade*
100 g de açúcar
raspas de 1 limão
raspas de 1 laranja Bahia
3 ovos batidos
1 fava seca
1 pequena medalhinha ou *souvenir*

Cobertura
1 gema
1 colher (sopa) de *egg wash* batido em água
10 cerejas glaceadas
2 cascas de laranja glaceadas em *Julienne*
torrões de açúcar
geleia de damasco para dar brilho

Preparo

Hidrate* no Porto as passas e as 100 g de laranjas glaceadas.

Dissolva o fermento em uma tigela com água e deixe repousar 5 minutos.

Em uma outra tigela, misture a farinha e o sal.

Faça uma cova no centro e acrescente o fermento dissolvido.

Utilize uma colher de pau para misturar o fermento com um pouco de farinha, formando uma pasta mole (não utilize toda a farinha da tigela).

Cubra a tigela com um pano.

Esta "esponja" levará 20 minutos para estar concluída.

Bata a manteiga com o açúcar e as raspas de limão e a laranja. Adicione os ovos, um de cada vez, batendo muito bem.

Adicione esta mistura no centro da tigela para então misturar o restante da farinha nas laterais, obtendo assim uma massa bem fofa.

Leve a massa a uma superfície enfarinhada. Sove-a* por 10 minutos até obter uma textura elástica e brilhante. Incorpore todas as frutas secas à massa.

Coloque a massa em uma tigela coberta com um apanho de louça.

Deixe dobrar de volume por 2 horas. Retire o gás dando um soco na massa e deixe-a descansar por mais 10 minutos.

Dê à massa o formato de anel: molde em uma bola e, com o rolo de macarrão, abra em formato de disco, com 30 cm. Transfira para uma assadeira untada, faça um furo bem no meio e, com os dedos, alargue até que a massa fique como um grande anel (ou pneu).

Cubra a massa com um pano de prato e deixe dobrar de volume por aproximadamente 1 hora. Pincele a superfície com *egg-wash* e decore com 2 cascas de laranja, os torrões de açúcar e as cerejas.

Asse em forno preaquecido por 45 minutos, até dourar.

Aqueça a geleia de damasco até ficar líquida e depois pincele a superfície e as laterais da rosca para dar brilho. Deixe esfriar sobre uma base aramada.

BRIOCHE (E VARIAÇÕES)

Lenda ou não, são bem conhecidas as palavras de Maria Antonieta, mulher de Luís XVI, às vésperas da Revolução Francesa, quando se perguntava pela razão dos clamores populares. "Eles não têm pão, alteza", explicaram. Ao que a rainha retrucou, perplexa: "Por que não comem brioches?"

O pão chamado brioche apareceu pela primeira vez no início dos anos 1400, e a sua origem é a de que a palavra "brioche" vem do verbo francês *broyer*, que significa "moer", "triturar".

O brioche pode ser moldado de várias maneiras, embora a mais tradicional seja fazê-lo em uma forminha um pouco maior que a de empada, com duas bolas, sendo uma sobreposta à outra. Tradicionalmente, o brioche é o pão que se serve com chá. Pães como o *escargot danois* (em forma de caracol, recheado com creme de amêndoa e passas) partem da mesma massa.

Contudo, seu uso na culinária é muito mais vasto. Com a massa que dá origem ao brioche nós podemos fazer uma crosta para um filé, por exemplo. Podemos tanto usá-la aberta para servir um salpicão ou outra salada, como fazer inúmeras sobremesas, como babas ao rum e *savarins*.

Na Sicília, os brioches são usados como base para servir as "granitas" de limão ou amêndoas.

Maria Antonieta

Brioche

Rendimento: 20 UNIDADES INDIVIDUAIS OU 2 GRANDES

Ingredientes

60 ml de leite
10 g de açúcar
15 g de fermento biológico fresco
4 ovos
460 g de farinha de trigo
15 g de sal
150 g de manteiga sem sal derretida
manteiga sem sal para untar
farinha de trigo para polvilhar
1 gema para pincelar

Preparo

Em uma panela, aqueça a 32°C o leite e o açúcar. Misture bem e adicione o fermento.

Junte 1 ovo, 110 g de farinha e o sal e misture tudo com uma colher de pau (ou na batedeira planetária) até a mistura estar macia.

Adicione devagar os ovos e a farinha restantes e a manteiga.

Bata a massa manualmente até ficar macia e ligeiramente brilhante.

Coloque a massa para descansar em vasilha untada, coberta, por mais ou menos 45 minutos ou até dobrar de volume.

Cubra com plástico filme e reserve na geladeira por no mínimo 6 horas, ou por toda uma noite, até dobrar de volume.

Ao fim desse tempo, coloque a massa em forminhas individuais ou em fôrmas grandes (tipo bolo inglês).

Deixe voltar à temperatura ambiente e crescer, cerca de 1 hora e 30 minutos ou menos, de-pendendo do clima (deve dobrar de volume).

Preaqueça o forno a 200°C. Pincele a massa com a gema e asse por cerca de 20 minutos para as individuais e 45 para as grandes – ou até dourar. Deixe amornar. Sirva ou congele.

Brioche com creme de amêndoa (escargot aux amandes)

Rendimento: 12 UNIDADES DE 6 CM DE DIÂMETRO OU 8 GRANDES COM 10 CM

Ingredientes

150 g de farinha de amêndoa ou amêndoa sem pele, moída no processador com 1 colher (sopa) de açúcar
180 g de açúcar
80 g de manteiga sem sal
2 ovos
300 g de massa de brioche (ver ao lado)
1 xícara de água quente
200 g de açúcar cristal
manteiga sem sal para untar
farinha de trigo para polvilhar
1 gema misturada a 1 colher (chá) de leite para pincelar

Preparo

Misture no processador a farinha de amêndoa, o açúcar, a manteiga e os ovos e leve à geladeira por 20 minutos. Com a massa de brioche ainda gelada, abra um retângulo de 25 cm x 40 cm. Espalhe o recheio de amêndoa, chegando quase até as bordas.

Faça um rocambole no sentido do comprimento (ele deve ficar longo e não gordo). Leve à geladeira por, no mínimo, 1 hora, coberto com um pano úmido torcido.

Ao fim desse tempo, corte fatias de 2 cm

de espessura e disponha em assadeira untada e polvilhada com farinha. Cubra com um pano levemente umedecido e deixe as roscas crescerem por 40 minutos. Preaqueça o forno a 200°C.

Pincele a massa com a mistura de gema e leite e asse por 30 minutos. Enquanto isso, esquente a água até quase ferver. Retire do fogo e jogue por cima do açúcar cristal.

Quando os pãezinhos (chamados também de *escargots danois*) estiverem assados e dourados, retire do forno e pincele imediatamente com a calda de açúcar. Deixe esfriar e sirva ou congele.

FERMENTAÇÃO QUÍMICA OU NATURAL (PÃES RÁPIDOS)

Pão de minuto

Rendimento: 24 UNIDADES (APROXIMADAMENTE)

Ingredientes

480 g de farinha de trigo
500 ml de leite
10 g de sal
50 g de manteiga sem sal
2 colheres (sopa) de fermento em pó
manteiga sem sal para untar

Preparo

Misture tudo em uma tigela e forme os pãezinhos, com o auxílio de duas colheres de sopa, sobre uma assadeira untada.

Asse em forno preaquecido a 190°C por aproximadamente 20 minutos, até que estejam corados (devem ter uma cor dourada por baixo, mas não mais escura que isso).

Muffin de maçã

Rendimento: 24 UNIDADES (APROXIMADAMENTE)

Ingredientes

400 g de farinha de trigo
1 ½ colher (sopa) de fermento em pó
2 colheres (chá) de canela em pó
1 colher (chá) de noz-moscada ralada
40 g de açúcar
155 g de manteiga sem sal
3 colheres (sopa) de mel
2 ovos
170 ml de leite
3 maçãs verdes sem casca, em pedaços pequenos
1 colher (chá) de canela em pó e açúcar para polvilhar
manteiga sem sal derretida para untar

Preparo

Peneire a farinha, o fermento, a canela, a noz-moscada e o açúcar dentro de uma tigela grande.

Em uma panela pequena, derreta a manteiga e o mel em fogo baixo, mexendo sempre, até obter um líquido homogêneo.

Retire do fogo.

Bata os ovos com o leite.

Faça uma cova com os ingredientes secos e nela despeje a mistura de manteiga e mel, a mistura de leite e ovos, e os pedaços de maçã.

Mexa apenas até os ingredientes estarem combinados. Não mexa demais – a mistura deve ficar com grumos.

Unte as forminhas para *muffins* e encha-as até cerca de três quartos do volume.

Polvilhe com o açúcar misturado com a canela e leve ao forno preaquecido a 180°C por 20 a 25 minutos aproximadamente.

Pão de queijo

Rendimento: 24 UNIDADES (APROXIMADAMENTE)

Ingredientes

500 g de polvilho doce
200 ml de leite
100 ml de água
100 ml de óleo
1 colher (chá) de sal
1 colher (chá) de açúcar
5 ovos
300 g de queijo meia cura ralado

Preparo

Ferva o leite, o óleo (ou manteiga) e a água e escalde* o polvilho.

Depois de escaldado, misture os ovos, um a um, o queijo e sal até formar uma massa.

Faça bolinhas e disponha em assadeira untada. Asse em forno preaquecido a 180°C por aproximadamente 30 minutos.

Donuts

Rendimento: 20 UNIDADES (APROXIMADAMENTE)

Ingredientes

2 ovos
200 g de açúcar
50 g de manteiga sem sal derretida
200 ml de leite
150 g de batata cozida e amassada
2 colheres (chá) de essência de baunilha
450 g de farinha de trigo
10 g de sal
2 colheres (chá) de fermento em pó
1 colher (chá) de bicarbonato de sódio
farinha de trigo para polvilhar
óleo para fritar
açúcar de confeiteiro para polvilhar
200 g de chocolate meio-amargo derretido em banho-maria* para a cobertura

Preparo

Em uma batedeira, bata bem os ovos até ficarem bem leves, acrescente o açúcar e continue batendo. Junte a manteiga, o leite, as batatas amassadas e a baunilha.

Bata até tudo ficar bem incorporado. Reserve. Em uma tigela, peneire a farinha de trigo, o sal, o fermento e o bicarbonato.

Junte à mistura reservada e amasse bem. Coloque a massa em um saco plástico e leve à geladeira por 12 horas.

Retire da geladeira metade da massa, abra com um rolo sobre uma superfície polvilhada com farinha até obter a espessura de 1,5 cm. Corte com um cortador* ou com um copo de 10 cm de diâmetro.

Se quiser, faça o furo no meio cortando no formato de um disco com um copo de licor.

Frite em óleo bem quente até que estejam bem dourados. Polvilhe açúcar de confeiteiro ou cubra com chocolate derretido. Abra, corte e frite a massa restante. Pode-se também rechear com creme *pâtissière* (ver p. 327).

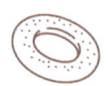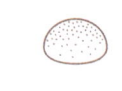

Retire do fogo e deixe esfriar por 15 minutos. Preaqueça o forno a 170°C.

Em seguida, adicione os ovos, um a um, mexendo sempre, até a massa ficar macia e um pouco mole.

Umedeça uma tigela com água e polvilhe com fubá.

Coloque na tigela pouco mais que 1 colher de sopa de massa e gire a tigela para formar a broinha. Repita isso com o restante da massa.

Disponha as broas em 2 assadeiras untadas com a manteiga reservada.

Repita a operação até a massa acabar. Sempre que necessário, umedeça um pouco a tigela e coloque mais fubá. Leve ao forno por 45 minutos a 1 hora, ou até as broas dourarem.

Broa de fubá

Rendimento: 32 UNIDADES

Ingredientes

200 g de manteiga clarificada*
120 ml a 190 ml de leite (dependendo do tamanho dos ovos)
1 xícara de água
220 g de fubá fino mimoso
150 g de farinha de trigo
100 g de açúcar
10 g de sal
6 ovos
fubá para polvilhar

Preparo

Em uma panela, misture a manteiga (reserve 1 colher de sopa), o leite e a água e leve ao fogo até ferver. Acrescente 1 xícara de fubá, a farinha de trigo, o açúcar e o sal.

Mexa vigorosamente e cozinhe por 20 minutos, sem parar de mexer, ou até obter um mingau encorpado. O fubá deve ficar bem cozido, como se fosse uma polenta.

14. Confeitaria

Apesar de estar aqui por fazer parte da formação de um bom cozinheiro, a confeitaria é uma "ciência" bem diferente da cozinha quente (salgada). Pouco se consegue relacionar suas técnicas e preparos com outros pontos já citados neste livro.

Por isso, costuma-se dizer que um chef deve escolher entre a cozinha quente e a confeitaria, pois, se escolhesse os dois, levaria tempo demais para aprender. Pode não ser exatamente assim, mas isso ilustra a complexidade deste capítulo. Aqui falaremos da confeitaria básica e das receitas e técnicas que todo cozinheiro deve conhecer.

Na confeitaria, uma vez iniciada a cocção, a maior parte das receitas não pode mais ser manipulada. Por exemplo, assim que a massa de um bolo está pronta e é levada ao forno, não se pode mais mudar a receita. Por isso é muito importante usar pesos e medidas exatas para conseguir um bom resultado. Além disso, são diversos fatores que influenciam no resultado final de uma produção, como os ingredientes, suas proporções, os processos e a cocção.

Com farinha, manteiga, açúcar e ovos pode-se fazer, por exemplo, uma massa de torta que desmanchará na boca ou uma extremamente crocante, um biscoito amanteigado, um bolo bem macio e denso ou um pão-de-ló bem fofo e sequinho. E a lista continua.

O que vamos mostrar neste capítulo é como agem os ingredientes e como eles se comportam em diferentes proporções, sob diferentes técnicas e segundo os diferentes métodos de cocção.

Pode-se classificar os ingredientes da confeitaria em: estruturais (estabilizadores); amaciadores; edulcorantes; fermentos (químico, físico e orgânico); espessantes; e aromatizantes. Conhecer o papel de cada ingrediente em uma receita é fundamental.

Cabe lembrar que um mesmo ingrediente pode ter mais de uma função em uma receita. Em um bolo, por exemplo, o açúcar age ao mesmo tempo como edulcorante e amaciador (conforme se verá mais adiante).

INGREDIENTES ESTRUTURAIS (ESTABILIZADORES)

Como o próprio nome indica, são os ingredientes que dão estrutura, corpo à receita. Os mais usados são os ovos, pelas suas proteínas, que na presença de calor enrijecem; e as farinhas, principalmente a de trigo, que além de conter amido é rica em glúten, uma proteína. Na presença de líquido, o glúten forma redes e, em contato com o calor, enrijece, formando uma massa firme. Quanto mais se trabalha a massa, mais redes de glúten se formam. O que se faz na confeitaria ao criar massas é adicionar a essa mistura ingredientes que a deixem mais macia, aerada e saborosa. O tempo de manipulação é determinante, pois, quanto mais se trabalha a massa, mais o glúten se desenvolve.

As produções podem ter:

• apenas farinha de trigo ou farinha mais ovos em pequena quantidade (biscoitos, massas de tortas);
• farinha em pequena quantidade mais ovos em grande quantidade (pão-de-ló);
• farinha e ovos na mesma proporção (bolos com gordura).

INGREDIENTES AMACIADORES

São ingredientes que deixam as massas tenras e úmidas e agem como amaciadores:

GORDURAS

Manteiga, margarina, óleo e gordura vegetal deixam a massa mais fácil de trabalhar, tornam o produto final mais tenro e úmido e agregam sabor (principalmente a manteiga). A gordura impermeabiliza a farinha, quebrando as longas redes de glúten da massa e deixando-a mais quebradiça e macia. Além das gorduras e óleos normalmente utilizados, queijos cremosos, creme de leite, gemas e leite, por conterem quantidade considerável de gordura, podem exercer a mesma função.

AÇÚCARES

Açúcar, mel, calda, melado deixam o produto final mais tenro. Ao entrar em contato com a farinha e o líquido de uma receita, o açúcar se dissolve e "capta" moléculas de água antes da farinha. Dessa forma, a farinha fica com menos líquido para formar as redes de glúten.

Havendo menos glúten desenvolvido, a estrutura fica mais delicada e a massa mais macia. Além disso, o açúcar também capta umidade, por isso as massas que contêm açúcar são mais úmidas.

LÍQUIDOS

Quando bem balanceados, os líquidos agem como agentes amaciadores. Deixam o produto mais úmido e, portanto, mais macio. Porém, se o líquido for usado em quantidade maior que a necessária, a massa se tornará mais dura. Isso se dá porque o contato da farinha com o líquido favorecerá o desenvolvimento das redes de glúten, o que deixará a massa muito estruturada e, consequentemente, muito dura.

EDULCORANTES

São os açúcares (açúcar, calda de açúcar, mel e melado) que dão o sabor doce e agem como amaciadores. Além da doçura, cada tipo de açúcar tem sabor e cor característicos.

FERMENTOS

Introduzem na massa gás carbônico, o qual dá uma textura aerada às produções. Há 3 tipos:

- químico;
- físico;
- orgânico.

QUÍMICO

São o bicarbonato de sódio e o fermento químico em pó. A mistura de um produto alcalino (bicarbonato de sódio) com um ácido (geralmente presente na receita ou, no caso do fermento químico em pó, já presente na sua formulação), fazem com que gás carbônico seja produzido dentro da massa (em contato com um líquido). Quando levamos a massa ao forno, este gás expande preso nas redes de glúten, fazendo com que a massa cresça e fique com uma textura aerada.

FÍSICO

Chamamos de fermento físico o efeito que ocorre pela expansão do vapor ao ser liberado no interior das massas quando aquecidas. Por exemplo, em uma massa folhada o vapor fica "preso" entre as camadas de manteiga e consequentemente faz com que as camadas de massa se separem e cresçam. Este efeito também ocorre quando batemos claras de ovos ou ovos inteiros, incorporando-lhes ar. Ao adicionarmos essas claras ou ovos batidos a uma massa (de pão-de-ló, por exemplo), o ar contido neles se expandirá ao aquecermos a massa e a fará crescer.

Muitas vezes combinamos fermentos químicos com fermentos físicos (é o caso de alguns bolos com adição de gordura).

BIOLÓGICO

Ver p. 286.

ESPESSANTES

São ingredientes que dão corpo e textura a cremes, caldas, pudins e flans. Os mais usados são: ovo, gelatina e amidos (farinha de trigo, farinha de arroz, amido de milho e araruta).

Conhecer as características de cada um deles é importante para que se possa escolher o espessante mais adequado, a quantidade a ser utilizada, a manipulação correta e o tipo de cozimento (direto no fogo ou em banho-maria*).

AMIDO DE MILHO E ARARUTA

Possuem alto poder espessante e precisam ser diluídos em líquido frio antes de serem incorporados à mistura que se deseja espessar. Dão um efeito translúcido à produção e são ótimos para espessar líquidos transparentes (à base de sucos ou vinho, por exemplo). Também são indicados para o uso em flans ou *curds* (como o creme de limão em um recheio de torta), pois, se adicionados ao líquido na proporção correta, após esfriarem, dão uma textura de corte. Mas não são muito adequados para serem usados em grande quantidade, em produções nas quais se deseja obter um resultado mais cremoso (como no creme *pâtissière*), pois resulta em um aspecto "quebradiço".

FARINHA DE TRIGO

Deve ser incorporada colocando-se o líquido na farinha aos poucos e mexendo constantemente, para que não se formem grumos. Quando a receita pedir açúcar, este pode ser misturado primeiramente à farinha, para facilitar o trabalho.

A farinha de trigo possui alto poder espessante e dá um efeito mais "cremoso" à receita que o amido de milho ou a araruta, porém, deixa a produção opaca. Por isso é muito usada para cremes e pudins à base de leite. Por ter sabor residual intenso, quando queremos um creme muito espesso é mais interessante combinar essa farinha com outro espessante, para obter a consistência desejada (como o creme *pâtissière*, que leva gema e farinha como espessantes).

OVOS
(INTEIROS OU APENAS GEMAS)

Possuem um poder espessante menor que os amidos e as farinhas. Apenas encorpam o líquidos e mudam a cor e o sabor das produções com eles espessadas. Quando usados como único espessante da receita, dão a consistência de *nappé**. Também podemos usar os ovos (ou apenas as gemas) em conjunto com outros espessantes.

GELATINA

Proteína animal encontrada nos ossos, a gelatina, dependendo da quantidade usada, pode apenas estabilizar mousses de frutas ou espumas ou firmar completamente um creme, deixando-o com uma textura de corte. A gelatina deve ser sempre hidratada* e dissolvida antes do uso.

A recorrente observação sobre o gosto ou cheiro de ovo em alguns preparos merece algumas considerações:

• use ovos bem frescos e empregue-os logo após quebrá-los;
• onde indica bater bem, siga à risca;
• quando gemas e ovos são cozidos (nos *curds*, creme inglês e creme *pâtissière*), respeite o tempo indicado sem retirar antes do fogo;
• a adição de aromas como limão ou baunilha ou peneirar as gemas são medidas que ajudam, mas não resolvem a questão.
• peneirar as gemas não remove o cheiro de ovo.

AROMATIZANTES

Ingredientes que dão aroma e sabor às receitas. São extratos naturais ou artificiais, chocolate, frutas oleaginosas*, especiarias, ervas, sucos e raspas de cítricos.

A tabela abaixo demonstra que um ingrediente pode ter mais de uma função:

	FARINHA/AMIDOS	GORDURAS	OVOS	AÇÚCARES	LÍQUIDOS
DÃO ESTRUTURA	x		x		x
AMACIAM		x	x*	x	x
ADOÇAM				x	
ESPESSAM LÍQUIDOS	x		x		
AGEM COMO FERMENTOS			x		

* GEMA

Massas

TORTAS

São feitas normalmente à base de farinha de trigo, manteiga e algum elemento líquido para dar liga (água, ovos ou leite). Podem ser crocantes ou arenosas (que desmancham na boca), doces ou salgadas. A proporção dos ingredientes na receita e, fundamentalmente, a técnica utilizada para incorporá-los definirão se a massa é leve e crocante, ou leve com textura que derrete na boca, ou ainda uma massa pesada (dura), que fica no meio do caminho sem outro atrativo além de servir de base para o recheio.

MASSAS CROCANTES
(*BRISÉE* E *SUCRÉE*)

São feitas com a manteiga gelada (margarina não funciona nesses casos, pois não dá sabor nem textura), que deve ser incorporada aos ingredientes secos (farinha, açúcar, sal etc.) de maneira que se distribua em pequenos pedaços no meio da farinha. A maneira mais fácil de fazer isso é juntando pedaços bem gelados de manteiga aos ingredientes secos e apertando (beliscando) a manteiga com as pontas dos dedos, para dividi-la em pedaços menores, sem que estes se misturem à farinha (um processador também pode ser utilizado, pois cortará a manteiga em pedaços menores). Dessa forma, na hora de formar a massa (acrescentando o elemento líquido para dar liga), tem-se pequenos pedaços de manteiga no meio da massa. Ao abri-la, pode-se ver as "manchas" de manteiga. Esses pedaços de manteiga que não foram incorporados farão que se formem camadas de gordura entre as camadas de farinha. Ao assar, o vapor desprendido das camadas de farinha ficará "preso" entre as camadas de manteiga, formando folhas de massa separadas por camadas de ar, exatamente o que dá a textura crocante. (É importante ler e executar a receita para entender melhor.)

Pâte brisée
(crocante)

Rendimento: 1 TORTA ABERTA DE 23 CM DE DIÂMETRO (APROXIMADAMENTE)

Ingredientes

250 g de farinha de trigo
15 g de açúcar
125 g de manteiga sem sal gelada
1 ovo
2 colheres (sopa) de água gelada
sal
farinha de trigo para polvilhar

Preparo

Peneire junto a farinha, o açúcar e uma pitada de sal. Coloque a manteiga dividida em pedaços pequenos, incorporando-a com a ponta dos dedos, até formar uma farofa. Acrescente o ovo e a água e amasse com delicadeza, apenas até formar uma massa.

Embrulhe em plástico filme e deixe descansar na geladeira por no mínimo 1 hora. Abra em uma superfície ligeiramente polvilhada com farinha.

Pâte sucrée de chocolate amargo (crocante)

Rendimento: 1 TORTA ABERTA DE 23 CM DE DIÂMETRO (APROXIMADAMENTE)

Ingredientes

220 g de farinha de trigo
100 g de açúcar de confeiteiro
25 g de cacau em pó
130 g de manteiga sem sal gelada, em
   pedaços pequenos
1 ovo
sal
farinha de trigo para polvilhar

Preparo

Peneire junto a farinha, uma pitada de sal, o açúcar e o cacau. Junte a manteiga, incorporando-a com a ponta dos dedos até formar uma farofa. Acrescente o ovo e amasse com delicadeza até formar uma massa.

Embrulhe em plástico filme e deixe descansar na geladeira por no mínimo 1 hora. Abra em uma superfície polvilhada com farinha.

MASSAS ARENOSAS (SABLÉE)

Desmancham na boca. Deve-se usar manteiga *en pommade**. Assim, ela ficará bem misturada aos ingredientes secos, impermeabilizando-os. Com isso, apenas redes de glúten curtas (e em pouca quantidade) se formarão, tornando a massa bem quebradiça.

Tanto nas massas arenosas como nas crocantes é muito importante que o ingrediente líquido seja usado apenas em quantidade suficiente para ligar a massa, liberar vapor e dar-lhe estrutura depois de assada. Líquido em excesso deixará a massa dura.

Também se deve lembrar que, diferentemente do pão, não se quer uma massa elástica e estruturada, por isso não se deve nunca trabalhá-la demais. Dessa forma, o glúten não se desenvolverá em demasia. A manipulação deve ser apenas o suficiente para formar a massa.

Pâte sablée (arenosa)

Rendimento: 1 TORTA ABERTA DE 23 CM DE DIÂMETRO (APROXIMADAMENTE)

Ingredientes

250 g de farinha de trigo
125 g de açúcar
125 g de manteiga sem sal *en pommade**
1 ovo
sal
farinha de trigo para polvilhar

Preparo

Peneire juntos a farinha, o açúcar e uma pitada de sal.

Acrescente a manteiga e o ovo e amasse com delicadeza, apenas até formar uma massa. Embrulhe em plástico filme e deixe descansar na geladeira por no mínimo 1 hora. Abra em uma superfície ligeiramente polvilhada com farinha.

Patê sablée com farinha de amêndoa

Rendimento: 1 TORTA ABERTA DE 23 CM DE DIÂMETRO (APROXIMADAMENTE)

Ingredientes

150 g de manteiga sem sal *en pommade**
90 g de açúcar de confeiteiro
30 g de farinha de amêndoa
1 ovo
250 g de farinha de trigo
sal
farinha de trigo para polvilhar

Preparo

Misture a manteiga, o açúcar, a farinha de amêndoa e uma pitada de sal. Acrescente o ovo e a farinha de trigo e amasse com delicadeza, apenas até formar uma massa.

Embrulhe em plástico filme e leve à geladeira para descansar por no mínimo 1 hora. Abra em uma superfície polvilhada com farinha.

PÂTE À CHOUX

Extremamente versátil, é a massa das bombas, carolinas e profiteroles. À base de água, manteiga, farinha e ovos, resulta em um produto final aerado e leve.

Quanto mais ovos forem incorporados à massa, mais leve ela se tornará, mas se deve sempre incorporá-los aos poucos, para ter certeza de que serão absorvidos. O resultado é uma massa mole, por isso, para se obter o formato desejado, o ideal é usar um saco de confeiteiro. Lembre-se de que uma *pâte à choux* bem feita no mínimo dobra de volume no forno. A massa crua deve ser imediatamente modelada e assada ou congelada, antes que uma película se forme na superfície (a massa não deve ser refrigerada). Se for congelada crua e modelada, deve ser assada ainda congelada (nesse caso, o tempo de cocção será ligeiramente maior).

O forno deve estar bem quente no início do cozimento (220°C), para que se forme o máximo possível de vapor e a massa ganhe muito volume e fique oca por dentro.

Depois disso, é preciso reduzir a temperatura do forno para 180°C, para que a *pâte à choux* seque bem por dentro.

Ela deve sair do forno completamente dura, pois amolece ligeiramente quando esfria. Caso fique mole demais, pode ser levada novamente ao forno para terminar de secar.

Depois de assada pode ser congelada sem recheio. Depois de recheada, a *pâte à choux* deve ser servida no mesmo dia.

Pâte à choux

Rendimento: 8 UNIDADES GRANDES

Ingredientes

200 ml de água
100 g de manteiga sem sal
100 g de farinha de trigo
4 ovos

Preparo

Em uma panela, ferva a água com a manteiga.

Em fogo alto, acrescente a farinha de uma só vez e mexa bastante, até obter uma massa que se desprenda da panela. Retire do fogo e acrescente os ovos um a um, mexendo sempre, para obter uma massa lisa e aveludada.

Com saco de confeitar, dê à massa o formato desejado, dispondo-a em uma assadeira sem untar, deixando um espaço entre as carolinas ou *éclairs*. Asse em forno preaquecido a 220°C até crescerem e em seguida reduza a temperatura para 180°C, até ficarem secas e douradas. Retire e deixe esfriar.

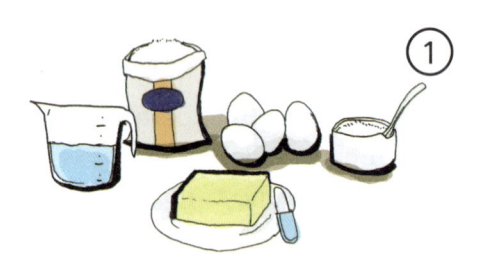

1

2

3

4

5

6

7

8

9

MASSA FOLHADA

Aqui, camadas de uma massa-base (feita a partir de farinha, manteiga e água) são separadas por camadas de gordura, que durante a cocção retêm o vapor liberado pela massa-base e fazem que a massa cresça e forme camadas finas. O princípio é o da *pâte brisée* (efeito crocante), porém, em uma escala muito maior, pois as camadas de gordura são inteiriças e em maior quantidade. Essa é a massa que precisa de maior cuidado no preparo e na manipulação. A melhor gordura para uma massa folhada é a manteiga, pois seu sabor é único. Além disso, por derreter a temperaturas mais baixas, não deixa uma textura residual gordurosa na boca, como certas margarinas, por exemplo. Contudo, justamente por derreter com maior facilidade, a manipulação de uma massa feita com manteiga é mais delicada. Deve ser feita rapidamente ou em locais refrigerados.

Cuidados a serem tomados:

• Essa massa só vai folhar se todos os passos do preparo forem respeitados. Uma vez pronta a massa, os cuidados com a manipulação são: abri-la com um rolo para obter um retângulo uniforme na espessura, aplicando pressão contínua em todo o processo; ao cortá-la nas laterais, as folhas de massa separadas por manteiga devem estar visíveis.

• Depois de dar a forma escolhida à massa, sempre corte as bordas com uma faca bem afiada (ou cortador) para liberar as folhas.

• Se for pincelar a massa, nunca deixe que o ovo escorra nas laterais, pois isso selará as folhas.

• Quanto mais gelada a massa estiver ao entrar no forno, melhor. Se possível, após cortá-la leve à geladeira por 20 minutos antes de assar.

• A massa folhada deve ser assada em forno inicialmente a 220°C, para que haja uma rápida formação de vapor e ela cresça antes que a manteiga derreta e saia da massa. Após o crescimento, se necessário, a temperatura pode ser reduzida para terminar o cozimento.

• As aparas da massa podem ser reaproveitadas colocando-se umas sobre as outras (sem amassar), deixando gelar por 20 minutos e abrindo de novo. Contudo, o efeito não será o mesmo da massa original.

• A massa folhada pode ser congelada crua ou assada (por até 3 meses). Na geladeira, dura apenas 2 dias.

Massa folhada

Rendimento: 930 g

Ingredientes

500 g de farinha de trigo
200 g de manteiga sem sal *en pommade**
15 g de sal
200 ml de água fria
200 g de manteiga sem sal gelada

Preparo

Misture a farinha e a manteiga *en pommade*. Acrescente o sal e a água e misture até formar uma massa homogênea. Forme uma bola, cubra com plástico filme e leve à geladeira por 1 hora.

Coloque a manteiga gelada entre 2 folhas de plástico filme e bata com um rolo para obter uma camada fina. Leve à geladeira por no mínimo 30 minutos, até endurecer novamente.

Em superfície polvilhada com farinha, abra a massa em forma de retângulo com 0,5 cm de espessura (ver passo a passo na p. 316). Retire a manteiga do plástico filme e espalhe em $^2/_3$ da massa. Dobre primeiro o terço sem manteiga e, em seguida, dobre sobre ele o terço com manteiga.

Vire a massa na sua direção, pela direita, fazendo ¼ de volta. Abra a massa novamente em retângulo, dobre 3 vezes, juntando os 2 pontos no meio e dobrando mais uma vez. Vire a massa na sua direção, pela direita, fazendo ¼ de volta.

Abra a massa em um novo retângulo e dobre 3 vezes mais uma vez.

Leve à geladeira por no mínimo 1 hora e no máximo 48 horas. Se desejar, faça mais uma dobra dupla no momento da utilização.

BOLOS

Assim como outras massas, uma receita de bolo deve ser seguida à risca, pois qualquer alteração na proporção dos ingredientes acarretará mudança no sabor e na textura do produto final.

Usando proporções adequadas, com farinha, ovos e açúcar é possível fazer um bolo. A partir dessa massa, agregando-se outros ingredientes e alterando-se as quantidades, pode--se produzir diferentes receitas.

Podem-se classificar as massas em pão-de-ló (ou *génoise*), massa com oleaginosas (castanhas, nozes, amêndoas etc.), massa com gordura e massa rica.

PÃO-DE-LÓ OU *GÉNOISE*

Massa muito elástica à base de ovos, farinha e açúcar, com ou sem manteiga.

Pode ser considerada a massa-base da confeitaria. Analisando os ingredientes, tem-se uma visão do resultado final. As claras são responsáveis pela elasticidade e pela textura bem aerada da massa. As gemas conferem sabor e gordura, esta última é responsável também pela maciez. A farinha dá estrutura; e o açúcar, sabor e cor. Os ovos podem ser usados inteiros ou separados. A massa mais comum de pão-de-ló leva igual quantidade de gemas e claras (em unidade). Aumentando-se a quantidade de gemas, e, consequentemente, a de gordura,

obtém-se uma massa mais densa e rica. Com mais claras, a massa será mais aerada e elástica. Quando agregamos manteiga, obtemos uma massa mais saborosa, que se conserva por mais tempo; contudo, ela exige mais cuidado ao ser manipulada e é mais pesada.

Pão-de-ló ou génoise

Rendimento: 2 UNIDADES DE 20 CM DE DIÂMETRO

Ingredientes

10 ovos (aproximadamente 60 g cada) em temperatura ambiente
300 g de açúcar
300 g de farinha de trigo
50 g de manteiga sem sal derretida (opcional)
manteiga sem sal para untar
farinha de trigo para polvilhar

Preparo

Preaqueça o forno a 190°C.

Unte 2 fôrmas de 20 cm de diâmetro, cobrindo em seguida o fundo com um disco de papel-manteiga untado e polvilhado com farinha.

Bata os ovos com o açúcar na batedeira até que tripliquem de volume. Para testar o ponto, pegue uma colher de chá e coloque um pouco da mistura: ela não deve cair da colher.

Retire a mistura da batedeira e transfira para uma tigela. Incorpore a farinha, peneirando-a delicadamente.

Caso utilize manteiga, ela deve ser incorporada morna, aos poucos, no final do processo, misturando delicadamente, até que a massa fique homogênea. Distribua a massa entre as fôrmas.

Leve imediatamente ao forno por aproximadamente 30 minutos.

Teste o ponto apertando a massa com os dedos. Ela deve ceder ao toque do dedo sem ficar marcada.

O pão-de-ló deve ser desenformado ainda quente, mas cortado somente depois de esfriar.

A massa dura aproximadamente 3 dias em geladeira envolta em plástico filme e pode ser congelada por até 1 mês, embalada da mesma forma.

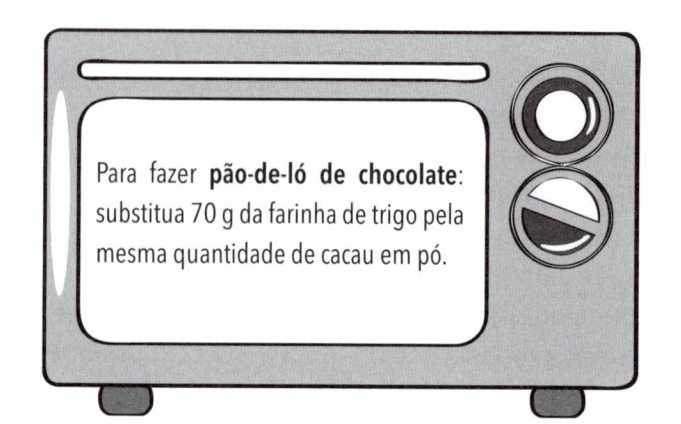

Para fazer **pão-de-ló de chocolate**: substitua 70 g da farinha de trigo pela mesma quantidade de cacau em pó.

MASSA COM OLEAGINOSAS

É o mesmo princípio do pão-de-ló, mas no lugar de parte da farinha de trigo utiliza-se oleaginosas* muito bem moídas e passadas por peneira. O resultado é uma massa muito saborosa, mais densa e úmida devido ao alto teor de gordura liberado pelas oleaginosas.

É menos elástica que a massa de pão-de-ló. No Brasil, é muito comum o uso de farinha de rosca no lugar da farinha de trigo. Para a produção de bolos recheados, o ideal é assar a massa em discos baixos, pois, devido à sua textura granulosa e quebradiça, é difícil cortá-los.

Para produzir farinha de oleaginosas, adicione amido de milho na proporção de 30 g para cada 500 g de oleaginosas*. Isso impedirá que muito óleo seja liberado ao processá-las.

Massa de amêndoa

Rendimento: 2 UNIDADES DE 23 CM DE DIÂMETRO

Ingredientes

8 ovos em temperatura ambiente
250 g de açúcar
220 g de farinha de trigo
100 g de farinha de amêndoa
30 g de manteiga sem sal derretida (opcional)
manteiga sem sal para untar
farinha de trigo para polvilhar

Preparo

Preaqueça o forno a 190°C.

Unte 2 fôrmas de 23 cm de diâmetro, cobrindo em seguida o fundo com um disco de papel-manteiga untado e polvilhado com farinha.

Bata os ovos com o açúcar na batedeira até que tripliquem de volume.

Para testar o ponto, pegue uma colher de chá e coloque um pouco da mistura. Esta não deve cair da colher.

Retire a mistura da batedeira e transfira para uma tigela. Em outra tigela, peneire a farinha de trigo e misture com a farinha de amêndoa.

Incorpore à mistura de ovos aos poucos, mexendo delicadamente.

Caso utilize manteiga, ela deve ser incorporada morna, aos poucos, no final do processo, misturando delicadamente até que a massa fique homogênea. Distribua a massa entre as fôrmas. Leve imediatamente ao forno por aproximadamente 30 minutos.

Teste o ponto apertando a massa com os dedos: esta deve ceder ao toque sem ficar marcada.

A massa deve ser desenformada quente, mas cortada somente depois de fria. Dura aproximadamente 3 dias em geladeira envolta em plástico filme e pode ser congelada por até 1 mês embalada da mesma forma.

MASSA COM GORDURA

É a massa de bolo tradicional. Nesse caso, a proporção dos quatro ingredientes básicos é diferente e pode variar (mais gordura e menos ovos), e há sempre a adição de fermento químico e um líquido. Também se pode substituir até a metade da farinha de trigo por outro tipo de farinha, como fubá ou fécula de batata. O método utilizado para fazer esses bolos é o método direto com adição de claras em neve no final:

- Peneire os secos e junte-os.
- Em um recipiente separado, misture os líquidos.
- Adicione a misture de líquidos aos secos, batendo bem com um *fouet**.
- Adicione as gemas e misture.
- Bata e incorpore as claras em neve.

Quando a receita pedir manteiga, derreta-a e misture-a aos líquidos.

Bolo de banana

Rendimento: 1 UNIDADE DE 20 CM DE DIÂMETRO

Ingredientes

2 bananas nanicas
200 ml de óleo
200 g de iogurte natural
4 ovos, gemas e claras separadas
260 g de farinha de trigo
300 g de açúcar
1 colher (sopa) de fermento químico
Canela

Preparo

Preaqueça o forno a 180°C. Unte e polvilhe com farinha uma fôrma de 20 cm de diâmetro.

Amasse as bananas com um garfo e reserve.

Em uma tigela, misture os ingredientes líquidos e junte a banana amassada.

Em outra tigela, peneire os secos e junte à massa, adicionando as gemas.

Bata as claras em neve e incorpore delicadamente. Despeje na fôrma e leve ao forno por aproximadamente 40 minutos ou até a massa ficar seca e firme.

MASSA RICA

Também conhecida como *quatre quarts* ou *pound cake*, é uma massa que leva farinha, ovo, açúcar e manteiga em proporções iguais. O resultado é uma massa densa, rica e úmida. Se usada na formulação básica tem sabor intenso e adocicado de manteiga. De todas as massas, é a mais comumente aromatizada. Para isso, é importante considerar o ingrediente que será usado, para não desequilibrar a receita. O uso mais comum é o de raspas de cítricos, essência de baunilha ou outras essências, além de bebidas destiladas e frutas secas.

O uso de frutas oleaginosas*, que contêm muita gordura, ou de sucos de frutas, pode desestruturar a massa.

Bolo quatro quartos

Rendimento: 1 UNIDADE

Ingredientes

225 g de manteiga sem sal *en pommade**
225 g de açúcar
225 g de ovo (aproximadamente 4 unidades) em temperatura ambiente
½ fava de baunilha
225 g de farinha de trigo
sal
manteiga sem sal para untar
farinha de trigo para polvilhar

Preparo

Preaqueça o forno a 165°C. Unte e polvilhe com farinha uma fôrma de bolo inglês de 25 cm x 10 cm x 5 cm. Na batedeira, bata a manteiga com o açúcar até obter uma mistura bem cremosa e clara. Junte os ovos um a um, batendo bem nos intervalos.

Corte a baunilha ao meio, no sentido do comprimento, e raspe as sementes dentro da mistura de ovos. Peneire a farinha com uma pitada de sal e misture à massa, sem bater.

Transfira a massa para a fôrma, alise a superfície e asse por 50 a 60 minutos ou até que a massa esteja seca e firme.

MASSA DE BISCOITO

Segue as regras e características de outras massas, como a *pâte sucrée*, por exemplo, seca, crocante e amanteigada. Ainda nessa categoria podem-se encontrar as massas de biscoito aeradas (língua de gato ou biscoito champagne), as cremosas (cookies) e as telhas (massas muito finas usadas para finalização e decoração).

Tuiles

Rendimento: 20 UNIDADES
(APROXIMADAMENTE)

Ingredientes

50 g de manteiga sem sal
40 g de mel
60 g de açúcar
60 g de farinha de trigo

Preparo

Em uma panela, derreta a manteiga, acrescente o mel, misture e retire do fogo. Junte o açúcar e misture. Adicione a farinha, incorporando cuidadosamente. Transfira para uma vasilha e reserve na geladeira por 1 hora.

Preaqueça o forno a 180°C. Espalhe 6 colheres de chá de massa sobre uma assadeira antiaderente grande, formando 6 discos.

É importante deixar espaço entre os discos, pois a massa vai se espalhar um pouco. Asse por 5 a 6 minutos, ou até dourar. Controle a primeira fornada, pois nenhum forno é igual a outro. Retire a assadeira do forno e deixe descansar por uns 30 segundos.

Com uma espátula, remova cada disco e disponha com cuidado sobre uma superfície tubular (rolo de macarrão, garrafa, ou cano de PVC com diâmetro adequado), para dar forma semicircular. Isso deve ser feito com o disco ainda quente, quando ainda estará maleável.

Se achar muito complicado na primeira vez, disponha sobre uma superfície lisa. Proceda da mesma maneira com o restante da massa. Quando as *tuiles* esfriarem, sirva em seguida ou guarde em recipiente hermético, mas sem apertar, para que não se partam!

Outras opções: polvilhe as telhas ainda cruas com pistache picado ou amêndoa sem pele em lâminas e asse; misture raspas de laranja à mistura inicial.

Língua de gato

Rendimento: 200 UNIDADES
(APROXIMADAMENTE)

Ingredientes

125 g de manteiga sem sal *en pommade**
200 g de açúcar de confeiteiro
½ colher (chá) de essência de baunilha
200 g de farinha de trigo
5 claras
sal
manteiga sem sal para untar

Preparo

Na batedeira, bata a manteiga com o açúcar de confeiteiro e a baunilha até obter uma mistura bem cremosa. Acrescente a farinha de trigo, uma pitada de sal e as claras e misture bem.

Preaqueça o forno a 190°C. Coloque a massa em um saco de confeitar com bico pequeno e redondo.

Em assadeira untada, forme tiras de massa de aproximadamente 7 cm de comprimento. Asse até que comecem a dourar nas bordas. Retire da assadeira ainda quentes e deixe esfriar sobre uma grade.

Cookie de chocolate e nozes

Rendimento: 15 UNIDADES
(APROXIMADAMENTE)

Ingredientes

210 g de farinha de trigo
½ colher (chá) de fermento em pó
100 g de manteiga sem sal *en pommade**
150 g de açúcar
110 g de açúcar mascavo (medir apertado na xícara)
1 ovo
1 colher (chá) de essência de baunilha
2 colheres (sopa) de chocolate em pó
150 g de chocolate meio-amargo ou ao leite picado
30 g de nozes grosseiramente picadas
80 g de aveia em flocos grossos
sal
manteiga sem sal para untar

Preparo

Peneire a farinha de trigo, o fermento e uma pitada de sal. Na batedeira, bata a manteiga, o açúcar e o açúcar mascavo até obter uma mistura bem cremosa. Acrescente o ovo, a baunilha e o chocolate em pó e bata mais um pouco. Junte à essa mistura os ingredientes secos peneirados e misture bem. Adicione o chocolate picado, as nozes e a aveia e misture.

Unte uma assadeira e distribua montinhos de massa com a ajuda de uma colher de sopa, deixando um espaço entre eles. Umedeça um garfo e achate ligeiramente cada um. Asse em forno preaquecido a 180°C por aproximadamente 15 minutos ou até que os cookies estejam levemente dourados. Retire do forno, deixe amornar por um minuto. Com uma espátula, solte-os do fundo da assadeira e deixe esfriar sobre uma grade.

① 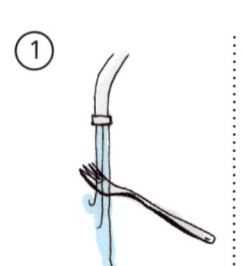 ②

Biscoito amanteigado

Rendimento: 40 A 60 UNIDADES (APROXIMADAMENTE)

Ingredientes

70 g de açúcar

200 g de farinha de trigo

1 colher (chá) de fermento em pó

12 g de chocolate em pó peneirado (opcional)

100 g de manteiga sem sal

1 ovo

½ colher (chá) de essência de baunilha

sal

farinha de trigo e açúcar para polvilhar

Preparo

Em uma tigela, peneire o açúcar com a farinha, o fermento e uma pitada de sal (e o chocolate, se for usar).

Acrescente a manteiga em pedaços e incorpore-a com a ponta dos dedos até formar uma farofa grossa. Acrescente o ovo e a baunilha e misture apenas até formar uma massa. Se preferir, misture tudo no processador. Embrulhe em plástico filme ou papel-alumínio.

Leve para descansar na geladeira por no mínimo 40 minutos e no máximo 24 horas.

Preaqueça o forno a 190°C.

Abra a massa sobre uma superfície polvilhada com farinha e corte os biscoitos com um cortador* ou modele como desejar.

Distribua em uma assadeira sem untar e asse por aproximadamente 15 minutos ou até ficarem levemente dourados. Solte-os da assadeira com uma espátula (sem retirá-los, apenas para que não grudem ao esfriar).

Depois de frios, retire da assadeira e, se desejar, passe pelo açúcar.

Conserve em lata ou congele em sacos plásticos de fecho hermético por até 3 meses.

A massa pronta, sem assar, também pode ser congelada por até 3 meses no freezer.

Descongele em geladeira.

MASSA DE BABA E SAVARIN

Bolo de massa leve feita com fermento biológico com ou sem passas que, depois de assado, é embebido em uma calda de rum e pincelado com geleia de damasco ou de brilho.

O *baba* clássico é assado em forminhas individuais altas e cilíndricas e sempre leva passas.

Quando essa massa é assada em uma fôrma de buraco no meio, passa a ter o nome de *savarin* e não tem passas.

Massa para Baba e Savarin
(massa básica de brioche)

Rendimento: 20 UNIDADES INDIVIDUAIS OU DUAS GRANDES

Ingredientes

60 ml de leite

10 g de açúcar

15 g de fermento biológico fresco

4 ovos

460 g de farinha de trigo

15 g de sal

120 g de manteiga sem sal *en pommade**

100 g de uva-passa (para os *babas*)

manteiga sem sal para untar

Preparo

Em uma panela, junte o leite e o açúcar e aqueça a 32°C. Misture bem, retire do fogo e

adicione o fermento. Acrescente 1 ovo, 110 g de farinha e o sal e misture tudo com uma colher de pau (ou bata na batedeira com o batedor em forma de gancho) até a mistura estar macia.

Adicione 3 ovos, um a um, a farinha restante e a manteiga.

Bata a massa manualmente até ficar macia e ligeiramente brilhante.

Coloque a massa para descansar em vasilha untada, coberta, em local quente, por aproximadamente 45 minutos ou até dobrar de volume.

Em seguida, dê um soco para retirar o ar da massa. Para fazer os *babas*, misture a uva-passa nesse momento.

Sove a massa rapidamente, cubra com um pano úmido e reserve na geladeira por no mínimo 6 horas ou toda uma noite.

Ao final desse tempo, divida e molde a massa no formato desejado: para *savarins*, use fôrma com buraco no meio untada (1 grande ou 8 pequenas); para *babas*, forminhas de *timbale* untadas (como uma forminha de empada, mais alta e mais estreita).

Retire da geladeira, deixe voltar à temperatura ambiente e crescer, por volta de 1 hora, ou até dobrar de volume.

Preaqueça o forno a 200°C e asse por cerca de 20 minutos os individuais, 45 os grandes, até que fiquem assados e dourados. Deixe amornar, congele nesse momento, ou empregue conforme instruções a seguir.

Finalização dos Babas e Savarins

Ingredientes
Calda

380 ml de água

630 g de açúcar

500 ml de suco de laranja

100 ml de rum

Babas e Savarins

1 receita de massa para *baba* e *savarin* (ver p. 323)

100 g de uva-passa (para os *babas*)

Acompanhamento

300 g de morango cortado ao meio

300 g de creme chantili (ver p. 328)

folhas de 2 ramos de hortelã

geleia de brilho ou de damasco

Preparo
Calda

Em uma panela, junte a água e o açúcar.

Leve ao fogo e ferva por 5 minutos.

Junte o suco de laranja e o rum. Mantenha em fogo bem baixo e parta para a finalização.

Babas ou Savarins

Deixe amornar ligeiramente a massa assada e mergulhe os *babas* ou *savarins* na calda, empurrando-os com uma escumadeira para que fiquem bem embebidos e ligeiramente inchados (15 minutos os individuais e 30 minutos os grandes).

Com uma escumadeira, retire-os da calda. Pincele com geleia de brilho ou de damasco, com cuidado, e deixe escorrer bem. Sirva os *babas*. Para o *savarin*, coloque o chantili no centro e decore com o morango e folhas de hortelã.

Cremes

CREME INGLÊS

Pode ser considerado o creme-base da confeitaria. Feito de leite ou creme de leite, açúcar, gemas e baunilha, é muito usado para acompanhar sobremesas, pois confere textura cremosa, umidade e suaviza o sabor (por exemplo: um *brownie* bem denso e com sabor intenso de chocolate se equilibra bem com o creme inglês). Além da baunilha, pode-se aromatizá-lo com café, raspas de cítricos, especiarias etc.

A partir da receita-base, podemos obter outros cremes muito usados na confeitaria:

	CREME INGLÊS	CREME *BRÛLÉE*	CREME *CARAMEL*	CREME *PÂTISSIÈRE*	CREME BÁVARO
BASE	leite ou creme de leite	creme de leite	leite	leite	leite
ESPESSANTES	gema	gema	ovo ou ovo + gema	ovo ou gema + amido	ovo + gelatina
COCÇÃO	chama do fogo	banho-maria de forno	banho-maria de forno	chama do fogão	chama do fogão
FINALIZAÇÃO	–	caramelização do açúcar na superfície	calda de caramelo no fundo da fôrma	–	creme batido incorporado ao creme pronto, frio e, posteriormente, refrigerado

Creme inglês

Rendimento: 250 ML

Ingredientes

250 ml de leite
¼ de fava de baunilha
raspas de ½ limão-siciliano (opcional)
5 grãos de café quebrados (opcional)
75 g de açúcar
3 gemas

Preparo

Em uma panela, ferva o leite com a baunilha (corte a fava ao meio e raspe as sementes), as raspas de limão, o café e metade do açúcar.

Enquanto isso, bata o açúcar restante com as gemas até ficar homogêneo.

Aos poucos, despeje o leite fervido nessa mistura, mexendo sempre.

Volte a mistura à panela e cozinhe em fogo baixo, sem ferver, por mais alguns minutos, ou até a consistência de *nappé**.

Desligue o fogo, passe o creme para uma tigela e coloque em um banho-maria* de gelo para esfriar.

> A fava de baunilha poderá ser reaproveitada colocando-a em um pote com açúcar para aromatizá-lo.

Creme brûlée

Rendimento: 6 PORÇÕES

Ingredientes
500 ml de creme de leite fresco
½ fava de baunilha
190 g de açúcar
6 gemas
açúcar para polvilhar

Preparo
Preaqueça o forno a 165°C.

Em uma panela, ferva o creme de leite com a fava de baunilha e metade do açúcar. Enquanto isso, bata o açúcar restante com as gemas até ficar homogêneo. Despeje, aos poucos, o creme de leite fervido nessa mistura, mexendo sempre. Volte a mistura à panela e cozinhe em fogo baixo, sem ferver, por mais alguns minutos, ou até a consistência de *nappé**. Desligue o fogo e retire a fava.

Distribua o creme em *ramequins** e asse em banho-maria* por aproximadamente 45 minutos ou até que fiquem firmes, mas com o centro ligeiramente mole. Retire do forno, mas mantenha-os ainda na água até que esta esfrie.

Retire e refrigere por no mínimo 6 horas. Polvilhe com açúcar e queime com maçarico até caramelizar.

> A fava de baunilha pode ser usada inteira ou apenas ter suas sementes raspadas, para isso corte-a ao meio, no sentido longitudinal. Ao usar a fava inteira você vai aromatizar o preparado e, ao usar as sementes, além de agregar sabor, ele vai adquirir cor: os pontinhos escuros das sementes.

Creme caramel (pudim de leite)

Rendimento: 6 A 8 PORÇÕES

Ingredientes

Caramelo
160 g de açúcar
75 ml de água

Creme
1 litro de leite
1 fava de baunilha
180 g de açúcar
6 gemas
4 ovos

Preparo
Caramelo

Em uma panela, derreta o açúcar.

Acrescente a água e mexa com cuidado até que o caramelo derreta novamente.

Distribua o caramelo em *ramequins**, cobrindo o fundo e as laterais.

Preaqueça o forno a 165°C.

Creme

Em uma panela, ferva o leite com a fava de baunilha e metade do açúcar. Bata o açúcar restante com as gemas e os ovos até ficar homogêneo. Despeje, aos poucos, o leite fervido nessa mistura, mexendo sempre. Retire a fava de baunilha.

Distribua nas forminhas caramelizadas e asse em banho-maria* por cerca de 35 minutos, ou até que esteja firme. Retire do forno, deixe esfriar e refrigere por no mínimo 6 horas. Desenforme e sirva.

Creme pâtissière

Rendimento: 50 G (APROXIMADAMENTE)

Ingredientes

4 gemas
80 g de açúcar
40 g de amido de milho ou farinha de trigo
500 ml de leite
½ fava de baunilha

Preparo

Bata as gemas com o açúcar e o amido de milho até obter uma mistura cremosa.

Em uma panela, ferva o leite com a fava de baunilha.

Retire a fava e incorpore o leite aos poucos à mistura de gemas, mexendo sempre.

Volte a mistura à panela e cozinhe em fogo baixo, mexendo, até engrossar.

Retire da panela, deixe esfriar e empregue ou guarde na geladeira por até 2 dias.

O creme *pâtissière* pode ser espessado com amido de milho ou farinha de trigo. Com amido, o sabor fica mais suave, porém, a textura é mais quebradiça, sendo, portanto, melhor para uso em recheios de torta, por exemplo, em que queremos uma textura de corte (nesse caso, deve ser empregado ainda quente). Se espessado com farinha, fica com textura mais cremosa, mas com um leve sabor residual do espessante. Ótimo para recheios de *pâte à choux*, por exemplo, em que é trabalhado no saco de confeitar.

Creme pâtissière com chocolate

Rendimento: 600 G (APROXIMADAMENTE)

Ingredientes

500 g de creme *pâtissière*
100 g de chocolate meio-amargo picado

Preparo

Misture o chocolate derretido ao creme ainda quente e deixe esfriar.

Creme pâtissière com café

Rendimento: 600 G (APROXIMADAMENTE)

Ingredientes

½ colher (sopa) de café solúvel instantâneo
500 g de creme *pâtissière* (ver ao lado)

Preparo

Misture o café ao creme ainda quente e deixe esfriar.

Creme bávaro

Rendimento: 8 PORÇÕES

Ingredientes

500 ml de leite
½ colher (chá) de raspas de limão
½ fava de baunilha
5 grãos de café amassados
180 g de açúcar
6 gemas
5 folhas de gelatina incolor sem sabor
250 ml de água
400 g de creme de leite fresco batido em ponto de chantili
manteiga sem sal para untar

Preparo

Em uma panela, ferva o leite com as raspas de limão, a fava de baunilha, o café e metade do açúcar.

Enquanto isso, bata o açúcar restante com as gemas até ficar homogêneo. Despeje, aos poucos, o leite fervido nessa mistura, mexendo sempre.

Volte a mistura à panela e cozinhe em fogo baixo, sem ferver, por mais alguns minutos, ou até a consistência de *nappé**. Desligue o fogo, retire a fava e passe o creme para uma tigela.

Hidrate* as folhas de gelatina na água fria.

Quando amolecerem, retire-as espremendo o excesso de água e acrescente ao creme ainda quente. Deixe esfriar em temperatura ambiente. Acrescente o creme de leite e misture delicadamente.

Unte uma fôrma com capacidade de 1,2 litro e despeje o creme. Leve à geladeira até firmar e depois desenforme.

CREME *LÉGÈRE*

É um derivado do creme *pâtissière*.

Tem textura mais leve e aerada devido à adição de creme de leite fresco batido.

Creme pâtissière légère

Rendimento: 700 G (APROXIMADAMENTE)

Ingredientes

1 colher (chá) de gelatina em pó incolor sem sabor
15 ml de água
200 g a 250 g de creme de leite fresco
500 g de creme *pâtissière* (ver p. 327)

Preparo

Salpique a gelatina na água e espere alguns segundos para hidratar. Leve ao banho-maria ou micro-ondas para dissolver. Incorpore ao creme *pâtissière* ainda quente. Deixe esfriar.

Bata o creme de leite em ponto de chantili e incorpore-o delicadamente ao creme *pâtissière*.

CREME CHANTILI

Creme de textura leve e aerada, feito à base de creme de leite fresco batido com açúcar e baunilha até ficar bem encorpado. Deve ser feito com creme de leite bem frio (coloque-o alguns minutos no freezer antes de batê-lo) e conservado sempre sob refrigeração.

O creme de leite batido apenas, com ou sem açúcar, mas sem baunilha, também chega à textura do chantili e pode ser utilizado quando se desejar um creme menos doce, como parte de uma receita ou acompanhamento e uma sobremesa. Chama-se creme *Fouettée*.

Creme chantili

Rendimento: 500 G (APROXIMADAMENTE)

Ingredientes

500 ml de creme de leite fresco
30 g de açúcar
1 colher (chá) de essência de baunilha

Preparo

Bata o creme com o açúcar e a baunilha até chegar ao ponto do chantili (espesso e firme).

CURD

Creme à base de suco de frutas ácidas, geralmente limão, espessado com ovo e manteiga (também pode conter amido). Tem sabor intenso da fruta com a qual foi feito e pode ter textura firme, de corte, ou cremosa, de acordo com a quantidade e o tipo de espessante usado. Perfeito para tortas e recheios de bolos.

Lemon curd

Rendimento: 600 G

Ingredientes

360 ml de água

200 g de açúcar

65 ml de suco de limão-siciliano

60 ml de suco de limão Taiti

6 gemas

45 g de amido de milho

raspas de 2 limões (1 siciliano e 1 Taiti)

¼ de colher (chá) de sal

60 g de manteiga sem sal

Preparo

Em uma panela, misture todos os ingredientes, exceto a manteiga.

Leve ao fogo baixo, mexendo sempre até engrossar.

Retire do fogo, acrescente a manteiga e misture. Empregue quente.

Curd de maracujá

Rendimento: 750 G

Ingredientes

180 ml de polpa de maracujá batida e coada

170 g de açúcar

150 g de manteiga sem sal

4 ovos

10 g de amido de milho

Preparo

Em uma panela, junte a polpa de maracujá, metade do açúcar e a manteiga e cozinhe até ferver.

Em uma tigela, misture os ovos com o açúcar restante e o amido de milho.

Despeje, aos poucos, a mistura de maracujá quente sobre a mistura de ovos (temperar*).

Volte tudo à panela e cozinhe, mexendo sem parar, até que fique grosso, sem deixar ferver.

Deixe esfriar antes de utilizar.

FRANGIPANE (CREME DE AMÊNDOA)

Creme à base de amêndoa, açúcar e ovo. É o recheio do tradicional *pithiviers* e também muito utilizado para recheio de tortas. Deve ser sempre assado.

Frangipane (creme de amêndoa)

Rendimento: 10 PORÇÕES

Ingredientes
250 g de açúcar
240 g de amêndoa sem pele moída
240 g de manteiga sem sal *en pommade**
2 ovos
1 gema
10 g de farinha de trigo
15 ml de rum (opcional)

Preparo
Bata no processador 50 g do açúcar com a amêndoa. Na batedeira, em velocidade alta, bata a manteiga com o açúcar restante até obter um creme.

Reduza a velocidade e acrescente a amêndoa, batendo apenas até misturar bem.

Junte os ovos e a gema e bata por mais 3 minutos, sempre em velocidade baixa, até obter uma mistura leve e cremosa. Acrescente a farinha e misture bem.

Esse creme pode ser conservado em geladeira durante 1 semana ou congelado por 1 mês.

CREME DE MANTEIGA

Muito usado em produções clássicas, principalmente francesas, é um creme à base de manteiga, gemas e açúcar que pode ser aromatizado e entrar em recheios e coberturas. Deve ter textura cremosa e ser feito com manteiga de primeira qualidade. O creme de manteiga caiu em desuso de uns anos para cá por ser extremamente calórico e pesado.

Creme de manteiga

Rendimento: 1 KG

Ingredientes
340 g de açúcar
120 ml de água
6 gemas
500 g de manteiga sem sal *en pommade**
1 colher (chá) de essência de baunilha

Preparo
Em uma panela, junte o açúcar e a água e ferva até o açúcar dissolver.

Abaixe o fogo e deixe a calda chegar a 115°C ou ponto de bala mole (ver p. 333). Enquanto a calda estiver fervendo, bata as gemas até que fiquem bem aeradas, reduza a velocidade da batedeira e despeje a calda quente em fio, batendo sempre.

Aumente a velocidade e bata até que a mistura fique fria e com textura bem leve. Reduza a velocidade e incorpore a manteiga aos poucos.

Acrescente a baunilha e deixe esfriar.

Finalizações

MERENGUES

De maneira geral, merengues são uma combinação de claras batidas em neve e açúcar em diferentes proporções.

A espuma formada pelas claras é estabilizada e enriquecida com a adição do açúcar (claras batidas em neve sem açúcar tendem a desmontar com certa rapidez). O açúcar retarda a formação da espuma e diminui seu volume e leveza.

A adição do açúcar deve ser gradual e iniciada apenas após as claras estarem batidas e alcançarem 4 vezes seu volume. A quantidade de açúcar varia de acordo com a textura desejada e seu uso.

A adição do sal realça o sabor do merengue.

A adição de ácido cítrico ou cremor de tártaro não tem efeito sobre o volume do merengue, mas ajuda a estabilizar (pois altera o pH da albumina) e diminui as chances de o merengue desmontar.

Os tipos de merengue mais usados na confeitaria são:

MERENGUE FRANCÊS

É o merengue cru. É o mais instável e leve de todos. As claras devem ser batidas em neve, então, o açúcar é incorporado aos poucos. Seu uso mais comum é na produção de suspiros ou em produções em que ele é assado. A proporção básica é de 240 ml de claras para 455 g de açúcar.

MERENGUE SUÍÇO

É cozido em banho-maria*. É mais estável que o francês, mas menos que o italiano. Mistura-se as claras cruas ao açúcar e cozinha-se em banho-maria, mexendo apenas até o açúcar dissolver. O merengue é despejado ainda quente na batedeira e batido em velocidade alta até esfriar e pelo menos quadruplicar de volume. O preparo deve ser cuidadoso, pois a 65°C as claras se solidificam e, nesse caso, o merengue irá cozinhar. A proporção básica é de 240 ml de claras para 340 g a 455 g de açúcar.

MERENGUE ITALIANO

A melhor opção quando é necessário mantê-lo pronto por algum tempo. É o mais denso de todos, pois as claras são parcialmente cozidas, tornando-o mais seguro para o consumo (pois a alta temperatura elimina possíveis bactérias patogênicas). Faz-se uma calda com açúcar e água a 112°C (ver p. 332), que deve então ser despejada em fio, aos poucos, sobre as claras já batidas em neve. Deve ser batido até esfriar ou estar bem firme. A proporção básica é de 240 ml de claras para 505 g de açúcar e 200 ml de água.

TIPOS DE AÇÚCAR

AÇÚCAR REFINADO

É o açúcar comum. Muito usado para adoçar bebidas, na cozinha quente e na maior parte das produções de confeitaria e panificação.

AÇÚCAR CRISTAL

Refinado, granulado, com cristais grandes e transparentes. Também é encontrado colorido (com corantes). Usado cru serve para decoração. Dissolvido em água, é o ideal para uso em caldas e geleias.

AÇÚCAR IMPALPÁVEL

Refinado, pulverizado e adicionado a amido de arroz, de milho ou fosfato de cálcio para evitar

que fique empedrado. Seus cristais são imperceptíveis. É usado para polvilhar pães e bolos ou preparar glacês e coberturas. Não suporta umidade.

AÇÚCAR DE CONFEITEIRO

Obtido a partir da dissolução, purificação e peneiramento do açúcar cristal. Assim como o impalpável, é usado em glacês, suspiros e decorações, mas não tem o mesmo desempenho, pois, por mais fino que seja, ainda apresenta grânulos na textura do produto final.

AÇÚCAR MASCAVO

Composto de açúcar refinado e melado seco, tem sabor forte e característico. Deve ser usado quando se quer destacar a cor e o sabor de um preparado.

AÇÚCAR DEMERARA

Similar ao mascavo, mas em cristais maiores.

AÇÚCAR INVERTIDO

É uma mistura de glicose, frutose e sacarose em partes iguais. É um xarope, não cristaliza nunca; é usado em frutas em calda, sorvetes, balas, caramelos e geleias. Disponível somente para uso institucional. Um substituto para uso caseiro é a glucose de milho.

AÇÚCAR BAUNILHADO

É o açúcar aromatizado com baunilha.

GELEIA DE BRILHO

Não é um açúcar e sim um produto industrializado feito à base de gelatina, amido, açúcar e água. Serve para finalizar tortas e doces. Sua textura é gelatinosa e, ao ser aquecida, pode ser empregada para conferir brilho às produções (depois de prontas).

CALDA DE AÇÚCAR

Quando se mistura água com açúcar formando uma solução saturada e esta é levada para aquecer, obtém-se uma calda de açúcar. À medida que cozinha, a calda vai ficando mais densa e se prestando a diferentes usos.

A proporção é de uma parte de água para duas de açúcar.

Alguns cuidados devem ser tomados ao produzir uma calda:

- Misture bem o açúcar e a água, antes de levá-los ao fogo.
- Tenha sempre à mão um pincel resistente ao calor e um copo de água fria, para limpar o açúcar que adere às bordas da panela durante o cozimento.
- Tenha sempre à mão um banho-maria* de gelo, onde será colocada a panela com a calda para interromper o cozimento no momento em que esta chegar ao ponto desejado.
- O uso de um termômetro especial para caldas permite um controle mais preciso do processo.

CALDA DE AÇÚCAR (RECEITA BÁSICA)

Em uma panela, coloque uma parte de água para duas de açúcar e dissolva completamente o açúcar na água. Leve para ferver e não mexa até atingir o ponto desejado, para não açucarar.

A tabela a seguir fornece os pontos mais comuns das caldas de açúcar, que servirão tanto para o merengue italiano como para outros usos como compotas, caramelo etc.

TABELA DE PONTOS DE CALDA

TEMPERATURA	PONTO	DESCRIÇÃO
95°C A 101°C	FIO LEVE	É o ponto mais tênue e ralo. Para obtê-lo, assim que a calda entrar em fase de cozimento, mergulhe uma escumadeira ou colher. Levante-a e, se a calda ficar ligeiramente presa à escumadeira e escorrer, formando uma espécie de franja ou chuva, o ponto está adequado. É o ponto utilizado no preparo de xaropes e caldas ralas. Base para cremes e docinhos.
101°C A 112°C	FIO FORTE	A calda escorre da colher ou do garfo em fios grossos que custam a cair. É o ponto utilizado para preparar compotas.
115°C A 120°C	PONTO DE BALA MOLE	Para verificar este ponto, em uma xícara com água fria, despeje uma colher da calda. Em seguida, com os dedos, retire. A calda deverá estar como uma bala macia, podendo ser moldada facilmente. Serve para balas moles, rapaduras e doces em pasta.
125°C A 135°C	PONTO DE BALA DURA	Procedendo como no ponto de bala mole, forme imediatamente uma bala com os dedos. A bala formada ficará dura e quebradiça. Pode-se também derramar uma porção da calda em um pires com água fria. Se ela se quebrar ao ser comprimida com o dedo, estará no ponto desejado. Base para balas duras e pirulitos.
ACIMA DE 145°C	PONTO DE CARAMELO	Imediatamente após o ponto de bala dura, a calda atinge o ponto de caramelo. Nesse ponto, apresenta uma tonalidade dourada um pouco mais forte que guaraná e um perfume de caramelo. Deixe cair algumas gotas de calda em uma tigela com água fria. A calda deve estalar. Usada para caramelização de fôrmas e doces. Também como base de cremes, caldas *toffees* e *pralinés*.

Torta fechada de frutas vermelhas

Rendimento: 8 PORÇÕES

Ingredientes

150 g de açúcar

40 g de amido de milho

1 colher (chá) de raspas de limão

2 colheres (sopa) de suco de limão

700 g de frutas vermelhas congeladas
  (pesadas descongeladas)

2 receitas de *pâte brisée* (ver p. 311)

sal

farinha de trigo para polvilhar

gema com um pouco de leite para pincelar

Preparo

Misture o açúcar, o amido de milho, as raspas de limão e uma pitada de sal. Junte o suco de limão e misture. Incorpore delicadamente as frutas vermelhas. Deixe descansar durante 15 minutos.

Abra metade da massa sobre uma superfície polvilhada com farinha e forre uma fôrma de fundo falso de 23 cm de diâmetro. Misture novamente os ingredientes do recheio (após o descanso) e distribua sobre a massa aberta. Abra a massa restante, corte um círculo do tamanho da fôrma e cubra a torta, fechando bem as bordas com um garfo ou com os dedos.

Com faca ou cortador* de biscoitos, faça um ou mais cortes na massa (para o vapor sair). Cubra com plástico filme e leve à geladeira por 1 hora.

Se desejar, pincele a massa com a gema. Asse em forno preaquecido a 200°C durante aproximadamente 55 minutos.

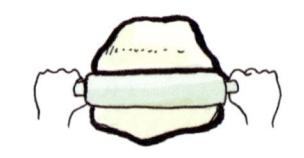

 1 hora

Torta de limão

Rendimento: 10 PORÇÕES

Ingredientes

1 receita de *pâte sablée* (ver p. 312)
1 receita de *lemon curd* (ver p. 329)
1 receita de merengue suíço (ver p. 331)
farinha de trigo para polvilhar

Preparo

Preaqueça o forno a 200°C.

Abra a massa sobre uma superfície polvilhada com farinha e forre uma fôrma de fundo falso de 23 cm de diâmetro. Cubra com uma folha de papel-manteiga e encha com feijões crus (eles farão peso para que a massa não perca seu formato ao assar).

Asse por 15 minutos, retire o papel com os feijões e deixe a massa terminar de assar por mais 20 minutos, aproximadamente. Retire do forno e deixe esfriar. Cubra a massa com o *lemon curd* ainda quente. Cubra com o merengue ainda quente sobre o recheio também quente e asse a 230°C por 5 a 10 minutos ou coloque no *broiler* para dourar.

Pithiviers

Rendimento: 10 PORÇÕES

Ingredientes

600 g de massa folhada (ver p. 315)
400 g de *frangipane* (ver p. 330)
1 ovo ligeiramente batido para pincelar
farinha de trigo (para polvilhar)
1 ½ colher (sopa) de açúcar de confeiteiro
   (para polvilhar)

Preparo

Divida a massa em duas partes iguais. Em uma superfície polvilhada com farinha, abra cada uma das partes em um círculo de aproximadamente 26 cm de diâmetro.

Coloque um dos círculos em uma assadeira. Disponha o creme no meio do círculo de massa e espalhe, deixando 3 cm de borda livre. Pincele as bordas com ovo batido, sem deixar escorrer pelas laterais. Cubra com o outro círculo de massa, pressionando levemente as bordas.

Leve à geladeira por 30 minutos. Pincele com o ovo batido restante e faça marcas decorativas na massa usando uma faca.

Asse em forno preaquecido a 200°C por 15 minutos ou até a massa ganhar volume e folhar.

Reduza a temperatura para 180°C e asse por mais 30 a 40 minutos. Nos 15 minutos finais, polvilhe com o açúcar de confeiteiro.

Sirva morno ou frio.

Coulis de morango

Rendimento: 300 G

Ingredientes

500 g de morango
50 g de açúcar de confeiteiro

Preparo

Bata os morangos com o açúcar no liquidificador.

Se preferir, passe por peneira fina.

Mil-folhas com creme e morango

Rendimento: 8 PORÇÕES

Ingredientes

250 g de massa folhada (ver p. 315)
200 g de morango
250 g de creme chantili (ver p. 328)
farinha de trigo e açúcar de confeiteiro para polvilhar
coulis de morango (ver p. 335)

Preparo

Sobre uma superfície polvilhada com farinha, abra a massa em um retângulo ou quadrado com 0,4 cm de espessura (conforme o corte que for fazer posteriormente).

Coloque em uma assadeira e faça furos na massa com um garfo. Utilize uma assadeira vazia, em cima, para fazer peso, e asse em forno preaquecido a 200°C por 15 minutos ou até a massa ganhar volume (ela não crescerá muito porque foi furada). Reduza então a temperatura para 180°C e asse por mais 10 a 20 minutos ou até dourar ligeiramente.

Retire a massa do forno e deixe esfriar. Corte-a no formato desejado com uma faca serrilhada. Misture delicadamente parte do morango com o creme chantili.

Sobre um retângulo de massa já assado e frio, disponha um pouco do creme com morango e coloque mais alguns morangos por cima. Cubra com outro retângulo de massa e polvilhe com açúcar de confeiteiro.

Se desejar, caramelize o açúcar com um maçarico. Sirva com *coulis* de morango ou outra calda à sua escolha.

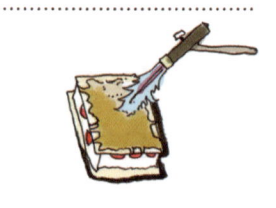

Sobremesas geladas

Há uma imensa gama de sobremesas e doces que necessitam ser refrigerados ou congelados para finalizar sua execução. As mais famosas, sem dúvida, são os sorvetes e os *sorbets* (sorvetes à base de água, açúcar e suco de frutas, sem adição de leite ou creme). Embora as suas bases – creme inglês para os sorvetes, calda de açúcar para os *sorbets* – sejam simples, para obter-se um bom produto é necessário utilizar um maquinário especial. Como poucos estabelecimentos têm uma máquina de fazer sorvetes, estes produtos são adquiridos de terceiros, sempre de acordo com as exigências e padrões do chef.

Contudo, há outras preparações interessantes desse tipo, mais viáveis para uma cozinha doméstica ou comercial de pequeno porte:

GRANITA OU GRANITÉ

Uma versão simplificada de *sorbet*, é uma preparação semicongelada com textura granulosa, feita a partir de calda de açúcar aromatizada com café, licores ou sucos de frutas. A mistura é congelada até uma temperatura específica e depois "quebrada" ou "raspada" (daí o termo "raspadinha", conhecido no Brasil); servida em taças ou, na Sicília, dentro de um brioche.

Granita de limão e vinho doce

Rendimento: 8 PORÇÕES

Ingredientes

250 ml de suco de limão

4 colheres (chá) de raspas de limão

350 g de açúcar

130 ml de vinho branco de sobremesa (*moscatos*, de Asti; *passitos* sicilianos; *Late Harvest* chilenos)

375 ml de água fria

1 clara de ovo batida até espumar (neve muito mole)

1 melão *prince*, ½ melão comum e ⅛ de melancia em cubinhos ou bolinhas para acompanhar

Preparo

Em uma vasilha, misture o suco e as raspas de limão, o açúcar, o vinho, a água fria e a clara e mexa até que o açúcar se dissolva. Leve ao freezer, batendo a mistura 6 vezes a intervalos de 1 hora.

Deixe ficar bem firme. No momento de servir, raspe com uma colher para obter a granita ou *granité*.

Sirva acompanhado de bolinhas de fruta (dois tipos de melão e melancia) em uma tigela funda de vidro, intercalando as frutas e as raspas de granita.

SEMIFREDOS

Assim chamados na Itália (ou *parfaits*, na França), são como uma mousse congelada, com textura mais leve e uma quantidade de creme (ou outra gordura) menor que a dos sorvetes, o que os torna um pouco mais instáveis. Podem ser feitos de vários sabores, sempre respeitando a fórmula básica:

Merengue italiano + creme pâtissière + creme chantili + aroma a escolher (chocolate, purê de frutas, caramelo, nozes, amêndoa, avelã etc.)

Semifredo de cacau e praliné

Rendimento: 10 A 12 PORÇÕES

Ingredientes

250 g de chocolate meio-amargo (com 70% de cacau) picado
300 g de creme *pâtissière* (ver p. 327)
400 ml de creme chantili (ver p. 328)
125 g de merengue italiano (ver p. 331)
150 g de *praliné* de amêndoa (veja ao lado)

Preparo

Pincele com água uma fôrma de bolo inglês de 25 cm x 10 cm x 5 cm e forre com plástico filme, esticando bem para que não fique enrugado. Reserve no freezer.

Misture o chocolate ao creme *pâtissière* ainda quente. Deixe esfriar. Se preferir, bata a mistura com uma colher de pau em um banho-maria* de gelo. Junte o creme chantili, o merengue e 100 g de *praliné* e misture delicadamente com uma espátula até ficar homogêneo.

Despeje na fôrma, cubra com plástico filme e leve ao freezer por no mínimo 3 horas ou por toda a noite. Trinta minutos antes de servir, transfira para a geladeira para facilitar na hora de desenformar e para dar uma consistência mais cremosa. Transfira para a travessa escolhida para servir e polvilhe o *praliné* restante sobre o semifredo.

Praliné de amêndoa

Rendimento: 150 G

Ingredientes

100 g de açúcar
50 g de amêndoa sem pele ligeiramente tostada
óleo para untar

Preparo

Leve o açúcar ao fogo até derreter e ficar da cor de caramelo.

Junte a amêndoa e misture.

Unte uma superfície com óleo e jogue a amêndoa.

Deixe esfriar e depois triture.

Chocolate

Trabalhar com chocolate é mais fácil do que parece. Como qualquer outra técnica, uma vez conhecidos seus princípios básicos, é possível produzir as receitas e criar seus próprios recheios. Segundo dizem, o fascínio pelo chocolate se deve ao fato de que é o único alimento que derrete à temperatura do corpo humano, tendo, assim, uma textura inigualável.

DE ONDE VEM O CHOCOLATE?

O cacau é extraído do fruto do cacaueiro (*Theobroma cacao*), que cresce em florestas tropicais, de temperatura e umidade elevadas (África, Caribe, Havaí, América do Sul).

O fruto do cacau, que varia de cor amarela alaranjada até o marrom, possui dezenas de sementes recobertas por uma polpa branca. Sua grande e espessa casca é descartada para o processo de manufatura do chocolate, sendo utilizada na indústria para a produção de fibras vegetais.

Após a quebra do cacau e a retirada de seu interior, estas sementes recobertas por polpa passam pelos seguintes processos:

1. Fermentação – Onde começa a se desenvolver o aroma do chocolate. As sementes com polpa ficam dias em tonéis para fermentar.

2. Secagem – Após a fermentação o cacau é exposto ao sol e ao calor (esse processo pode ser industrial) até que as sementes com polpa fermentada sequem bem. Neste estágio, a polpa se transforma em uma espécie de "casquinha" envolvendo a semente.

3. Torrefação – Já na indústria, as sementes fermentadas e secas passam por um processo de torra, que varia de acordo com o produtor de chocolate e a nuance desejada no produto final. Esta etapa também é muito importante e diferencia um bom chocolate de um chocolate mediano.

4. *Nibs* – Após torradas as sementes são quebradas, transformando-se no que se chama *nibs*, ou pequenos pedaços da semente

do cacau já torrado. Durante esse processo, retira-se a casca da semente (polpa cristalizada), que é descartada.

A partir do *nibs*, (semente fermentada, seca, torrada e quebrada) inicia-se o processo de fabricação do chocolate. A moagem e refino destes *nibs* produzirá o que chamamos de *liquor* de cacau, uma pasta que contém os sólidos e a manteiga de cacau.

Muitas indústrias trabalham com esses produtos separadamente, transformando os sólidos (que chamamos de "torta") em chocolate em pó, cacau em pó e aromas de chocolate. A manteiga de cacau é comercializada pura.

Para a manufatura do chocolate são então adicionados ao *liquor* de cacau: açúcar, aromatizantes (como baunilha), algumas vezes leite e lecitina (um emulsificante – derivado da soja), misturado para evitar que o chocolate em formação se separe durante o processo de manufatura ou derretimento. Geralmente mais manteiga de cacau é adicionada neste ponto, principalmente quando o chocolate é de melhor qualidade.

Após todos os ingredientes terem sido combinados, o chocolate é batido constantemente (conchagem), às vezes durante dias seguidos, em temperatura baixa e constante para diminuir o amargor e o tamanho das partículas, dando ao chocolate uma consistência mais homogênea e cremosa.

Depois deste processo, o chocolate é temperado e embalado em pacotes (barras pequenas ou grandes, dependendo do seu destino).

TIPOS E SUBPRODUTOS
MANTEIGA DE CACAU

Gordura de cor amarelo palha que se encontra no estado sólido a temperatura ambiente. Representa 55% do grão de cacau. Sua temperatura de fusão é 35°C.

PASTA DE CACAU (*LIQUOR*)

Pasta amarga e de difícil digestão. É a base para obtenção do chocolate e também muito usada para equilibrar preparações com excessiva porcentagem de açúcar, tais como trufas e caramelos.

GRUET OU *NIBS* DE CACAU

Grão do cacau fermentado, tostado, descascado e picado em pequenas lascas. Tem sabor amargo intenso que pode ser usado para bombons, sorvetes, *petits fours* e na elaboração de molhos na cozinha quente.

CACAU EM PÓ (TORTA)

Extraído da massa de cacau depois de removida quase toda a manteiga de cacau. É a maneira mais econômica e fácil de dar sabor de chocolate a massas, doces, cremes e bebidas. Quanto mais escuro o pó do cacau, mais saboroso e mais amargo ele será.

CHOCOLATE EM PÓ

Contendo menos sólidos de cacau e mais açúcar e leite em pó, tem sabor mais leve e doce, ideal para uso na cozinha e para o preparo de bebidas.

CHOCOLATE AMARGO (OU PURO)

Chocolate que possui alta porcentagem de massa de cacau, aproximadamente 70-75%, com pouco ou nenhum açúcar adicionado. Tem sabor rico, intenso e cor escura. Tem muita personalidade e deve ser consumido, de preferência, por aqueles que realmente apreciam chocolate.

CHOCOLATE MEIO-AMARGO

Contém pelo menos 35% de massa de cacau, manteiga de cacau extra, açúcar, baunilha e algumas vezes emulsificantes. Tem sabor rico, mas um pouco mais adocicado e aceitável. No Brasil, até poucos anos atrás era a opção mais "nobre" que se encontrava no mercado.

CHOCOLATE AO LEITE

Contém até 20% de massa de cacau, leite em pó ou condensado adicionado, além de açúcar, baunilha e manteiga de cacau. Tem sabor leve e doce, sendo o mais popular dos chocolates apresentados.

CHOCOLATE BRANCO

Não contém massa de cacau, somente manteiga de cacau – de onde vem seu sabor de chocolate: açúcar, sólidos do leite e aroma de baunilha. É doce, muito rico e mais macio que os chocolates com massa de cacau.

COBERTURA (FRACIONADO)

É um chocolate com alto percentual de manteiga de cacau e gordura vegetal, o que lhe confere um brilho adicional para uso em coberturas e finalizações. É encontrado branco, ao leite ou meio-amargo.

COBERTURA HIDROGENADA

É uma cobertura que se assemelha ao chocolate, mas a manteiga de cacau é substituída pela gordura vegetal hidrogenada, tornando-se mais resistente ao calor e não necessitando de temperagem.

TÉCNICAS DE TRABALHO

CUIDADOS AO MANIPULAR O CHOCOLATE

Ao trabalhar com esse ingrediente, evitar:

- umidade;
- calor em excesso.

PONTOS IMPORTANTES PARA UM BOM RESULTADO

- picar o chocolate em pedaços uniformes para derreter;
- agilidade no trabalho – mexer constantemente;
- temperatura ambiente ideal para manipular: 18°C a 20°C;
- monitorar as temperaturas com termômetro;
- treinar e praticar muito.

TEMPERAGEM DO CHOCOLATE

A temperagem, ou pré-cristalização, consiste no lento e gradual resfriamento do chocolate de modo a formarem-se cristais de manteiga de cacau uniformemente repartidos, evitando assim a separação da manteiga de cacau e da massa de cacau, o que garante uma estrutura final compacta e homogênea.

Este processo garante a rápida secagem do chocolate, o brilho de sua superfície, uma textura macia e um prazo de conservação prolongado.

Três fatores são importantes na têmpera do chocolate: o tempo, a temperatura e o movimento.

COMO DERRETER O CHOCOLATE?

O chocolate deve ser derretido até, no máximo, 45-50°C . Há, basicamente, 3 formas:

Banho-Maria

O chocolate deve ser cortado em pequenos pedaços e colocado em um recipiente (tigela de vidro ou metal) sobre uma panela de água quente, não fervente. O chocolate deve, então, ser misturado conforme amolece, até que adquira textura lisa.

Micro-ondas

Coloque o chocolate picado em recipiente adequado e derreta-o usando a potência média. O tempo de derretimento irá depender da quantidade. O importante é que se façam pausas (de 30 em 30 segundos), para o chocolate ser misturado de forma vigorosa, até que derreta. Tal medida tem por finalidade evitar que queime ou que se formem grânulos de lactose, o que pode ocorrer pelo superaquecimento do ingrediente e resultar em uma textura arenosa indesejável.

Derretedeira semi-profissional

Aparelho que simula um banho-maria* com controle de temperatura e tempo. Desta forma, controla-se a temperatura da água que aquece o tambor de chocolate, sendo uma boa opção para quando se necessita manter o chocolate derretido por um longo período.

TEMPERANDO O CHOCOLATE

EM MESA DE MÁRMORE

- Coloque ²/₃ do chocolate derretido sobre uma superfície de mármore ou pedra não porosa fria;
- mantenha a massa de chocolate em movimento, com uma espátula, espalhando-o sem parar;
- proceda desta forma até que o chocolate fique espesso ou na temperatura de 27ºC;
- misture o chocolate espesso ao restante de chocolate derretido e bata vigorosamente até obter uma textura homogênea;
- após a temperagem, caso seja necessário, aqueça levemente o chocolate para continuar utilizando-o.

COM PEDAÇOS DE CHOCOLATE (DIFUSÃO)

Para cada 700 g de chocolate derretido, acrescente 300 g de chocolate picado em pedaços bem pequenos e mexa vigorosamente.

EM BANHO-MARIA GELADO

Apesar de pouco utilizado, consiste em mergulhar a tigela de chocolate derretido ainda quente em recipiente com água e gelo. Mexer vigorosamente e empregar na receita.

CHOCOLATE	TEMPERATURA DE FUSÃO	ABAIXAR TEMPERATURA (CHOQUE TÉRMICO)	PODE AQUECER SEM PERDER A TÊMPERA ATÉ
AMARGO	50ºC	27ºC	31ºC
AO LEITE	45ºC	25ºC	29ºC
BRANCO	40ºC	24ºC	28ºC

TESTE DA FACA: quando o chocolate estiver na temperatura ideal, mergulhe nele a ponta de uma faca de inox. Se em aproximadamente 3 minutos, em temperatura ambiente, o chocolate secar, é porque está temperado corretamente.

O QUE PODE DAR ERRADO?

Sobre cristalização

É quando o chocolate temperado engrossa rápido demais, dando ao produto acabado menos brilho e estabilização fraca, além de favorecer a retenção de bolhas. Para resolver este problema, basta aquecer um pouco de chocolate e misturá-lo ao chocolate endurecido, ou aquecendo um pouco mais o próprio chocolate, gradualmente.

Fatbloom

É o branqueamento de matérias gordurosas; em outras palavras, a formação de uma fina camada de gordura na superfície do chocolate. Este fenômeno faz com que o chocolate perca seu brilho.

Para evitar que o *fatbloom* aconteça, convém armazenar o chocolate em temperaturas estáveis.

Sugarbloom

É a condensação agindo. A umidade da geladeira se deposita no chocolate e derrete seu açúcar. Quando esta água evapora, traz para a superfície do chocolate estes açúcares, conferindo-lhe uma superfície rugosa, esbranquiçada e alterando toda sua textura e estrutura.

Para evitar este problema, basta manter o chocolate o mínimo possível em geladeira e evitar mudanças bruscas de temperatura.

Dificuldade de desenformar

Quando há erro na temperagem ou quando a temperatura de resfriamento está muito elevada. Para resolver, coloque o produto em refrigeração mais forte ou derreta-o e retempere.

Armazenamento e conservação

O chocolate deve ser armazenado em local seco e ventilado, a uma temperatura de 12°C a 20°C. Caso haja muita variação de temperatura, podem aparecer o *fatbloom* e o *sugarbloom*.

O contato excessivo com luminosidade e ar provocam a oxidação do chocolate, deixando-o com cheiro e sabor desagradáveis.

Evite umidade, o chocolate deve ser armazenado e manuseado em ambientes com, no máximo, 70% de umidade relativa do ar.

DICAS PARA GARANTIR UMA TEMPERAGEM EFICAZ

• trabalhar sempre com auxílio de espátula para evitar a incorporação de ar. Não utilizar batedor (*fouet**);
• somente fundir o chocolate quando for realizar a temperagem;
• quanto maior a porcentagem de manteiga de cacau de um chocolate, mais simples será realizar a temperagem, pois a gordura é o elemento que facilita o movimento da massa;
• quantidades muito pequenas e quantidades muito grandes correm risco de solidificar com erro;
• usar sempre o termômetro;
• depois de temperada, a peça de chocolate deve ir para o refrigerador para reafirmar o processo de secagem e para que a manteiga de cacau cristalize mais rapidamente. Este tempo nunca pode ser muito prolongado.

GANACHE

O nome técnico da trufa, ou melhor, de seu recheio, é *ganache*. Uma *ganache* é simples, leva poucos ingredientes e ainda pode ser aromatizada de inúmeras maneiras.

As *ganaches* podem ser moldadas, feitas com saco de confeitar ou rechear casquinhas.

Apesar de tudo isso, a *ganache* é tecnicamente complexa, pois envolve a mistura de gordura, líquido, açúcar dissolvido e sólidos, e se não for muito bem trabalhada, não atingirá seu ponto ideal "derrete-na-boca".

A combinação mais utilizada é a de creme de leite com chocolate, porém podem também ser consideradas *ganaches* misturas feitas com chocolate e creme *anglaise*, manteiga, vinho, sucos ou até mesmo água.

A complexidade envolvida em sua preparação ocorre porque a *ganache* é uma emulsão de gordura e líquidos que, se não for preparada de maneira adequada, pode "separar", criando uma mistura gordurosa e quebradiça. Os principais fatores que ocasionam a quebra da *ganache* são excesso de gordura ou temperaturas instáveis.

Como reparar uma ganache "separada"?

Aqueça a uma temperatura entre 32°C a 34°C e misture constantemente.

Caso este processo não a repare, adicione uma quantidade pequena de líquido para diluir a mistura e proporcionar sua emulsão. O ideal neste caso é adicionar um licor, calda de açúcar (mel, glucose de milho), um pouco de leite ou até mesmo água. A adição de creme de leite é desaconselhada, pois aumenta a proporção de gordura na mistura, dificultando seu reparo.

Ganache básica (e variações)

Rendimento: 1 KG

Ingredientes
620 g de chocolate amargo
250 g de creme de leite fresco
30 g de manteiga
60 g de rum (ou licor)
70 g de glucose de milho

Preparo

Em uma panela pequena, coloque o creme de leite e a glucose e leve-os à fervura. Despeje o creme de leite fervendo ao chocolate amargo picado com a manteiga e misture até obter uma massa homogênea. Adicione o rum e misture.

Para fazer trufas enroladas, coloque na geladeira pelo menos por 6 horas ou até ficarem bem firmes. Para usar como recheio, empregue em temperatura ambiente.

Para a ganache de laranja com amêndoas

Adicionar 1 colher de sopa de raspas de laranja e 2 colheres de sopa de licor Cointreau. As amêndoas irão por fora, laminadas.

> Quando quisermos aromatizar uma *ganache* com especiarias, gengibre, suco concentrado de frutas etc., basta colocar o ingrediente para ferver/fundir junto com o creme de leite.

Ganache aerada

Rendimento: 800 G

Ingredientes

500 ml de creme de leite fresco

300 g de chocolate meio-amargo picado

Preparo

Em uma panela, ferva o creme de leite.

Retire do fogo, acrescente o chocolate e misture até que ele derreta completamente.

Deixe esfriar e leve à geladeira por, no mínimo, 12 horas.

Bata em batedeira até que fique aerado, com consistência de mousse firme.

Caramelo com flor de sal e pecã

Rendimento: 500 G

Ingredientes

200 g de açúcar refinado

80 g de creme de leite fresco

1 colher (sopa) de manteiga

1 colher (chá) de flor de sal

200 g de nozes pecã

Preparo do recheio

Coloque o açúcar em uma frigideira antiaderente e derreta-o até que fique dourado. Adicione o creme de leite e a manteiga e espere uns instantes antes de mexer (o calor do caramelo provoca um vapor muito quente).

Misture até que todo o caramelo tenha derretido e a mistura esteja homogênea.

Preparo do bombom

Tempere os chocolates ao leite e amargo conforme técnica descrita anteriormente. Despeje o chocolate temperado na fôrma, preenchendo.

Vire a fôrma para tirar o excesso e limpe muito bem as bordas com uma espátula.

Coloque na geladeira até que o chocolate endureça, fazendo assim a primeira camada. Faça a segunda da mesma forma. Quando a segunda camada endurecer, recheie o bombom com o caramelo, coloque uma pitadinha de sal, um pedaço de pecã, gele por alguns instantes e cubra com cuidado com o restante de chocolate temperado.

Limpe muito bem as bordas e leve à geladeira por 15 minutos para endurecer. Desenforme os bombons, batendo até que saiam. Deixe-os por 8 horas descansando antes de embalar.

PRALINÉS

A palavra *praliné* tem inúmeros significados. Para os europeus, é um chocolate recheado (bombom). Há também a pasta de *praliné*, feita com avelãs e caramelo. Podemos também considerar um *praliné* a mistura de outras oleaginosas a um caramelo, formando o que no Brasil chamamos de "crocante".

Os *pralinés* podem ser quebrados ou transformados em pastas. A pasta de avelãs, moída industrialmente até que suas partículas sejam tão diminutas quanto o cacau em pó, misturada ao chocolate, produz o que conhecemos como *gianduja*, que consiste em 1 parte de avelãs, 1 parte de caramelo e 1 parte de chocolate amargo. Quando feito com chocolate ao leite, a proporção deve mudar para 1,25 parte de chocolate.

Praliné de castanha-de-caju

Rendimento: 750 G

Ingredientes

330 g de açúcar refinado
50 g de glucose
350 g de castanha-de-caju torrada
½ colher (chá) de flor de sal

Preparo

Derreta o açúcar com a glucose e, quando ficar dourado, adicione o sal e as castanhas.

Retire do fogo, deixe esfriar e processe até ficar uma pasta bem fina (em processador de alimentos ou Thermomix).

Whoopie pie

Rendimento: 1 UNIDADE DE APROXIMADAMENTE 850 G

Ingredientes

1 ⅔ xícara de farinha de trigo
⅔ xícara de chocolate em pó
½ colher (sopa) de bicarbonato de sódio
8 colheres (sopa) de manteiga em temperatura ambiente
1 xícara de açúcar mascavo
1 ovo
200 ml de leite
1 colher (chá) de essência de baunilha

Preparo

Na batedeira, bata o mascavo com a manteiga até ficar cremoso. Adicione o ovo e bata mais um pouco. Ainda na batedeira, adicione o leite e depois os secos (farinha e chocolate em pó), batendo na velocidade baixa. No final, adicione o bicarbonato e a essência de baunilha.

Coloque a massa em um saco de confeitar e pingue bolinhas de cerca de 2cm de diâmetro. Leve para assar em forno preaquecido a 180°C até que esteja no ponto. Reserve para rechear.

Recheio de paçoca

Rendimento: 475 G

Ingredientes

200 g de doce de leite argentino
15 paçocas
flor de sal

Preparo

Misture todos os ingredientes e reserve para empregar na receita.

Mousse de chocolate

Rendimento: 1 KG

Ingredientes

110 g de gemas
120 g de ovos
140 g de açúcar
60 ml de água
4 g de gelatina incolor e sem sabor hidratadas em 2 colheres (sopa) de água
350 g de chocolate amargo
200 ml de creme de leite fresco

Preparo

Coloque em uma panela pequena a água e o açúcar e cozinhe em fogo médio até atingir

121°C (ponto de fio). Enquanto isso, bata as gemas com os ovos em batedeira. Quando a calda atingir o ponto certo, adicione-a lentamente aos ovos batidos com gemas, ainda batendo em velocidade máxima, até que a mistura esfrie. Derreta no micro-ondas a gelatina hidratada (máximo 30 segundos) e acrescente à mistura de ovos, ainda na batedeira. Derreta os chocolates e bata o creme de leite em ponto de chantili.

Misture os chocolates, a espuma de ovos e depois adicione o chantili, mexendo delicadamente para não perder ar. Gele pelo menos por 2 horas para firmar bem.

BOLOS

Populares em todas as casas e confeitarias por causa de sua versatilidade e imensa possibilidade de sabores, recheios e coberturas, os bolos são também estrelas em aniversários e comemorações.

Preparar bolos pode ser delicioso e divertido, mas para isso é fundamental conhecer bem as técnicas de preparo, os ingredientes e sua função para obter sempre o melhor resultado.

Antes de começar, vamos conhecer melhor estes detalhes?

Ingredientes

Os melhores bolos partirão sempre dos melhores ingredientes. Certifique-se de sempre escolher com cuidado seus fornecedores e esteja atento a datas de validade, frescor e procedência. Além disso, os ingredientes devem ser combinados de forma balanceada. Muita farinha ou ovos em excesso podem alterar a estrutura de um bolo, deixando-o duro, mole ou cheio de grumos.

Cada ingrediente exerce uma importante função no preparo dos bolos, sendo as principais:

• **Estruturais (firmadores)** – farinha, leite e ovos são ricos em proteínas que irão proporcionar estrutura e firmeza às massas. A falta destes ingredientes faz com que o bolo murche e, quando utilizados em excesso, podem deixar o preparo duro, com grumos.

• **Amaciadores** – açúcar, gorduras (óleo, manteiga, margarina etc.) e gemas encurtam as redes de glúten, deixando os bolos macios e fofinhos, além de serem excelentes conservantes. O açúcar também auxilia captando a umidade.

• **Umectantes** – líquidos como leite, água, suco de frutas e ovos ajudam no processo de coagulação do amido (farinha) e formação do glúten, além de dar sabor ao preparo.

• **Fermentos** – todo bolo cresce devido à expansão da massa quando aquecida. Isto se dá devido ao ar preso na massa quando adicionamos fermento em pó, claras em neve ou gordura e açúcar bem batidos e aerados. O fermento em pó e o bicarbonato de sódio são os mais utilizados e promovem uma reação química que libera dióxido de carbono.

• **Aromatizantes** – cacau em pó, essências, especiarias, frutas, castanhas etc. Estes ingredientes são responsáveis pelo sabor final do bolo e muitos deles também pela acidez (necessária para a reação química com o fermento ou bicarbonato).

Métodos de preparo

De acordo com as características da massa de bolo utiliza-se um método de preparo, uma combinação de ingredientes. Podemos definir que os bolos podem ter massas à base de gordura ou de ovos.

• **Massas à base de gordura** são identificadas pela sua alta porcentagem de gordura (manteiga, óleo, margarina etc.) na composição e sempre têm adição de fermento químico.

Características principais: bolo denso, com bolhas pequenas e uniformes, úmido e de crosta macia. Não são adequados para cortar e rechear e normalmente são aromatizados. Crescem pouco.

• **Massas à base de ovos** são identificadas pela presença de ovos e têm como base de preparação a espuma (captura de ar) que se forma quando eles são batidos. Estas massas também se caracterizam por ser mais leves e contêm pouca gordura em sua formulação.

Características principais: massa leve, mais seca, esponjosa e elástica. Crescem bastante e são ótimas para rechear, cortar, enrolar. Crescem mais e devem ser assadas com mais atenção, pois o cozimento excessivo prejudica a textura.

Tipos de massa

Há inúmeros tipos de massa e ainda a possibilidade de que, com alguma técnica e experiência, você possa criar outro tanto. Apresentaremos alguns, os mais emblemáticos e usados.

• **Génoise**: também conhecido como pão de ló, a *génoise* é uma base clássica para a confeitaria. Bolo seco, de sabor suave e textura elástica, esta massa pode ser usada no preparo de bolos, rocamboles, tortas clássicas e ainda na montagem de pavês e *pairfats*. Feito apenas com ovos, açúcar e farinha de trigo, a génoise pode ainda levar um pouco de gordura (até no máximo $\frac{1}{5}$ da quantidade de farinha) ou ser aromatizada com cacau em pó ou especiarias.

• **Biscuit (Sponge cake)**: parente próximo da *génoise*, o *biscuit* tem mais açúcar na composição e é sempre aromatizado com baunilha.

• **Pound cake**: tem este nome devido à sua primeira receita que levava a mesma medida (1 *pound*) de ovos, açúcar, manteiga e farinha de trigo. Massa pesada, saborosa e úmida, ideal para ser consumida pura ou aromatizada.

• **Massa de oleaginosas**: também faz parte das massas aeradas, à base de ovos, mas leva farinha de castanhas (olea-

ginosas) no lugar de farinha de trigo. O resultado é uma massa leve, saborosa e semi-elástica, ideal para a montagem de bolos em camadas.

• **Massa básica de bolo caseiro (Chiffon)**: difícil descrever, mas é a receita de todos os dias, que mistura um pouco de todos os bolos anteriores. São massas que contêm gordura, açúcar, farinha e ovos em proporção adequada e ainda têm a adição de fermento em pó. Uma dica é assá-las sempre em fôrma sem untar, para que a massa escale as paredes, ficando bem fofinha. O bolo *chiffon* clássico, além de ser assado em fôrma sem untar, descansa de cabeça para baixo, fazendo com que o bolo estique e fique ainda mais leve.

Massa rica de chocolate

Rendimento: 2,25 KG

Ingredientes

400 g de manteiga

430 g de açúcar refinado

230 g de chocolate em pó

6 ovos

360 g de farinha de trigo

30 g de fermento em pó

1 pitada de sal refinado

400 ml de leite

20 ml de essência de baunilha

Preparo

Bata a manteiga com o açúcar até ficar cremosa.

Junte os ovos, um a um. Alterne secos e líquidos, adicionando o fermento apenas no final. Unte e polvilhe 4 assadeiras de tamanho igual (aproximadamente 17cm de diâmetro) e divida a massa nas 4 fôrmas. Asse em forno preaquecido a 180°C até que fique firme e seca.

Brigadeiro

Rendimento: 850 G

Ingredientes

800 g de leite condensado
6 colheres (sopa) de chocolate em pó
2 colheres (sopa) de manteiga

Preparo

Coloque todos os ingredientes na panela e cozinhe, mexendo até desgrudar do fundo ou atingir 105°C.

Brownie

Rendimento: 1,5 KG

Ingredientes

250 g de farinha de trigo
250 g de açúcar refinado
200 g de manteiga
4 ovos
150 g de nozes
250 g de açúcar mascavo
200 g de chocolate amargo 50%

Preparo

Derreta o chocolate com a manteiga. Coloque os ovos em uma tigela e bata bem, vá adicionando a mistura de chocolate aos poucos.

Em outra tigela, coloque a farinha, o açúcar refinado e o açúcar mascavo. Misture delicadamente a mistura de chocolate com os secos e leve para assar em forno preaquecido a 180°C.

O *brownie* tem que sair do forno quando ainda estiver mole, apenas com a casquinha em cima sequinha.

Trufa

Rendimento: 80 UNIDADES DE 15 G

Ingredientes

500 g de chocolate meio-amargo picado
300 g de creme de leite fresco ou em caixinha
75 ml de conhaque
30 g de manteiga sem sal *en pommade**
500 g de chocolate meio-amargo para banhar
chocolate em pó para finalizar

Preparo

Derreta o chocolate em banho-maria*.

Aqueça o creme de leite em banho-maria e junte ao chocolate.

Adicione o conhaque e a manteiga e misture bem.

Leve à geladeira pelo menos por 3 horas.

Retire da geladeira e faça bolinhas de aproximadamente 20 g ou 25 g.

Refrigere-as pelo menos por 1 hora.

Retire da geladeira e banhe em chocolate temperado (ver p. 341).

Passe-as imediatamente pelo chocolate em pó e arrume em fôrmas forradas com papel-manteiga para secar.

Bombom de caipirinha

Rendimento: 40 UNIDADES DE 15 G

Ingredientes

200 g de chocolate branco
30 g de glucose de milho
30 g de mel
50 ml de cachaça
50 ml de suco de limão
raspas de ½ limão
500 g de chocolate ao leite picado
200 g de chocolate meio-amargo picado

Preparo

Derreta o chocolate branco e a glucose em banho-maria*. Junte o mel, a cachaça, o suco e as raspas de limão e misture até ficar homogêneo. Reserve. Derreta os chocolates restantes em banho-maria.

Coloque na pedra de mármore e tempere, mexendo bem com uma espátula, até atingir a temperatura de 29°C (ver p. 341). Despeje um pouco de chocolate temperado na fôrma de bombom. Vire a fôrma para tirar o excesso e limpe muito bem as bordas com uma espátula. Coloque na geladeira até que o chocolate endureça, fazendo assim a primeira camada.

Faça a segunda camada da mesma forma. Quando esta endurecer, recheie o bombom com a mistura de chocolate branco e cubra cuidadosamente com o chocolate restante temperado. Limpe muito bem as bordas e leve à geladeira por 15 minutos para endurecer.

Desenforme os bombons batendo, até que saiam. Deixe-os descansar por 8 horas antes de embalar.

Calda de chocolate

Rendimento: 200 ML

Ingredientes

100 g de chocolate em pó
50 g de cacau em pó
100 g de açúcar
150 ml de água
30 g de manteiga sem sal gelada

Preparo

Em uma panela, misture o chocolate, o cacau, o açúcar e a água.

Leve ao fogo até ferver e reduza* em fogo baixo até obter uma calda em consistência de *nappé** leve.

Retire do fogo e acrescente a manteiga gelada. Empregue quente ou fria na receita.

15. Frutas

Muito utilizadas na culinária, tanto em produções de confeitaria como em pratos salgados frios ou quentes, as frutas apresentam enorme variedade de sabores, texturas, cores e formas. Não faremos aqui um compêndio de todas as frutas existentes, mas é muito importante saber as características das espécies e como podem ser usadas. A partir daí, sempre que você se deparar com uma fruta que não conhece, poderá experimentá-la, observá-la e decidir a melhor maneira de usá-la em uma receita.

As frutas, parte comestível de certas plantas com flores, são ricas em fibras, sais minerais, betacaroteno, frutose e vitamina C.

CLASSIFICAÇÃO

As frutas são classificadas segundo alguns critérios:

QUANTO À FAMÍLIA OU TIPO BOTÂNICO

Não pretendemos entrar nessa seara técnica, mas os exemplos dos cítricos – todos parentes – e das frutas vermelhas (bagas – *berries*, em inglês, e *baies*, em francês) se encaixam nesse perfil.

QUANTO AO TIPO DE SEMENTE

Frutas com caroço

São aquelas que têm uma semente grande e dura, como damasco (ou abricó), cereja, nectarina, pêssego, ameixa e nêspera.

Frutas com sementes

São aquelas que têm poucas sementes pequenas e menos duras, como maçã, pera, melão, melancia, marmelo, figo, uva, goiaba, kiwi e laranja.

Frutas de grão

São aquelas que têm uma infinidade de sementes minúsculas, como o figo e o morango.

QUANTO AO CLIMA OU ESTAÇÃO DO ANO

Frutas de clima temperado

Maçã, pera, entre outras.

Frutas de inverno

Laranja, entre outras.

Frutas tropicais ou exóticas

Lichia, tamarindo, goiaba, abacate, abacaxi, manga, banana, kiwi, feijoa (embora nativa das Américas, é mais popular na Europa), fruta-pão, caqui, carambola, jaca, mangostão; não têm necessariamente nada em comum, mas são naturais dos trópicos e, portanto, de fora do "berço" das frutas, que vai do Oriente Médio a Portugal. A expressão "exótica" é um legado dos tempos coloniais.

ESCOLHA E COMPRA

Para escolher a melhor fruta para cada uso, observe os seguintes critérios:

Precisa ter tamanho uniforme e o mesmo grau de amadurecimento, sem manchas ou defeito causado por fungos ou insetos.

Prefira sempre as frutas que estão no ápice de sua qualidade. Hoje em dia, é possível cultivar frutas em estufa e usar refrigeradores especiais para a conservação prolongada (às vezes, por até mais de um mês). Pode ser importada e exportada com certa facilidade. Mesmo assim, as frutas no seu local de origem e no auge da safra são o que há de melhor.

Algumas compotas e outros preparos, como a cristalização, por exemplo, muitas vezes pedem fruta não totalmente madura ou mesmo verde.

USOS

O uso das frutas na culinária é enorme e, para não repetir esses usos em cada verbete, elencamos a seguir os principais:

CONFEITARIA E COZINHA SALGADA

Tortas cobertas de frutas frescas ou cozidas, mousses, salada de frutas, frutas maceradas em licor ou outra bebida destilada, purês, molhos doces e salgados, *coulis*, recheios para bolos ou para aves e outras carnes.

Frutas para mousses devem ter polpa bem suculenta e de sabor intenso – uma mousse de laranja não resulta interessante, pois é necessário espessar, aerar e concentrar seu suco de sabor suave.

Siga sempre a orientação da receita para a escolha da sua fruta.

SUCOS

Estes pedem frutas bem suculentas – como melancia e laranja. Frutas mais secas como a banana, por exemplo, deve ser batida com leite, suco de laranja ou água para se obter uma boa consistência.

CONSERVAS

Frutas em calda, que passam por processo de esterilização (o que elimina as bactérias), armazenadas em latas ou frascos de vidro para guardar.

SECAS AO SOL OU MECANICAMENTE

Método de conservação que extrai boa parte da água das frutas, eliminando assim sua possibilidade de estragar. Maçã, ameixa, damasco, figo, tâmara e uva são as mais comuns e com as quais o método funciona melhor. Naturalmente, ocorre concentração (e alteração) de sabor e de açúcares da fruta e também a alteração da textura.

CRISTALIZADAS

A água das frutas é substituída em boa parte por calda de açúcar, o que ajuda na conservação. Elas podem ser glaceadas (mais macias) ou secas (passadas por açúcar cristal).

MACERADAS EM ÁLCOOL E OUTRAS BEBIDAS

Além dos sucos, preparam-se destilados, vinhos (não só da uva!) e licores a partir de quase todas as frutas. O álcool (na forma de licores, destilados e vinhos) é um poderoso dessecante, tão eficaz para conservar quanto o açúcar. Um bom exemplo é o das cerejas maceradas em conhaque, que, naturalmente, absorvem o sabor deste. Há também outras bebidas obtidas através de maceração ou destilação (o *kirsch* alsaciano, o *Guignolet d'Anjou* ou *marasquino* italiano).

GELEIAS

Produtos de consistência pastosa elaborados com fruta fresca, também a partir da polpa ou suco concentrado, aos quais se agrega mais fruta fresca. Pode ser usado um ou mais tipos de frutas. Para o preparo, a proporção de fruta e açúcar varia muito de acordo com o tipo de fruta. Frutas boas, mas imperfeitas para a venda como frescas são geralmente usadas para fazer geleias. Há dois tipos de geleia, as com pedaços de frutas e as claras, cujos pedaços foram triturados e depois filtrados. Estas têm consistência mais gelatinosa. Em português não há uma palavra para distinguir os dois tipos, mas em inglês diz-se *jam* para a que contém pedaços e *jelly* para a filtrada.

Os tipos de frutas

FRUTAS CÍTRICAS

São frutas ácidas. Vindas do Extremo Oriente e hoje cultivadas em várias partes do mundo, são consideradas frutas de inverno nos países de clima temperado; são duráveis, se colhidas logo antes de estarem maduras. A cor da casca é mais um indicador do clima em que foram cultivadas do que do grau de maturidade. Na cozinha, são o ingrediente essencial de vários preparos. Pato com laranja, molhos para massas e tempero de salada são exemplos de seu uso na cozinha salgada.

Na confeitaria, usa-se tanto o suco, como as raspas da casca (*zest*), onde estão concentrados os óleos essenciais. No entanto, é preciso ter o cuidado de remover a parte branca que fica entre a casca e a polpa, assim como as sementes e os fiapos, pois são amargos. A semente é rica em pectina, substância que ajuda a dar corpo a geleias.

São muitos os usos na confeitaria: *lemon curd*, pudim de laranja, cascas de cítricos cristalizadas e banhadas em chocolate, geleias, frutas em calda etc. É também um acidulante natural: o suco de limão, por exemplo, entra em várias preparações que não são, necessariamente, à base de cítricos.

CIDRA
(*Citrus medica*)

Grande e azeda, com muito mais casca do que polpa, é muito usada em doces em calda, glaceada (como componente das chamadas frutas cristalizadas), no preparo de doces e compotas e como aromatizante, graças a seus óleos essenciais. Também chamada de toranja ou laranja-toranja (pela sua semelhança com a laranja), é o fruto da cidreira.

GRAPEFRUIT
(*Citrus grandis*)

Resultado do cruzamento da laranja com o pomelo, também conhecida como toronja, é ligeiramente amarga, pode ter casca e polpa amarela-clara, ou casca alaranjada e polpa rosada – esta um pouco mais doce. Seu consumo como fruta fresca é o mais comum no café da manhã, pura, regada com mel ou gratinada com um pouco de açúcar por cima, para formar uma casquinha, também pode ser servida como entrada. Pode ser combinada com outras frutas e vegetais em salada. Nos países de língua inglesa, é comum prepará-la em calda ou geleia. Dela também se pode obter um excelente, e caro, vinagre. A casca, rica em pectina, entra na elaboração de conservas de outras frutas.

LARANJA
(Citrus sinenis)

Junto com a maçã, a uva e a banana é uma das frutas mais populares do mundo. A variedade é muito grande. No Brasil conhecemos a laranja-pera, de casca fina amarela-esverdeada; a laranja-lima, bem pouco ácida; a laranja-seleta e a laranja-baía, de casca mais grossa e polpa amarelo vivo. A casca da laranja-baía é ideal para ser confeitada. Há uma infinidade de tipos de laranja ao redor do mundo, como a laranja sanguínea (cuja polpa é de um vermelho profundo), encontrada no Sul da Itália; as laranjas de Valência e as de Sevilha (ideais para geleia de laranja); a *naranja agria*, do México, azeda demais para o consumo *in natura*, mas bastante usada na cozinha. Há alguns subprodutos das frutas cítricas, como os óleos essenciais, usados tanto para aromatizar pratos e bebidas, como também em perfumaria e aromaterapia. Das flores de laranjeira se extrai a água de flor de laranjeira, aromatizante comum nos países do Mediterrâneo e Oriente Próximo, usado em doces e sobremesas.

LARANJINHA KINKAN
(Kumquat)

Fruta bem menor que as laranjas comuns, de casca doce (se comparada a outros cítricos), comestível e polpa azeda, o que causa um agradável contraste. Os usos culinários envolvem principalmente a casca (em calda, cristalizada ou em geleia); no bar, pode substituir a azeitona na guarnição de um martini; fatiada, pode colorir uma salada; ou ser macerada em vodca.

Os chineses do Cantão fazem conservas da laranjinha com sal – a fruta é curtida por meses ou até anos. Todo o suco é extraído pela ação do sal, deixando a fruta passa, enrugada e escura. Usa-se então um pouco da fruta e um pouco da calda misturados à água fervente para fazer chá.

LIMA-DA-PÉRSIA
(Citrus aurantifolia)

Tem pele e polpa amarela, casca fina e aderente, com glândulas de óleo médias, e não possui sementes. É a variedade mais representativa das limeiras-doces. A polpa é de um amarelo pálido, com textura macia. No Brasil, se conhece mais pelo seu uso em sucos e drinques (caipirinha).

LIMÃO
(Citrus latifólia)

O Taiti é o mais extensamente cultivado, mas o limão-cravo, o limão-rosa e o limão-galego (*Citrus aurantifolia*) também são bastante comuns no Brasil. O limão-siciliano (*Citrus limon*), de casca amarelo vivo, é o limão usado no dia a dia na maioria dos países de clima temperado, enquanto o Taiti é o mais comum nos trópicos.

O siciliano é chamado de limão verdadeiro e, nos países de clima temperado ou frio, é utilizado no lugar dos limões verdes, mais ácidos, considerados exóticos. Na cozinha, tem grande valor pela acidez de seu suco, necessária em muitas preparações, e pelas raspas da casca, que agrega um perfume concentrado de limão a pratos doces e salgados (é indispensável na famosa torta de limão, e o *ceviche* peruano não seria o mesmo sem ele). Além da fruta, as folhas de algumas espécies (como as do limão Kaffir, da Indonésia), são usadas como as folhas de louro. Limões desidratados também são usados na cozinha persa e na produção do refrigerante Sprite.

TANGERINA E VARIANTES
(Citrus reticulate)

No Brasil, as tangerinas (também chamadas de mexericas) mais comuns são a ponkan, a morgote e a do Rio ou carioca. Esta é uma fruta com a qual foram feitas inúmeras hibridações, gerando muitas qualidades no mundo todo – exemplos são a mandarina chinesa e a clementina. Estas experiências visam criar sabores diferentes – tornando-as mais doces e mais perfumadas – e reduzir ou eliminar os caroços, até obter uma casca mais solta, como no caso da ponkan, por exemplo. É consumida principalmente *in natura*, mas também em sucos, refrigerantes, geleias e gomos limpos (sem pele, caroços, fiapos etc.) em calda.

Ceviche de camarón de la sierra ecuatoriana

Rendimento: 6 PORÇÕES

Ingredientes

1,5 kg de camarão médio, sem casca, limpo
4 litros de água fervente
4 tomates maduros, sem semente, picados
suco de 1 laranja
suco de 3 limões
½ colher (chá) de alho amassado
1 cebola-roxa em *julienne* (ver p. 41), passada por água fria
1 colher (sopa) de azeite de oliva extravirgem
¼ de xícara de folhas de coentro em *chiffonade* (ver p. 41)
sal e pimenta-do-reino moída na hora

Preparo

Em uma vasilha, coloque os camarões e cubra com metade da água fervente.

Deixe por uns 5 minutos, enquanto prepara o molho. Escorra e reserve a água.

Bata no liquidificador o tomate picado até obter um suco espesso e passe por peneira (não use água).

Junte os sucos de laranja e limão, o alho, sal e pimenta, a cebola e, por último, o azeite e o coentro. Misture bem.

Junte os camarões ao molho e ½ xícara da segunda água.

Sirva em cumbucas individuais, acompanhado de chips de milho.

Ensalada levantina

Rendimento: 4 PORÇÕES

Ingredientes

2 *grapefruits*, sem casca, em fatias finas
6 laranjas, sem casca, em fatias finas
6 colheres (sopa) de mel
suco de ½ limão
2 colheres (sopa) de água de flor de laranjeira
200 g de amêndoa sem pele tostada,
grosseiramente picada

Preparo

Em uma vasilha, faça camadas alternadas de *grapefruit* e laranja.

A cada camada, derrame um pouco do mel misturado com suco de limão e água de flor de laranjeira.

Deixe macerar pelo menos por 1 hora ou, melhor, por uma noite inteira.

Na hora de servir, arrume as fatias com cuidado em uma vasilha, derrame a calda por cima e salpique a amêndoa.

FRUTAS VERMELHAS

Mais comuns nas regiões de clima temperado, são em geral frutas delicadas, que não duram muito. São usadas com parcimônia na cozinha salgada, e, fartamente, na confeitaria, em tortas, sorvetes, geleias, *coulis*, mousses e *bavaroises*.

AMORA-PRETA
(Rubus fruticosus)

Frutinha muito popular nas artes culinárias para o preparo de sobremesas e geleias. Existem também as variedades brasileiras, como a amora-do-mato (*Rubus sellowi*) ou a amora-verde (*Rubus erythcladus*).

BLUEBERRY
(Vaccinium myrtillus)

Também conhecido como mirtilo, arando ou uva-do-monte, pertence à família da azálea. Na culinária pode ser utilizada em *müsli*, geleias, vinhos, bolos e *muffins* (favorito nos EUA).

Seu suco era empregado para tingir alguns vinhos.

CASSIS
(Ribes nigrum)

Tem sabor marcante e doce. Com ela são feitas geleias, sucos, sorvetes e *sorbets*, licores e destilados; também é usado na cozinha por seu sabor adstringente, que realça os molhos, purês e pratos com carne. Na França, é usado para produzir o creme de cassis, famoso licor com que se faz o Kir. Como fruta, pode ser consumida fresca, ao natural ou em suco; seca, as passas são usadas em confeitaria e na cozinha em geral. Além disso, há gelatinas, geleias,

vinagre (um derivado do vinho); na Grécia, Turquia e países do Oriente Médio as folhas são usadas como invólucros para os *dolmades* ou charutinhos.

FRAMBOESA
(Rubus idaeus)

É um fruto oco, seu cultivo é mais delicado e requer manuseio cuidadoso. Pode ser congelada com sucesso, o que permite seu uso na confeitaria o ano todo. No auge da estação pode ser comida crua, pura, com creme batido, ou como ingrediente de sobremesas leves (mousses, *bavaroises*); no resto do ano, em tortas, *tartelettes*, em *pâte sablée*, *framboisiers* e *charlottes*, além de *coulis*, xaropes, *sorbets*, geleias etc. Na Borgonha e na Suíça ainda se preparam vinhos e vinagres de framboesa. A destilação de framboesas fermentadas resulta em uma aguardente bastante perfumada.

GROSELHA VERMELHA
(Ribes rubrum)

Bem mais ácida que suas parentes groselha-negra e groselha-branca, é rica em pectina e é cultivada principalmente para a produção de geleias – não é adequada para o consumo *in natura*. Nos países nórdicos, faz-se sopas e sobremesas de verão. Na Alemanha e na Holanda, são usadas como recheio para tortas. As groselhas sempre aparecem muito em decoração na confeitaria, em tortas ou *tartelettes*, ou em forma de xarope.

MORANGO
(Do gênero Fragaria)

Os morangos que conhecemos não existiam há 300 anos, são resultado do cruzamento entre a espécie silvestre e variedades novas, encontradas no Chile e na América do Norte. *In natura* ou com creme, açúcar ou mel, o morango é uma fruta muito popular. Como as outras frutas vermelhas, os melhores exemplares – doces, suculentos e carnudos – são encontrados no pico da safra. Pode ser usado em tortas e *sorbets*, em pedaços no iogurte ou rapidamente macerado em vinagre balsâmico (ou suco de limão) e um pouco de açúcar.

UVA
(Vitis vinifera)

Naturalmente uma estrela, porque a partir de seu suco fermentado se faz o vinho. É a fruta mais cultivada no mundo depois da laranja. Na cozinha, a uva aparece em saladas, no preparo de bolos e tortas e é um excelente acompanhamento para queijos.

Pato com vinagre balsâmico e frutas vermelhas

Rendimento: 4 PORÇÕES

Ingredientes

2 peitos de pato (*magret*)
2 colheres (sopa) de vinagre balsâmico
½ xícara de frutas vermelhas (framboesa, mirtilo ou morango) frescas ou congeladas picadas
canela em pó
sal e pimenta-do-reino moída na hora

Preparo

Em uma frigideira, coloque os peitos com o lado da gordura para baixo, tempere com sal e pimenta e leve ao fogo, deixando dourar bem. Se a frigideira não for muito grande, faça o processo em duas vezes. Vire os peitos quando boa parte da gordura tiver derretido.

Inclinando a frigideira, retire o máximo de gordura possível. Tempere com sal e pimenta, deixe dourar do outro lado, retire e reserve envoltos em papel-alumínio.

Na frigideira, sem lavá-la, junte primeiro o vinagre e em seguida as frutas e uma pitada de canela. Volte os peitos à panela, tampe e cozinhe por 10 minutos. Os peitos ainda devem estar macios quando pressionados com a ponta dos dedos. Ao fim desse tempo, as frutas estarão "derretidas", formando um molho delicioso. Deixe descansar coberto por mais 10 minutos, fora do fogo. Corte os peitos em fatias de um dedo de espessura e derrame o molho bem quente sobre elas.

Morango com pimenta vermelha e açúcar cristal

Rendimento: 4 PORÇÕES

Ingredientes

50 g de morango bem maduro, limpo e cortado ao meio
1 pimenta-dedo-de-moça, sem semente, bem picada
½ xícara de açúcar cristal

Preparo

Misture todos os ingredientes em uma vasilha e deixe em temperatura ambiente por 30 minutos.

Leve à geladeira por mais 30 minutos.

O açúcar vai fazer o morango "suar", formando uma calda.

Sirva puro ou com sorvete de nata, em pequenas quantidades.

FRUTAS COM CAROÇO

A maioria é de origem asiática e seu cultivo data de muitos séculos atrás. Em certo período, o sopé do Cáucaso, a Armênia e o Irã foram considerados "pomares da natureza". De lá vêm o marmelo e as ameixas. A cereja, o pêssego e o damasco são mencionados na história da China antiga. Também podem ser classificadas como frutas de árvore. Muitas dessas frutas se prestam bem à desidratação – as chamadas frutas secas. O método foi criado inicialmente para sua conservação, mas se tornou um ingrediente importante de várias cozinhas. Em países como a Turquia e a Síria, o sol forte dos verões secos são perfeitos para o processo; esses países produzem os melhores figos, damascos secos e passas.

O coco, que pouco tem a ver com as outras, também é considerado fruta com caroço, sendo a parte dura a casca, e o caroço (comestível), a parte branca. Com exceção do coco, as demais frutas têm polpa macia e suculenta e por isso dão ótimas caldas, geleias, sorvetes e sucos. Também podem ser utilizadas em fatias ou inteiras em cozimentos rápidos (salteadas ou assadas), pois a polpa não se desmancha facilmente. O caroço se solta (ou se separa) facilmente da fruta.

AMEIXA
(Prunus domestica)

Existe grande variedade de ameixas – maiores ou menores, do amarelo ao roxo-escuro. Frutas macias e doces, com caroço achatado e pontudo, mais duráveis que os pêssegos, podem ser armazenadas de 2 a 3 semanas sob refrigeração. Além do consumo *in natura*, seu suco é muito saudável; geleias e calda (xarope concentrado) são alguns dos subprodutos; também são usadas no preparo de doces em pasta e tortas. A ameixa seca tem uso importante na cozinha doce e salgada, empregada de maneira diferente da fruta fresca.

CEREJA
(Prunus avium)

Cerejeira é o nome dado a várias espécies de árvores, algumas frutíferas, outras produtoras de madeira nobre. São parentes das amêndoas, do damasco, da ameixa e do pêssego. As cerejas são frutos pequenos e arredondados que podem apresentar várias cores, sendo a vermelha a mais comum entre as variedades comestíveis (há também a amarela e a negra). De sabor doce acidulado, é uma fruta delicada, devendo ser transportada e manuseada com cuidado. A cereja-doce, de polpa macia e suculenta, é servida ao natural, como sobremesa. A cereja-ácida, de polpa bem mais firme, é usada na fabricação de conservas, compotas e bebidas licorosas, como o *kirsch*, o *cherry* e o *marasquino*, e sua infusão* é consumida como chá. As amarenas são cerejas em calda escura e doce, contrastando com o azedinho da fruta. O cultivo da cerejeira é realizado em regiões frias.

COCO
(Cocos nucifera)

Fruta de polpa mais firme e fibrosa, é usada ralada ou em lascas, fresca ou seca. A polpa fresca estraga com facilidade, por isso, se não

for usada imediatamente, deve ser congelada. O coco verde tem maior quantidade de líquido que o maduro e tem polpa tenra, gelatinosa (pode ser comida com colher), e a água de coco é muito apreciada como bebida e no preparo de cocadas moles. O coco é muito bom no preparo de bebidas, pratos doces e salgados, substituindo com vantagem nozes e amêndoas nos diferentes tipos de receitas. O óleo de coco usado na cozinha deve ser o extravirgem.

Se tiver tempo, faça o seu próprio leite de coco. Rale 3 cocos sem casca e sem a membrana marrom que recobre a polpa e despeje sobre eles água quente (quase fervendo) até cobri-los.

Deixe repousar por 15 minutos e bata tudo no liquidificador. Forre uma peneira grande ou de arroz com pano (dobrado) de algodão, absolutamente limpo e livre de odores (sabão, amaciante) e, sobre uma tigela, escorra. Em seguida, torça bem o pano para extrair o máximo possível de leite. Esse procedimento pode ser repetido com o bagaço, mas vai resultar em um leite muito mais ralo.

DAMASCO (ABRICÓ)
(Prunus armeniaca)

Fruta com características semelhantes às do pêssego, porém mais delicadas.

São muito consumidas como geleia (uma das mais populares), ou como recheio de tortas, secos ou frescos.

Suco, aguardente e licor também são obtidos do damasco. Para o consumo *in natura*, devem estar firmes. Se não estiverem maduros ainda, é aconselhável guardá-los em sacos de papel por dois ou três dias. Mantenha-os em temperatura ambiente até estarem levemente macios. Uma semana no máximo na geladeira. Quando maduro, sua cor é amarelo-alaranjado.

PÊSSEGO *(Prunus persica)* e NECTARINA *(Prunus persica var. nucipersica)*

Essa espécie se divide entre as variedades cuja polpa se separa facilmente do caroço e outras que aderem firmemente a ele. As variedades de polpa branca são bem doces e pouco ácidas; as variedades de polpa amarela têm um fundo ácido que complementa o doce.

A fruta não amadurece bem fora do pé, não dura muito, por isso é rapidamente transformada em geleia, compota, *chutney* ou conservada em calda.

Curry de camarão com leite de coco

Rendimento: 4 PORÇÕES

Ingredientes

1 kg de camarão grande limpo

1 colher (chá) de sal

1 colher (chá) de cúrcuma

500 g de cebola picada grosseiramente

3 dentes de alho

1 pedaço de gengibre de mais ou menos 1 cm

50 ml de água

6 colheres (sopa) de manteiga sem sal derretida

200 g de cebola em meia-lua

sementes de 6 cardamomos

4 cravos-da-índia

1 canela em pau

1 folha de louro

1 colher (chá) de pimenta-dedo-de-moça, sem semente, picada

2 colheres (sopa) de iogurte

1 ½ xícara de leite de coco fresco ou de garrafa

folhas de 1 maço de coentro

tiras de coco fresco para decorar

Preparo

Tempere os camarões com metade do sal e um pouco de cúrcuma. Bata no liquidificador a cebola em pedaços, o alho, o gengibre e a água.

Em uma frigideira, aqueça 3 colheres de sopa de manteiga e doure bem a cebola em meia-lua.

Retire com uma escumadeira e reserve em uma peneira de metal, para escorrer o excesso de gordura.

Junte à frigideira, sem lavar, o cardamomo, o cravo, a canela e o louro.

Refogue por alguns segundos e, em seguida, junte a pasta de cebola, alho e gengibre. Sue* até quase secar.

Junte a cúrcuma e o sal restantes e a pimenta, misture bem e acrescente o iogurte, uma colher de cada vez, incorporando bem à pasta de temperos.

Junte o leite de coco, abaixe o fogo e cozinhe por mais 5 minutos.

Logo antes de servir, em outra frigideira, salteie (ver p. 37) o camarão na manteiga restante, junte o molho, corrija o sal se necessário e sirva com um *pilaf* de arroz *basmati* (ver p. 120).

Decore com as cebolas fritas, as tiras de coco e as folhas de coentro.

Rabanada leve com frutas carameladas e doce de leite

Rendimento: 6 PORÇÕES

Ingredientes

6 colheres (sopa) de manteiga clarificada

2 pêssegos firmes, sem casca, cortados em 8 partes

250 g de cereja sem caroço

50 g de açúcar cristal

250 ml de leite

40 g de açúcar comum

3 ovos

6 fatias de brioche sem a casca

300 g de doce de leite cremoso de boa qualidade

Preparo

Em uma frigideira antiaderente, aqueça 2 colheres de sopa de manteiga clarificada e nela doure lentamente as frutas polvilhadas com o açúcar cristal.

Enquanto isso, misture o leite, o açúcar comum e os ovos em uma vasilha.

Em outra frigideira antiaderente, aqueça 2 colheres de sopa de manteiga clarificada.

Molhe as fatias de pão na mistura de leite e ovos, escorra bem e leve à frigideira até dourar.

Se necessário, faça em duas vezes.

Escorra em papel-toalha.

Sirva as rabanadas com as frutas por cima e o doce de leite à parte.

FRUTAS COM SEMENTES

FIGO
(Ficus carica)

Fruto de polpa carnuda e suculenta, de coloração que vai do branco-amarelado ao roxo, são comestíveis e altamente energéticos, pois são ricos em açúcar. Quando seco, seu teor de açúcar chega a 60%, talvez por isso Platão tenha encorajado os atletas gregos a consumi-los dessa maneira. Frescos, devem ser consumidos rapidamente ou preparados em compota (principalmente os bem verdes) e geleias. Alguns podem ser consumidos verdes. A Turquia, um dos maiores produtores de figo do mundo, tem as melhores frutas.

MAÇÃ
(Malus spp.)

Com grande variedade disponível, podem ser assadas, usadas em tortas, cruas ou salteadas previamente, em chips, fritas (envoltas em massa mole), em geleias e sucos e para o preparo de purês.

MARMELO
(Cydonia oblonga)

Fruta de formato semelhante ao da pera, mas que só se consome cozida.

Bem perfumada e versátil, dele se faz a marmelada (a fruta cozida com açúcar até virar pasta), muito popular na Espanha e em Portugal, onde o doce acompanha o queijo da serra da Estrela e o vinho do Porto.

O sabor e o aroma fortes fazem dele um complemento, em pequena quantidade, para uma torta de maçã ou uma geleia, realçando o sabor destas.

MELANCIA
(Citrullus lanatus)

Muito apreciada por ser refrescante e rica em água (92%) e sais minerais. É mais frequentemente consumida fresca, gelada, em fatias ou cubos, ou em sucos e saladas. A casca é usada como vegetal, picada em cubos e refogada. Na Rússia e na Romênia faz-se picles com a casca. As sementes tostadas e salgadas também são consumidas.

MELÃO E VARIAÇÕES
(Cucumis melo)

Encontrada em vários tipos, é uma fruta doce e rica em água. Por estas características, o melão é uma fruta muito apreciada na forma de sucos. Outra maneira de consumi-lo é fresco, quando maduro. Fora isso, serve-se em salada de frutas, acompanhado de presunto cru em entradas, e em compota, feito quando está ainda verde. Suas sementes, tostadas salgadas, também podem ser consumidas.

PERA
(Pyrus communis)

Diferentemente de muitas frutas, amadurecem melhor fora do pé e mudam de cor muito sutilmente quando maduras. Podem ser firmes, como a pera d'água, ou macias, como a Williams e a D'Anjou. Pode ser consumida crua, como sobremesa ou acompanhando queijos depois da refeição; também para o preparo de compotas e doces, bem como para o preparo do destilado francês *poire*.

ROMÃ
(Punica granatum)

Fruta de casca grossa, cor marrom-avermelhada e formato arredondado, que, quando madura, tem o interior avermelhado e cheio de sementes. Se conserva muito bem por várias semanas. Dela, se faz um melaço agridoce (*rab er'remane*), muito usado na cozinha persa, árabe e libanesa para conferir um toque de acidez a certos pratos. A *grenadine*, um xarope bem doce e de cor púrpura, também feito com a romã, é usada para refrescos e drinques, além de *sorbets*. Antes de qualquer preparo é necessário sempre separar a casca e as lâminas lenhosas contidas no interior, pois têm sabor bem amargo.

Papillote de frutas

Rendimento: 8 PORÇÕES

Ingredientes
4 maçãs pequenas sem casca, cortadas ao meio
4 peras pequenas sem casca, cortadas ao meio
4 figos cortados ao meio
100 g de açúcar demerara
30 g de mel
50 ml de *Poire*
8 pedaços de papel-alumínio ou papel-manteiga cortados em quadrados de 30 cm x 30 cm

Preparo
Em uma tigela, misture todos os ingredientes e deixe-os macerar por cerca de 1 hora.

Ao final desse tempo, escorra e reserve o líquido que se formou.

Sobre o quadrado de papel escolhido, arrume porções contendo um pedaço de cada fruta e 2 colheres (sopa) do líquido que se formou.

Forme um pacotinho, fechando bem toda a borda. Transfira para uma assadeira, e asse por cerca de 20 minutos. Sirva com creme inglês (pág. 325).

Crisp de maçã

Rendimento: 4 a 6 PORÇÕES

Ingredientes
Cobertura

¾ xícara de açúcar mascavo

½ xícara de farinha de trigo

½ xícara de aveia em flocos

¾ colher (chá) de canela em pó

¾ colher (chá) de noz-moscada em pó

⅓ xícara de manteiga sem sal em temperatura ambiente

Montagem

6 maçãs Fuji, de preferência, sem semente, em fatias

1 colher (sopa) de farinha de trigo

polpa de 1 maracujá azedo (opcional)

manteiga sem sal para untar

Preparo
Cobertura

Em uma tigela, misture todos os ingredientes com a ponta dos dedos até formar uma farofa.

Montagem

Espalhe as maçãs em um refratário quadrado de 20 cm de lado untado com manteiga e junte a polpa do maracujá.

Polvilhe a farinha de trigo, misturando com cuidado.

Polvilhe a farofa sobre as frutas.

Leve ao forno preaquecido a 190°C por aproximadamente 45 minutos, ou até as maçãs ficarem tenras e a cobertura dourada.

Sirva quente ou morna, com sorvete de baunilha.

FRUTAS TROPICAIS OU EXÓTICAS

Lichia, tamarindo, banana ou kiwi só têm mesmo em comum o fato de não aparecerem nos pomares da Europa. Exótica, naturalmente, é uma noção que vem do tempo das colônias, quando essas frutas se tornaram conhecidas. É interessante notar que houve grande intercâmbio dessas culturas – exemplos disso são a boa adaptação da manga, da banana e do coco nas Américas; e do cacau e do maracujá, na Ásia tropical.

ABACATE
(Persea americana)

Em quase todo o mundo é consumido em pratos salgados (saladas, sanduíches). No Peru, é servido recheado com salpicão (*palta rellena*). No México, é usado no preparo da guacamole (mistura aromática feita com o abacate, cebola, coentro e limão) e da sopa de *aguacate*. No Brasil, a preferência é pelo abacate como creme ou vitamina, com açúcar, leite ou limão.

ABACAXI
(Ananas comosus)

Membro da família das bromélias, quando doce é muito refrescante e um auxiliar da digestão. Pode ser preparado em calda, glaceado, ou mesmo dourado em um pouco de manteiga para acompanhar o peru de Natal ou o tender; também em saladas, como no indefectível salpicão. Sabe-se quando estão maduros pelo aroma, que deve ser forte e adocicado; nessa fase, suas folhas se soltam facilmente. No Oriente, onde foi introduzido, é usado em comidas salgadas quentes.

AÇAÍ
(Euterpe oleracea)

Fruta de cor roxa muito escura e de sabor forte e pouco doce. O açaí é um alimento muito importante na dieta dos habitantes da Amazônia, onde seu consumo remonta aos tempos pré-colombianos. É um alimento energético e bastante calórico. Nos estados do norte do Brasil é consumido em forma de purê, bem gelado e acompanhado de farinha de mandioca, ou em cuias com tapioca (e, às vezes, açúcar), e sorvete.

O açaí na tigela é preparado com o purê de açaí congelado acrescido de outras frutas. O açaí deve ser despolpado em máquina própria ou amassado manualmente (depois de ter ficado de molho em água), para que a polpa se solte e, misturada com água, se transforme em um suco grosso também conhecido como vinho de açaí.

ACEROLA
(Malpighia emarginata)

Também conhecida como a cereja-de-barbados, possui alto teor vitamínico. Pura, tem sabor ácido, quase vegetal (de folha); sua geleia, no entanto, resulta deliciosa, com sabor semelhante ao do damasco. A acerola é suculenta e macia e, sem a adição de açúcar, é bem ácida.

BACURI
(Platonia insignis)

Também chamado de landirana, é utilizado na fabricação de doces, sorvetes e polpa, e seu látex tem uso medicinal. É um fruto imaturo de cor verde, do tipo baga, globoso.

BANANA
(Musa acuminata)

Fruto de muitas variedades do gênero *Musa,* é uma das frutas mais populares do mundo. O termo "banana" refere-se às frutas de polpa macia, ricas em amido e açúcar, que podem ser consumidas cruas. Contudo, existem variedades cultiváveis, de polpa mais rija e casca mais firme e verde, geralmente designadas por plátanos, banana-pão ou *plantains*, que são consumidas fritas, cozidas ou assadas; são alimento-base de muitas populações de regiões tropicais. Com elas se preparam vários tipos de prato: salada de frutas, bolos, tortas, vitaminas, sorvetes, mingaus, recheios de aves e carnes, farofas, mousses e sanduíches. Existem quatro padrões ou tipos principais de variedades de banana: a banana nanica, a banana-prata, a banana-maçã (de tamanho pequeno e mais arredondada) e a banana-da-terra.

A banana-pão (como a pacova, muito consumida no norte do Brasil) é utilizada para outros fins culinários, como na confecção de chips – aperitivo feito com rodelas de banana desidratada ou frita, ou como acompanhamento de diversos pratos tradicionais.

As bananas não devem ser armazenadas em geladeira, pois escurecem. A melhor maneira de deixá-las amadurecer é envolvê-las em jornal. Não é possível obter um verdadeiro sumo de banana, ainda que sua polpa possa ser misturada ao sumo de outras frutas.

Em alguns países tropicais a banana verde (não madura) é muito utilizada da mesma forma que a batata, podendo ser frita, cozida, assada, guisada etc.

De fato, a banana assim utilizada é semelhante à batata, não apenas no sabor e na textura, mas também na composição nutricional e calórica. Tem elevado valor energético e muito potássio, o que a torna uma das frutas perferidas pelos atletas e fisioculturistas. Existem cerca de cem tipos de banana cultivadas no mundo todo, mas os mais conhecidos no Brasil são:

BANANA-DA-TERRA
(BANANA-CHIFRE-DE-BOI)

É a maior banana conhecida, chegando a pesar 500 g e medir 30 cm. É achatada em um dos lados, tem casca amarela-escura, com grandes manchas pretas quando maduras, e polpa bem consistente, de cor rosada e textura macia e compacta, sendo mais rica em amido do que em açúcar, o que a torna ideal para cozinhar, assar ou fritar.

BANANA-MAÇÃ
(BANANA-BRANCA)

De tamanho variado, podendo atingir no máximo 15 cm e pesar 160 g. É ligeiramente curva, tem casca fina, amarela-clara, e polpa branca, bem aromática, de sabor muito apreciado. Recomendada como alimento para bebês, fica muito gostosa amassada e misturada com aveia, biscoito ralado ou farinhas enriquecidas.

BANANA-PRATA
(BANANA-ANÃ-GRANDE)

Fruto reto, medindo até 15 cm, casca amarela-esverdeada, de cinco facetas, polpa menos doce e mais consistente que a da banana-nanica, indicada para fritar.

CACAU
(Theobroma cacao)

É do cacau que se faz o chocolate, por meio da moagem das suas amêndoas secas por processo industrial ou caseiro. Outros subprodutos do cacau incluem polpa, suco, geleia, destilados e sorvete. Aparece nas regiões próximas à linha do Equador, com destaque para os estados do Nordeste brasileiro.

BANANA-NANICA

Conhecida também como banana-d'água, banana-da-china, banana-anã ou banana-chorona, tem casca fina, amarela-esverdeada (mesmo na fruta madura), e polpa doce, macia e de aroma agradável. Cada cacho tem por volta de duzentas bananas. É mais consumida crua, podendo ser também preparada à milanesa.

BANANA-OURO

O mesmo que inajá, banana-dedo-de-moça, banana-mosquito ou banana-imperador, é a menor de todas as bananas, medindo no máximo 10 cm. Tem forma cilíndrica, casca fina de cor amarelo-ouro e polpa doce, de sabor e cheiro agradáveis. É muito usada para fazer croquetes.

CAFÉ
(Coffea sp.)

Fruta do cafeeiro, do qual são consumidas as sementes – o café – torradas e moídas, para o preparo de uma bebida estimulante. É servido tradicionalmente como bebida quente ou gelada e também como aromatizante de doces (mousses, bolos) e balas.

CAJÁ (TAPEREBÁ)
(Spondias mombin)

Fruto da cajazeira, parente do cacau, tem pele grossa e uma fina camada de polpa muito

perfumada e de sabor acidulado e levemente adstringente, que pode ser comida fresca em sucos e sorvetes. Sua "castanha" pode receber o mesmo tratamento do cacau, gerando uma pasta de sabor interessante.

CAJU
(Anacardium occidental)

Trata-se de um pedúnculo hipertrofiado. A fruta do cajueiro é, de fato, a castanha-de-caju, que, depois de descascada e seca, aparece na forma que conhecemos, em pratos salgados e doces. O caju constitui-se de um pedúnculo de cor amarelo-rosada ou vermelha, geralmente carnoso, suculento e rico em vitamina C.

Dele se preparam sucos, doces, passas e cajuína, uma bebida tradicional da região, sem álcool. Já a castanha-de-caju (o fruto, propriamente dito) é dura e oleaginosa, consumida assada e geralmente salgada. A castanha também pode ser usada verde nos pratos quentes – é o chamado maturi.

CAQUI
(Diospyros kaki)

Fruta trazida da China. Deve-se evitar o consumo da fruta verde, pois o alto teor de tanino torna-a adstrigente (ou seja, amarra na boca). A variedade vermelha, quando madura, é muito doce e mole, requer muito cuidado no transporte para não amassar. A variedade conhecida como caqui-chocolate tem cor alaranjada e riscas cor de chocolate no interior, é mais dura e resistente e não é tão doce quanto a vermelha. É consumido cru, como sobremesa, ou em doces, *sorbets* e saladas.

CARAMBOLA
(Averrhoa carambola)

Consumida ao natural ou no preparo de geleias, caldas, sucos e compotas. Cortada em fatias e deixada no fogo brando com açúcar fica quase com a mesma consistência e sabor do doce de ameixa-preta. Na Índia e na China, é bastante consumida como sobremesa; já as flores e os frutos verdes são utilizados nas saladas. É também muito usada para decoração.

CASTANHA-DO-PARÁ
(Bertholletia excelsa)

Além da castanha *in natura*, muito apreciada e saudável, pode-se extrair dela um óleo fino de características similares às do azeite de oliva (não no sabor, mas na composição). Já o leite de castanha, extraído como o leite de coco, é usado para fazer doces como a canjica de milho, além de bolos e tortas. É um fruto com alto teor calórico e proteico. Além disso, contém selênio, nutriente que combate os

radicais livres; muitos estudos o recomendam para a prevenção do câncer. É muito consumido pela população local *in natura*, torrado ou na forma de farinhas, doces e sorvetes. Sua casca é muito resistente e requer grande esforço para ser extraída manualmente.

CUPUAÇU
(Theobroma grandiflorum)

É outro parente do cacau muito apreciado, com o qual se faz sorvetes, doces e recheio de bombons. É muito apreciado por não ser excessivamente doce. O azedo suave do cupuaçu o diferencia de outras frutas, pois não é enjoativo. Sua polpa também é usada na fabricação de outros doces, como cremes ou pudins, recheio de tortas e também no preparo de uma bebida refrescante, adicionado de leite e açúcar. Outro uso do cupuaçu é na fabricação do cupulate, um sucedâneo do chocolate, que está se tornando cada vez mais popular.

FRUTA-DO-CONDE (PINHA)
(Annona squamosa)

São as variedades do gênero *Annona*, de carne branca e sementes negras e abundantes. A fruta-do-conde ou pinha é muito popular no Brasil, tem perfume agradável e é consumida crua, em sucos e mousses.

FRUTA-PÃO
(Artocarpus altilis)

Nativa da Ásia, a árvore chega a medir 15 metros; o fruto grande, redondo, de casca amarela com saliências, pode pesar mais de 2 quilos. A polpa é amarela, aromática e doce. Pode ser cozido ou assado e consumido como substituto do pão. Em algumas regiões, a polpa cozida é misturada com leite de coco e assada em folha de bananeira.

GOIABA
(Psidium guajava)

A goiaba é uma fruta tropical de polpa creme ou cor-de-rosa e pele bem fina, que pode ser ingerida. A goiaba pode ser cozida em calda – nesse caso, usa-se a polpa localizada entre a pele e os caroços do centro –, esse doce é conhecido como "orelha". Pode também ser desidratada, resultando em uma fruta seca com consistência de goma, vendida em barras. Goiaba em calda, goiabada e seu *sorbet* são clássicos brasileiros.

GRAVIOLA
(Annona muricata)

Fruto originário das Antilhas, onde se encontra em estado silvestre. No Brasil, é cultivada principalmente nos estados do Nordeste. É parente da fruta-do-conde. Sua polpa é branca e cremosa, carnuda, suculenta e ligeiramente ácida. Os frutos grandes, de forma ovalada e cor verde pálido, pesam entre 750 gramas a 8 quilos e dão o ano todo. Contém muitas sementes pretas. Não é muito fácil comê-la, pois há partes fibrosas misturadas à polpa cremosa. É mais popular na forma de suco, bem como em *sorbets*, balas e vitaminas.

JABUTICABA
(*Myrcia cauliflora*)

Seus frutos pequenos, de casca negra e polpa branca aderida à única semente, crescem no tronco e nos ramos, dando uma característica peculiar à árvore. Além de consumidos *in natura*, também se faz licor, geleia, caldas, aguardente e vinho. É muito cultivada em pomares domésticos e floresce duas vezes por ano.

JACA
(*Artocarpus heterophyllus*)

É um fruto segmentado, como a fruta-do--conde. Nasce diretamente do tronco e dos galhos mais grossos da jaqueira e chega a pesar 10 quilos e medir 40 cm de comprimento. A fruta é largamente consumida nas regiões tropicais do Brasil. Em alguns lugares, como no Recôncavo Baiano, por exemplo, constitui alimento básico para comunidades rurais.

Geralmente é ingerida *in natura*, mas pode ser consumida cozida ou transformada em doces e geleias caseiras. Na Índia, a polpa é fermentada e transformada em aguardente. Depois de assadas ou cozidas, as sementes também podem ser ingeridas – seu sabor é semelhante ao da castanha portuguesa. Uma fruta pode ter mais de cem bagos, de consistência um pouco endurecida ou totalmente mole, daí a distinção de duas variedades muito conhecidas popularmente por jaca mole e jaca dura.

JENIPAPO
(*Genipa americana*)

A polpa lembra o paladar de maçãs secas. O jenipapo, o fruto do jenipapeiro tem polpa aromática, comestível, da qual se fazem compotas, doces, xaropes, refrigerante e o famoso licor.

KIWI
(*Actinidia deliciosa*)

Originária da China, teve sua produção melhorada e com maior vulto na Nova Zelândia. Adaptou-se muito bem a outros países subtropicais e se popularizou por sua cor e seu sabor levemente ácido. Quando madura, é deliciosa crua. Cozida, perde grande parte de suas qualidades, principalmente a cor. A casca é fina, marrom e peluda; a polpa macia tem sementes pretas. Usada principalmente como cobertura de tortas, há também geleias, *chutneys* e *sorbets* feitos a partir dela.

LICHIA
(*Litchia chinensis*)

Fruta de origem chinesa consumida sobretudo fresca ou em calda. Recentemente, virou ingrediente popular para o preparo de drinques (caipirinha e martini). Tem polpa esbranquiçada e uma só semente; é bem perfumada e doce. Hoje em dia é cultivada com sucesso no Brasil.

MAMÃO
(*Carica papaya*)

Quando maduros, são consumidos *in natura* e em sucos; ainda verdes, são usados em doces no Brasil, e em saladas, no Vietnã e na

Tailândia. Contém papaína, uma enzima capaz de amaciar carnes. Este recurso deve ser usado com parcimônia, pois a carne deixada em contato com a fruta por mais de 15 minutos tende a se desfazer. O mamão papaia tem formato mais arredondado; sua polpa, doce e macia, tem cor laranja forte. Na cavidade central ficam as sementes negras e rugosas, envolvidas por um arilo transparente. São consumidos também em sucos e cremes (o famoso creme de papaia nada mais é do que sua polpa batida com sorvete de creme).

MANGA
(Mangifera indica)

Primeira fruta a "viajar" bem pelo mundo. É onipresente nos países tropicais e exportada em larga escala para os países mais frios. Tem sabor que vai do bem doce ao ligeiramente ácido. Podem vir do Brasil, África ou Sudeste Asiático. Há muitas variedades; com uma delas, ainda verde (e mais azeda que limão), se faz, na Índia, o *mango chutney*, que leva também uma pimenta ardida. Há outra versão, uma geleia agridoce, que ficou mundialmente conhecida por iniciativa dos colonizadores ingleses, que se encantaram com essa versão. Acompanha perfeitamente tanto pratos da culinária indiana como carnes de porco, cordeiro e frango assadas e em sanduíche.

Com sabor mais próximo da fruta natural, o *sorbet* de manga é sempre um *hit* no verão. Em Minas Gerais, em cidades como Ponte Nova, as mangas são famosas na mangada – doce de manga acondicionado em palha ou lata.

Em outros países da Ásia há usos os mais variados, como o consumo dela seca (com consistência de goma), ou preparada quando ainda não totalmente madura acrescida de sal e pimenta.

MANGABA
(Hancornia speciosa)

Fruto comestível, também utilizado na fabricação de bebida fermentada, é muito apreciado, principalmente no Nordeste do país, onde é comercializado nas feiras e empregado na forma de sorvetes e doces. A mangabeira é uma árvore de galhos pequenos que produz flores claras e perfumadas, parecidas com o jasmim, e a mangaba, uma baga de cor vermelho-amarelada, é consumida também por algumas espécies de animais silvestres.

MARACUJÁ
(Passiflora edulis)

A variedade doce pode e deve ser consumida pura. O maracujá azedo tem as mais variadas aplicações: mousses, sucos, pavês, *sorbets*, bolos e doces. Ambas as variedades têm efeito tranquilizante. Também entram nas preparações salgadas, no preparo de molhos frios ou quentes.

PHYSALIS (UCHUVA)
(Physalis peruviana)

Além de ser uma fruta extremamente decorativa, devido à cor amarelo-gema e à pele que a recobre (que se parece com uma renda de palha), é deliciosa crua e excelente para geleias por seu grau de acidez muito equilibrado. Conquistou o mundo, sendo exportada para quase todos os países. Pode ser consumida fresca, em saladas – dá um toque agridoce à comida; em forma de geleia ou com iogurte; é usada para decorar sobremesas ou para preparar *sorbets* e conservas (em calda). Também fica ótima envolta em chocolate meio-amargo.

PINHÃO
(Araucaria angustipolia)

Como a castanha portuguesa, é consumido cozido. O pinhão era importante na alimentação indígena e ainda hoje é uma iguaria que inspira muitas receitas. É um aperitivo popular no inverno.

PITANGA
(Eugenia sulcata)

Fruta azedinha, agradável, que dá um *sorbet* superapreciado no Norte e Nordeste do país, além de suco e geleia. Evolui de uma cor verde-clara, quando imaturo, até um vermelho quase púrpura; em tupi-guarani, pitanga significa "vermelho". Pode ser comida fresca, inteira ou amassada com açúcar para moderar o aroma de resina. No Paraguai e norte da Argentina, adiciona-se melado e, em seguida, faz-se uma infusão* da fruta em aguardente.

SAPOTI
(Manilkara zapota)

Fruta que lembra um pouco o caqui, tanto no sabor quanto na forma (menor e mais escura), com uma polpa marrom translúcida, perfumada e doce. Em geral, o sapoti é consumido ao natural, mas também pode ser preparado em forma de compota ou de xarope. O látex de sua árvore, originária da América Central e do Sul, é conhecido como chiclete, com o qual se fazia a goma de mascar, hábito que remonta à cultura pré-colombiana.

> Curiosidades históricas: Buda sentou-se sob uma mangueira quando desenvolveu sua consciência espiritual e foi iluminado. Por causa disso, ainda hoje a manga é usada em rituais. Trata-se de uma das mais antigas frutas conhecidas.

SERIGUELA
(Spondias purpurea)

Nome de uma árvore da família das anacardiáceas, típica das Américas Central e do Sul e bastante comum na região Nordeste do Brasil. O fruto, de mesmo nome, tem formato oval e, quando maduro, assume cores do amarelo ao laranja-avermelhado. Com um caroço do tamanho de uma azeitona grande, polpa muito doce e suculenta e casca bastante fina,

seu consumo é variado: *in natura* ou na forma de sucos, sorvetes, doces, batida e caipirinhas. Além de ser da mesma família do cajá, é muito parecido com este.

TAMARINDO
(Tamarindus indica)

Fruto cuja polpa em volta dos caroços tem sabor bem azedo. Com ela se faz pasta ou extrato para dar sabor ácido a alguns pratos. Comum no Irã, no subcontinente indiano e na Indonésia. Dela se fazem sucos e sobremesas, apreciados pelo sabor agridoce, marcadamente ácido.

UVAIA
(Eugenia uvalha)

Fruta delicada, de casca amarela-alaranjada, que nasce espontaneamente na região Sudeste. Com ela se faz uma geleia muito boa, que pode substituir a de damasco ou de frutas vermelhas sem fazer feio. Também se faz um ótimo vinagre, que tem sabor especial por conter, além do acético, os ácidos málico e tartárico.

Sopa de aguacate
(México, Chile, Colômbia, Venezuela)

Rendimento: 6 PORÇÕES

Ingredientes

2 abacates grandes e maduros
suco de 1 limão
100 ml de iogurte
100 ml de creme de leite fresco
1 litro de fundo claro de ave desengordurado (ver p. 44)
1 colher (sopa) de folhas de coentro em *chiffonade* (ver p. 41)
6 *tortillas* (ou pão árabe) em quadradinhos, fritas em óleo ou banha
sal e pimenta-do-reino moída na hora

Preparo

Retire a casca e o caroço e amasse os abacates.

Passe por peneira e pingue algumas gotas de suco de limão para não escurecer muito.

Bata o iogurte com um *fouet**, misture ao abacate e reserve no fundo de uma sopeira aquecida (ou bata tudo no liquidificador).

Aqueça o creme de leite com o fundo de ave desengordurado até ferver e desligue o fogo. Tempere com sal e pimenta. Derrame sobre o abacate já na sopeira e misture bem.

Decore com as folhas de coentro e os quadradinhos de *tortilla* frita e sirva em seguida.

No verão, se desejar servir a sopa fria, proceda da mesma maneira.

Tudo pode ser batido no liquidificador, mas tome especial cuidado com a superfície, que tende a escurecer muito rapidamente (a versão quente não padece do mesmo problema).

Mantenha a sopeira coberta (que, naturalmente, não deverá ser aquecida, mas sim gelada previamente) com plástico filme.

Mexa a sopa antes de servir, a superfície escura vai se misturar à sopa sem maiores consequências.

Compota de maracujá e sua casca

Rendimento: 6 PORÇÕES

Ingredientes
6 maracujás firmes
350 g de açúcar
750 ml de água

Preparo
Corte os maracujás ao meio, retire a polpa e reserve as cascas. Passe a polpa por peneira e reserve. Guarde algumas sementes para decoração.

Com uma faca afiada ou descascador de legumes, retire a parte superficial da casca dos maracujás (parte amarela), deixando toda a parte branca. Limpe por dentro, tirando qualquer resto de bagaço.

Depois de lavadas, cubra as cascas com água e deixe de molho de um dia para o outro, trocando a água 2 vezes durante esse período. Escorra e coloque em uma panela. Junte o açúcar, a água, 125 ml da polpa peneirada de maracujá e, se desejar, algumas sementes.

Leve ao fogo lento e cozinhe até que se forme uma calda leve (não muito grossa) e as cascas estejam macias, mas não se desfazendo. Deixe esfriar, transfira para uma compoteira. Sirva a seguir ou refrigere até o momento do uso.

Cookie de castanha-do-pará

Rendimento: 40 UNIDADES

Ingredientes
1 xícara de manteiga sem sal em temperatura ambiente
½ xícara de açúcar granulado
2 ½ xícaras de castanha-do-pará em pedaços
2 xícaras de amido de milho
2 xícaras de farinha de trigo
sal
manteiga sem sal para untar

Preparo
Bata a manteiga e o açúcar na batedeira até obter um creme de cor clara.

Junte a castanha-do-pará, uma pitada de sal, o amido de milho e a farinha previamente peneirados. Bata em velocidade baixa até misturar ou misture com uma colher de pau.

Unte uma assadeira e distribua montinhos de massa com uma colher de sopa, deixando um espaço entre eles.

Umedeça um garfo e achate ligeiramente cada um.

Asse em forno preaquecido a 160°C por 10 a 15 minutos, até que os cookies estejam levemente dourados.

Retire do forno, solte-os do fundo da assadeira e deixe esfriar sobre uma grade.

FRUTAS USADAS COMO HORTALIÇAS OU VICE-VERSA

O tomate é um vegetal-fruta. Além dele há o pimentão vermelho, as pimentas ardidas, o abacate (dependendo de em que país se encontra), a abobrinha e o quiabo. Outros bons exemplos disso são a banana-da-terra (fruta), o ruibarbo (hortaliça), o pepino, a abóbora, a berinjela e o chuchu.

AZEITONA
(Olea europaea)

O fruto da oliveira surge bem verde, depois adquire tons acinzentados, em seguida fica dourado, castanho, arroxeado e, por fim, preto; portanto, quanto mais escura for a azeitona, mais tempo ela terá ficado no pé.

Cerca de 20% de sua composição é azeite de oliva, que, como todos os óleos vegetais, não contém colesterol; além disso, é rico em ácidos graxos insaturados, que são benéficos para aumentar os níveis do chamado colesterol bom (HDL); no entanto, é calórico.

O azeite de oliva é resultado de um processo originariamente mediterrâneo, no qual o fruto passa por uma prensa a frio que lhe extrai o sumo, logo após a colheita. Este é o azeite de melhor qualidade.

Na cozinha confere um sabor bem característico e é a alma da culinária mediterrânea.

A azeitona consumida como aperitivo e usada em pratos de carnes, massas e saladas tem que ser curada, pois consumida diretamente do pé é extremamente amarga.

GUARIROBA
(Syagrus oleracea)

É uma palmeira cujo fruto, em cachos, tem coloração verde-amarelada, com uma amêndoa branca oleaginosa comestível. Entre seus produtos destaca-se o palmito ou broto terminal, de sabor amargo, o que é de fato, se comparado aos palmitos doces da mata Atlântica. O palmito da guariroba é uma iguaria de largo aproveitamento culinário, especialmente em algumas regiões de Minas Gerais e Goiás, no recheio do empadão goiano ou como acompanhamento perfeito para o colorido arroz com pequi.

PEQUI
(Caryocar brasiliense)

No Centro-oeste, a polpa é usada na cozinha salgada, em pratos com frango e arroz, com peixe, carnes, no leite ou ainda na forma de um dos mais apreciados licores de Goiás. Comer pequi, além de saudável e agradável, é uma ciência, quase uma arte – sua polpa macia e saborosa deve ser comida com cuidado por causa dos espinhos que envolvem a castanha, por sua vez, rica em vitamina A. É usado fresco ou em conserva. Símbolo máximo da goianidade, o pequi pode também ser encontrado em Rondônia, Mato Grosso, Mato Grosso do Sul, Minas Gerais, Pará, Tocantins, Maranhão, Piauí, Bahia e tam-

bém no Distrito Federal. Pode ser conservado tanto o extrato quanto a polpa.

O pequi deve ser comido apenas com as mãos, jamais com talheres, levando-o à boca e "raspando" com os dentes até que a parte amarela comece a ficar esbranquiçada, quando se deve parar, antes que os espinhos possam ser vistos. Jamais atire os caroços ao chão, pois eles secam rapidamente e os espinhos poderão se soltar. A castanha existente dentro do caroço é muito saborosa; para comê-la, basta deixar os caroços secarem por uns dois dias e depois torrá-los. Importante: jamais, em circunstância alguma, morda o caroço.

Patacones
(tostones, chicharritas, tostoncitos)
(COLÔMBIA, PORTO RICO, VENEZUELA, COSTA RICA, CUBA, REPÚBLICA DOMINICANA)

Rendimento: 6 PORÇÕES

Ingredientes

1 litro de óleo
3 litros de água salgada bem gelada
6 bananas-da-terra quase verdes, em rodelas de 2 cm
sal grosso moído

Preparo

Em uma vasilha, coloque a água salgada e mergulhe as bananas por 30 minutos.

Escorra bem e reserve a água.

Em uma panela ou frigideira, aqueça o óleo em fogo baixo.

Pré-frite as rodelas de banana até ficarem macias, mas sem deixar pegar cor (o óleo não deve estar muito quente), por cerca de 5 minutos.

Retire com uma escumadeira de metal e deixe escorrer em papel absorvente.

Cubra as rodelas de banana previamente fritas com papel-manteiga e pressione-as com a palma das mãos (ou um martelo de carne, ou com o fundo de uma panela pesada), para que, achatadas, fiquem com a espessura de 0,5 cm e com diâmetro bem maior.

Na Costa Rica, chamam-se *plátanos* a *puñetazos*, ou seja, "bananas ao murro", literalmente.

Enquanto isso, aumente o fogo e deixe o óleo esquentar mais.

Mergulhe novamente as bananas na vasilha com a água salgada bem gelada e escorra bem. Frite as bananas em seu novo formato por 1 ou 2 minutos, até que estejam douradas e crocantes.

Escorra novamente em papel absorvente, polvilhe com sal grosso moído e sirva em seguida como tira-gosto, acompanhando drinques, bebidas geladas e sucos.

Visite nossa cozinha

Cozinhar em um estabelecimento comercial é muito diferente de cozinhar em casa. Apesar das receitas serem as mesmas, o modo de produção é outro. Em um restaurante, a variedade e a quantidade de pratos servidos ao mesmo tempo é quase sempre muito grande, e são necessários vários profissionais trabalhando de forma coordenada para se chegar a um só objetivo: a satisfação do cliente.

CARDÁPIO

Em uma cozinha comercial, não basta saber executar bem uma receita. Apesar de este ser um requisito básico, ele é apenas um dos muitos necessários à produção. Fazer com que o prato chegue rapidamente à mesa do cliente dentro do padrão estabelecido – quente, bem apresentado e ao mesmo tempo que os outros pratos da mesa – exige grande dose de planejamento.

Tudo começa no cardápio. Para o cliente, deve retratar o conceito escolhido para o restaurante – decoração, localização, serviço, especialidade –, mas, para o estabelecimento, o cardápio é muito mais do que isso. É a partir dele que se pode dimensionar a cozinha, a equipe e o espaço para estocagem de matéria-prima, assim como os equipamentos e utensílios que serão necessários à produção. Um cardápio bem planejado ajuda a evitar o desperdício de ingredientes e a compra de produtos fora da estação.

Com relação ao serviço, é muito importante que no cardápio constem alguns itens que possam ficar prontos com certa antecedência, que exijam métodos de cocção diferentes para não sobrecarregar nenhum equipamento e que permitam ser finalizados com rapidez.

Em suma, o cardápio é ferramenta fundamental para o sucesso de um negócio. Quando se define um cardápio, não se pode ter certeza de que todos os pratos farão sucesso ou de quais sairão mais ou menos, mas é preciso estar certo de que todos os pratos poderão ser executados e que chegarão ao cliente exatamente da forma que foram planejados.

BRIGADA

A brigada de cozinha é dimensionada a partir do cardápio. O volume de trabalho e a complexidade dos pratos executados é que definirá o tamanho e a especialidade dos cozinheiros necessários para a operação. Um estabelecimento que tenha um cardápio basicamente de massas não precisará, por exemplo, de um especialista em grelhados. Já um restaurante de alta gastronomia pode precisar de diferentes profissionais trabalhando em setores diversos dentro da cozinha para o bom funcionamento da operação. A seguir estão relacionados os vários tipos de profissionais que podem ser necessários:

Gastronomia

CARGO	FUNÇÃO
CHEF	Principal executivo da cozinha, o chef (com experiência na função) é o responsável pela brigada.
SOUS-CHEF	Segundo no comando; assistente e substituto do chef.
CHEF DE PARTIE	Responsável por cada praça ou setor na cozinha, *podendo ser:*
SAUCIER	Prepara molhos, salteados e braseados.
RÔTISSEUR	Prepara carnes e aves assadas.
GRILLARDIN	Prepara grelhados.
POISSONNIER	Prepara peixes.
POTAGER	Prepara sopas.
GARDE MANGER	Responsável pela cozinha fria, ou seja, pelo preparo de *patês*, *terrines*, canapés, saladas e molhos frios.
BOUCHER	É responsável pela limpeza, o desossamento e o corte de carnes e aves.
LEGUMIER	Prepara legumes para a cocção.
ENTREMÉTIER	Responsável pelas guarnições, ou seja, amidos, ovos e frituras por imersão.
TOURNANT	Não tem uma praça específica ("tourner" significar "girar"), trabalha onde for necessário; deve dominar muitas técnicas.
PÂTISSIER	Prepara massas e doces.
ABOYEUR	Responsável por "cantar" as comandas para a cozinha (embora possa parecer uma função menor, dela depende todo o ritmo do turno – muitas vezes, o *aboyeur* é o sous-chef ou o próprio chef).

LEGISLAÇÃO

Antes de abrir um estabelecimento, consulte as normas da Vigilância Sanitária; procure a portaria vigente junto à Anvisa (Agência Nacional de Vigilância Sanitária) para adequar-se às normas de:

• Estrutura
Revestimento para piso, paredes, iluminação, definição de espaços etc.

• Instalações
Vestiários, banheiros (número e condições, para funcionários e clientes), vias de acesso etc.

• Conduta
Normas de higiene para manipuladores.

• Controle
Temperaturas de armazenamento, durabilidade de produtos manipulados, entre outros.

CERTIFICADOS

São os documentos necessários, tais como comprovantes de dedetização e limpeza de caixa-d'água, por exemplo.

SINDICATO

Verifique qual sindicato atende ao tipo de estabelecimento que você pretende abrir e conheça a convenção coletiva atual (tipo de estatuto que o regulamenta).

DOCUMENTAÇÃO

Certifique-se de que o imóvel que pretende alugar ou comprar tem toda a documentação em ordem.

IMPOSTOS E TAXAS

Verifique a legislação tributária vigente de acordo com o tamanho da empresa que pretende abrir.

Também são importantes alvará de funcionamento, registro no Cadan (para colocação de placas e letreiros), registro de nome, abertura da empresa (para obtenção do CNPJ, sem o qual não se pode fazer quase nada) e certificação de bombeiro.

SEGURANÇA E HIGIENE ALIMENTAR

Cozinhar profissionalmente, seja fazendo a produção de sobremesas artesanais para venda em um restaurante, seja dirigindo seu próprio estabelecimento, exige, além de cuidados com a técnica e o preparo dos alimentos, grande responsabilidade com a segurança e a higiene alimentar. Aqui são mencionados os pontos mais importantes, entretanto, o profissional deve também buscar as normas vigentes adequadas à sua área de atuação.

A contaminação dos alimentos pode ocorrer pela presença de bactérias, vírus, fungos e parasitas. Esses micro-organismos podem ser evitados, eliminados ou destruídos se os procedimentos de higiene e segurança forem colocados em prática.

A procedência do alimento, as instalações para a manipulação e a armazenagem, assim como os processos que envolvem a apresentação ao consumidor final, são aspectos determinantes no quesito segurança alimentar.

PROCEDÊNCIA E RECEBIMENTO

Escolha fornecedores de confiança e que possuam certificados das normas e leis vigentes.

Ao receber os alimentos:

• Certifique-se das boas condições (aparência, cor, odor); evite a entrada em sua cozinha de alimentos inadequados para o consumo.

• Verifique a temperatura de alimentos resfriados e congelados.

• Verifique as condições de higiene durante o transporte e o estado das embalagens.

• Se possível, visite o fornecedor para conferir que cuidados ele dispensa à operação.

• Verifique a integridade da embalagem dos produtos secos.

• Verifique a data de validade de todos os produtos.

• Convém também verificar o uniforme e a identificação do entregador.

INSTALAÇÕES

No projeto do restaurante ou da área de produção, devem ser previstos espaços para:

• Entrada de matéria-prima: área reservada com espaço para conferência de peso e temperatura, pré-higienização e troca de embalagem (por exemplo, caixas de madeira por engradados plásticos).

• Armazenagem de lixo: que deve ser colocado em local reservado especialmente para este fim, fechado e, de preferência, refrigerado até o momento de ser retirado (de acordo com os horários estabelecidos para a coleta).

• Vestiários e sanitários para funcionários: devem estar situados em área separada e próxima à entrada para que todos entrem nas áreas de manipulação limpos e uniformizados.

• Áreas de manipulação: devem ser separadas por setor, bem iluminadas e bem ventiladas.

• Boqueta (janela ou área de saída de pratos montados para o salão): deve ser separada da janela ou área onde são devolvidos os pratos depois de consumidos.

MANIPULAÇÃO

A manipulação inadequada é um fator recorrente na contaminação de alimentos. Treinamento, conscientização e controle constante são fundamentais para a manutenção dos padrões estabelecidos.

Quanto à higiene e saúde pessoal, deve-se observar que:

• Todos os funcionários passem por exames médicos admissionais e periódicos.

• Os funcionários se apresentem diariamente limpos, de barba feita e unhas aparadas, trajando uniforme completo e limpo (incluindo touca de cabelo e luvas descartáveis, estas, porém, não são obrigatórias), livres de perfume, maquiagem e adornos (brincos, anéis etc.).

• O funcionário que apresentar problemas de saúde ou doenças transmissíveis deve ficar afastado do trabalho durante o tempo determinado pelo médico.

• Todos os manipuladores de alimento devem lavar as mãos antes de iniciar uma atividade, após usar o banheiro, após as refeições, após fumar e sempre que manipular outros objetos (telefone, papel, caneta etc.).

ÁREAS DE TRABALHO E UTENSÍLIOS

As superfícies de trabalho, os utensílios e equipamentos aos quais os alimentos são expostos são focos de transferência de micro-organismos.

Quando essa transferência se efetiva, dá-se a contaminação cruzada. Para evitá-la, manipule produtos em áreas separadas ou higienize adequadamente os planos de trabalho, utensílios, equipamentos (lavando com detergente neutro, enxaguando e desinfetando com álcool 70°GL) e as mãos ao trocar de alimento a ser manipulado.

A contaminação cruzada também acontece quando há o contato de alimentos crus contaminados com alimentos já cozidos.

ARMAZENAGEM

Organize seu estoque de alimentos não perecíveis de forma a utilizar sempre os produtos com vencimento mais próximo (PEPS – primeiro que entra, primeiro que sai). O estoque deve estar situado em local fresco, ventilado e os produtos não podem estar em contato com o chão.

A temperatura de geladeiras e freezers deve ser periodicamente conferida; e as temperaturas de resfriamento (2°C a 4°C) e congelamento (abaixo de -1°C), respeitadas.

Nas geladeiras e freezers todos os alimentos armazenados devem estar em recipientes limpos, cobertos e etiquetados (com nome do produto, data de fabricação e vencimento) e organizados de maneira a evitar contaminação cruzada. Os alimentos crus nunca devem ficar sobre alimentos cozidos. Se possível, tenha geladeiras separadas para os diferentes produtos, como carnes separadas de frutas e legumes, por exemplo.

COCÇÃO

A cocção é a maneira pela qual, por meio do calor, eliminamos micro-organismos dos alimentos, tornando-os seguros para o consumo.

Em geral, a partir de 74°C as bactérias são destruídas. Para a eliminação de alguns micro-organismos podem ser necessárias temperaturas mais elevadas e maior tempo de exposição ao calor.

Assegurar-se de que os alimentos foram cozidos por completo é fundamental. Peças grandes de carne e aves inteiras ao serem cozidas requerem atenção especial, pois o exterior cozinha antes do interior.

É extremamente perigoso deixar peças semicozidas para finalização posterior (de um dia para o outro, principalmente), pois a temperatura do centro da peça permanecerá durante um longo tempo na zona de risco para crescimento e multiplicação de bactérias (vide quadro abaixo).

TABELA DE TEMPERATURAS E SEU EFEITO NO CRESCIMENTO DAS BACTÉRIAS

0°C a 5°C	As bactérias ficam "adormecidas" e não se reproduzem; estão inativas mas vivas.
5°C a 37°C	As bactérias voltam à atividade ou permanecem ativas, mas se multiplicam lentamente.
37°C a 63°C	Zona de risco! As bactérias estão ativas e se multiplicam rapidamente.
63°C a 100°C	As bactérias param de se multiplicar e morrem gradualmente.

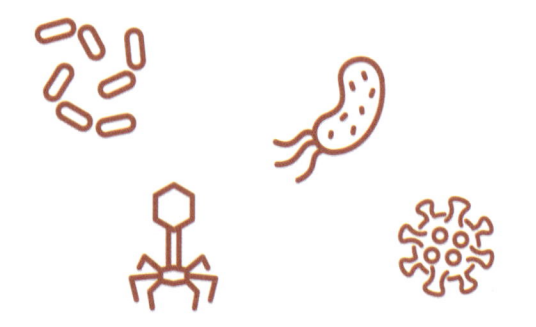

Apesar de o ideal ser cozinhar por completo os alimentos, há pratos que são servidos crus (quibe cru ou *steak tartare*) ou malpassados. Nesse caso, o cuidado com a procedência, o recebimento, a armazenagem e a manipulação deve ser redobrado, e pessoas mais sensíveis como idosos, crianças, grávidas e convalescentes devem evitar o consumo desse tipo de alimento. Lembre-se de que a responsabilidade sempre é do cozinheiro ou do estabelecimento.

RESFRIAMENTO

Com base na tabela de temperaturas se pode dizer que a temperatura ambiente é a ideal para a multiplicação de bactérias, portanto, o resfriamento* é essencial para evitar essa proliferação.

Todo alimento preparado para o consumo posterior deve ser resfriado de maneira adequada.

O resfriamento pode ser feito em equipamento especial (resfriadores rápidos) ou por meio de um banho-maria* de gelo imediatamente após a cocção.

REAQUECIMENTO

O reaquecimento é um ponto crítico do processo, uma vez que os alimentos podem ter sido contaminados após a cocção (durante o resfriamento ou o armazenamento) e, se não forem reaquecidos apropriadamente, as bactérias ali contidas podem entrar em atividade.

Isso se dá porque, na maioria das vezes, o reaquecimento não é feito à mesma temperatura da cocção, não eliminando, portanto, os possíveis micro-organismos.

MICRO-ORGANISMOS

A presença e o desenvolvimento dos micro-organismos nocivos à saúde se devem basicamente a quatro fatores: proteína (presente no alimento), umidade, tempo e temperatura.

As principais patogenias geradas por esses micro-organismos são:

BOTULISMO
Agente etiológico
Clostridium botulinum

TRANSMISSÃO
Através da ingestão de produtos enlatados de baixa acidez impropriamente processados – alho em óleo, sobras de batatas, cozidos, alimentos fermentados, ovas de peixe e palmito.

SINTOMAS
Náusea, vômito, vertigens, distúrbios visuais, inabilidade de deglutir, paralisia respiratória. É fatal em 35% a 60% dos casos.

PREVENÇÃO
Evitar enlatados caseiros; acidificar os alimentos; refrigerar os alimentos; resfriar rapidamente as sobras.

CISTICERCOSE/TENÍASE
Agente etiológico
Taenia solum e Taenia saginata

TRANSMISSÃO
Principalmente pelo consumo de carne suína ou bovina crua e malpassada. A cisticercose também é transmitida através das mãos, da água ou de alimentos crus contaminados com ovos e larvas da *Taenia solum*.

SINTOMAS
Dependendo de onde os cisticercos se alojarem, podem ocorrer crises convulsivas, cefaleias, vômitos, alterações de visão, hidrocefalia e até a morte.

PREVENÇÃO
Manter boas práticas de higiene pessoal, cozinhar as carnes a temperaturas internas mínimas.

CÓLERA
Agente etiológico
Vibrio cholerae

TRANSMISSÃO
Através da ingestão de água, peixes e frutos do mar, pepino, vegetais crus, alimentos misturados e úmidos.

SINTOMAS
Início repentino de diarreia com muco, dores abdominais, desidratação rápida e colapso, sede intensa, dores musculares nas extremidades.

PREVENÇÃO
Boas práticas de higiene pessoal, usar água de fonte tratada, cozinhar bem os alimentos, resfriar* rapidamente os alimentos.

ENTERITE POR *ESCHERICHIA COLI*
Agente etiológico
Escherichia coli

TRANSMISSÃO
Através da ingestão de carne moída crua ou mal cozida, queijos e leite não pasteurizados.

SINTOMAS
Diarreia - às vezes sanguinolenta -, dores abdominais severas, náuseas, vômito e febre ocasional.

PREVENÇÃO
Cozinhar completamente a carne moída; resfriar rapidamente os alimentos; evitar contaminação fecal por manipulador através de boas práticas de higiene pessoal.

FEBRE TIFOIDE
Agente etiológico
Salmonella typhi

TRANSMISSÃO
Através de aves, carnes, casca e gema de ovos – alimentos altamente protéicos –, leite, moluscos.

SINTOMAS
Mal-estar, cefaleia, febre alta persistente, tosse, anorexia, vômito, náusea, abdômen distendido, calafrios, delírio, disenteria (fezes muco-sanguinolentas).

PREVENÇÃO
Manter boas práticas de higiene; utilizar leite e ovos pasteurizados; cozinhar ou resfriar os alimentos corretamente.

GASTROENTERITE POR *BACILLUS CEREUS*
Agente etiológico
Bacillus cereus

TRANSMISSÃO
Por meio do arroz e pratos à base de arroz, molhos, temperos, mistura de alimentos desidratados, especiarias, pudins, cereais, cremes e pratos à base de vegetais e sopas.

SINTOMAS

Náusea, vômito, diarreia, espasmos abdominais.

PREVENÇÃO

Manter controle cuidadoso de temperatura, tempo e métodos de resfriamento* rápido; manter os alimentos quentes acima de 60°C; reaquecer sobras a 74°C pelo menos por 15 segundos; usar recipientes limpos para o armazenamento.

GASTROENTERITE POR *CLOSTRIDIUM PERFRINGENS*

Agente etiológico

Clostridium perfringens

TRANSMISSÃO

Por meio da ingestão de carnes cozidas, aves, molho de carne e leguminosas que tenham sido resfriados lentamente.

SINTOMAS

Dores abdominais, diarreia e, ocasionalmente, desidratação e prostração.

PREVENÇÃO

Manter controle cuidadoso de tempo e temperatura no resfriamento e reaquecimento de carnes, aves cozidas e pratos e produtos à base de leguminosas a 74°C pelo menos por 15 segundos; manter os alimentos aquecidos acima de 60°C.

HEPATITE A

Agente etiológico

Vírus da hepatite A

TRANSMISSÃO

O vírus é eliminado nas fezes e transmitido pela ingestão de água, gelo, marisco, leite e derivados contaminados.

SINTOMAS

Fadiga, náusea, perda do apetite, vômito, dor abdominal e, após alguns dias, icterícia.

PREVENÇÃO

Manter boas práticas de higiene pessoal, adquirir mariscos de fontes aprovadas, pasteurizar leite, evitar contaminação cruzada e usar água de fontes seguras.

INTOXICAÇÃO POR *STAPHYLOCOCCUS*

Agente etiológico

Staphylococcus aureus

TRANSMISSÃO

Por meio da ingestão de presunto e carnes em geral, alimentos aquecidos, derivados de leite, cremes e saladas de batata, doces e alimentos proteicos.

SINTOMAS

Náusea, vômito, diarreia, desidratação, salivação excessiva, sudorese.

PREVENÇÃO

Manter boas práticas de higiene pessoal; higienizar o equipamento; afastar os manipuladores com afecções de pele; fazer refrigeração correta e resfriamento* rápido dos alimentos preparados.

SALMONELOSE

Agente etiológico

Bactérias do gênero *Salmonella*

TRANSMISSÃO

Por meio da ingestão de aves, carnes e seus derivados, leite, casca e gema de ovo, molhos e cremes à base de ovos e outros alimentos proteicos.

SINTOMAS

Dores abdominais, dor de cabeça, náusea, vômito, febre, diarreia, anorexia e, ocasionalmente, forte desidratação.

PREVENÇÃO

Evitar contaminação pelos manipuladores através de boas práticas de higiene pessoal; evitar contaminação cruzada; refrigerar alimentos; cozinhar carnes de aves até a temperatura interna de 74°C; pasteurizar ovos e leite.

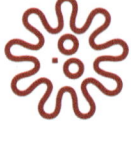

Índice de receitas

Crédito das ilustrações

Créditos das ilustrações da presente edição:

Dado Motta, nas páginas: 7, 9, 19, 23, 24, 25, 26, 31, 34 (panelas), 35, 37, 38, 39, 40 (facas), 41 (alimentos cortados), 43, 46 (cozinheiro), 49 (prato), 51, 52, 53, 54, 55 (pepino), 57, 58, 59, 60, 61 (ramequins com ervas), 62, 63 (cebola, noz), 65 (tigela e ingredientes), 68 (tigela e ingredientes), 69 (prato), 71 (ingredientes), 75 (sopa), 78 (sopa e ingredientes), 79, 81 (abóbora), 82 (abobrinha), 83 (alcachofra e preparo da receita), 84 (alho-poró), 85 (aspargo), 86 (batata), 87 (preparo da receita), 88 (batata duchesse), de 90 a 116 (todos os vegetais coloridos, na parte superior das páginas), 117, 118 (arroz), 120 (prato de risoto), 123, 124 (prato), 128 (trigo), 130 (grãos e massas), 131 (rolo de macarrão, saco, ovos e garrafa de azeite), 134, 137 (frigideira), 139 (preparo da receita), 141 (preparo da receita), 146, 147, 148, 149, 150, 154 (preparo da receita), 159 (peixe e ingredientes ao redor), 160 (assado em papillote), 164 (bacalhau), 169, 171 (manuseio do polvo), 172 (prato), 173 (limpeza da lula), 174 (lula), 175 (manuseio do caranguejo), 176 (preparo do caranguejo), 177 (caranguejo à esquerda), 179 (crustáceos), 181 (camarões), 182 (camarão colorido), 183 (manuseio do mexilhão), 184, 185 (vieira e prato), 186, 188 e 189 (cortes de frango), 191 (preparo da receita), 192 (cabeças das aves), 197 (codornas assadas), 200, 208, 221 (modo de grelhar), 223, 226 (vegetais coloridos), 227 (alface colorido), 233 (vidros de azeite, travessa de canapés), 235 (sanduíches), 241, 243 (terrine), 259, 260, 262 (carne-seca), 264 (vaqueiro), 265 (mulher no fogão a lenha), 268, 273 (mulher com quitutes), 274 (baiana cozinhando), 276 (homem de boné), 284, 289, 290 (cesto de pães), 296 (preparo da massa-mãe), 302 (Maria Antonieta), 306 (donuts e muffins), 307, 310, 314 (preparo da receita), 316, 317 (bolo sendo desenformado), 321 (preparo da receita), 322 (preparo da receita), 334 (preparo da torta), 336 (preparo da receita), 342 (chocolate sendo temperado), 350 (colher de pau com chocolate), 351, 353, 354 e 355 (frutas coloridas), de 357 a 359 (frutas coloridas), 361 (pêssego e coco), 364 (melancia, pera e maçã coloridas), 366 (ilustrações coloridas), de 368 a 374 (frutas coloridas), 376 (azeitonas), 377 (pequi), 385 (garçom) e 399.

As demais ilustrações, incluindo as tábuas de corte, fornos e panelas que servem de moldura aos textos em destaque, são provenientes de diversos bancos de imagem, com exceção do pegador da página 250 e do defumador da página 255, que são de autoria de **Vitor Castrillo** e **Juliana Ida**, respectivamente.

Bibliografia

BARRETO, Ronaldo Lopes Pontes. *Passaporte para o sabor: tecnologias para elaboração de cardápios.* São Paulo: Senac, 2000.

BOCUSE, Paul & Metz, Ferdinand. *The new professional chef: the Culinary Institute of America.* 6th edition. New York: John Wiley & Sons, 1996.

CESERANI, Victor; Kinton, Ronald & Foskett, David. *Practical cookery.* 8th edition. London: Hodder & Stoughton, 1995.

DAVIDSON, Alan. *The Oxford companion to food.* New York: Oxford University Press, 1999.

DOWELL, Philip & Bailey, Adrian. *The book of ingredients.* 6th edition. London: Michael Joseph, 1988.

FRIBERG, Bo. *The professional pastry chef: fundamentals of baking and pastry.* 3th edition. New York: John Wiley & Sons, 1996.

GRIGSON, Sophie. *Gourmet ingredients.* New York: Van Nostrand Rheinhold, 1991.

JACKSON, Felicity (ed.). *Le Cordon Bleu at home.* London: Ebury Press, 1991.

LABENSKY, Sarah R. & Hause, Alan M. *On cooking – techniques from expert chefs.* 2th edition. New Jersey: Prentice Hall, 1999.

LENÔTRE, Gaston. *Faites vôtre pâtisserie comme Lenôtre.* Paris/Rennes: Flammarion, 1987.

PETERSON, James. *Fish and shellfish.* USA: Morrow, 1996.

WELLS, Patricia & Robuchon, Joël. Simply French – *Patricia Wells presentes the cuisine of Joël Robuchon.* New York: William Morrow, 1991.

Anotações

Agradecemos muito aos amigos,
Mara Salles, pelo privilégio do capítulo "Cozinha Brasileira";
Adriana Amback, Cecilia Ravaglia, Joel Ruiz, Letícia Massula e Marina Hernandez,
pelas preciosas contribuições.

Este livro foi publicado em Outubro de 2020 pela Companhia Editora Nacional e impresso pela Gráfica Impress.